国家社会科学基金重点项目:"新科技革命和全球化条件下西方工人阶级的变化与社会主义运动"(批准号:05AKS002)

中国社会科学院创新工程学术出版资助项目

当代西方工人阶级研究

姜辉 等◎著

中国社会科学出版社

图书在版编目（CIP）数据

当代西方工人阶级研究/姜辉等著.—北京：中国社会科学出版社，2015.7
ISBN 978-7-5161-6368-9

Ⅰ.①当… Ⅱ.①姜… Ⅲ.①无产阶级—研究—西方国家—现代 Ⅳ.①D750.61

中国版本图书馆 CIP 数据核字（2015）第 147009 号

出 版 人	赵剑英	
责任编辑	张　红	
责任校对	韩海超	
责任印制	戴　宽	

出　　版	中国社会科学出版社
社　　址	北京鼓楼西大街甲 158 号
邮　　编	100720
网　　址	http://www.csspw.cn
发 行 部	010-84083685
门 市 部	010-84029450
经　　销	新华书店及其他书店
印　　刷	北京市大兴区新魏印刷厂
装　　订	廊坊市广阳区广增装订厂
版　　次	2015 年 7 月第 1 版
印　　次	2015 年 7 月第 1 次印刷
开　　本	710×1000　1/16
印　　张	21
插　　页	2
字　　数	346 千字
定　　价	76.00 元

凡购买中国社会科学出版社图书，如有质量问题请与本社联系调换
电话：010-84083683
版权所有　侵权必究

无产阶级只有在世界历史意义上才能存在，就像共产主义——它的事业——只有作为"世界历史性的"存在才有可能实现一样。

——马克思和恩格斯：《德意志意识形态》

工人阶级的状况是当代一切社会运动的真正基础和出发点……

——恩格斯：《英国工人阶级状况》

除了经过工人运动，是不能有别的道路通向社会主义的。

——列宁：《什么是"人民之友"以及他们是如何攻击社会民主党人？》

目　录

导　论 ……………………………………………………………………… (1)
第一章　当代资本主义社会的阶级与阶级关系 ……………………… (7)
　第一节　阶级划分和阶级分析过时了么？ …………………………… (7)
　　一　"后工业主义"的挑战 …………………………………………… (9)
　　二　"后福特主义"的挑战 …………………………………………… (13)
　　三　"后现代主义"的挑战 …………………………………………… (16)
　　四　"新政治"和"新社会运动"的挑战 …………………………… (19)
　第二节　阶级相关性的强调和论证 …………………………………… (21)
　　一　阶级具有持续的重要性 ………………………………………… (21)
　　二　后工业社会中阶级的继续存在 ………………………………… (23)
　　三　严肃的阶级话语再次成为可能 ………………………………… (25)
　第三节　马克思主义阶级理论面临的挑战及评价 …………………… (29)
　　一　马克思主义阶级理论遭遇的挑战 ……………………………… (30)
　　二　对马克思主义阶级理论的不同评价 …………………………… (32)
　第四节　正确认识当代西方阶级关系的几个主要问题 ……………… (38)
　　一　从生产关系和权力关系的层面认识和理解阶级关系的
　　　　本质和含义 ………………………………………………………… (39)
　　二　从民族国家范围和全球范围相结合的视角考察西方
　　　　阶级关系的变化和发展 …………………………………………… (42)
　　三　从历史与现实的统一中动态地考察西方阶级关系的
　　　　演变及特征 ………………………………………………………… (44)
　　四　从阶级分析法和其他社会分析法的综合运用上全面
　　　　考察现代西方社会关系 …………………………………………… (47)

第二章　全球资本家阶级与全球工人阶级 ……………………………… (50)
　第一节　国际垄断资本主义和全球资本家阶级 ……………………… (50)

  一　资本主义生产方式的全球扩张 …………………… (51)
  二　全球资本家阶级的逐渐形成 …………………… (56)
  三　全球资本家阶级的构成和主要特征 …………… (58)
 第二节　全球工人阶级的逐渐形成及其状况 …………… (59)
  一　全球工人阶级的逐渐形成 ……………………… (60)
  二　当前工人阶级状况及面临的挑战 ……………… (62)
 第三节　经济全球化条件下的阶级斗争 ………………… (72)
  一　工人阶级意识的新复苏 ………………………… (72)
  二　工人阶级运动的激进化 ………………………… (76)
  三　工人阶级运动与世界社会主义 ………………… (81)

第三章　发达国家工人阶级状况考察 ……………………… (85)
 第一节　发达资本主义国家工人阶级的数量变化 ……… (85)
 第二节　发达国家工人阶级的产业与素质构成变化 …… (89)
  一　产业构成的变化 ………………………………… (89)
  二　素质构成的变化 ………………………………… (92)
 第三节　发达资本主义国家工人阶级中的女性与移民工人 … (94)
  一　现代劳动力市场中的女性劳动者 ……………… (94)
  二　移民工人的增长与分化 ………………………… (97)
 第四节　发达资本主义国家工人阶级的失业与贫困化现象 … (101)
  一　失业率的变化 …………………………………… (101)
  二　实际收入的下降与工人阶级贫困化 …………… (106)
 第五节　国际金融—经济危机下发达资本主义
    国家工人阶级状况 ……………………………… (110)
  一　失业率攀升伴随长期性失业风险加剧 ………… (110)
  二　青年成为受冲击最大的劳动群体 ……………… (112)
  三　实际收入下降与不平等继续扩大 ……………… (113)
  四　"新贫困危机"导致社会下层阶级急剧增加 …… (115)
  五　危机催生移民工人处境维艰 …………………… (116)

第四章　"告别工人阶级"论与"中产阶级"论辨析 ………… (119)
 第一节　对高兹"告别工人阶级论"的评析 …………… (119)
  一　后工业社会与工人阶级新变化 ………………… (120)
  二　"劳动碎片化"与工人阶级消亡 ………………… (121)

三　"新工人阶级论" ……………………………………… (123)
　　四　"非工人—非阶级"与新社会运动 …………………… (125)
　　五　对高兹"告别工人阶级论"的评价 …………………… (127)
　第二节　工人阶级的"中产阶级化" ……………………………… (134)
　　一　"中产阶级"概念界定的主观随意性 ………………… (135)
　　二　中产阶级形成的历史原因和背景 …………………… (137)
　　三　西方学者关于"中产阶级"的理论 …………………… (140)
　　四　对"工人阶级中产阶级化"观点的马克思主义辨析 …… (145)

第五章　工人阶级与左翼政党 ……………………………………… (150)
　第一节　共产党对工人阶级的态度演变与选举战略 …………… (150)
　第二节　社会民主党对工人阶级的态度演变与选举战略 ……… (163)
　第三节　工人阶级各类型的选举支持倾向变化 ………………… (172)
　第四节　工人阶级为什么不再是左翼政党的"天然选民"？ …… (179)

第六章　工人阶级与工会组织 ……………………………………… (188)
　第一节　西方主要国家的工会情况 ……………………………… (188)
　　一　美国工会 ……………………………………………… (188)
　　二　英国工会 ……………………………………………… (193)
　　三　法国工会 ……………………………………………… (193)
　　四　德国工会 ……………………………………………… (194)
　　五　瑞典工会 ……………………………………………… (198)
　　六　日本工会 ……………………………………………… (200)
　第二节　西方国家工会面临的一般问题与挑战 ………………… (201)
　第三节　西方工会应对挑战的策略 ……………………………… (204)
　　一　应对全球化挑战 ……………………………………… (205)
　　二　提高会员率 …………………………………………… (208)
　　三　增强代表性 …………………………………………… (216)
　　四　现代化和重组 ………………………………………… (222)
　第四节　西方工会前景 …………………………………………… (224)

第七章　工人阶级与行动战略 ……………………………………… (227)
　第一节　当前发达国家工人运动现状概述 ……………………… (228)
　　一　以缓和斗争方式为主，以剧烈抗议形式为辅 ……… (228)
　　二　经济斗争凸显，政治斗争匮乏 ……………………… (231)

三　局部抗议居多，联合行动有限 …………………………（233）
　　四　约束性条款繁多，灵活性举措不足 …………………（235）
　第二节　发达国家工人运动面临的阻碍因素 ……………………（236）
　　一　资本主义全球化对工人运动的扼制和打压 …………（236）
　　二　工人运动自身困境消解斗争效力 ……………………（238）
　第三节　全球化时代工人运动的战略与策略 ……………………（243）
　　一　注重联合左翼力量 ……………………………………（243）
　　二　坚持缓和与激烈两种策略相结合 ……………………（244）
　　三　促成工人阶级国内与国际联合 ………………………（251）
　　四　唤醒工人阶级意识 ……………………………………（260）
　　五　经济斗争与政治要求相结合 …………………………（263）
　　六　培养工人阶级共同标志 ………………………………（263）
　　七　加强政党与工人运动的联系 …………………………（265）

第八章　工人阶级与社会主义主体 ……………………………（269）
　第一节　工人阶级"主体性危机"论诸种观点 …………………（270）
　　一　工人阶级消失论 ………………………………………（271）
　　二　工人阶级被同化论 ……………………………………（273）
　　三　工人阶级主体地位替代论 ……………………………（277）
　第二节　必须回答的问题："工人阶级到哪里去了？" …………（281）
　第三节　为工人阶级主体地位辩护：客观历史地位与
　　　　　现实变革力量 ………………………………………（292）
　　一　两个主要问题：数量规模与集体行动能力 …………（292）
　　二　重塑工人阶级主体：从"自在阶级"
　　　　到"自为阶级" ………………………………………（298）

参考文献 ……………………………………………………………（306）
后　记 ………………………………………………………………（325）

导　论

《当代西方工人阶级研究》一书，是国家社科基金重点项目"新科技革命和全球化条件下西方工人阶级的变化与社会主义运动"（立项号05AKS002）的最终研究成果。它既是一项重要的基础理论研究，也是一项需要密切关注实际状况和形势变化的重要的现实问题研究。课题组主要成员经过数年的不懈努力，不辞辛劳，广泛收集资料，认真研究撰写，翻译外文文献。在按照预定研究方向和总框架的前提下，我们还根据国际国内形势的变化，特别是根据全球化的新发展，以及2007年国际金融危机发生以来资本主义的新发展和工人阶级的新变化，对课题研究的具体内容和问题，做了及时的调整、充实和完善。期间课题主持人及主要成员也先后到英国、德国、意大利、希腊等国就发达资本主义国家阶级结构和工人阶级情况作专题学术访问和短期调研。这部书稿当然是最主要的研究成果，同时在研究过程中还形成了最直接相关的两部译著：《关于阶级的冲突——晚期工业主义不平等之辩论》（姜辉译，重庆出版社2005年版）和《美国和英国的社会阶级》（姜辉、于海青等译，重庆出版社2010年版）。课题组成员还发表了论文《论当代资本主义的阶级问题》、《工人阶级还是不是社会主义运动的主体》、《资本主义的阶级分化及其主要特征》、《国际金融危机以来的西欧工人运动及其对社会主义运动的影响》、《论全球化背景下的工人阶级意识》、《当代西方国家工人阶级分化问题探析》等主要阶段性成果。总之，我们认为课题组顺利完成了预期研究计划。

随着西方发达资本主义国家经济、社会结构的变化，其阶级结构发生了很大变化。作为社会主义运动之主体的工人阶级，在数量、构成、组织情况、生活方式、政治行动能力、思想意识等各方面，都发生了重大变化，出现了新的特征，从而在根本上影响着西方社会主义运动的状况和前途。进入 21 世纪后，随着资本主义危机的发生和发展，西方工人阶级和工人运动又面临新情况、新问题，呈现新特点、新趋势。发达资本主义国家的工人阶级向何处去？社会主义政党向何处去？社会主义运动向何处去？本研究坚持马克思主义阶级理论和阶级分析方法，把西方工人阶级作为一个整体，置于世界社会主义运动的宏大背景下，置于时代发展和全球化的整体进程中，对西方工人阶级的主要变化、特征、影响和趋势进行系统研究和深入分析，具有重大的理论意义和实践意义。

一是对于深入研究世界社会主义运动现状和发展趋势具有重要价值。本书全面系统地研究了西方社会主义运动的主体——工人阶级的变化及其在当代社会变革中的作用，并广泛地探讨了世界社会主义的诸多基本问题，对推动世界社会主义的理论创新和实践探索具有重要的理论与现实价值。

二是对于深入研究发达资本主义国家社会关系和社会矛盾具有重要价值。资本与劳动的矛盾始终是资本主义社会最根本的矛盾，本书从研究工人阶级新变化的角度，深入分析劳资关系和矛盾的新特点及其对资本主义发展的重要影响，对于研究资本主义阶级结构和社会结构的新变化等相关问题无疑具有重要意义。

三是对于深入研究我国工人阶级的新变化、服务于中国特色社会主义事业具有重要价值。在经济全球化条件下，各国工人阶级的变化也具有相似的特点和趋势，研究西方工人阶级的变化与社会主义运动的关系，对于研究我国社会结构和工人阶级的新变化与中国特色社会主义建设事业的关系，具有重要的参考借鉴意义。

西方工人阶级新变化与社会主义运动研究，涉及许多重要的理论与实践问题。诸如在经济全球化和国际垄断资本主义发展阶段，资本主义的阶级结构发生了哪些重要变化？资本家阶级和工人阶级各自又发生了哪些变化？劳资关系出现了哪些新的特征？工人阶级的社会主义主体地位和历史使命是否发生了变化？面对国际资本的联合进攻，西方的工人阶级和社会主义政党如何应对？如何采取符合时代发展和资本主义变化实际的战略策略，推动西方社会主义运动的理论创新和实践突破？工人阶级与左翼政党、工会的关系状况如何？等等。因而本研究着眼于全球化条件下西方社会主义运动发展的新特点和新趋势，在宏观背景下深入地分析西方工人阶级的变化及其主要特征，工人阶级同资本家阶级之间矛盾的状况和新态势，全球资本家阶级和全球工人阶级形成的状况与趋势，西方工人阶级的社会地位与作用，工人阶级运动与社会主义等重大理论与实践问题。其具体方面如下。

第一，当代资本主义社会的阶级与阶级关系。根据马克思主义阶级理论，深入阐释当代资本主义社会的阶级和阶级关系的实质、状况和特征。在所谓的"晚期资本主义社会"、"后工业社会"或"后现代社会"，社会阶级仍然客观存在，阶级划分和阶级政治仍然具有现实意义，马克思主义的阶级分析具有持续的、强大的社会解释能力和指导作用。然而长期以来，马克思主义阶级理论遭遇各方面挑战，必须结合当代资本主义变化的新情况创新理论和方法，回应挑战，运用马克思主义阶级分析方法深刻分析当代资本主义社会。本书提出：一是从生产关系和权力关系的层面认识和理解阶级关系的本质和含义；二是从民族国家范围和全球范围相结合的视角考察西方阶级关系的变化和发展；三是从历史与现实的统一中动态地考察西方阶级关系的演变及特征；四是从阶级分析法和其他社会分析法的综合运用上全面考察现代西方社会关系。

第二，全球资本家阶级与全球工人阶级的形成与对立。本书着重考察经济全球化条件下资本主义的变化，研究考察全球资本家阶级和全球工人阶级的逐渐形成及主要特征，以及当代工人阶级结构、规模、地位和处境的变化，全球化条件下阶级关系与阶级冲突和斗争的新情况和新态势。从全球资本主义生产方式的不断扩张这个事实出发研究当代资本主义和资本家阶级可以看到，一个跨国的全球资本家阶级正在形成之中。这表明资本家阶级历经数百年的发展进入一个新的阶段。目前这一阶级正在逐步形成之中，其构成和特征也在逐渐成熟中。与全球资本家阶级逐渐形成相随而行的，是全球工人阶级（全球雇佣劳动者阶级）的逐渐形成和发展。全球化条件下的工人阶级，也有着与以往时代工人阶级不同的构成、特征和活动方式。随着全球资本家阶级集团的逐渐形成及其在全球经济、政治和意识形态领域日益占据统治和主宰地位，随着全球劳动力市场的形成，全球性资本—劳动关系越来越明显地表现出两大阶级对立的特征，更为清晰地反映了资本与雇佣劳动两极对立的性质。但相对于全球资本家阶级的逐渐形成和强势地位而言，全球工人阶级的形成可以说是被动的、不自觉的过程，但随着资本主义危机的发展，工人阶级的阶级意识逐渐复苏，工人阶级的斗争也呈现激进化趋势。

第三，西方工人阶级的数量与构成的变化及实质。20世纪70年代以来，发达资本主义国家的工人阶级在内涵与外延、结构与组成、生产与生活等各个方面发生了深刻变化。书中对当代发达资本主义国家工人阶级发展演变进行了典型的实证分析，旨在通过对工人阶级的数量和结构变化，对工人阶级队伍中两个重要组成部分即女性和移民工人状况，以及作为工人阶级生活状况两个突出特点即失业和贫困化，尤其是国际金融危机以来主要发达国家工人阶级生活的急剧恶化进行详尽考察，所得出的结论是：尽管工人阶级已经和正在发生诸多变化，但本质上仍然保持着作为工人阶级本身固有的基本特征，即作为受资本剥削的雇佣劳动者的地位并没有发生实质性改变，但工人阶级的意识和行动能力发生了很大变化，实现工人阶级固有的历史作用和使命充满复杂性和艰巨性。

第四，西方工人阶级与左翼政党之关系的变化。在历史上，工人阶级是共产党和社会民主党等西方左翼政党的"天然选民"，然而今天的情况却发生很大变化。本书从大量的数据分析中得出结论：传统上作为工人阶级政党的西方左翼政党，现在已经不再能够以这个标签来简单界定。虽然有的左翼政党，尤其是以共产党为代表的激进左翼政党，在传统体力工人中仍然拥有很高的支持率，但总体上看，左翼政党的支持群体越来越趋于多元化。不仅早已脱下"工人政党"外衣的社民党如此，共产党等激进左翼政党也表现出同样的发展趋向。工人阶级与左翼政党间天然的牢固联系已经被打破了。为什么工人阶级不再是左翼政党的"天然选民"呢？总的来说，工人阶级与左翼政党关系的变化，建立在两个基本变化基础之上：工人阶级自身的发展变化降低了工人阶级对左翼政党的直接认同，而左翼政党政治代表性的削弱也对工人阶级支持取向带来反向影响。正是这两种变化的交互作用，导致当代工人阶级很难再成为左翼政党命中注定的"天然选民"，而这也反过来也直接左右着左翼政党的未来发展前景。重建工人阶级同左翼政党的关系，特别是重新建立真正代表工人阶级的政党，是西方社会主义运动面临的迫切而艰巨的任务。

第五，西方工人阶级与工会组织之关系的变化。随着经济全球化的发展和资本主义政策的调整变化，西方国家工会遭遇巨大挑战。从其固有性质和功能看，一方面，发达资本主义国家工会有代表、争取和捍卫工人权益的作用；另一方面，西方工会长期以来遭受新自由主义力量的攻击和打压，工人权益和工会权利遭受严重侵蚀，会员率低下，工会自身的代表性和行动组织能力都面临严重问题。工人阶级对工会的认同和支持程度也较低，工会官僚化倾向也较为严重。工会出现了分裂和分散化现象，有些国家存在的工会多元结构及工会之间相互竞争等问题，使工会难以充分组织并真正代表工人阶级，也就很难发动工人联合起来抗衡强势的资本，难以形成影响政府政策的力量。为应对被动不利局面，摆脱困境，寻求转机和出路，西方国家工会也进行了种种探索和努力。西方国家工会只有重新塑造其作为工人阶级利益代表的积极形象，确立起其争取和捍卫工人阶级利益的实力和地位，才能扭转颓势，发挥作用。

第六，西方国家工人阶级的斗争与行动战略。本书深入分析了当前西方国家工人阶级运动与斗争的现状和特点：以缓和斗争方式为主，以剧烈抗议形式为辅；经济斗争凸显，政治斗争匮乏；局部抗议居多，联合行动有限。发达国家工人运动当前面临的阻碍因素主要有：工人阶级新时期斗争经验匮乏；抗议行动相对分散；内部竞争日趋严峻；缺乏与时俱进的理论指导；缺乏强有力的工人阶级政党支持。当前西方工人运动的战略与策略包括：注重联合左翼力量；坚持缓和与激烈斗争相结合；力促工人阶级国内与国际联合；坚持经济斗争与政治斗争相结合；培养工人阶级的阶级归属感；唤醒和培养工人阶级意识；加强左翼政党与工人运动的联系，等等。

第七，工人阶级与社会主义主体问题。在西方社会，长期以来存在所谓的"工人阶级主体性危机"论，典型观点包括"工人阶级消失论"、"工人阶级被同化论"、"工人阶级主体地位替代论"等。阻碍人们认清社会阶级结构的原因，一是"中产阶级占绝大多数"表象的遮蔽；二是全球化条件下工人全球流动和全球分工的影响；三是工人阶级构成和工作方式变化的影响。在当今发达资本主义国家，工人阶级经历了所谓的"中产阶级化"过程后，又经历着新一轮的"无产阶级化"，这进一步表明了西方工人阶级均质化趋势的加剧，也表明工人阶级社会地位和整体阶级利益在经历淡化和分散化的同时，也存在着另一种走向同质化的趋势。这有利于工人阶级意识的复苏和整合，也有利于工人阶级作为社会变革主体地位的逐渐觉醒和显性化。在西方国家，工人阶级并未消失，而且仍然占人口的大多数。工人阶级内部构成发生了重大变化，出现了差异化、层级化和多样化。这种状况表明，一方面，工人阶级仍然是推动西方国家社会变革的决定力量，仍然是实现社会主义的革命主体，其历史地位和历史使命没有改变。另一方面，工人阶级潜在的社会变革主体地位要转化为积极作为的现实主体力量，从"自在"阶级转变为具有明确阶级意识的"自为"阶级，仍然面临着许多复杂问题和巨大挑战。这两个方面，都需要我们结合新形势新情况全面把握和深入研究。

总之，本成果以马克思主义为指导，深入研究当代西方工人阶级与西方社会主义运动的重大问题，着眼于"西方工人阶级向何处去，西方社会主义运动向何处去"的主线和主题。它不同于一般的社会阶级阶层研究，也不同于具体的劳工运动研究，而是关于西方工人阶级与社会主义运动之关系的系统性、战略性研究，具有独特新颖的研究思路和视角。从本成果研究的主要问题看，既有对阶级问题和工人阶级问题的重要理论研究，又有对阶级结构和工人阶级运动的重大现实问题研究；既对西方主要国家工人阶级的变化作个案分析，又对它们作具体的比较分析，在此基础上把握诸种联系和共同特点，作抽象分析和综合研究；既有对工人阶级自身变化的研究，又有工人阶级与工会组织和各政党之关系的研究；既有当代西方工人阶级运动的状况和战略策略的研究，又有工人阶级运动与社会主义运动之关系的研究。全书结构合理，观点鲜明，逻辑清晰，资料丰富新颖，提出了许多独到创新见解，具有重要的学术价值、创新价值、实践意义，将对该领域相关研究和学科发展产生重要的影响和推动作用。我们欢迎各位专家和读者批评指教。

姜　辉

2015 年 3 月 3 日

第一章 当代资本主义社会的阶级与阶级关系

我们研究和把握发达国家工人阶级的现状及其变化，一个不可缺少的前提就是正确理解当代西方社会阶级结构发生了怎样的变化。而其中具有直接相关性的一些问题，在西方理论界曾引起过激烈争论，比如：在所谓的"晚期资本主义社会"、"后工业社会"或"后现代社会"，阶级划分还有现实意义么？社会阶级还能继续存在么？阶级政治过时了么？曾经作为社会学和政治学重要分析工具的阶级分析，还是否具有对社会现实及其变化的解释能力？本章将对当前西方理论界关于这些问题的论争作总体的论述，着重考察分析一些仍然倡导和支持阶级分析的代表性理论观点，然后根据马克思主义阶级理论对阶级和阶级关系的实质作阐释性说明，为以后章节对发达国家工人阶级的研究提供理论出发点和分析基础。

第一节 阶级划分和阶级分析过时了么？

阶级研究和阶级分析一直是西方社会学和政治学等领域争论激烈的主题。20世纪80年代末以来，围绕阶级问题的争论又出现了讨论和争论的高潮。我们可以从一些理论杂志书刊的文章标题中略见一斑："社会阶级正在死亡吗？""后工业社会中阶级还能够继续存在吗？""阶级还有意义吗？""阶级分析还有前途吗？""阶级分析何去何从？""阶级政治是否终结？"等等。争论的焦点与此前不同的是：此前的争论主要是在承认社会阶级客观存在的前提下，围绕阶级定义、阶级划分、阶级结构、阶级冲突、阶级意识等问题进行的，而20世纪80年代末以来的争论则凸显了对阶级和阶级分析本身是否存在的质疑（尽管这种质疑在此以前一直存在①）。

比如，美国社会学家特里·克拉克和西摩·利普塞特断言："阶级分析在最近的几十年里越来越显得不足了，因为传统的等级秩序已经衰落，新的社会差异也出现了。这些变化的累积影响正在从根本上改变社会分层的性质——要求我们对过去的理论加以切实的修正。"②英国社会学家雷·帕尔认为，传统的关于阶级结构—阶级意识—阶级行动之间的关联模式（SCA模型）是一种被社会理论家盲目遵循的教条，"结构、意识和行动的链式理论中的缺失环节尚未被发现，尤其是作为一种概念的阶级在社会学中不再具有任何作用"，"它建立在一种实际上并不存在的行动理论的观念基础之上"。这种主观臆断的模式是童话中并不存在的"皇帝的新衣"。他号召社会学家们抛弃掉虚置的"阶级"概念和阶级的"链式理论"，"让我们给皇帝穿上衣服"。③德国社会学家贝克则认同"个人主义化"的社会变化，认为现代社会中"个人主义的"文化已经同其过去所从属的阶级文化中分离出来，"社会阶级不再能够代替地位群体……个人的他或她本身成为现实生活世界中社会的再生产单位"。"阶级失去了其亚文化基础，不再被人们感受经历了"。④曾经以阶级分析的立场进行社会研究的英国社会学家安东尼·吉登斯，在20世纪90年代以后也采取了"后现代主义"视角，尽管他还含混模糊地承认阶级分析的相关性，但他的立场转变是不言而喻的，认为"生

---

① 比如美国未来学家奈斯比特在1959年就对阶级的衰落及其存在提出了质疑，主张抛弃"社会阶级"的概念。他当时说："在当今的美国，阶级概念对于澄清关于财富、权力和社会地位的资料来说，几乎毫无价值可言了。"参见 R. Nisbet " The Decline and Fall of Social Class" (《社会阶级的衰落》), *Pacific Sociological Review*, 1959: 2 (1): 11–17。

② T. N. Clark and S. M. Lipset: "Are Social Class Dying?" (《社会阶级正在死亡吗?》), in D. J. Lee and B. S. Turner: *Conflict about Class*, Longman Publishing, New York, 1996, p. 42. 中文参见［英］戴维·李、［英］布赖恩·特纳主编《关于阶级的冲突：晚期工业主义不平等之辩论》，重庆出版社2005年版，第52—61页。

③ R. Pahl: "Is the Emperor Naked?" (《皇帝是赤裸的吗?》) In D. J. Lee and B. S. Turner, *Conflict about Class*, Longman Publishing, New York, 1996, pp. 42, 89–97. 中文参见［英］戴维·李、［英］布赖恩·特纳主编《关于阶级的冲突：晚期工业主义不平等之辩论》，重庆出版社2005年版，第111—121页。

④ Ulrich Beck: *Risk Society: Towards a New Modernity* (《风险社会：走向一种新的现代性》), London: Sage 1992, pp. 130, 98.

活政治"（life politics）已出现并正在取代"解放政治"（emancipatory politics），而这种"生活政治"显示了个人在政治中的新作用，这暗含着作为集体性政治活动的阶级运动的衰微。①他在《现代性的后果》一书中对劳工运动等的评论也表现出这种立场："劳工运动和言论自由/民主运动都很'老'了，也就是说，还在本世纪以前，它们在某些形式方面已经建立得相当完善了。其他类型的社会运动更有'朝气'，也就是说，它们在最近几十年才逐渐占据了主导地位。"②他还明确表达了阶级政治式微的观点："随着工人阶级队伍的急剧萎缩以及东西方两极对立格局的消失，阶级政治的突出性和'左'与'右'的传统分界也模糊了。"③

以上列举的仅是一些代表性观点，它们从不同视角、不同程度上表达着这样的结论：随着资本主义经济、政治、文化和社会各领域发生的持续、巨大的变化，曾作为社会结构和社会分层研究之重要依据和工具的阶级划分已经过时了，至少也是不充分了。阶级的话语、阶级分析的概念和范畴，都是"工业社会"、"现代社会"、"早期资本主义社会"的产物，而在到来的"后工业社会"、"后现代社会"或"晚期资本主义社会"，它们都成了过时的、应该抛弃的陈旧东西，现在需要确立新的社会划分、运用新的分析概念和范畴来有效地解释当代社会。总的来看，阶级划分和阶级政治遭遇了诸多方面的挑战。

一　"后工业主义"的挑战

后工业主义对社会阶级划分和传统阶级结构的挑战不是最近的事情。在标志着资本主义不同发展阶段之分水岭的 1973 年，丹尼尔·贝尔发表了《后工业社会来临》一书，引发了关于"晚期资本主义"阶段的社会结构、阶级结构、经济组织、社会权力再分配等的讨论热潮。贝尔根据社会经济结构和组织形式的变化，认为不同于以往工业社会的后工业社会已

---

① 参见 A. Giddens，*Modernity and Self-Identity*（《现代性和自我认同》），Cambridge：Polity Press，1993。
② ［英］安东尼·吉登斯：《现代性的后果》，译林出版社 2000 年版，第 141 页。
③ ［英］安东尼·吉登斯：《左派瘫痪之后》，俞可平主编：《"第三条道路"与新的理论》，社会科学文献出版社 2000 年版，第 25 页。

经来临，在后工业社会，是知识而不是私人资本，成为社会的轴心原则，成为社会创新和发展的源泉和动力。一种新的、有独特地位的新阶级即"知识阶级"已经形成，他们是社会的潜在统治者。贝尔的著作也使得西方理论界开始重新审视传统的阶级分析，关注关于"新中间阶级"的兴起和重要性、"新工人阶级"的形成、知识工人和技术人员的经济社会作用、"新阶级"的经济社会权力等一系列问题。①

20世纪70年代中期以后，欧美理论界关于"新阶级"兴起的著述很多，尽管对什么是"新阶级"见仁见智，但毫无疑问的是，这些作者都认为传统的阶级划分理论，特别是马克思主义关于资本主义社会两大阶级对立的理论，已经被社会发展所超越，"新阶级"逐渐发展起来，打破传统的阶级划分界限，并可能逐渐取代旧的阶级。美国学者艾尔文·古德纳在1979年发表了著作《知识分子的未来和新阶级的兴起》，认为在后工业社会，传统的劳资关系，资产阶级和无产阶级的对立，已经不再起主导作用。后工业社会的主要特征是文化资本取代了物质资本，相应的，由人文知识分子和技术知识分子组成的新阶级逐渐兴起，开展同原来控制着社会的资产阶级的斗争，以夺取统治权，实行以知识、理性和专业技术为基础的统治。因而，他称呼这个"新阶级"为"文化资产阶级"，其资本不是货币而是对有价值的文化的控制。后工业社会的新意识形态认为生产力主要依赖于科学和技术，社会的问题可以在技术的基础上，用通过教育获得的技能加以解决。这种意识形态使得公共领域非政治化，使得"新阶级"以外的所有其他社会阶级失去合法性。当然，古德纳认为这个"新阶级"当时还处于服务阶级地位，同工人阶级一样还在一种工资制度中谋生，但它预示了从异化的劳动中解放，其对社会的统治地位会逐渐确立。②美国学者斯科特·拉什和约翰·尤里在20世纪80年代末期发表的著作《组织化资本主义的终结》中，结合当时发达资本主义国家社会和阶级结构变化的情况，特别强调了"服务阶级"的重要性和影响，认为

---

① 参见 D. Bell *The Coming of Post - Industrial Society*, New York: Basic Books, 1973. 中文版参见〔美〕丹尼尔·贝尔《后工业社会的来临》，商务印书馆1986年版。
② Alvin Gouldner: *The Future of Intellectuals and the Rise of the New Class*, Continuum Pub. Corp Press, 1979. 中文版参见〔美〕艾尔文·古德纳《知识分子的未来和新阶级的兴起》，江苏人民出版社2002年版。

这一不断增长的受雇群体很少属于工人或资本家,是一种强大的"第三种力量",它处于传统的劳资关系之外,一旦发展起来,"这种新阶级就会使劳资关系发生变化,并且对整个资本主义社会产生不可挽回的、非组织化的影响"①。另一位美国学者彼得·德鲁克在 20 世纪 90 年代出版了著作《后资本主义社会》,认为发达国家已经走出资本主义社会而进入后资本主义社会,这种新社会的核心资源是知识。资本主义社会的两大社会阶级——资本家阶级和工人阶级——都被取代了。经过二战后发展起来的"生产力革命",无产者最终被"富裕的"中产阶级所取代,而资本家阶级则在经过"管理革命"后,被"职业经理"阶级所取代。"后资本主义社会的阶级划分是知识工作者和服务工作者,而不是资本家和无产者。"②

上述可归于后工业社会理论的观点对传统的阶级划分提出了重要挑战,但我们看到,不论其理论的说服力和挑战的程度如何,它们还都在使用"阶级"概念和阶级划分的方法,虽然对各自提出的"新阶级"有不同的指向和界定。而 20 世纪 90 年代中期以后发展起来的一些后工业社会理论则主张抛弃掉"过时的"阶级概念和阶级分析方法,认为当代社会的重要标志就是阶级解体和社会差别和分层的多元化,阶级的概念和话语已不再适用于作为解释社会和学术研究的主要话语和方法了。这里举出两个具有代表性的观点。

一是美国社会学家特里·克拉克和西摩·利普塞特的观点。他们认为,随着传统等级秩序的衰落,原来由其所维系的严格的阶级关系也必然衰落。同 19 世纪和 20 世纪初期的情况相比,人们的社会阶级特征在不断淡化。他认为新的社会划分的发展趋势是"社会分层的破碎化"(the fragmentation of stratification)。这主要表现在三个领域,(1)政治领域:政治行为和活动已较少围绕阶级来动员和组织,这集中反映在阶级选举的衰落,即受阶级归属影响的投票行为的消失。他采用衡量阶级投票程度的

---

① Scott Lash and John Urry: *The End of Organized Capitalism*, Blackwell Publishers, 1987. 中文版参见[美]斯科特·拉什、[美]约翰·尤里《组织化资本主义的终结》,江苏人民出版社 2001 年版,第 210 页。

② Peter F. Drucker: *Post - Capitalist Society*, London: Butterworth - Heinemann Ltd. 1993. 中文版参见[美]彼得·德鲁克《后资本主义社会》,上海译文出版社 1998 年版,第 4—9 页。

奥尔福德指数①在许多国家都普遍下降的现象来证明自己的观点。他认为,传统的左翼—右翼维度已经发生了彻底改变,西方出现了不是基于阶级政治而是"新政治"的"新左翼",他们强调的是社会问题而不是传统的政治问题。那些受到良好教育、拥有更多财富的青年人,更是倾向于远离传统的阶级政治。(2)经济领域:经济的增长瓦解了等级制阶级分层,富足削弱了等级制和集体主义,成为新的市场个人主义的源泉。经济的复杂性要求分散的、对需求敏感的决策,等级制集中决策越来越困难,这样,传统的权威、等级和阶级关系日渐衰微。(3)社会领域:家庭变小,等级制分层也被削弱,传统的家长制家庭越来越不能成为社会分层的模式。从教育和工作方面来看,家庭作为社会分层之基础的重要性越来越降低了。社会流动已较少由家庭决定,而更多地取决于个人的能力和受教育情况。综合上述三个方面的情况,克拉克和利普塞特的结论是:阶级分层变得越来越不明显,尤其是那种有明显阶级区分的生活方式已经难以找到了。虽然他们还认为不应彻底抛弃阶级的概念,但断言"社会阶级正在死亡"。②

二是英国社会学家雷·帕尔的观点。他从否定阶级分析的"结构→意识→行动(SCA)"链式理论出发,认为这一理论是过分决定论的逻辑,实际上它是并不存在的主观臆造的理论。"阶级作为一种政治和社会变革力量是存有争议的,因为 SCA 链式理论中的各个环节并没有进行充分的理论论证,而且也没有经验表明这一模式在实际中有多大的关联。"他认为阶级作为一种解释工具,在当代社会分析中已处于弱势地位。首先,阶级分析是在 19 世纪制造业占主导、资产阶级和无产阶级之间的关系非常鲜明的时候产生的,而在 20 世纪后半期制造业地位下降、科技和服务业上升的时期,"建立在制造业基础上的阶级模型,必然与服务业为基础的经济难以适应"。其次,经济关系的全球化"已经使那种无产阶级

---

① 奥尔福德阶级投票指数(Alford Index of Class Voting),即美国社会学家奥尔福德设计的用来衡量阶级归属影响人们投票行为程度的指数,比如如果 75% 的工人阶级投票给左翼政党,而只有 25% 的中产阶级投票给左翼政党,那么奥尔福德指数就是 75 - 25 = 50。

② T. N. Clark and S. M. Lipset: "Are Social Class Dying?"(《社会阶级正在死亡吗?》) in D. J. Lee and B. S. Turner, *Conflict about Class*, Longman Publishing, New York, 1996, pp. 42 - 48. 中文版参见 [英] 戴维·李、[英] 布赖恩·特纳主编《关于阶级的冲突:晚期工业主义不平等之辩论》,重庆出版社 2005 年版。

可以在国家范围内同资产阶级进行斗争的事情成为时代的错误"。再次，阶级这一概念已经被滥用了，其外延无所不包，虽然不能完全否定和忘却"阶级"这个概念，但它"已成为了一个过度滥用以至没有意义的术语而被轻蔑地摒弃使用了"，"阶级这一概念在比较和历史社会学的更高层面的分析中不再具有价值"。人们应该停止按照阶级的假设采取行动，而要超出 SCA 主观链式结构的束缚，更多地去研究地域、种族、宗教、性别以及社会边缘群体等实际问题。[1]

二 "后福特主义"的挑战

后福特主义的挑战同后工业主义的挑战密切相关，二者侧重点不同：后工业主义的挑战关注经济结构和阶级结构的整体变化和发展趋势，后福特主义的挑战则具体关注资本主义企业生产方式的变化对劳资关系造成的影响，特别是对工人阶级的影响。

第二次世界大战后到 20 世纪 60 年代末 70 年代初，发达资本主义国家经济企业主要采用福特制生产方式。其基本特征是以泰勒制进行劳动组织和以大规模生产消费商品为基础。生产的机械化、自动化和标准化形成流水线作业及相应的工作组织，工作任务被分割为小块，由经过快速培训即可胜任的低技能工人进行，管理部门对劳动过程完全控制，工人缺乏对劳动过程的自主性。劳资之间就工资增长等问题形成集体谈判制度；凯恩斯主义国家干预政策、充分就业政策与福利国家制度得以推行，并且维系和调节着大规模生产与大规模消费之间的平衡。福特制生产方式对劳资关系产生了很大影响，一方面，由于流水线作业上的分工很细，使劳动高度紧张而又单调，工人的熟练技术贬值。资本家和管理者对生产的控制加强，工人对生产过程丧失自主性，劳动异化程度加深。另一方面，福特制生产方式的一个重要社会后果，就是造成了"群众性工人"，这是大规模生产和消费的产物。在这种生产条件下，工人阶级相对同一化，同质性增强，为形成统一的、群众性的工会组织和工人集体行动创造了前提条件，也促进了工人阶级意识的普遍化。福利制度使工人的收入增加，生活有一

---

[1] 参见 R. Pahl "Is the Emperor Naked?" in D. J. Lee and B. S. Turner: *Conflict about Class*, Longman Publishing, New York, 1996; pp. 42, 89-97。

定保障。集体谈判制度增强了工人阶级的地位和政治、经济权力。福特主义的生产结构和社会福利结构，以及相对长期稳定的经济繁荣，使阶级力量对比和阶级关系固定化、制度化。

到了 20 世纪 70 年代中期以后，发达资本主义国家由于石油危机等因素的综合作用，经济发展出现"滞胀"现象，随之发生了福特主义生产和消费方式的结构性危机。经济全球化的发展使传统的国家干预政策和福利国家制度受到严峻挑战，科技发展和市场化发展使泰勒制、大规模生产和标准化商品消费都难以为继。20 世纪 80 年代，随着里根主义和撒切尔主义在政治上占主导地位，新自由主义取代凯恩斯主义成为资本主义的主流意识形态，为资本主义在全球的扩张提供思想和理论条件。在生产过程和劳动组织方面，以信息技术、微电子技术为先导的新技术革命、产业革命和管理革命，使资本主义的经济结构、劳动市场结构、阶级结构发生剧烈而深刻的变化。福特主义生产方式被后福特主义生产方式所取代。所谓后福特主义，就是一种为适应高度全球化的生产方式，所形成的一种更为灵活和更适应复杂竞争环境的生产体系。其生产方式的主要特征被人们称为"弹性专业化"（flexible specialization）。与福特主义相反，它采取更小型、更灵活的生产单位，以满足更大范围以及各种类型的特定消费者需求，也能够适应多元化市场发展的需要。从阶级关系上看，资本家阶级通过组织的弹性增强了对工人的谈判能力。通过"改制"或"重组"，法人资本主义统治的经济、政治和社会权力都大大增强。而工人阶级则分散化，工会力量受到严重削弱，工会会员人数减少，工人的集体谈判能力和集体行动能力下降。从劳动力市场看，福特制条件下的充分就业政策已不存在，各国家失业率上升。就业方式也发生很大变化，非全日制就业人数增加，有越来越多的女性加入劳动力队伍中，就业女性目前约占主要资本主义国家全部就业人数的 40%—50%，外籍劳工人数也不断增加。工人阶级内部多样化，社会流动和人口流动侵蚀了原来的工人阶级共同体利益。

西方许多学者认为，在 20 世纪 80 年代以后，"普遍的无产阶级生活方式"已不存在，传统意义上的工人阶级逐渐衰亡。英国学者海曼将 20 世纪 80 年代不断加速的工人阶级的分化概括为：（1）从集体主义向个人主义转化。表现为工会会员人数减少，工人对集体决定和集体行动响应能力下降。

(2) 工人阶级内部分化，越来越分化为工会成员—非工会成员、全日制与非全日制、中心—外围、长期就业—临时就业等。(3) 工人之间的排他主义，根据雇主、职业、经济部门或产业领域来划分，彼此竞争和排斥。(4) "有组织的工人阶级"分裂，阶级认同感日益淡化。[1]美国学者拉什和尤里将70年代中期以后的资本主义称为"非组织化的资本主义"，其中阶级关系变化的显著特征有：(1) 经济中工业生产能力被削减时，核心工人阶级（制造业中的体力劳动者）的绝对人数和相对人数都减少了。(2) 劳资关系中集中谈判的地位和重要性下降了，伴随着从泰勒制向更灵活的工作组织转变，公司和企业层级的谈判增加。(3) 资本主义生产在许多第三世界国家的扩散，导致不少冶炼、制造等基础行业的竞争加剧，发达国家工人阶级的部分工作被转移到国外，使发达国家的产业结构向服务业转移。(4) 政党的特性和阶级属性减弱。选举的阶级性下降，政党代表特定阶级利益的能力和程度降低。(5) 文化分裂和多元主义的发展严重销蚀了阶级意识。[2]总之，拉什和尤里认为，"非组织的资本主义"的结构变化导致工人阶级能力的衰退，整个产业无产阶级按照自己的设想改造社会的力量被极大削弱了。英国历史学家唐纳德·萨松则认为，在后福特主义时代，"那种以工厂为基础的庞大的工人阶级不再是必要的了"，福特制生产时代的工人对于资本主义来说变得不太重要了，现在资本主义需要的是数量少、高工资、高弹性、熟练的工人。"这种熟练的工人现在是相当富裕的群体，是真正的'无产阶级贵族'，非常稳固地融入市场经济中，共同分享着消费资本主义的富足，他们需要那种非常类似于19世纪手工行会的组织，而不是需要后来的那种大规模的、政治化的工会来保护自己。"[3]上述著述的观点虽有差异，但都认为，在后福特制时代，传统的阶级划分越来越不适宜了，福特制时代工人阶级的数量、构成、组织形式、生活方式、行为能力等，都发生了大的变化。如果还按照传统的工人阶级定义（工业领域全日制就业

---

[1] R. Hyman: "Trade Unions and the Disaggregation of the Working Class". In M. Regini (ed.), *The Future of Labour Movements*. London: Sage, pp. 150 – 168.

[2] Scott Lash and John Urry: *The End of Organized Capitalism*, Blackwell Publishers, 1987. 中文版参见［美］斯科特·拉什、［美］约翰·尤里《组织化资本主义的终结》，江苏人民出版社2001年版，第7—8页。

[3] Donald Sassoon: *One Hundred Years of Socialism*, London: I. B. Tauris, 1996. 中文版参见［英］唐纳德·萨松《欧洲社会主义百年史》（下册），社会科学文献出版社2008年版，第751页。

的体力男性工人阶级为主体），那么就应该像法国学者安德烈·高兹在20世纪80年代初断言的那样，已到了"告别工人阶级"的时候了。[1]

三 "后现代主义"的挑战

后现代主义与上面所说的后工业主义和后福特主义有很大关联，但就其对阶级和阶级分析的挑战来说，它们之间又有很大的不同。西方的后现代哲学否定和打碎西方传统哲学的理性"建构"，对"结构"的东西进行"解构"，倡导多样性、差异性和无中心性。反映到对阶级和阶级分析的挑战上，其主要观点是：在以往的社会分层领域中，一般都强调经济解构和阶级解构的重要性，强调这些结构对人们的日常生活、政治行为等的决定性影响作用。无论是马克思主义的阶级分析理论，还是其他的阶级分析理论，都是如此，甚至后工业主义和后福特主义也是以经济结构、社会结构和阶级结构的变化为理论出发点的。而在后现代社会，阶级的概念没有什么意义，以阶级为基础的社会认同和归属是不存在的，每个个人都有多元、交叉的身份特征，而且个人的身份特征不是外部决定或外生的，而是自己的生活方式、价值标准、消费实践所决定的，这些都销蚀和解构了阶级结构和阶级归属。

德国社会学家贝克在1986年（英文版1992年）发表了反思现代社会和现代性的著作《风险社会》，其中第三章论述当代社会超越身份和阶级的问题。他认为，我们生活的现代社会实际上是后封建的，还保留着传统成分，包括家庭归属和亲属关系，以及更重要的，是阶级归属和阶级文化。但在后现代社会，阶级认同是不稳定的，阶级成员身份也不会在代际之间再生产出来。在当代社会，阶级体制正经受着个人主义浪潮的冲刷。现代社会发生着两种相反的过程：个人主义化和社会化。社会不平等不再是以集体人群或阶级为单位，而是"不平等的个人主义化"（individualization of inequality）；而社会化也不再是工业社会的那种经济维度的社会化，而是个人逐渐追求加入"新的社会—文化共同体"。所以在后现代社会，个人主义化和群体的文化价值取向逐渐取代了以传统的集体性的、由

---

[1] André Gorz: *Farewell to the Working Class: An Essay on Post–Industrial Socialism*（《告别工人阶级：关于后工业社会主义的论文》），London: Pluto, 1982.

经济地位决定的阶级。①

一些从后现代主义方法的视角研究问题的学者，倾向于从文化角度（而不是经济和政治的角度）来研究社会分层，也认为这是后现代社会的主要特征。澳大利亚社会学家马尔科姆·沃特斯等人在20世纪90年代进行了一项关于"阶级的死亡"研究课题，他本人重点研究了社会分层模式的历史演替过程，认为社会分层随着时间的变化而变化，在不同的历史时期有不同的社会分层模式占支配地位。②阶级分层模式只是19世纪西方社会占支配地位的分层模式，它以私人所有权和经济生产为基础。而这以后，它逐步让位于20世纪以国家和组织体制为基础的社会分层模式。而进入21世纪，占支配地位的社会分层模式转移到"生活方式和价值认同的精神性共同体上来"。沃特斯根据马克斯·韦伯的社会分层理论，基于占支配地位的社会分层模式在经济、政治和文化三个领域随历史变更的转移，论述了四种依次更替的社会分层模式：(1) 在地产等级社会（an estatist society，即前资本主义社会——作者注），经济、政治、文化混合在一起，没有哪个单独占支配地位。(2) 在阶级社会（a class society），产生于经济领域的利益群体之间相互斗争，社会分层集中于经济领域的阶级之间的竞争。比如19世纪的资本主义社会，马克思的阶级理论就是这个时代的产物。(3) 在命令社会（a command society），社会分层则受政治和国家领域支配，重要的阶层是政治权力集团，这个集团由政治—官僚精英构成，它们对一个或多个处于从属地位的集团进行权力控制。精英集团通过强制的政治权力来支配经济和文化领域。阶级则是通过确立同政党的联系，基于政治的而不是经济的方式来组织。20世纪大部分时间里都是这样的社会分层模式占支配地位。(4) 在地位—惯习社会（a status-conventional society），社会分层形成于文化领域，社会阶级是生活方式或基于价值的地位共同体，它们之间"形成有差异的价值认同模式、身份、信仰、符号含义、趣味、意见或消费"，由于这些因素的短暂和脆弱的本质，"基于惯习、地位

---

① 参见 Ulrich Beck *Risk Society: Towards a New Modernity*, London: Sage, 1992. 中文版请参见 [德] 乌尔里希·贝克《风险社会》，译林出版社2004年版。

② Malcolm Waters: "Succession in the Stratification System", in D. J. Lee and B. S. Turner: *Conflict about Class*, Longman Publishing, New York, 1996, pp. 71—83. 中文版参见 [英] 戴维·李、[英] 布赖恩·特纳主编《关于阶级的冲突：晚期工业主义不平等之辩论》，重庆出版社2005年版，第90—91页。

共同体的社会分层体制看起来像移动的马赛克",文化领域的这些东西破坏了政治、经济领域的稳定。国家因为不能获得大众的支持而被削弱了,而经济因为既不能控制工人也不能控制市场也被削弱。由于文化价值占据支配地位,国家和经济被分散化。在上面四种模式的演替过程中,并不是旧的模式被完全取代,它们失去支配地位而服从于主导地位的分层模式。而在20世纪晚期以来的后现代社会,"社会分层明显地表现为文化的而不是社会的,关注生活方式而不是生活机会,关注消费而不是生产,关注价值而不是利益"。

20世纪80年代以来,一些所谓的"后马克思主义者"受后现代主义哲学的影响,对马克思主义的阶级理论提出批判并"重构"。比如,英国"后马克思主义"的主要代表人物恩斯特·拉克劳和查特尔·墨菲就认为,传统马克思主义的阶级观念完全是一种本质论、决定论和还原论的理论,是后现代主义所批判的"宏大叙述"之类的具有普遍主义和本质主义特性的东西。现代资本主义的发展使"阶级"和"阶级斗争"这样的概念和范畴式微。他们认为,它们只适合于马克思生活时代的社会条件和现实,那个时代的社会在很大程度上是阶级社会。而在当代社会,由于现代社会中迅速的技术变革和晚期资本主义的深刻变化,那种以集体认同为基础的"阶级"在日趋衰落。"一个世纪之后,我们生活于其中的社会越来越不是一个阶级的社会了,因为作为马克思'阶级'理论基础的群体身份的一致性再也不存在了。我们这个时代还存在着剥削、对抗和斗争,但斗争(包括工人斗争)却越来越不再是阶级斗争了。"[1]曾经作为革命主体的工人阶级,已经变得不再是一个统一的集体组织,已经变得支离破碎了。我们所生活的社会已经不再是无产阶级和资产阶级相对立的社会,而是一个利益日益多元化的社会,是一个充满了多样性、差异性、由各个社会阶层的不同利益构成的社会,它不能简单地归结为以"阶级的客观利益"为基础的对立冲突的社会。与之相随的,是多元社会变革主体的出现,这是"新"社会主义的主体。他们认为,社会主义不再是以工人阶级为主体的解放运动,而是由多元主体组成的"新社会运动"。变革主

---

[1] E. Laclau &C. Mouffe: *Hegemony and Socialist Strategy* (《霸权和社会主义战略》),Verso. 1985, pp. 164 – 165. 中文版见 [英] 恩斯特·拉克劳、[英] 查特尔·墨菲《领导权与社会主义策略》,黑龙江人民出版社 2003 年版。

体不仅仅是传统马克思主义理解的工人阶级及其同盟者农民阶级，而且还包括妇女、第三世界移民、学生等弱势群体或边缘群体。由此可见，所谓的"后马克思主义"虽然没有彻底否认阶级和阶级分析，但对传统的马克思主义阶级理论提出了挑战和批判，而且其理论实质和方法在一定程度上属于后现代主义之列。

四 "新政治"和"新社会运动"的挑战

所谓"新社会运动"和"新政治"，并不是统一的运动和组织形式，它既包括西方在20世纪70年代以来形成的反战和平运动、生态运动、女权运动、反经济帝国主义运动和反种族主义运动等相对成型和成熟的运动，也包括原教旨主义宗教运动、新生代运动、争取同性恋权利运动、争取动物权利运动等日常生活抗议活动。大多研究者认为，"新政治"和"新社会运动"的产生，主要是由于西方发达国家科技和经济的迅速发展导致了从工业社会向后工业社会的转化，人们的社会价值观念从物质主义和消费主义转向后物质主义，政治观念从传统的阶级、党派的权力政治转向多主体、多主题的群众抗议政治。

之所以说"新政治"和"新社会运动"对阶级和阶级划分提出挑战，是因为它们提出了不同于以阶级为基础的传统政治运动的价值观、主题、内容和方式。美国学者斯科特·拉什和约翰·尤里认为，"这些运动并不是由生产关系直接构成的，它们导致了对社会阶级、政治矛盾和文化经验界限的重新划分。"[1]美国社会学家克拉克和利普塞特这样写道："是什么在取代阶级呢？传统的'左—右'维度已经发生了彻底的改变，虽然人们还提及左的或右的，但它们的含义却不同了。"[2]他们认为，现在西方社会存在两个左翼，但社会基础是完全不同的：传统的左翼以工人阶级为基础，强调阶级政治和与阶级有关的问题；另一个左翼就是"新政治"或

---

[1] Scott Lash and John Urry: *The End of Organized Capitalism*, Blackwell Publishers, 1987. 中文版参见［美］斯科特·拉什、［美］约翰·尤里《组织化资本主义的终结》，江苏人民出版社2001年版，第253—254页。

[2] T. N. Clark and S. M. Lipset: "Are Social Class Dying ?" in D. J. Lee and B. S. Turner: *Conflict about Class*, Longman Publishing, New York, 1996, p57. 中文版参见［英］戴维·李、［英］布赖恩·特纳主编《关于阶级的冲突：晚期工业主义不平等之辩论》，重庆出版社2005年版，第52—61页。

"新社会运动",强调的不是阶级问题和传统政治问题,而是非阶级问题和具体的社会问题。

多数研究者认为,"新政治"和"新社会运动"有不同的斗争主题和价值取向。传统的左翼运动属于工业社会主义的运动,所反对的是工业资本主义的制度逻辑;而新社会运动属于从工业社会向后工业社会过渡时期的运动,反对的是"晚期资本主义"逻辑。"新社会运动"被认为是高度工业化、民主化的西方资本主义"丰裕社会"中的社会、政治和文化现象,被称为"一个饱和社会中的典型现象"。传统的左翼运动,特别是无产阶级革命运动的主题,是通过变革资本主义的生产关系来解放被束缚的生产力,消灭经济剥削,实现财富公平分配的,主要关注的是生产能力的增长和分配公平。而西方社会随着科技和生产力的高度发展,伴随着物质生活的富裕而来的是新的社会矛盾,人们在享受"丰裕社会"的同时又感到自己的自由、自尊、自主等自我价值受到了威胁,"新社会运动"的抗议主题就是这些新威胁和新异化。也有一些研究者把这区分为"物质主义"的价值取向和"后物质主义"的价值取向。"新政治"和"新社会运动"的主体也不同于传统左翼运动。传统的左翼运动,一般认为实现社会变革的主体是大工业产生的工人阶级,至少说工人阶级也是社会运动的重要力量,社会斗争被归结为阶级斗争。而"新社会运动"则反对阶级政治和阶级划分,其成员主要是西方发达社会所产生的"新中间阶级",它不同于传统的工人阶级,也不同于过去的中间阶级,它们不仅成分庞杂,包括和平主义者、绿党和生态主义者、青年学生、女权主义者、民权主义者、同性恋者等各色人群,而且具有不同的社会需要和价值追求。所以说新社会运动不存在统一的主体,只是不同类型的抗议人群。[1]概而言之,"新政治"和"新社会运动"的挑战集中在:在现代发达社会,政治动员的群体不是阶级成员,政治解决的问题也不再是阶级问题,阶级的术语和阶级分层的方法都不再适用了。

以上列举的四种挑战并不是孤立存在的,它们彼此交叉渗透,共同反

---

[1] 详细论述参见姜辉《西欧传统左翼政党与新社会运动的关系》,《当代世界与社会主义》2003年第5期,第46—49页。

映了资本主义经济、政治、文化和社会发生的巨大变化对传统社会认知和研究方法的挑战。在这样的背景下，原来作为社会分析主要范畴和范式的阶级概念和阶级分析方法，必须获得新的说明和阐释，以适应现代社会的发展变化，才能继续存在下去并具有社会分析上新的说服力。

第二节　阶级相关性的强调和论证

面对否定阶级分析和阶级分层的挑战和观点，一些坚持和强调阶级相关性和阶级分析的社会学家和政治学家，从诸多方面进行反驳和论证，并在20世纪90年代以来掀起了一场关于阶级问题的激烈争论。本节对这些支持和强调阶级相关性和阶级划分重要性的观点和理论做简要的介绍和概括。

阶级相关性的问题，就是阶级的概念、阶级分析法和阶级划分等是否能够有效地解释当代社会结构及其变化。这个问题的另一层面的含义是，社会阶级和阶级关系是不是当代社会中客观存在的事实和重要特征，每一个人是不是必然地属于一定的社会阶级。阶级相关性问题，是引发关于阶级论争的基本问题。在反驳上述挑战性观点的过程中，国外一些社会学家、经济学家和政治学家等，从不同角度和层面对阶级相关性进行了强调和论证。

一　阶级具有持续的重要性

英国社会学家理查德·斯凯思在20世纪90年代发表了一本题为《阶级》的小册子，对当时盛行的否定阶级和阶级划分的理论观点作了较为系统的批驳，并从资本主义社会结构、职业结构、分配关系、社会机会、权力关系等方面专门论证了阶级相关性，以及阶级在现代社会中存在的客观必然性。[1]在某种程度上，斯凯思赞同马克思的阶级理论和阶级分析方法，基本上从经济方面理解和界定阶级关系存在的客观性。他认为，虽然人们一般认为阶级与日常生活中的个人身份和社会关系没有相关性，但阶

---

[1] 参见 Richard Scase *Class*, Buckingham, Open University Press, 1992。中文版参见〔英〕理查德·斯凯思《阶级》，吉林人民出版社2005年版。

级确实对于深入理解西方资本主义社会的动力机制是非常关键的,社会阶级是资本主义社会的一种潜在性结构关系,是解释社会过程必不可少的因素。在社会学讨论中,往往把职业划分等同于阶级划分,这种对社会阶级的"经验性"定义通常不过是统计的人为产物,致使在描述社会现实方面,社会阶级比作为其成分的职业类型更加含糊和不重要。任何一种职业的人都不可避免地属于一定的阶级,各种社会组织实际上都是根据社会阶级建构的。不同的职业类型根源于不同的社会生产关系的方式,职业顺序是阶级关系的结果。不是职业决定了社会阶级的本质,而是阶级关系决定了职业的具体内容和职业顺序。斯凯思用图1—1描述了生产关系、阶级结构和职业类型的决定与被决定的关系。

社会阶级关系 → 阶级结构 → 职业类型

与资本职能有关的是:

(a) 所有权　　　　　　　　　(a) 股东和财产所有者

(b) 控制和协调　中产阶级　　(b) 董事、管理人员、高级专业人员

(c) 研究和技术发展　　　　　(c) 科学家、工程师和技术专家

与劳动职能有关的是:

(d) 生产经济剩余工人阶级　　(d) 生产性手工工人

(e) 完成必要的但非生产性任务　(e) 勤杂、秘书、日常"非手工"工人、"支持性"和维修工人

资料来源:[英]理查德·斯凯思:《阶级》,吉林人民出版社2005年版,第29页。

图1—1　斯凯思关于资本和劳动的职能、阶级和阶级类型

斯凯思认为,图1—1体现了马克思所说的那种阶级关系,他的结论是,"社会阶级研究和其变化的动力必须依然位于社会分析的中心。只有参考阶级,阶级是由经济、社会组织中的社会关系决定的,才有可能理解职业顺序中不断变迁的成分以及相关的各种形式的特权和劣势地位"。尽管从事各种职业的人一般不考虑阶级中主要的动力机制是其职业的决定因素,也是其处于控制或被控制地位的决定性因素,但是"人们普遍对组

织中的阶级关系的重要性缺乏理解这一点并不表明阶级不具有持续的重要性。"①

斯凯思在一定程度上赞同马克思的阶级理论，他的阶级概念和阶级划分图式也具有一定的合理之处，比如从经济方面特别是所有权方面来界定阶级，以劳资对立及其特征来划分阶级等。他坚决反对阶级消亡论，认为"阶级分析是内生于资本主义社会研究中的。西方工业社会是资本主义社会，因此，它们的经济发展是由这种或者那种阶级力量的相互作用决定的"。社会阶级将仍然是社会学分析的中心。将社会阶级排除在外就是阻碍社会学家分析存在于资本主义社会中的社会经济变迁的核心力量。但另一方面，斯凯思却认为，不论人们是否意识到自己的阶级地位，但这"不一定要导致政治上的激进主义或者个人参与到激进的社会经济变革中"，工人们的抗议活动"只是寻求资本主义秩序内的变革而不是资本主义秩序主导地位的变化"。②他认为，随着苏联、东欧等社会主义国家的解体，那种寻求推翻资本主义的政治运动是不现实的。他对"混合经济"、"第三条道路"和"福利资本主义"等的发展看好，认为瑞典那样的国家"所追求的那种改革主义或补偿性战略有可能是工人运动的主导战略"。虽然他认为社会阶级是资本主义社会固有现实的一部分，对于社会学家来说，也是理解社会结构和过程的分析框架的必要组成部分。但他又认为"20 世纪末期分享马克思关于废除阶级的观点已经被视为乌托邦了"，西方资本主义国家尽管客观存在着阶级关系和剥削关系，但是为公民提供福利和机会这方面也是突出的，于是他主张社会学家要将他们的研究重点从看上去毫无实践和政治意义的抽象范式转移开来，更多关注如何改善由阶级状况决定的经济分配和社会机会方面的不公平。可见，斯凯思的立场和观点是社会民主主义的，而不是马克思主义的。

二 后工业社会中阶级的继续存在

美国社会学者迈克·霍特、科莱姆·布鲁克斯和杰弗·曼扎针对否定阶级相关性的观点，做出了直接回击，肯定地得出结论，在当代社

---

① ［英］理查德·斯凯思：《阶级》，吉林人民出版社 2005 年版，第 29—30 页。
② 同上书，第 94 页。

会，阶级并没有死亡，否定阶级存在和阶级分析重要性的观点是主观的、片面的，没有充分的证据来证明。他们共同撰写了一篇标题为《后工业社会中阶级的继续存在》的文章，对自己坚持阶级存在和阶级分析重要性的观点做了论证。他们认为，在最近几十年里，随着后工业社会的兴起，发达资本主义社会的阶级结构确实发生了很大变化，但这并不等于说或证明了社会阶级正在死亡。在新的社会条件下，新的不平等源泉产生，也并不意味着原来的不平等源泉已经消失。在绝大多数国家，近几十年来体力工人减少了，但服务业的劳动力人数比例却增加了。"这些变化告诉我们，19世纪的阶级模式已不再充分了，然而向更加复杂和多元的阶级模式的转变，并不意味着阶级正在死亡。资本主义社会里以阶级为基础的不平等的继续存在，意味着在可见的未来，阶级的概念必将也应该在社会学研究中发挥重要的作用。"①霍特等人对否定阶级相关性的论点逐一驳斥，指出这样的观点把社会阶级同社会等级等其他分层概念混淆起来，用其他因素的变化否定了阶级的存在。他们理解的阶级定义与马克思的阶级定义有一致之处，认为阶级是同生产资料和劳动市场相关的，这是个人收入、财富和社会地位的重要决定因素。阶级之所以是社会学研究不可缺少的概念，是因为：其一，阶级是物质利益的关键决定因素；其二，结构上定义的阶级导致或影响寻求变化的集体行动者的形成；其三，阶级成员身份影响生活机遇和个人行为。

从自己理解和界定的阶级定义出发，霍特等人论证了在新的社会条件下阶级继续存在的理由，认为当代资本主义社会中仍然存在许多表明阶级不平等的方面。第一，资本主义社会中仍是由资产阶级占有控制着绝大多数社会财富，不同资本主义国家中占人口百分之一的最富有的人掌握着巨额社会财富。第二，财富占有者通过资金捐赠、阶级内组织网络、利用政府权力、间接控制投资决定等渠道，在很大程度上影响着国家政治进程。第三，统治阶级通过教育优先权把这种优势一代一代传下去。

---

① [美]迈克·霍特等：《后工业社会中阶级的继续存在》，[英]戴维·李、[英]布赖恩·特纳主编：《关于阶级的冲突：晚期工业主义不平等之辩论》，重庆出版社2005年版，第75页。

霍特等人深刻地意识到，"私有财产仍以生产资料的所有权为基础。资本主义财富和收入不平等的加剧，"几乎在所有的情况下都是通过生产资料所有权建立的"。① 高科技冠军比尔·盖茨，商业巨头沃尔顿等，他们之所以致富，主要是因为他们拥有生产资料。从事套利活动的银行家收取高额费用，大经理们从拥有股票中获取的远比他们的工资高很多。实际证明，收入方面由生产资料所有权决定的阶级之间的差异是非常显著的。通过各种统计数据分析，阶级结构的变化并没有改变阶级对收入的重要影响。霍特等人还对中产阶级扩大造成的影响进行了分析，认为这也不能否定阶级之间不平等的存在。在资本主义社会，有越来越多的人口更加贫困化，而且出现了"新贫穷"。长期失业或从事边缘化职业的人口不断增多，由于对居民多种收入来源的剥夺而造成的低收入地区也很多。总的来说，当代阶级结构中始终存在的上层阶级的财富和权力，底层阶级不断增长的贫穷和退步，都表明那种认为"阶级已经死亡"的观点是站不住脚的。他们在文章结尾不无警示地说，"作为公民和社会学家，我们非常愿意生活在阶级不平等已消失的世界里，但是，我们还是援引葛兰西的一段话来表明，即'阶级社会还未消亡，而真正的无阶级社会还没有诞生'。"② 可见，霍特等人的观点更加接近马克思主义的阶级分析和对资本主义的批判，但也认为马克思主义的阶级分析在解释现代社会方面是不充分的，他们的阶级概念和方法旨在把新马克思主义和新韦伯主义的阶级理论结合起来。

三 严肃的阶级话语再次成为可能

按照马克思主义的观点，阶级问题从根本上说是经济问题，是由经济地位和经济关系所决定的，因而阶级相关性问题不仅是社会学领域的重要问题，对于经济学来说也是如此。现在，西方主流经济学一般不谈阶级，只谈生产要素、稀缺资源的配置、边际效益和市场运作，用物的

---

① ［美］迈克·霍特等：《后工业社会中阶级的继续存在》，［英］戴维·李、［英］布赖恩·特纳主编：《关于阶级的冲突：晚期工业主义不平等之辩论》，重庆出版社2005年版，第67页。

② 同上书，第75页。

关系取代人的关系，用产品关系取代现实的社会经济关系，因而作为经济学领域重要概念和范畴的"阶级"被淡出，阶级变得与现代经济学没有关联了，也就是说，在西方主流经济学领域，阶级相关性问题本身就不存在。然而，也有一些"非主流"经济学家从经济学角度为阶级存在和阶级划分辩护，对阶级相关性作出新的论证。其中的一位典型代表人物，是美国经济学家迈克尔·茨威格。①他的文章《作为一个经济学问题的阶级》，对西方主流经济学怎样把阶级话语逐渐排除出去，用其他话语和关系将其湮没，从而掩饰客观存在的阶级关系，作了深刻的揭示和批判。

　　茨威格从西方经济学发展史上分析，指出阶级本来就是经济生活的一个重要特征，从18世纪的亚当·斯密到20世纪的凯恩斯，都高度重视阶级在经济中的地位和作用。特别是到了20世纪后期，由于西方经济学关注的范围和主题发生了转换，阶级在经济学领域变得似乎不再重要，并被逐渐淡出。茨威格主要分析了西方经济学的两次概念、范畴和方法的转换，及其对阶级相关性问题产生的明显影响。其一，市场在经济学中占据核心地位并简化了复杂的经济关系。研究市场运作，只是把它作为组织和配置稀缺资源的一种单纯机制，并将其作为经济学关注的专属领域，只是注重市场的技术性特征，其形式化的数学模型占据了支配地位。这样，市场机制脱离了复杂的社会关系，经济学的领域被大大缩减了，并掩饰了权力关系，也就是掩盖了阶级关系。"当我们重新明确经济学的传统领域是对支配生产、交换和分配的社会过程的研究时，阶级就变得具有相关性了。在我们把阶级理解为主要是权力而不是收入或生活方式的时候，尤其如此。权力在经济关系中的运作经常是阶级动力的标志，而且经常经过很长的过

---

　　① [美]迈克尔·茨威格（Michael Zweig），是美国纽约州立大学经济学教授，研究领域主要是政治经济学和劳动经济学，近些年来主要致力于阶级问题和工人阶级研究，任该大学工人阶级生活研究中心主任。该方面的主要代表作是《工人阶级多数：美国保守最好的秘密》（The Working Class majority: America's Best Kept Secret. 2000）；主编《阶级与其有何相关？21世纪的美国社会》（What's Class Got to Do with It? American Society in the Twenty‑first Century. 2004），还有诸多关于阶级问题的论文发表。

程才决定市场结果。"① 其二，边际主义革命及其分析方法替代了经济关系中的阶级区分，掩盖了阶级剥削的实质。20世纪以来，边际主义在经济学中逐渐占据统治地位。它简单地变换了经济学主题，挑战着古典经济学的理论和方法，也挑战着马克思的剩余价值理论和剥削理论。边际主义经济学奉行的原则是，如何使用给定的可用资源使利润或快乐最大化。人们采取的经济行为，要使所增加的边际收益等于所增加的边际费用，就要研究更好地配置稀缺资源，以实现利润等的最大化目标。茨威格认为，边际革命不讨论阶级关系及其蕴含的权力关系，特别是资本家阶级与工人阶级之间的权力关系，"边际主义者取代那些人与人的关系，倡导人与产品之间的关系，或简单的产品与产品之间的关系"。② 它只是关注多用一个工人或多用一件资本设备，最终要增加多少产出。边际主义论者否定劳动价值论和剥削理论，认为工人的工资相当于工人所生产产品的边际价值，因为包括劳动、资本和土地在内的所有生产要素都要得到补偿，它们作为生产投入的最后单位产生了边际价值，这样工人、资本家和地主都在总的价值中得到应有的份额。茨威格认为，边际主义者就是通过所谓的边际分析，掩盖和抹杀了阶级区别。他们把每一个人都视为相同的经济主体，唯一的区别是名称或特定的功能不同，每一生产要素都与其他要素一样，都要在市场上获得最好的回报。他援引约瑟夫·熊彼得的话来评价边际主义经济学："社会阶级不是活生生的、斗争着的实体，而是附属于经济功能（或功能范畴）的符号而已。每个人本身也不是活生生的、斗争着的存在，他们仅仅是继续充当晾衣绳，在其上面挂晒着各种经济逻辑的命题。"③

从上面可以看到，茨威格从西方主流经济学的演变过程中，看到了代表资产阶级利益的统治阶级经济学对客观存在的阶级关系的掩盖和抹杀，强调要从权力关系这个角度重新理解社会阶级的区分。他的见解无疑是深刻的，是对否定阶级存在的观点的有力驳斥，是对阶级

---

① Michael Zweig: "Class as a Question in Economics", in John Russo and Sherry Lee Linkon (ed.), *New Working-Class Studies*, Cornell University Press, 2005, p. 99.
② Ibid., p. 101.
③ Ibid., p. 102.

相关性的捍卫和论证。他的一些见解同马克思的阶级理论有相同之处，在某种程度上是对马克思阶级分析方法的辩护，但他并不完全服膺马克思的理论。他曾这样说："阶级在承载着经济学解释力量的同时，也承载着意识形态的重荷。但是，承认阶级在经济学中的重要性，并不一定要接受马克思赋予工人阶级的那种先验的革命意义。"①茨威格在美国这样所谓"没有阶级的社会"，在新自由主义经济学流行的时代，坚持阶级存在的客观性，为阶级在经济学和社会学等领域的相关性作激烈而严肃的辩护，对西方主流经济学和社会学的观点进行有说服力的批判，颇有启示意义和典型性。他的著作《工人阶级多数：美国保守最好的秘密》和《阶级与其有何相关？21世纪的美国社会》等，对于揭穿美国社会是"无阶级社会"或"中产阶级占大多数"的神话，是非常有价值的。他在一些著作中强调，要彻底改变对美国社会中阶级的理解，应从"富人与穷人"这一笼统的划分转变为"工人与资本家"的划分；不能从收入、财富或生活方式来划分阶级，而必须从权力（统治和被统治）的角度来理解阶级；民族、性别等的划分不能代替阶级划分，等等。他通过调查得出的结论是：在美国，占劳动力绝大多数的是工人阶级，比例约是62%；资本家阶级仅占2%；这两个阶级之间的中间阶级约占劳动力的36%。②这意味着，美国实际上是一个阶级界限鲜明的社会，而且仍然是少数特权阶级控制和支配着人口占大多数的工人阶级。他在另一篇文章里指出21世纪初期美国社会的状况时说："在八年或十年以前，以权力术语表述的阶级范畴，工人阶级、资本家阶级，似乎如此远离政治对话，以至于它们对于建设性的政治争论是无用的。但今天甚至主流的评论员也正日益频繁地提到工人阶级、阶级斗争，并在总体上以阶级术语贯穿其文章……严肃的阶级话语再次成为可能，并充满生机、奥妙和信

---

① Michael Zweig: "Class as a Question in Economics", in John Russo and Sherry Lee Linkon (ed.), *New Working-Class Studies*, Cornell University Press, 2005, p. 108.

② 参见 Michael Zweig *What's Class Got to Do with it? American Society in the Twenty-first Century*, Cornell University Press, 2004, pp. 1–17。

心。"①

以上列举的几个代表性人物及其观点，从不同领域和角度对阶级相关性和阶级分析方法作了严肃而有力的论证。在西方主流意识形态及其社会学、政治学和经济学等理论长期以来否定阶级的存在、否认阶级对立、为资本家阶级作辩护、缓和阶级矛盾和维护既定社会秩序的环境下，上述观点和立场在西方发达国家一般被视为"另类"或"非主流"。他们中有的赞同马克思主义的阶级理论，有的接近或采用马克思主义的理论和方法，有的不赞同甚至反对马克思的阶级观点和方法；但不论如何，它们都对"阶级死亡论"、"阶级融合论"、"阶级趋同论"、"中产阶级化"等理论观点进行了有力的驳斥，对统治阶级及其意识形态掩盖客观阶级矛盾、冲突和对立进行了深刻的揭露和批判。尽管他们对阶级的定义、特征、具体划分和表现形式有着不同的理解，但对于我们正确认识发达国家的"社会结构真相"，认清其基本的社会矛盾和变化发展规律，从而更自觉地运用马克思主义阶级理论和方法分析和研究问题，是具有启示价值的。

第三节 马克思主义阶级理论面临的挑战及评价

从关于阶级概念、阶级分析方法以及阶级相关性的争论中，特别是20世纪80年代末以来国外学者激烈甚至针锋相对的辩论中，我们看到：一方面，"阶级"的概念和方法在学术领域和社会实证领域，遭遇了空前的挑战，可以说出现了话语危机、阐释危机、存在危机；另一方面，他们各自理解使用的"阶级"概念不尽相同，甚至有很大差异，以致界定不明、含义混乱。究竟什么是阶级？马克思的阶级概念和阶级分析方法真的像一些人说的那样"过时"了么？一些学者重新界定的"阶级"是否能够更有效地解释和说明现代社会呢？或者真的需要彻底抛弃"阶级"概念及其方法而代之以其他？

---

① [美]迈克尔·茨威格：《有关阶级问题的六点看法》，人大经济论坛 http://www.pinggu.org。

一 马克思主义阶级理论遭遇的挑战

为了说明和弄清这些问题，我们有必要回顾马克思的阶级理论和阶级分析方法。阶级理论是马克思主义的重要组成部分，是马克思主义理解社会形态和历史变迁的钥匙。列宁认为，"阶级关系——这是一种根本的主要的东西，没有它，也就没有马克思主义"。① 这突出地强调了阶级和阶级斗争理论在马克思主义学说中的地位。阶级分析方法是马克思主义认识和分析问题的基本方法。马克思主义的阶级分析，是以历史唯物主义为理论依据，认为阶级是特定历史时代的经济关系的产物，同人类社会生产力发展的一定阶段相联系。马克思在其著述中关于阶级和阶级斗争的论述是清晰和丰富的。他在《共产党宣言》中指出："至今一切社会的历史都是阶级斗争的历史。"②在阶级社会里，生产力和生产关系的社会基本矛盾通过阶级与阶级之间的关系体现出来，对立阶级之间的对抗性关系最终通过阶级斗争才能解决，因而成为阶级社会发展的直接动力。处于相互对立地位的阶级，"进行不断的、有时隐蔽有时公开的斗争，而每一次斗争的结局都是整个社会受到革命改造或者斗争的各阶级同归于尽。"③而表现为在资本主义社会的特点，就是"它使阶级对立简单化了。整个社会日益分裂为两大敌对的阵营，分裂为两大相互直接对立的阶级：资产阶级和无产阶级"④。

关于阶级的划分标准，马克思主义认为，"社会阶级在任何时候都是生产关系和交换关系的产物，一句话，都是自己时代的经济关系的产物。"⑤作为划分人们阶级关系和属性的根本标准，仍然是人们对生产资料的关系。列宁继承马克思的阶级理论，对阶级下了一个明确的定义："所谓阶级，就是这样一些大的集团，这些集团在历史上一定的社会生产体系中所处的地位不同，同生产资料的关系（这种关系大部分是在法律上明文规定了的）不同，在社会劳动组织中所起的作用不同，因而取

---

① 《列宁全集》第41卷，人民出版社1986年版，第92页。
② 《马克思恩格斯文集》第2卷，人民出版社2009年版，第31页。
③ 同上。
④ 同上书，第32页。
⑤ 《马克思恩格斯文集》第9卷，人民出版社2009年版，第29页。

得归自己支配的那份社会财富的方式和多寡也不同。"①判断人们的阶级属性，依据的是生产关系，主要是对生产资料的占有或非占有。在资本主义社会，划分阶级的根本依据是资本与雇佣劳动的关系。

可以说，马克思主义关于阶级和阶级划分的基本理论和基本观点是明确、清晰的，它在现代社会中遇到的挑战也明显体现在对这些基本理论和观点的质疑和否定上。从上面概括分析的关于阶级问题的争论中，我们看到，对马克思主义阶级理论的批评和否定主要有以下几个基本理论挑战点。

（1）马克思主义把阶级关系单纯归结为经济关系，特别是归结为对生产资料的关系，而忽视政治、社会、文化等的多种关系和特征；

（2）与上一点相联系，马克思主义仅仅把对生产资料的占有或非占有作为划分阶级的标准，而在实际生活中，还有劳动方式、收入、职业、生活习惯、价值观念等许多标准和关系可作为社会划分的依据；

（3）马克思主义把资本主义社会的阶级关系简单划分为资产阶级和无产阶级两个阶级的对立，而后来特别是第二次世界大战其他阶级阶层的形成和发展，特别是"中产阶级"的形成和发展，证明了社会分层和阶级划分的多元性和复杂性；

（4）马克思主义赋予工人阶级的地位和历史使命是没有现实根据的，对工人阶级"团结一致"地形成统一的社会整体也是与实际不符合的，战后工人阶级的分化、阶级意识的淡化、集体行动能力的下降等情况说明了这个问题；

（5）事实证明马克思主义的"阶级"概念过于主观，与现实生活中人们的社会归属和自我认同不符合，比如在现代社会中，人们很少愿意把自己归入"无产阶级"行列，而更多或者愿意归入"中产阶级"群体，或者根本不愿意确认自己的"阶级"身份；

（6）仅仅以阶级划分社会人群是不够的，甚至不是社会划分的主要维度，还有从性别、民族、宗教、文化等维度所做的更现实、更重要的社会划分。

对马克思主义阶级理论提出的以上六点挑战、质疑和否定的观点，

---

① 《列宁全集》第37卷，人民出版社1986年版，第13页。

虽然不是这方面立场和观点的全部，但其基本的代表性立场大体上可见一斑。

二 对马克思主义阶级理论的不同评价

西方学术界、理论界对待马克思主义阶级理论，以及对待一般性阶级划分与阶级分析方法的具体立场、态度和价值取向，可概括为以下几种类型：

1. 信奉和支持马克思主义阶级理论，并努力运用马克思主义的理论框架、观点和方法来解释现代社会的变化发展。

比如美国社会学家哈里·布雷弗曼，英国经济学家理查德·海曼，[①]美国经济学家迈克尔·茨威格，美国社会学者迈克·霍特等人的立场和观点。他们分别在社会学、政治学、经济学等领域捍卫马克思主义的阶级理论和阶级分析方法，阐明其对于说明和解释现代社会的相关性和重要性，批驳那些认为马克思主义阶级理论"过时"、"无效"和"错误"的观点，并试图结合科技、经济、政治和社会的变化发展，重新阐释、补充和运用马克思主义的阶级理论。他们中有的理论很有系统性，也很深入，比如布雷弗曼的《劳动与垄断资本》，被西方著名马克思主义者保罗·斯威齐认为是对马克思《资本论》最好阐释和运用的著作之一；茨威格的《工人阶级多数：美国保守最好的秘密》，以及主编的《阶级与其有何相关？21世纪的美国社会》，霍特等人的文章《后工业社会中阶级的继续存在》等，都是运用马克思主义分析美国社会结构和阶级结构的系统之作。总体上说，他们的理论和方法是遵循马克思主义的，许多观点和结论都是以现实发展为依据，有的见解对于我们运用和发展马克思主义阶级理论很有启示价值。从具体观点看，他们有的也公开承认自己某些看法与马克思的观点不尽相同，比如茨威格强调马克思主义的阶级理论是正确有效的，但认为马克思主义的阶级范畴承担了太多意识形态的

[①] 本章没有专门介绍理查德·海曼（Richard Hyman）的观点，因为他主要的研究领域是劳资关系。其代表作是《劳资关系：一种马克思主义的分析框架》（*Industrial Relations: A Marxist Introduction*），中文版由中国劳动社会保障出版社2008年出版。这是运用马克思主义的理论和方法研究劳资关系的系统性著作，其中涉及资本和雇佣劳动问题以及现代资本主义国家工人阶级的问题。

重负，而且赋予了工人阶级一种先验的革命使命；迈克·霍特认为马克思主义的阶级分析在解释现代社会方面是不充分的，于是试图把新马克思主义和新韦伯主义的阶级理论结合起来等。

2. 认为马克思的阶级理论在一定意义上有价值，但需要在基本理论框架、主要观点上进行较大的补充和修正。

这种立场和观点的典型是当前被称为"新马克思主义"阶级分析理论的代表人物，主要有德国社会学家拉尔夫·达伦多夫、美国社会学家埃里克·奥林·怀特等人。新马克思主义阶级理论与马克思主义阶级理论有一定的渊源关系，其代表人物并不是全部信奉马克思主义的阶级观点，有的还持质疑和批判的态度，有的认为自己的学说和理论是"补充"、"发展"或"创新"了马克思的阶级理论。

拉尔夫·达伦多夫根据马克思以后社会关系的变化，分析了社会结构和各社会阶级的深刻复杂变化，提出了自己的社会阶级与冲突理论。主要代表作是《工业社会的阶级与阶级冲突》和《现代社会冲突》。他认为，马克思以后西方工业社会发生的变化，首先是"资本的分解"，即所有权和控制权的分离。"在把资本主义社会的变迁根源追溯到工业生产领域这一点上，马克思无疑是正确的，但是这些变迁所迈进的方向却和马克思的预期相反。"①"不具生产功能的资本家"让位给了"没有资本的管理层"。这样，马克思所预测的同质性的资本家阶级事实上并没有发展起来，资本以及资本主义已经分解了，在阶级冲突上具有三个方面的影响：一是参与社会冲突的群体构成发生了变化。二是冲突的本质发生变化。不但管理者同资本家发生冲突，也同工人发生冲突。三是冲突模式发生变化，"这一新的冲突到底还能不能被称为阶级斗争，因为劳动者已经不再和一个同质性的资本家阶级相对抗了"②。这与马克思关心的整个社会分为两大同质的敌对阵营阶级不一样。其次是"劳动的分解"，即劳动技术和分层。今天的工人阶级，远非是一个同样缺乏技能、同样赤贫的人们所组成的同质群体，历史也瓦解了劳动所占据的单一位置和它所扮演的单一角色。熟练技术工人、半熟练工人、非熟练工人组成的阶层有很大差异，其利益要求也不一致，

---

① [美]戴维·格伦斯基编：《社会分层》，华夏出版社2005年版，第81页。
② 同上书，第82页。

还常常相互冲突和对立。这样，马克思所说的由于生活条件和地位的日益一致而高度团结的工人阶级，是很难出现的。再次是阶级冲突制度化。资本与劳动之间的对立和冲突，不再是激烈对抗或暴力冲突，资本与劳动之间的紧张关系作为劳动力市场的结构的一条准则得到认可，并形成了合法的制度。最后是"权威"的分配是社会冲突的决定性因素。马克思认为，阶级冲突的根源是财产的所有制关系，而拉尔夫·达伦多夫则引入"权威"的概念，认为权威引起社会冲突，不同的地位有着不同的利益，占有不同的权威。他认为与生产方式的所有权相比，权威是一种更为一般性的且更具重要意义的社会关系。

美国的赖特在西方是阶级理论的著名代表人物，被视为当今新马克思主义阶级理论的最主要代表。他的阶级测量和阶级分析模型试图将马克思关于阶级的定性分析与自己的定量实证分析相结合，被认为具有创造性。赖特的著述很多，大多是围绕阶级和阶层这个主题进行的研究。主要代表作是《阶级》（1985）、《关于阶级的争论》（1990）和《阶级盘点：阶级分析的比较研究》（1997）。他最引人注目的研究成果就是提出了"矛盾的阶级位置"理论。提出这个理论的目的，是为了在当代西方社会结构发生很大变化的条件下，补充和修正马克思关于资本主义社会两极分化的理论，同时也为了回应西方出现的"新阶级"、"新小资产阶级"、"中间阶级"等理论和观点。其主要观点是，划分阶级的标准是三种控制权：一是对金钱资本或投资的控制权；二是对物质资本或物质生产资料的控制权；三是对劳动的控制权。而控制权根据掌握程度，分为四个等级：全部控制、部分控制、少量控制、没有控制。这样在资本家阶级、小资产阶级、工人阶级之间，存在一些矛盾的阶级位置，即既占有又不占有、既控制又不控制，或部分占有、部分控制的位置。比如，在资本家阶级与工人阶级之间的矛盾阶级位置是中高层经理、技术管理者、工头、监督人员，他们对金钱资本、物质资本或对劳动有部分或较少控制权；在工人阶级与小资产阶级之间的矛盾阶级位置是半自主的雇员，半独立雇佣劳动者，他们对金钱资本和劳动没有控制权，但对物质资本有少量控制权；在小资产阶级与资本家阶级之间的矛盾阶级位置是小雇主，他们对金钱资本和物质资本有控制权，对劳动也有少量控制权。这样的资本主义阶级结构如图1—2所示。

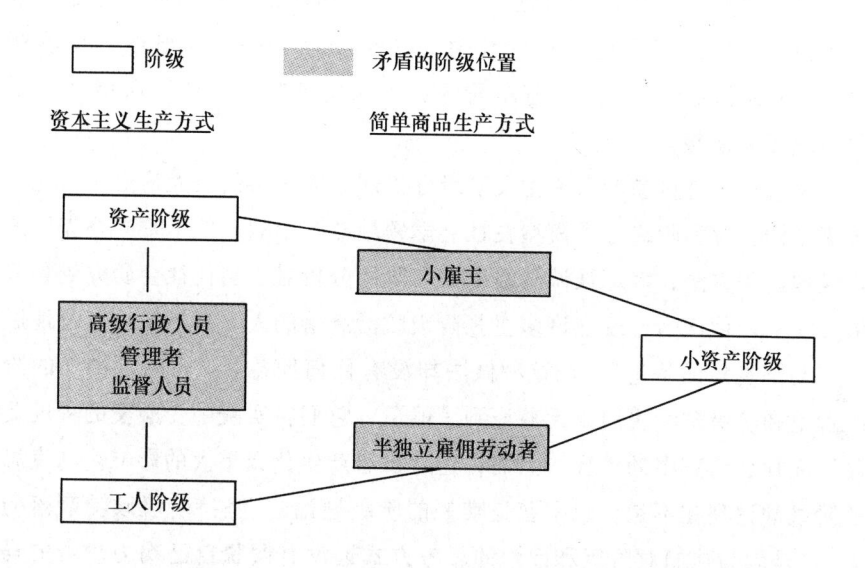

图 1—2　赖特关于当代资本主义阶级结构简图①

3. 不赞成马克思主义的阶级理论，但却认为阶级及阶级分析与划分本身具有持续的意义和作用。

这种立场主要以"新韦伯主义"派等其他类型阶级理论代表人物为代表。比如英国社会学家安东尼·吉登斯和约翰·戈德索普，就是这样的观点和见解。吉登斯认为，马克思在阶级概念上着重强调生产资料所有权问题，由此划分出一种相对简单的阶级结构，而实际上发达社会的阶级结构要复杂得多。他认为，阶级不是实体，不存在加入一个阶级群体的问题，阶级只是一种特殊的"聚合体"，具有相似的经济地位和生活方式的特征。阶级地位取决于"市场能力"（market capacity），占有生产资料者可能会处于更有利的地位，但工资劳动者占有劳动力，因此二者不是单向的受控关系。无论是生产资料还是劳动力，都可以在市场

---

① ［美］埃里克·欧林·赖特著：《阶级》，刘磊、吕梁山译，高等教育出版社 2006 年版，第 51 页。

的讨价还价中起作用。马克思没有认识到"市场能力"并不是直接来自财产所有权。市场的阶级地位是平等的，不存在谁控制谁的问题，谁更有力量，取决于谁是"稀缺价值"（scarcity value）。①根据"市场能力"，资本主义社会有三个基本阶级：上层资产阶级、中产阶级和下层阶级或工人阶级。

戈德索普是目前新韦伯主义阶级分析理论的著名代表人物之一，他的阶级结构测量和阶级分类模型在社会学领域颇有影响。他不赞同马克思的阶级理论和方法，但却强调阶级范畴和阶级分析对于当代社会研究仍具有借鉴意义。他认为，现在许多主张阶级政治衰落的人，都是反反复复地展开"与马克思的争论"，而这种做法却没有任何助益。"马克思主义的阶级理论和阶级政治决定论无疑遭到了颠覆，它们在实践中受颠覆的程度要甚于在社会研究中的情况。然而，这并没有产生什么重大的影响。马克思的阶级理论现在不是，也不曾是唯一的阶级理论。"坚持阶级政治衰落的人，"是因为他们对阶级和政治的思考方式远没有摆脱自己竭力攻击的马克思主义的影响"②。戈德索普阶级结构模型中的阶级，尽管也没有完全否定其社会关系的意义，但主要是根据职业类别划分的，把职业视为划分不同阶级的主要标准，这样其使用的阶级概念的含义与马克思使用的阶级概念有实质性的区别。

表 1—1　　　　　　　　戈德索普的阶级分类

全部分类	7 分类阶级	5 分类阶级	3 分类阶级
1. 高层专业人员、行政管理人员和政府官员；大企业中的经理；大业主			
2. 较低层专业人员、行政管理人员和政府官员；高级技术人员；小企业中的经理；非体力雇员的监管人员	1 + 2 公务人员阶级		

---

① 参见李强《社会分层十讲》，社会科学文献出版社 2008 年版，第 94—98 页。
② [英]约翰·戈德索普：《发达工业社会的阶级和政治》，参见[英]戴维·李、[英]布赖恩·特纳主编《关于阶级的冲突：晚期工业主义不平等之辩论》，重庆出版社 2005 年版，第 244—245 页。

续表

全部分类	7分类阶级	5分类阶级	3分类阶级
3a. 在较高级的（如行政和商贸）机构中的非体力雇佣办事人员	3a + 3b 非体力办事人员	1—3 白领工人	非体力工人
3b. 在较低级的（如销售和服务业）机构中的雇佣办事人员			
4a. 雇佣他人的小业主和手艺人	4a + 4b 小资产阶级	4a + 4b 小资产阶级	
4b. 不雇佣他人的小业主和手艺人			
4c. 农场主；小股东；第一产业中的自我雇佣者	4c 农场主	4c + 7b 农业工人	农业工人
5. 低级技术人员；体力劳动的监管人员	5 + 6 技术工人	5 + 6 技术工人	体力工人
6. 技术体力工人			
7a. 非农产业的版技术体力工人	7a 非技术工人	7b 非技术工人	
7b. 第一产业中的农民和其他雇工	7b 农业体力工人		

4. 完全否认阶级及阶级划分对于研究和阐释现代社会的意义。

本章前面介绍的"后工业主义"、"后福特主义"、"后现代主义"以及"新政治"等派别的挑战，一般都认为，任何阶级概念和阶级分析方法都"过时"了，阶级只是过去的传统概念，在现代社会中已经失去了阐释话语权和使用价值，没有实际意义了。一些人认为，无论是马克思主义或新马克思主义为典型的"强"阶级理论，还是以韦伯主义或新韦伯主义为典型的"弱"阶级理论，抑或是试图将它们综合协调起来的诸种其他阶级理论，对于研究和解释现代社会复杂而多变的生活来说，都没有什么特殊的价值和意义。现代社会中形成的非阶级性划分或冲突的事实，比如民族、宗教、种族、地区的分裂或冲突等，都削弱了关于阶级的不可缺少性或中心性的观点。一些学者"建议干脆抛弃'阶级'这个词，原因是关于'阶级'的各种各样可能的政治和哲学的含义使得它对于独立的分析没有什么用处了"①。有的学者提出,"一旦抽除了同马克思主义的联系,'阶级'这一术语还能包含什么样的解释能力呢?"② 有的观点认为,人们的社会身份认同在现代社会中很少以阶级为标识,阶级认同在推论上的显著特征几乎是微不足道的,任何阶级理论都不能解释现代社会的重要社会变革。既然如此,与其滥用阶级的概念,不如彻底抛弃它,采用切实显然的概念。比如,有的人批评现代的阶级分析论者,既然他们已经把阶级的含义降至社会统计学意义上的职业集合的地位(比如新韦伯主义者的阶级理论),这样的理论已经成为"根本没有阶级理论的阶级分析",那么为什么还要保留使用"阶级"这个概念呢?英国社会学家帕尔这样讲,"我只是想表明,如果这个概念不再能够发挥什么有益的作用的话,我们就应该停止按照它假设的作用采取行动。如果天真地坚信这样的观点——即只要我们竭力坚持它,阶级最终会再次具有主要的分析价值——并没有什么益处。"③帕尔认为"阶级"的概念已成为童话中人人看不见又唯恐揭穿其不存在的"皇帝的衣服",呼吁"让我们给皇帝穿上衣服"。

第四节 正确认识当代西方阶级关系的几个主要问题

阶级问题既是复杂深刻的理论问题,也是同经济社会的发展变化密切相关的现实问题。由于研究者的领域、视角和方法的不同,以及立场和价值取向的不同,对阶级问题分析评判所得出的结论必然不同,甚至相反。然而在阶级社会里,阶级是一种客观的社会存在,阶级关系不是主观的、偶然的社会分化现象,而是由社会物质生产关系所决定的不以人的意志为转移的客观的现实社会关系,是一定时代的生产关系和交换关系的必然产物,"在分工的范围内,私人关系必然地、不可避免地会

---

① [英]戴维·李、[英]布赖恩·特纳主编:《关于阶级的冲突:晚期工业主义不平等之辩论》,重庆出版社2005年版,第2页。
② 同上书,第21页。
③ 同上书,第118—119页。

发展为阶级关系，并作为这样的关系固定下来"①。时代发展和社会变迁，经济、政治和社会环境的变化，会对社会结构和阶级结构的内容与形式以及人们对它们的认识与意识产生直接的、重要的影响，但这不会改变阶级和阶级关系存在的客观事实，不会使阶级和阶级关系消亡。只有到了以生产力高度发展为前提，社会分工失去了阶级冲突、阶级差别等阶级实质和属性，人类真正实现了自由、平等发展的共产主义社会，阶级和阶级关系才会彻底消亡。那么，我们如何客观地分析评判当代西方社会关于阶级问题的争论呢？如何正确认识当今经济社会环境下西方社会阶级关系的状况及其变化呢？以下几个方面的重要问题，是相关研究者需要认真研究和把握的。

一 从生产关系和权力关系的层面认识和理解阶级关系的本质和含义

"什么是阶级？"这是一个始终争论、没有一致答案的问题。对它的不同认识和回答，决定了人们对社会结构、社会关系、阶级阶层关系的不同观点见解及不同的研究方法。秉持马克思主义的阶级理论和方法，阶级首先体现的是人们在生产中的地位和相互关系，其中最根本的，是对生产资料的占有关系，以及由此决定的人们在生产中的权力关系和分配关系。阶级是经济范畴，再严格地说，是政治经济学的概念，它关注的是生产关系，而不是资源和要素配置等生产力的问题。阶级概念同政治经济学中的商品、资本、价值等概念一样，是一种抽象的规定，反映的是深层的本质关系。"分析经济形式，既不能用显微镜，也不能用化学试剂。二者都必须用抽象力来代替。"②因而，阶级也不同于社会学侧重关注的具体职业群体、职业统计的人群分类；也不同于以收入水平差异、性别种族差异、生活习惯方式差异等因素等所进行的社会分层。正是因为阶级是一个抽象的规定和范畴，是纷杂的社会现象和表象背后的深层的社会地位关系，所以属于一个阶级的人并不必然就自觉地认识到自己的阶级属性，正如购买一件商品不必

---

① 《马克思恩格斯全集》第3卷，人民出版社1965年版，第513页。
② 《马克思恩格斯文集》第5卷，人民出版社2009年版，第8页。

然就认识到其中蕴含的人与人之间的关系一样。因而，判断特定的人或人群的阶级属性，不能根据其主观爱好和选择，而是根据其在特定经济关系中的客观地位及其所决定的在一定的权力关系中的位置。

具体到西方发达资本主义国家的阶级关系，则必须从资本与雇佣劳动的两极对立中来把握当代资本主义阶级关系的性质及变化。马克思主义以生产关系特别是对生产资料的关系为标准划分阶级，揭示了资本家阶级与无产阶级之间对立的根源。资本同劳动的对立，是"资本家和工人作为一种生产关系的两极所具有的性质"，① 这是资本主义本质关系与经济规律的客观体现。一个人不论从事什么职业，收入多少，是什么性别和种族，只要他不占有生产资料而唯一出卖劳动力，就客观地属于被资本剥削和统治的雇佣劳动这一极。西方发达资本主义国家经过战后30年的"黄金时期"，生产力有了大的发展，生活水平普遍有了提高，由之产生的一种流行观点是，随着社会财富的增长和生活水平的提高，工作方式的变化，原来的大多数劳动者都步入"中产阶级"的行列了，工人阶级正逐渐消失。这种以生活水平和生活方式判别阶级的观点，马克思曾做过分析评判，他说："所谓资本迅速增加对工人有好处的论点，实际上不过是说：工人把他人的财富增殖得愈迅速，落到工人口里的残羹剩饭就愈多，能够获得工作和生活下去的工人就愈多，依附资本的奴隶人数就增加得愈多。这样我们就看出：即使最有利于工人阶级的情势，即资本的尽快增加改善了工人的物质生活，也不能消灭工人的利益和资产者的利益即资本家的利益之间的对立状态。"② 而且，工人增加的只是生活资料，不是生产资料。按照生活水平可以划分穷人和富人，但在资本主义社会的阶级关系下，"根本不是穷人和富人之间的这种无概念的关系，而是雇佣劳动和资本的关系。"③ 至于职业的区分，劳动方式的变化，也不影响或改变劳动从属于资本的客观性质和事实。"'粗俗的'人的理智把阶级差别变成了'钱包大小的差别'，把阶级矛盾变成了'各行业之间的争吵'。"④ 马克思在论述政治经济学方法的时候说，"如果我抛开构成人口的阶级，人口

---

① 《马克思恩格斯全集》第46卷上册，人民出版社1979年版，第254页。
② 《马克思恩格斯文集》第1卷，人民出版社2009年版，第734页。
③ 《马克思恩格斯全集》第47卷，人民出版社1979年版，第331页。
④ 《马克思恩格斯全集》第4卷，人民出版社1965年版，第343页。

就是一个抽象，如果我不知道这些阶级所依据的因素，如雇佣劳动、资本等等，阶级又是一句空话"。①

当今时代，经济全球化迅猛发展，资本—雇佣劳动关系在整个世界恣意扩张蔓延，这正是需要运用马克思主义阶级分析方法来分析当代资本主义和当代世界的时候。而就在这个时候，却也是无视、抛弃阶级分析方法最严重的时候。在西方，甚至一些长期自称为"左翼"的理论家，也采取折中主义和实用主义的态度。正如西班牙学者卡米洛·卡奇指出的那样，"他们害怕利用马克思的理论进行分析，……一些知识分子对回避资本—劳动的普遍矛盾，也就是对回避社会主义是对资本主义的替代的第三条道路更有兴趣。""在那里，社会阶级、阶级斗争、资本主义、资本积累、剩余价值、帝国主义、国家和其他的现实都不存在了，因为在简单的关于人、人群和公民的抽象当中，它们都被挥发了。"②西方一些有识之士在新的社会现实面前再次强调阶级话语和阶级分析的意义，比如美国学者詹姆逊就认为，"'阶级'既是一种依然存在的社会现实，也是社会意识的一个活跃的组成部分，它给我们提供关于世界的各种图画。……在整个领域，没有任何其他东西比阶级的含义更加复杂，尤其是在今天。以为阶级范畴多少有些过时和多少有些斯大林主义色彩而放弃这一极其丰富和事实上尚未涉及到的分析领域，将是马克思主义的一个极大错误。"③这种看法对于正确认识当今社会的阶级问题和马克思主义阶级理论不无启示价值。在进入 21 世纪后的第一个十年，资本主义爆发了新的经济危机，失业率居高不下，社会两极分化严重，跨国资本家阶级对超额利润无限制的贪婪追求和对世界各国工人越发赤裸裸的剥削，以及"中产阶级"的幻象逐步让位于"再无产阶级化"的严酷现实，等等，都真切而迫切地需要以反映真实的经济关系和权力关系的阶级分析来说明现代资本主义社会，而且这样的阶级分析再不能回避资本与雇佣劳动这些根本的因素和关系，否则，一切的话语又可能会变成"空话"。

---

① 《马克思恩格斯全集》第 46 卷上册，人民出版社 1979 年版，第 37 页。
② ［西班牙］卡米洛·卡奇：《用阶级斗争观点批判"全球化"的意识形态》，《环球视野》摘译自 2006 年 6 月 11 日西班牙《起义报》，http：//www.globalview.cn。
③ 载于俞可平主编：《全球化时代的"马克思主义"》，中央编译出版社 1998 年版，第 79 页。

二 从民族国家范围和全球范围相结合的视角考察西方阶级关系的变化和发展

随着全球化的迅速发展，阶级形成与阶级关系发展的条件、基础、范围、要素等都在发生重大变化，阶级分析的框架和维度也要随之进行调整和变化，必须以当今时代具体的经济、政治、社会环境与条件为现实依据。其中一个迫切要求的转变，就是阶级研究和分析的视角，要从以往聚焦于民族国家范围转向关注民族国家范围与全球范围的各种因素的交互作用。国外一些研究者已敏锐地意识到这个重要转变。比如美国学者威廉·罗宾逊就指出，全球化已经使以往"局限于国家社会内部的阶级"分析方法"变得不再合适和充分"，"全球化迫使我们必须对阶级分析中的某些根本前提进行修改，尤其是从定义来看，阶级依附于民族国家这一观点"[1]。无论是研究西方资本主义国家阶级关系状态和变化，还是研究发展中国家阶级关系构成和变化，目前都必须超越民族国家范围的限制，在整个世界范围和背景中来考察全球性阶级关系的形成发展以及一个民族国家的阶级关系的具体形成和发展。

在20世纪70年代以前，阶级形成和阶级关系的发展主要以民族国家作为地域平台和经济政治空间，阶级形成和阶级关系的发展主要取决于特定民族国家内的历史、经济、政治和文化条件，取决于该国内各利益集团的力量对比关系和斗争状况。人们对阶级关系的分析和研究，也主要集中于特定国家内部的各阶级及其关系状况，对阶级概念的理解也主要以民族国家内的特征和因素为中心。而随着经济全球化的迅速发展，特别是20世纪90年代以后，国际垄断资本主导的全球化将资本积累、资本流动、市场竞争、逐利争夺的平台和空间，从民族国家的边界限制中挣脱出来，使整个世界成为跨国资本自由畅行的空间和彼此竞争的角斗场。与此相随的，是资本主义的生产关系在全球层面的扩张和重构。就阶级关系而言，当前逐渐展开的进程，就是跨国阶级与阶级关系形成和发展的过程。马克思和恩格斯160多年前说，在资本主义时代，"整个社会日益分裂为两大

---

[1] [美] 威廉·I. 罗宾逊：《全球资本主义论》，社会科学文献出版社2009年版，第47—48页。

敌对的阵营，分裂为两大相互直接对立的阶级：资产阶级和无产阶级"①。在今天国际垄断资本主义主导的经济全球化时代，我们可以说，整个世界正在日益分裂成全球性的资本家阶级和全球性的雇佣劳动阶级。这也印证了马克思的判断："资本发展到怎样的范围，雇佣劳动也就发展到怎样的范围"②。

在上述背景和进程中，我们考察当代西方社会的阶级关系，就不能仅仅关注美国、英国、德国、法国等国内部的各种条件和情势及其阶级状况和阶级关系态势，而且要充分考虑国际资本主义的发展及国际阶级关系的形成对各个国家内阶级和阶级关系的深刻而巨大的影响。在历史上，资本主义的阶级关系主要是在民族国家范围内形成和发展的，阶级关系在国际上的发展也主要通过民族国家内的资本家阶级来推动。而在21世纪初，随着跨国资本超越各民族国家限制自由流动，全球性资本家阶级超越了民族国家的限制，直接在整个世界范围建立起全球性的资本与雇佣劳动关系，形成了全球性资本家阶级对全球性雇佣劳动阶级的直接控制和统治。具体到考察西方国家的阶级和阶级关系，我们就会看到这样的主要阶级划分的大致轮廓：（1）直接属于全球性跨国资本家阶级集团的成员。跨国公司的所有者和高级经理，以及各国各地区经营运作跨国资本的资本家及各类"精英"。（2）主要依靠在民族国家内积累资本和经营的资本家阶级。在经济全球化时代，他们控制的本土资本越来越失去独立性，越来越被卷入跨国资本家阶级的控制范围和全球资本积累和流动的过程中。（3）中上层雇佣劳动阶级。或称为中上层工人阶级，或所谓的"中产阶级"大部分成员。他们受雇于跨国资本家阶级和本国资本家阶级，他们在全球化条件下形成的新的资本—雇佣关系中，逐渐失去了过去曾拥有的相对"稳定"和"富庶"的生活状态，"中产阶级"的光环逐渐暗淡，又逐渐地"再无产阶级化"。他们实际上已成为雇佣劳动阶级的主体。（4）下层雇佣劳动阶级。或称下层工人阶级。他们在雇佣劳动阶级中同所谓的"中产阶级"成员相比处于下层，包括低级"白领"、体力劳动者，移民工人和少数族裔工人等，

---

① 《马克思恩格斯文集》第2卷，人民出版社2009年版，第39页。
② 《马克思恩格斯全集》第46卷上册，人民出版社1979年版，第237页。

他们从未认为自己属于"中产阶级",而在全球化形成的新的阶级关系中则愈发表现出无产阶级的性征。

以上对西方社会资本家阶级与劳动阶级之大体划分状况,我们可用以下简表1—2描述。

表1—2　　　　　当今西方社会资本家阶级与劳动阶级

两大阶级	阶级内分层	基本特征	发展趋势
资本家阶级	全球性主导	经营运作跨国资本,在全球范围内积累逐利	逐渐占据主导和控制地位
	民族国家性主导	主要在民族国家内积累经营	逐渐失去独立性,受跨国资本控制
雇佣劳动阶级	"中产阶级"	曾经相对"稳定"和"富裕",资本家阶级和下层劳动者之间"脆弱缓冲层"*	日渐分化,部分"再无产阶级化"
	下层雇佣劳动者	受资本剥削最重,相对贫困,处于社会底层	日渐"社会边缘化"

注:*"脆弱缓冲层",这里借用美国学者威廉·罗宾逊对"中产阶级"的描述。

总之,如果不从全球范围和民族国家范围相结合的视角来考察,离开这个进程和背景来孤立地考察单个国家的阶级和阶级关系,就无法充分、全面地了解西方社会的阶级结构和阶级关系,就难以看清一个国家内部真实的阶级和阶级关系状况及其变化趋势。

三　从历史与现实的统一中动态地考察西方阶级关系的演变及特征

研究西方的阶级关系,不能机械、僵化、静止地看问题,而要在把握阶级关系实质的基础上,历史、具体、动态地分析阶级关系的演变,以及各阶段阶级关系的主要特征和基本态势。资本主义阶级关系的实质是资本与雇佣劳动之间的剥削与被剥削、统治与被统治的关系,是资本家阶级与雇佣劳动者阶级之间对抗性的矛盾和斗争。马克思在《资本论》中对此做了深刻揭示。在资本主义发展的整个历史进程中,阶级关系的实质不会改变。但在资本主义不同的历史阶段,由于时代背景、社会条件、阶级力量对比、阶级意识程度等方面的不同，资本与雇佣劳动的关系有着不同的表现形式和特征。

纵观资本主义发展的历史，阶级关系的演变大体经历了如下表所示的态势及特征（见表1—3）。

表1—3　　　　资本主义阶级关系历史演变的态势和特征

阶级关系态势		激烈对抗	协调合作	疏离对立
大体时段		20世纪30年代之前	20世纪30—70年代中期	20世纪70年代中期至今
资本主义阶段		自由放任主导阶段	福利国家主导阶段	新自由主义主导阶段
阶级行动状态	资方	残酷剥削和镇压	缓和矛盾和退让	强势进攻
	劳方	激烈反抗和斗争	工会集体谈判	弱势退守
主导性体制特征		体制外不妥协对抗	体制内妥协合作	体制内疏离对立

从上表可以看出，西方资本主义社会两大阶级之间的关系经历了三个不同历史时期、具有不同特征的三种态势。在20世纪30年代之前，可以说是自由放任主导的资本主义阶段，阶级矛盾十分尖锐，劳资关系呈激烈对抗态势，阶级斗争直接地大规模展开，甚至发生暴力革命，直接威胁到资本主义制度本身。从20世纪30年代到70年代，是所谓的资本主义发展的"黄金岁月"。在工人阶级长期斗争的推动下，资本家阶级调整生产关系和统治政策，缓和阶级矛盾，实行福利国家政策，形成资方、劳方和国家的"三方体制"，阶级关系态势由体制外激烈对抗转变为体制内的"妥协合作"。这是所谓的"中产阶级"大发展时期，是西方社会宣告"告别工人阶级"的时期。从20世纪70年代中期特别是80年代以来，是新自由主义主导的资本主义时期。为了应对经济"滞胀"危机，卸除社会福利的包袱，压低劳动成本，提高利润，资本主义再次调整生产关系。资本家阶级大肆进攻，不断摧毁之前的福利成果和劳动者获得的权利，剥夺工会权力，劳动者阶级退守并不断遭受挫败和削弱。"中产阶级"神话破灭，出现"再无产阶级化"现象。劳资关系态势从过去的体制内"妥协合作"转变为体制内的"疏离对立"。这一时期也是新自由主义主导的全球化时期，资本主义生产关系和阶级关系随着资本的全球扩张而在整个

世界范围蔓延。

历史地、动态地考察资本主义阶级关系，就可以对关于西方社会阶级关系的争论有全面客观的认识和评价。可以看出，认为"阶级已经死亡"、"阶级政治终结"、"阶级分析已没有意义"的观点，实际上是用一个特定时期的资本主义社会结构变化的现象代替资本主义阶级关系的本质，或者仅从西方社会自身范围内孤立地看待社会结构和生活关系的变化，未能着眼于全球范围内资本主义生产关系和阶级关系的扩张。而强调和论述阶级相关性和阶级分析意义的观点，是值得借鉴的，但有的不能从资本主义阶级关系本质上看问题，或者有的虽然深刻揭示了资本主义阶级关系的本质，但是未能充分考察资本主义阶级关系发展演变的历史性和复杂性。身处西方社会的一些有识之士清楚地看到这一点。比如德国学者艾克哈德·利伯拉姆就认为："资本主义的新自由主义同阶级问题之间存在着紧密的联系。可以清楚地看到，随着社会两极分化和阶级斗争的激化，用阶级视角来看待社会、政治和国家的观念又在增强，甚至资产阶级的报刊也谈论阶级社会、中间阶级的解体、阶级差别等等。"[①]据英国国家社会研究中心2007年1月公布的一项数据显示，在英国，仍有57%的人认为自己是工人阶级。该研究中心对这个数字感到非常"令人惊讶"。因为长期以来，政治家和主流媒体告诉大家"我们都是中产阶级"了，当然他们渲染的"中产阶级"标准是拥有一处抵押房产和一辆小汽车。而那些长期以来回避"工人阶级"称谓，而以"中产阶级"为荣的雇佣劳动者们，在冷酷的社会现实面前，竟然又有高达57%的人将自己定位为"工人阶级"，这确实是"令人惊异"的现象，尽管这个数字与20世纪60年代相比减少了10%。[②] 2010年2月，《纽约时报》发表文章称，在金融危机后虽然美国经济逐渐回暖，但失业率仍然攀升，金融危机已经将"中产阶级分化"。数百万曾经被贴上"中产标签"的人如今不得不依靠公共救济度日，这些"新穷人"可能将"永远都返回不到中产阶级的生活了"。在日本，最近的一本畅销书《2010年中流阶级消失》的作者田中胜

[①] 黄汝接编：《阶级分析、社会两极分化和阶级形成》，《国外理论动态》2006年第7期，第26页。

[②] 参见[英]菲尔·赫斯《"自在"还是"自为"：工人阶级的阶级意识瓦解了吗？》，《马克思主义研究》2009年第10期，第141页。

博称,曾经自认为有"一亿总中流(中产阶级)"的日本,在 2010 年"将出现 10% 的富人和 90% 穷人的大分裂,中产阶级将消失"。①总之,进入 21 世纪以来,在西方社会阶级矛盾再次逐渐激化起来,各阶级的本性和特征逐渐凸显的时候,讨论这些问题的论述也逐渐增多。比如,"挥之不去的阶级界限","无用的'中产阶级'神话","中产阶级的挽歌","窘迫无奈的中产阶级","'中产阶级愤怒'让西方担忧",西方社会出现"阶级对抗"等讨论的主题又要增多。国内一些关于西方社会结构和阶级关系的研究,有的已经注意到西方社会阶级关系的新变化,但许多还停留在对 20 世纪 80 年代之前资本主义社会结构和阶级关系状况态势上,还在侧重研究论证"无产阶级的中产阶级化",以及资本主义国家阶级矛盾的缓和,没有把关注点转移到当前新自由主义全球化主导的资本主义时期阶级关系的实质和特征的研究,比如:在全球范围内逐渐形成两大阶级的分裂对抗,西方社会"中产阶级的再无产阶级化"趋势,以及劳资关系从过去的"体制内妥协合作"已经转变为目前阶段的"体制内疏离对立"等等。不关注这些变化及其新的特征和趋势,就不能正确地、全面地看待当代资本主义社会的社会结构和阶级关系。

四 从阶级分析法和其他社会分析法的综合运用上全面考察现代西方社会关系

首先必须明确的是,本书强调用阶级的观点,运用阶级分析的方法考察现代西方社会阶级结构和阶级关系的变化,并不排斥其他社会分析方法。从本书第一章我们看到,西方一些学者往往把马克思的阶级理论同其他相关理论对立起来,比如用韦伯主义或新韦伯主义理论、后工业主义理论、后现代主义理论等来否定马克思主义阶级理论,用其他社会分层的方法否定或替代马克思的阶级分析方法等,这些做法实际上过于简单化。实际上,阶级问题和阶级分析方法本身,并不是马克思最先提出的。马克思说:"至于讲到我,无论是发现现代社会中有阶级存在或发现各阶级间的斗争,都不是我的功劳。在我以前很久,资产阶级历史编纂学家就已经叙

---

① 参见木春山、纪双城等《西方担心中产阶级成"动荡之源"》,《环球时报》2010 年 3 月 15 日。

述过阶级斗争的历史发展，资产阶级经济学家也已经对各个阶级作过经济上的分析。"①马克思的主要贡献，就是深刻揭示了阶级的社会生产根源及其经济根源，资本主义社会阶级状况和阶级斗争发展的历史趋势，为实现无产阶级专政和建立新的社会制度提供理论依据。这种从本质上对社会关系所作的阶级分析，并不排斥从其他层面和维度的社会分析。从政治经济学角度对社会关系的考察，并不排斥从社会学角度对社会关系的考察。马克思的阶级理论和方法主要是定性研究，揭示阶级关系内在的质的规定性和利益根源，特别是经济利益根源；而其他许多方法，则是非本质规定的实证分析，采用定量和模型等研究。在考察当代西方社会关系时，马克思主义阶级理论仍然有其重要意义。比如，当前资本在全球范围内的积累及其对阶级关系的重组；资本主义的劳资两极对立从民族国家内部向世界范围的扩张；当代资本主义社会绝大多数劳动者的越来越大规模地"雇佣劳动化"；资本主义经济全球化条件下逐渐分裂为全球性资产阶级和全球性雇佣劳动者阶级的过程；雇佣劳动者阶级包括"中产阶级"遭遇的失业、实际工资增长停滞、相对贫困扩大甚至绝对贫困的存在等等，都证明了马克思主义阶级理论的正确性。

在西方社会，多种社会分层理论在分析社会结构和社会关系中，都有其独特的角度和意义，提供了观察分析社会的特定范式或方法。社会分层主要研究社会成员及社会群体因为占有社会资源的不同而产生的利益差别、地位差别，从而形成的具有相对稳定特征的分化和层化现象。美国社会学家戴维·格伦斯基曾列举了西方社会分层的主要类型和标准（见表1—4）。这些资源包括经济、政治、文化、社会等方面。研究者的目的、角度和标准不同，得出的社会分层类别及结果也不同。相关研究者或根据一种标准，或两种、多种标准综合使用，由此形成不同的社会分层组合，这些分层涵盖的社会群体常常交叉重叠，在特定的时空条件下有着特定的分析目的。这些社会分层研究分别以生产资料的所有权、财产收入资源、市场资源、职业或就业资源、政治权力资源、文化资源、社会资源、家庭资源或个人禀赋资源等为划分标准，展示了社会群体的丰富性和复杂多样性。这些分层研究方法，在一定程度上是社会结构和社会关系的一般性规

---

① 《马克思恩格斯文集》第 10 卷，人民出版社 2009 年版，第 106 页。

律的反映,并不仅仅是研究西方社会的分析方法。对于研究各种类型社会它们都是有借鉴意义的。

表1—4　　　　　西方社会分层的类型、标准和方法

序号	类别	分层标准	主要代表人物
1	经济类	所有权:对土地、工厂、流动资产、劳动力等的所有权	马克思; 赖特(Erik Wright)
2	政治类	权威:政治权威、社会权威、工作权威、家庭权威、宗教权威等	韦伯; 达伦多夫(Ralf Dahrendorf)
3	文化类	生活方式:消费行为、生活习惯、生活品味等	布迪厄(Pierre Bourdieu) 蒂马鸠(Paul DiMaggio)
4	社会类	社会关系:对上层社会网络的进入、社团和俱乐部、会员资格等	沃纳(W. Lloyd Warner) 科尔曼(James Coleman)
5	荣誉类	声望:声誉、尊重、种族和宗教的优越性等	希尔斯(Edward Shils) 特雷曼(Donald Treiman)
6	公民类	权利:财产、契约、选举权、资格、结社和言论自由等	马歇尔(T. H. Marshall) 布鲁巴科(Rogers Brubaker)
7	个人类	技能、专长、培训、经验、正规教育、知识等	斯瓦拉斯托加(Kaare Svalastoga) 贝克尔(Gary Becker)

资料来源:[美]戴维·格伦斯基:《社会分层》,华夏出版社2005年版,第3页。本表略作调整。

需要指出的是,西方研究者往往把马克思主义的阶级分析方法同其他社会分层方法等同看待,把生产资料所有权标准同其他资源标准在同样层次上使用,这样就把反映社会关系本质的阶级划分同描述非本质社会关系现象的阶层划分混淆起来,这是我们不赞同的。在分析复杂的社会现象和社会关系时,离开了阶级分析方法,就难以正确把握社会关系的本质和深层规律性的东西;而机械教条地对待和使用阶级分析方法,盲目排斥多种多样的社会分层方法,也难以全面系统地了解当代复杂多样且不断变化的社会。

第二章 全球资本家阶级与全球工人阶级

20世纪80年代以来，随着科技革命的迅猛发展和经济全球化的发展，西方资本主义开始进入一个新的发展阶段，即国际垄断资本主义阶段，出现了许多新变化、新特点和新问题。资本主义由国家垄断阶段向国际垄断阶段过渡，随之发生的生产方式、产业结构、社会结构和阶级结构的变化是剧烈而深刻的，我们不能再用20世纪50—70年代的思维和眼光看待和理解80年代以后的资本主义、资本家阶级和工人阶级，不能照旧不变地把战后"资本主义黄金时代"西方工人阶级的地位和处境当作当前西方工人阶级的境遇，不能把战后时期西方阶级关系的态势当作21世纪初的阶级关系态势。本章着重分析经济全球化条件下资本主义的变化，研究考察全球资本家阶级和全球工人阶级的逐渐形成及主要特征，以及当代工人阶级结构、规模、地位和处境的变化，全球化条件下阶级关系与阶级冲突和斗争的新情况和新态势，为以后各章对西方工人阶级各具体层面的研究分析提供整体的分析框架和基础。

第一节 国际垄断资本主义和全球资本家阶级

20世纪80年代以来，主要有三个方面的因素使西方资本主义发生了巨大而深刻的变化：一是以信息技术和微电子技术为中心的新科技革命的发展及其带来的资本主义生产方式的重大转变；二是经济全球化的迅猛发展及资本主义生产关系的全球扩张；三是新自由主义政策占据主导地位对西方社会关系和阶级关系产生了很大影响。在30多年的时间里，当代资本主义的变化速度之快、程度之深、范围之广，都远远超过以往任何一个时期。尽管资本主义社会的基本形态和基本矛盾没有改变，但从具体发展方式、社会结构、社会关系和体制机制上看，可以说是"面目全非"。这里着重分析一下与西方资本主义生产方式、阶级结构及工人阶级密切相关方面的重要特征和变化。

一 资本主义生产方式的全球扩张

经济全球化，一方面是社会生产力和社会分工高度发展的必然产物；另一方面它是资本主义主导的全球化，是资本主义生产方式和社会关系在全球范围的拓展和扩张。这是由资本主义的固有本性所决定的。马克思和恩格斯在《共产党宣言》中对资本的无止境扩张和增值本性以及资本主义的世界性发展做过深刻论述："资产阶级除非对生产工具，从而对生产关系，从而对全部社会关系不断地进行革命，否则就不能生存下去。""不断扩大产品销路的需要，驱使资产阶级奔走于全球各地。它必须到处落户，到处开发，到处建立联系。"[①]资本追逐利润的无限制冲动和要求，需要它不断地冲破各种限制和界限，推广以资本主义生产方式为基础的生产，"要用以资本为基础的生产来代替以前的、从资本的观点来看是原始的生产方式"。[②]今天，资产阶级及其追逐利润的资本借助信息技术革命的先进手段，"奔走"的速度是即时的，转瞬即逝，行踪难测。它所追求的不再局限于"产品销路"，而是市场、原材料、劳动力、投资环境、营利环境等的全方位选择，而且越来越多地追求脱离于商品及实体经济的金融资本的超额投机利润。跨国资本从一个国家转移到另外一个国家，从一个地区转移到另外一个地区，自由寻求所谓的"竞争优势"。它要冲破的界限，是它在历史上曾赖以形成的各个民族国家的"空间"，而把全球作为其恣肆穿梭、疯狂营利的自由天地。随着资本的全球自由流动，资本主义生产关系和阶级关系在全球范围扩张。

当前的资本主义全球扩张又不同于以往的资本主义世界性发展情况。认识到这个差异，对于理解当代资本主义至关重要。20世纪80年代以前资本主义的发展，主要以在各自民族国家范围内进行资本积累和生产为基础，并通过商品交换和资本流动，同其他国家和地区发生经济联系（参见图2—1）。而20世纪80年代以后特别是90年代以后，资本主义的发展则是跨国性的，每个民族国家内部的资本积累和生产都不再能够采用以往方式保持自己的独立性，而是程度不断加深地融入全球性资本积累和生

---

① 《马克思恩格斯文集》第2卷，人民出版社2009年版，第34—35页。
② 《马克思恩格斯全集》第30卷，中文第1版，第388页。

52　当代西方工人阶级研究

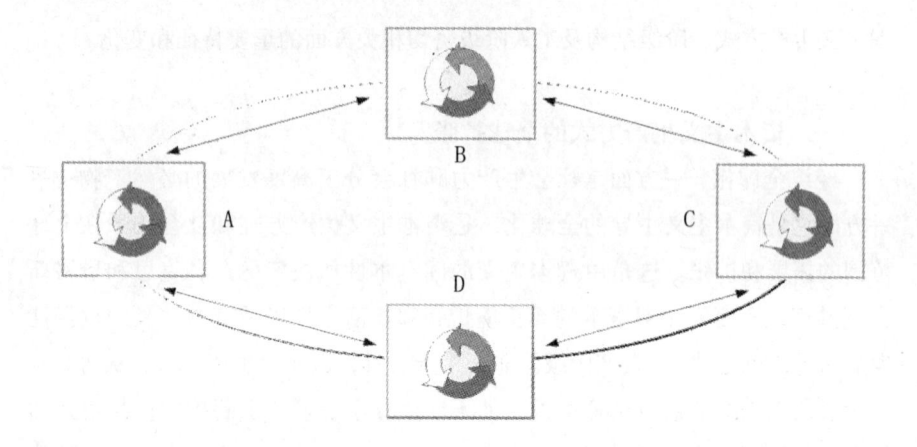

注：A、B、C、D代表各个国家（或地区），小方形内部带箭头椭圆代表各个民族国家（或地区）进行自己的资本积累和生产循环，并通过外部大椭圆所代表的世界经济交往发生联系，形成以民族国家资本积累和生产为基础的资本主义经济的世界性发展。

图 2—1　以民族国家资本积累和生产为基础的资本主义经济的世界性发展[①]

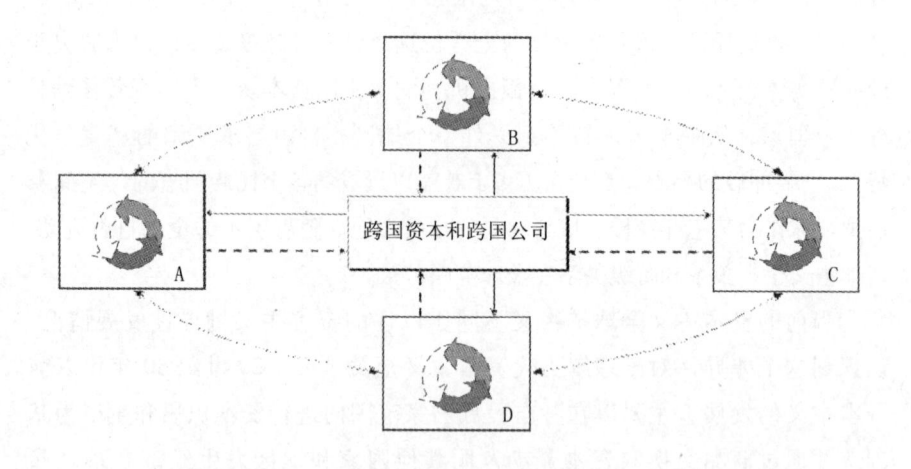

注：A、B、C、D代表各个国家（或地区），小方形内部带箭头虚线椭圆表示各个民族国家（或地区）在全球化影响下进行的自我资本积累和生产循环，中央方形代表跨国资本和公司，单向箭头实线表示跨国公司对各个国家（或地区）对各民族国家（或地区）有利营利条件的选择和控制，单向箭头虚线表示各个民族国家和地区对全

---

① 注：图 2—1 和图 2—2 为本文作者制作。

球化跨国公司的防范性制约和影响,大椭圆线表示全球性的生产和积累循环,形成以跨国资本和积累为基础的一体化全球资本主义经济。

主要资料来源参考 William Robinson, *A Theory of Global Capitalism: Production, Class and State in a Transnational World*, the Johns Hopkins University Press, 2004. Michael Zweig (ed.), *What's Class got to do with it? American Society in the 21 century*, Cornell University Press, 2004。

图 2—2　以跨国资本积累和生产为基础的资本主义经济的全球化

产中。资本主义跨国资本积累和生产在全球范围内形成了一体化的经济循环,资本主义正逐渐把整个世界作为自己的"自由王国",进入国际资本主义垄断阶段。其核心特征就是资本流动的全球化、生产和积累的一体化全球循环、跨国公司的统治以及跨国阶级的形成(参见图2—2)。当前的资本主义全球化扩张同马克思所论述的资本主义世界性发展在表现形式上已有很大不同。马克思揭示的资本积累规律和资本主义生产方式发展变化的基本规律被实践证明是正确的,但在资本主义发展的不同阶段有着不同的作用范围、实现内容和表现形式。图2—1和图2—2较为直观形象地描述了资本主义在两个不同发展阶段的特征及其差异。

我们说资本主义经济进入跨国一体化全球阶段,并不意味着以民族国家资本积累和生产为基础的发展形式已经被完全取代,而是表明当前资本主义正经历一场深刻的全球化重构和扩张,这是由资本主义生产方式的本性所决定的。在资本主义发展的早期阶段,它首先使一个民族国家范围内的生产资料、市场统一起来,财富聚集在少数人手中,又从经济集中带来政治集中,"各自独立的、几乎只有同盟关系的、各有不同利益、不同法律、不同政府、不同关税的各个地区,现在已经结合为一个拥有统一的政府、统一的法律、统一的民族阶级利益和统一的关税的统一的民族"[1]。而今在资本主义生产方式全球扩张阶段,它要在整个世界范围内"重新进行"自己早期发展阶段在一个民族国家范围内经历的扩张和统一运动,要在全球范围内塑造统一的资本循环、统一的生产、统一的市场、统一的规则、统一的全球资本家利益。民族国家的限制成了过去要打破的一国内的地区限制,整个世界要成为一个单一的"资本王国"。

---

[1] 《马克思恩格斯文集》第2卷,人民出版社2009年版,第36页。

资本主义经济的全球扩张主要表现为跨国公司的发展。20世纪80年代以后，资本主义跨国资本及其控制的跨国公司以前所未有的速度和规模发展起来。据世界投资报告，全球跨国公司在20世纪末已达6万余家，拥有分支机构50万家，企业遍及160多个国家和地区，它们以其庞大的规模和雄厚的实力主宰整个世界经济。这些跨国公司控制着世界生产的40%，国际贸易的50%—60%，国际技术贸易的70%，对外直接投资的90%以上。从地域分布来看，跨国公司主要在几个发达国家设立总部基地，利用其强大的经济技术实力进行世界经济统治。在21世纪初，200家最大的跨国公司的总部设在世界上221个独立国家中的17个，有176家大型跨国公司设在6大金融强国。其中74家跨国公司总部在美国。在不属于美国的500家大型跨国公司中，日本有152家，英国有75家，法国有47家，德国有42家，加拿大有22家，意大利有15家。七国集团占跨国公司的80%。在这个集团之外，瑞士、韩国、瑞典、澳大利亚和荷兰均超过12家。当然，这些跨国公司也处于重组、兼并的变化中。随着竞争的加剧，跨国公司不断调整其全球发展战略。跨国并购是一种重要形式。根据联合国贸发会议发表的《2000年世界投资报告》所指出，在过去20年全球范围内的并购金额以每年42%的速度增长，1999年企业并购2.4万美元起，金额超过2.3万亿美元，其中跨国购并达6000起，购并金额从1987年的1000亿美元增加到1999年的7200亿美元。而从2008年开始的次贷危机及全球金融危机后，跨国公司调整原有的全球布局和战略，进一步重组，在全球范围内谋求重新占据市场和有利位置。跨国公司还加速战略联盟的发展，两个或两个以上的跨国公司为实现某一共同的目标而建立起联盟。20世纪80年代之前，多数合并与收购活动发生在一国内部，而现在，跨国收购和合并成为公司跨国扩张的最重要途径，或者是跨国公司收购一国的公司，或者就是跨国公司间的合并。

国外直接投资（FDI）是衡量资本主义经济全球扩张的重要反映，是跨国公司活动和跨国生产的最为综合性的指标之一。从20世纪80年代以来，全球国外直接投资不断增长，只是在2008年和2009年受世界金融危机的影响，年度增长率出现了负值。（参见表2—1）

表 2—1　　20 世纪 80 年代以来的全球国外直接投资额

年　份	数额（10 亿美元）	增长率（%）
1983—1987（年均）	76.8	35
1988—1992（年均）	208.5	4
1993	225.5	11
1994	230.0	2
1995	317.8	38
1996	347	9
1997	589	41
1998	644	39
1999	865	14
2000	1300	18
2001	735	−51
2002	651	−15
2003	560	−18
2004	648	2
2005	916	29
2006	1306	38
2007	1979	33
2008	1697	−14
2009	1114	−36
2010	1244	1
2011	1524	16
2012	1350	−18

资料来源：联合国贸易及发展会议（UNCTAD）年度《世界投资报告》（1983—2010）。

随着国外直接投资的迅速发展，以及跨国公司权力的不断扩张和增强，它们已经成为国际垄断资本主义的物质基础和扩张的主要载体，成为国际垄断资本在世界生产、贸易、金融以及政治、文化等各个领域蔓延扩张的主要依托。在整个世界经济体系中，跨国公司完全处于支配地位。根据《2011 年世界投资报告》，2010 年，跨国公司外国分支机构销售额和产品增值分别达到 33 万亿美元和 7 万亿美元，出口量达 6 万亿美元，约占当年全球出口量的1/3。全球范围内，跨国公司总产值达到16万亿美元，约占全球经济总产出的1/4。

二 全球资本家阶级的逐渐形成

"现代资产阶级本身是一个长期发展过程的产物，是生产方式和交换方式的一系列变革的产物。"①我们研究当代资本主义和资本家阶级，必须从全球资本主义生产方式的不断扩张这个事实出发。这不仅改变着全世界的生产进程，也重构着全世界的阶级结构。一个跨国的全球资本家阶级正在形成之中，这表明资本家阶级历经数百年的发展进入一个新的阶段。目前这一阶级正在逐步形成之中，其构成和特征也在逐渐成熟中。当然，这一阶级还只是诸多资本家阶级集团中的一种，没有完全取代在民族国家范围内形成和发展的资本家阶级，但后者中有一部分正在逐渐转变为前者。笔者这样研究问题的意义，可以超出以前研究阶级问题及资本家阶级的那种仅局限于民族国家范围内的分析框架，更清楚地把握当代资本主义及资本家阶级的演变趋势。

现有对资本主义社会阶级结构和资本家阶级的研究，有的已经开始关注全球性资本家阶级的形成和发展，但大部分还囿于传统的民族国家范围内阶级形成和发展的研究维度和方法。第二次世界大战以后对资本家阶级新变化的研究，最集中的主题主要有两个：一是所谓的"经理革命"，即关注随着股份公司的发展，资本的所有权和经营权的分离，造成资本家阶级构成的变化，一个作为特殊资本家阶层的高级经理阶层日益成为资本家队伍中的一个重要部分；而原来的资本家一部分转变为专门"剪息票"的食利资本家。前者从后者手中接过了企业的经营管理权，实际上行使着企业决策权、生产权，发挥着"行动的资本家"的作用。二是国家垄断资本主义的发展，资本和生产的高度集中和垄断，大型公司的发展，垄断资产阶级的迅速壮大。同时由于资产阶级与国家政权的密切结合，出现了所谓的"政治精英"、"技术官僚"阶层，他们中多数人成为资产阶级政党的上层人物和政府高级官员，成为垄断资产阶级的政治代理人，因而这个阶层也成为资本家阶级的一部分。上述方面的研究国内外都取得了许多

---

① 《马克思恩格斯文集》第2卷，人民出版社2009年版，第33页。

显著的成果。而随着资本主义经济的全球扩张和进入新阶段，对资本主义和资本家阶级发展演变的研究也要不断更新，有的理论观点需要根据新的变化进行调整，更重要的是要增加新的维度，即全球性维度。也就是随着经济全球化进程的加快，国家垄断资本主义发展成为国际垄断资本主义，资本家阶级正在全球层面形成，其经济代理人和政治代理人也逐渐在全球层面发展起来。

目前一些研究者根据经济全球化和资本主义的发展，对跨国资本家阶级的形成、特征和主要构成力量，正进行积极的深入研究，尝试做出较为明确的归纳和界定。国外有代表性的是美国的威廉·罗宾逊，他认为，随着跨国资本在此前民族资本的基础上产生，原来的民族资本家阶级在全球化浪潮中要重新定位，"世界范围内的主流资本家阶层正在形成一个跨国资本家阶级"。虽然在跨国资本、国家资本、地区资本之间相互交融和冲突，不同层次的资本家群体也在分化重组中交叉融合，但是"我们仍可以清晰地从众多资本家集团中确认跨国资本家分支的崛起以及这些分支的优越性。"他的论断是，"跨国资本家阶级是新的世界性统治阶级。""跨国资本家阶级的内部循环已经日渐被组织起来……并开始去寻求获取整个跨国资本家阶级的根本性阶级利益。在代理人层面，跨国资本家阶级已经具备了阶级意识……它已经意识到了自身的跨国性。它一直在寻求一项资本主义全球化的阶级计划。"[1]他认为，"一个跨国资本家阶级业已出现，这一跨国资本家阶级是全球的统治阶级，它控制着形成中的跨国国家机构和全球决策。这一跨国资本家阶级正建构一个新的全球资本家集团"。就其构成来说，"它由全世界包括北方发达国家以及南方国家中统治阶级内占主导地位的形形色色的经济、政治势力组成。具体地说，就是由跨国公司和跨国金融机构及超国家经济计划机构的管理精英、统治政党内的主要势力、大的传播媒体的统治精英、技术精英以及北南国家的国家领导人组成。这一统治集团的政治主张和政策是由全球化资本增殖和生产结构所决定的"。[2]

---

[1] [美]威廉·I.罗宾逊：《全球资本主义论》，高明秀译，社会科学文献出版社2009年版，第60、61页。

[2] 周通编：《全球化与跨国资本家阶级》（上），《国外理论动态》2001年第2期，第1页。

三 全球资本家阶级的构成和主要特征

对全球化资本家阶级的构成力量或者说阶级主体，法国学者热拉尔·迪蒙和多米尼克·莱维认为，当代资本主义的一个基本特点，就是两个上层阶级即资本家阶级和管理者阶级并存，并有力地统治着资本主义社会和整个世界。在全球范围内，一个新的联盟正在上层阶级即资本家和管理者中形成。这两位法国学者敏锐地发现，在新自由主义全球化阶段，"资本所有权与高级管理者趋于结合，形成一个混生阶级（hybrid class）。在这个阶级中，资本所有者参与高层管理；高级管理者，如果以前未进入这一集团，可以通过巨额薪酬，变成所有者。"[①]他们分析了资本家阶级的分化现象，一是资本家阶级的上层（资本家阶级Ⅰ）和这一阶级的其余部分（资本家阶级Ⅱ）的分化；二是管理者阶级的上层（管理者Ⅰ）和其他管理者（管理者Ⅱ）的分化。在这两种分化中，只有少数人，也就是资本家阶级Ⅰ和管理者Ⅰ，在新自由主义全球化阶段发生了实际的融合，形成了大资本所有者与高级管理者的紧密结合，成为一个新统治阶级。而其余的部分，其经济和社会地位则逐渐下降，特别是管理者阶级Ⅱ。

上述学者的分析基本上说是深刻的，抓住了全球化资本主义和资本家阶级的实质和发展趋势，尽管一些具体的观点值得商榷，比如，从严格的阶级意义上说，管理者并不构成一个单独的阶级，它的上层实际上是资本家阶级的一部分，而其他管理者则大部分属于雇佣劳动者阶级的队伍。对高级管理者越来越不是凭着管理能力而是获得了对资本的所有而成为统治阶级的分析无疑深入问题的实质。这种明显的转变，也由于国际金融垄断资本占据主导地位的结果。列宁在一个世纪前曾分析过，"典型的世界'主宰'已经是金融资本。金融资本特别机动灵活，在国内和国际上都特别错综复杂地交织在一起，它特别没有个性而且脱离直接生产，特别容易集中而且已经特别高度地集中，因此整个世界的命运简直就掌握在几百万个亿万富翁和百万富翁的手中。"[②]而在国际金融垄断资本主义阶段，一个

[①] 丁为民、王熙译：《新自由主义与当代资本主义阶级结构的变迁》，《国外理论动态》2007年第10期，第19页。

[②] 《列宁全集》第27卷，人民出版社1990年版，第142页。

整体的跨国资本家集团正在形成,其经济、政治及意识形态代理人也逐渐在全球层面发展起来。

那么,这个形成中的全球跨国资本家阶级同以往的资本家阶级相比,究竟具有哪些显著的特征?它是由哪些人群或阶层构成的呢?这里笔者尝试做出初步的分析和界定。概而言之,全球资本家阶级就是20世纪80年代以来经济全球化迅速发展时期逐渐形成的,以经营跨国资本为主要活动,以追求全球超额垄断利润为目标,以跨国公司为主要依托和平台,以大型国际经济组织和金融机构为主要控制工具,以剥削和统治整个世界为目的的新的资本家集团。就其构成来说,它由掌控着跨国公司、跨国金融机构和国际经济组织的资本寡头和高级"管理精英",服务于跨国资本统治的各国内部的经济代理人、政治代理人和意识形态代理人等所组成。这样界定和划分全球资本家阶级,还要明确以下几点:其一,全球资本家阶级超越民族国家范围进行资本积累和生产,力图在全球体系中超越民族国家或地区政治实体的控制,实现自己的全球目的,力图摆脱民族国家力量的限制,不等于说不利用国家力量。跨国公司的母公司大多设在发达的资本主义国家或地区,以此向全球辐射。与此同时,它还越来越多地利用国际货币基金组织、世界银行这样的大型国际性机构作为自己的工具。其二,全球资本家阶级集团的成员不仅仅是发达资本主义国家的资本家及各种代理人,也包括其他国家中服务于全球资本积累和生产的资本家及各种代理人。他们身处世界上各个国家和地区,包括最贫穷国家和地区,彼此联合又彼此竞争,而在整体上追求和实现着跨国资本家阶级的整体利益。其三,从根本上说,全球资本家阶级是从追求经济超额利润和全球性经济利益出发形成和发展的,但为了实现这样的目标,这一阶级不仅要掌握全球经济的制高点和命脉,规定全世界生产的方向,还要追求主宰世界政治、文化和社会的力量及各领域。这就像以往资本家阶级在民族国家范围内追求掌握经济、政治、文化和社会各领域统治权一样,又在全球范围内逐渐变为"自为的全球资本家阶级"。

第二节 全球工人阶级的逐渐形成及其状况

资本主义生产方式的发展,总是同时带来资本主义两大主要社会阶级的发展变化。与全球资本家阶级逐渐形成相随而行的，是全球工人阶级（全球雇佣劳动者阶级）的逐渐形成和发展。全球化条件下的工人阶级，也有着与以往时代工人阶级不同的构成、特征和活动方式。

一 全球工人阶级的逐渐形成

这正如资本主义发展初期工人阶级在民族国家范围内随着资本家阶级发展而发展的情况（当然，时代和社会条件不同，阶级形成的内容和方法也不同，因而不能做简单类比）。从现有对当代资本主义条件下工人阶级研究的文献来看，关注工人阶级在各个民族国家范围内的变化、分化、重组的论著较多，而对全球工人阶级逐渐形成问题的系统研究还不多。就研究角度和思维取向而言，许多研究者着重从社会学角度关注工人阶级的"中产阶级化"以及以"中间阶层"为主体的所谓"橄榄型社会"的形成，而运用阶级分析方法从全球性维度考察工人阶级变化发展的文献还不多。目前，对工人阶级的研究也需要增加新的维度，即全球性维度；需要根据时代和社会条件的变化，正确运用阶级分析方法分析考察全球工人阶级逐渐形成的过程和实质。

全球工人阶级（或称全球雇佣劳动者阶级，全球无产阶级）是国际垄断资本主义阶段全球性阶级分化的必然产物。随着全球资本家阶级集团的逐渐形成及其在全球经济、政治和意识形态领域日益占据统治和主宰地位，随着全球劳动力市场的形成，全球性资本—劳动关系越来越明显地表现出两大阶级对立的特征，更为清晰地反映了资本与雇佣劳动两极对立的性质，即马克思揭示的资本家和工人作为一种生产关系的两极所具有的性质。但相对于全球资本家阶级的逐渐形成和强势地位而言，全球工人阶级的形成可以说是被动的、不自觉的过程。

国际垄断资本寡头主导的经济全球化，将数以几十亿计的各国雇佣劳动者卷入统一的世界劳动力市场中，尽管所处国度不同，文化背景不同，性别肤色年龄等不同，但他们逐渐不可避免地共同遭受全球资本家阶级的剥削和控制。如果说全球资本家阶级正逐渐地由"自在阶级"向"自为阶级"转变，相对而言，全球工人阶级的这个转变过程则缓慢得多，复杂得多。国外一些研究工人阶级的学者已关注到这个问题。比如美国学者威廉·泰伯认为，"随着不断发展的国际经济扩张而进行的资本家阶级的重组和重构,工人阶级也有必要进行重组和重构。尽管工人阶级有着纷杂不同的居住地点和文化认同,而现在比以往任何时候都需要团结起来。到目前为止,资本家们通过诸如世界经济论坛和国际货币基金组织等协调工具,意识到自己的阶级利益并为此而行动起来,以重构经济、政治和社会领域的运作方式。在这些方面,资本家们做得已比工人们要好得很多。"①然而,尽管全球工人阶级处于"自在"状态,尚未明显形成全球性的工人阶级意识,但这不能否认一个规模庞大的全球工人阶级的逐渐形成和发展。尽管各国各地区的工人阶级还处于分散状态。

全球工人阶级形成过程主要受以下一些因素的影响制约:其一,经济全球化条件下资本"强势"与劳动"弱势"的力量对比不均衡更加突出。资本通过国际贸易和对外直接投资等方式,形成全球性自由流动,跨国公司在全球范围内整合资源,包括各国各地区的劳动力资源,越来越摆脱民族国家的政府、工会等的限制,打破20世纪60—70年代曾经制度化的资方、政府和工会之间的集体谈判这一"缓冲层"的制约,不断强化对劳动的自由选择和直接控制。而各国工人越来越失去政府、工会的保护,对全球资本进攻无法形成有效的抵制和抗争力量。其二,各国工人之间的矛盾和冲突增多,面对全球资本的联合处于分散状态,为了各自的利益相互竞争排斥,难以形成统一力量。比如,发达国家与发展中国家的工人的矛盾就非常突出,发达国家的工人和工会组织为了维护就业和工资水平,支持贸易保护主义政策,他们认为许多生产转移到发展中国家,造成本国内工人大量失业,反对跨国公司到其他国家经营生产,反对别国劳动力进入本国的劳动力市场,排斥移民工人。其三,工人阶级的主体性和阶级意识的缺失。从历史上看,从资本主义早期到现在全球资本主义时期,工人阶级经历了"自在阶级"→"自为阶级"→"自在阶级"三个阶段。在工人阶级形成的早期阶段,工人阶级缺少阶级意识,仅仅进行一些反抗资本剥削的自发的经济斗争;到了19世纪中后期和20世纪上半期,工人阶级在科学理论指导下和工

---

① William K. Tabb:"Neoliberalism and Anticorporate Globalization as Class Struggle", in Michael Zweig (ed.), *What's Class Got to Do with It? American Society in the 21 Century*, Cornell University Press, 2004, p. 63.

人阶级政党领导下,形成强烈的阶级意识,进行有组织的、自觉的经济、政治和社会斗争,以至进行以推翻资本主义制度为目的的社会主义革命斗争;第二次世界大战以后至今,在西方资本主义发展的"黄金时代",随着资本主义发展和统治方式的调整变化,工人阶级又逐渐丧失了阶级意识,认同资本主义制度,在资本主义体制内主要进行经济斗争。而在国际资本统治的全球化时期,虽然跨国资本的剥削更加直接和严酷,贫富差距和各种不平等现象更加严重,全球范围内劳资对立和冲突更加明显,但各国工人阶级尚未充分认识到自己的阶级地位和阶级利益,特别是没有形成作为全球工人阶级的意识,缺失对抗全球资本统治的主体性和自觉性,仍然处于"自为阶级"状态。其四,缺少有力的工会组织和工人阶级政党的领导。在新自由主义经济社会政策下,工会力量遭到极大破坏,至今孱弱无力,各自为战,缺少走出困境的战略策略,难以组织起工人阶级进行大规模的经济政治斗争。而包括共产党和社会民主党在内的左翼政党,在历史上曾经是代表工人阶级的政党组织,而今大多声称不再是一个阶级的政党,或者成为议会选举目的而争取各阶层的支持,其纲领和政见与资产阶级政党趋同,或者沦为无足轻重的政治边缘化党派,只是言辞激进而实际影响力微小。可见,缺乏代表自己利益的政党组织的推动,是工人阶级处于"自为阶级"状态的一个重要因素。

二 当前工人阶级状况及面临的挑战

资本主义制度下,伴随全球化的日益深入,资本游走于世界范围的方式和现象变得更为灵活和普及。客观上,当前的工人阶级已经逐渐成为全球性的阶级。无论是发展中国家的工人阶级还是发达国家的工人阶级,他们处于资本共同剥削对象的现状已经愈发清晰地得到彰显,特别是在2008年以来经济危机发生的时刻,这种剥削关系更为突出地表现出来。但是客观上工人阶级日益趋同的地位并不必然在短时间内为工人阶级带来主观上的共同认知和对现状的正确判断。换句话说,工人阶级并没有在主观上形成属于本阶级的真正意义上的阶级意识。工人阶级内部的分化、碎片化,发达国家与发展中国家工人阶级彼此之间的敌视,以及发达国家本国民众与移民群体之间的裂痕就是很好的说明。

确切地说，当前西方国家工人阶级对自身状况认知的匮乏集中体现在以下三方面。

第一，西方国家工人阶级意识缺乏统一性。工人的阶级意识注重强调凝聚力因素，这种凝聚力也是统一性的集中表现。工人阶级当前的普遍行为，反映出在阶级意识方面缺乏统一性。美国资深记者隆沃思曾撰文指出，贸易夺走下层的工作，科技接管了中层的工作，而原来从事这些工作的人，为了夺取仅存的低薪工作，与原来的劳工阶层斗得头破血流。① 发达资本主义国家的统治阶级更有条件采取措施，破坏工人阶级的团结，隐蔽地使他们内部发生冲突，从而坐收渔翁之利。例如，脑力劳动者自身工作的特点，加之长期从事脑力工作产生的习惯，他们更倾向于通过自身的能力完成一项工作，或者有限的几个人组成团队配合完成某项工作。在工作中彼此难免还会形成竞争性的关系，并因此加强对对方的戒备。在这种情况下，很难形成具有高度凝聚力的组织，因而工人阶级的组织性相应下降。② 组织程度降低必然导致工人阶级的行动效率低下，从而使工人总体的影响力下降。资本主义国家再一次彰显了其掩盖剥削、阻碍工人阶级形成自身意识的本领。

卢卡奇在《历史与阶级意识》中曾分析道，"物化的基本结构可以在近代资本主义的一切社会形式中找到……然而这一结构只有在无产者的劳动关系中才表现极其清楚和可以被感知。这首先是因为，他的劳动早在他的直接具体的存在中，就已具有一种赤裸裸的抽象的商品形式，而在其他劳动形式中，这种结构是隐藏在'脑力劳动''责任'等假面具后面的"。③ 对于不占有任何生产资料的工人阶级更是如此，他们在阶级意识形成问题上，由于资本主义国家统治方式、统治手段经过数百年的锤炼，变得更加隐蔽、更加具有欺骗性，全球化更使资产阶级将全世界的无产者都视为其剥削的对象，工人阶级在整个全球化过程中处于劣势地位，无形之中对工人阶级阶级意识的形成产生阻碍。

随着科技的进步，生产力水平的不断提高，资本在全球范围内配置资

---

① 李丹：《冷战后国际工人运动并未沉寂》，《上海工运研究》，2006年第3期。
② 林茂：《当今资本主义国家工人阶级状况分析》，《理论学习》2001年第10期，第53页。
③ [匈]卢卡奇：《历史与阶级意识》，商务印书馆2009年版，第265页。

源,资本家有足够的实力通过金钱收买部分工人,使其成为工人贵族,以达到分化工人阶级的目的。加之资本主义的魔爪伸向全世界,全世界的无产阶级都成为他们剥削的对象,因此资本在寻求成本最低化的同时为自身带来了无数的剩余价值和超额利润。资本家更易从剥削的剩余价值中拿出很小的一部分来收买工人,使工人阶级内部不断分层,破坏工人阶级的整体性和团结性,并转移工人对资本家的敌视,将斗争的矛头指向工人阶级内部。

当前西方工人阶级意识缺乏统一性还表现在工人阶级自身定位不准确。西方国家工人阶级更倾向于将自己划入到中产阶级,特别是从事非体力劳动的白领阶层。即使有数据显示在2008年经济危机发生以来很多发达国家的民众更愿意认可自己的工人阶级地位,也并不足以说明他们已经具备了真正的阶级意识,或者具有作为工人阶级意识层面上的阶级归属感。这是因为他们在为自己划归阶级归属时所依据的多是工资收入、福利待遇、工作环境等方面的内容,然而这些内容在全球化时代的今天,在资本灵活性胜过工人阶级流动性的今天,仍然存在很大变数,并不能够成为划分阶级的标准。衡量工人阶级的唯一标准是他不占有任何生产资料,只有通过出卖劳动力来维持生活。所谓"中产阶级"、"白领阶层"、"技术精英阶层"、"经理阶层"等说法的出现,是对阶级概念和阶级划分的一种模糊,也是对工人阶级范畴的一种模糊,它们会分化工人阶级作为整体的目的,削弱工人的阶级归属感,淡化工人阶级意识。

第二,西方国家工人阶级意识深刻性不足。由于工人阶级的组成结构在不断发生变化,工人阶级形成总体把握自身处境的能力需要经历一个逐步提高的过程,这就决定了统一的、深刻的工人阶级意识的形成也需要一个较长的时间。只有经过较长时间的磨炼,经过工人阶级争取经济利益、政治利益的实战,工人阶级才能形成更为深刻的阶级意识。当前,西方发达资本主义国家的工人运动主要停留在对资产阶级划定的经济权益的争取,而对政治力量的诉求却极为薄弱。这一时期工人阶级与资产阶级谈判的内容多局限在经济领域,例如围绕纯粹的工资政策进行协商,并不断降低要求。在法国,1986年的劳资谈判中涉及工资问题的比例高达75%,[①]

---

① 张世鹏:《当代西欧工人阶级》,北京大学出版社2001年版,第168页。

而即便如此，工会所争取的也仅是维持工人现有购买力不变，追求的仅是相对工资的提高，而非绝对意义上生活环境的改善。工人阶级为争取经济利益（如提高工资、改善工作环境、生活条件等方面）而采取的行动，其意义不可忽视，但也应在适当时机将经济要求上升为政治诉求，最终改变工人阶级受剥削的现状，消灭剥削。在此需特别说明的是，工人争取经济利益的斗争在工人阶级实现最后解放的过程中扮演着重要的角色，不能因其只是暂时改变工人的生活现状、未从根本上触动资本主义统治的根基，而忽视其发挥的作用。毕竟，"工人斗争的真正成果并不是直接取得的成功，而是工人的越来越扩大的联合"，① 在联合的努力下，工人阶级在面对诸如 2008 年爆发于美国并席卷全世界的经济危机时也"应当同资本家争论工资究竟该降到什么程度"。② 换言之，即使是在经济萧条、资本主义经济危机发生时期，工人阶级也应尽量争取自身的经济利益。如若甘心忍受经济危机时大规模的失业率、大范围降低工资和相关福利的大幅度缩减，只能引来资本家对工人更为沉重的剥削。

在资本主义社会里，阻碍工人阶级意识走向深刻的因素不胜枚举，甚至可以说整个资本主义制度都试图磨灭工人阶级的阶级意识，使其安于现状。资本主义声称自身已经达到社会发展的最佳状态，目前要做的只是适当改变资本主义社会尚且存在的不足，已不可能有更好的社会制度将其取而代之。加之，在今天，资本主义社会内部又生发出越来越多的社会主义因素。这些国家中的合作经济、社会保障、职工参与管理等"新社会因素"对工人阶级有着强烈的暗示作用，似乎在资本主义框架内，通过和平的手段可以实现社会主义和平长入资本主义社会，从而导致工人阶级安于现状。所以，要使工人阶级树立一种坚定的信念，促使一种强烈的完整的阶级意识在工人的头脑中生根发芽，需要一种外界的推动力。工人阶级现今正处于这个十字路口上，需要采取恰当的行动策略。

工人阶级内部的分散导致阶级意识发展的局限性和缓慢性。客观地说，工人阶级已经逐渐地意识到他们的需求在资本主义制度下并没有得到

---

① 《马克思恩格斯文集》第 2 卷，人民出版社 2009 年版，第 40 页。
② 《马克思恩格斯文集》第 3 卷，人民出版社 2009 年版，第 71 页。

真正的满足，他们的付出也没有得到应有的回报，然而一些发达国家的工人却把低工资、失业等这些在资本运行中必然遇到的问题归因于发展中国家工人与之进行的廉价竞争。由于未能正确认识资本的剥削导致工人工资相对下降、工人失业人数相对增加，资本在全球范围内具有逐利性的流转，不断趋向低工资人群，以期实现剩余价值最大化，而错误地将原因归结于工人阶级内部的竞争这一表象，导致工人阶级内部的相互敌视和不满。例如，美国工人阶级将失业归结于墨西哥及其他国家的移民。错误的目标导向必然导致工人阶级意识成熟的艰难和曲折。[1]

和工人阶级意识表现的分散化的特点相比，资产阶级意识则较多地体现了本阶级层面的联合。全球化背景下，全球性的阶级正在逐步形成，即跨国资本家阶级与客观存在的全球性工人阶级。资本家阶级意识到全球范围资本循环的重要性，同时也意识到彼此联合、设计一项符合资本主义全球化的计划的意义。通过世界经济论坛（World Economic Forum）等一系列正式和非正式组织整合资产阶级利益，为实现跨国资产阶级利益最大化而行动。可见，资产阶级在资产阶级意识的引导下开展着相应地维护阶级整体、根本性利益的实践。正如美国学者威廉·I. 罗宾逊所说，"跨国资产阶级正日益成为一个自在阶级和自为阶级"，[2] 也就是说跨国资产阶级不仅在客观上形成为一个阶级，具有相应的结构性特征，在主观上他们也意识到其作为一个阶级的客观存在，为在行动中维护阶级利益，不断体现其能动性的一面。或许对跨国资产阶级是否已经形成尚且存在争议，但全球化背景下的资产阶级着实将其资本运转、生产组织过程的安排遍及世界各地，资产阶级有意识地联合以针对世界工人阶级的行为也清晰得以彰显，资产阶级对全球化的适应性远远胜过工人阶级。而对被动形成的跨国工人阶级来讲，虽然逐渐实现了客观上、结构上的生成，但全球工人阶级尚未达到主观上，即形成工人阶级意识能动性的程度。客观地说，就目前来看，全球化对跨国资产阶级而言起到了向心力的作用，而对被动适应全球化而客观存在的工人阶级而言在很大程度上起到的是离心力的作用。[3]

---

[1] 参见 Rosemary Hennessy, "The Challenge: From Anti‑Capitalism to Class Consciousness", *Socialism Review*; 2001; 28. 3/4; ProQuest Research Library. p. 85。
[2] [美] 威廉·I. 罗宾逊：《全球资本主义论》，社会科学文献出版社 2009 年版，第 62 页。
[3] 同上书，第 140 页。

第三，西方国家工人阶级意识多局限于体制内的低级冲突。体制内低级冲突主要是指当前西方工人阶级的斗争仍在资本主义体制内进行，尚未在真正要求超越资本主义现有机制，以新的更高的社会结构取而代之。相反，工人阶级的斗争主要针对某个单一目标，具体对某一问题或事件表示不满，例如针对经济问题、环境问题、妇女权益问题、性别歧视、种族歧视等，均未上升到政治变革的要求。此外他们斗争的对象也是个别资本家、个别行业，有时表现为对政府的不满，但尽管如此仍未提及制度变革等要求，相较成熟的工人阶级意识，当前工人阶级意识仍存在目标指向不明的困境，局限于体制内的低级冲突。

工人阶级的阶级意识应包括正确处理好眼前利益和长远利益之间的关系，工人阶级意识的局部的复苏，更多地表现在某一地区、某一行业或者某一工厂的工人，为了眼前经济利益而参与罢工、抗议、游行示威等行动。对于工人阶级来说，应该注重对眼前利益的争夺，工人阶级的最终胜利、成熟工人阶级意识的形成，离不开工人阶级在实践中"统一性和凝聚力"的发挥。然而这种统一性与实践性的培养又要求从长远利益、从事物的整体出发给予思考和整合。可见，在工人阶级意识的培养过程中，应一分为二地看待工人对眼前利益和局部利益的维护与争取。既要看到它对工人阶级意识形成过程中的积极推动力，也要看到其存在的局限性和不足，构建起眼前利益与长远利益之间的平台，促进工人阶级意识的成长。

当然，导致工人阶级内部分化，工人阶级意识淡化的原因是多方面的。扩展开来会涉及经济因素、政治因素、社会因素、文化价值因素等各方面各领域的内容。这里集中分析一下当前工人阶级面临的四大挑战。

第一，福利主义、大众消费主义对工人阶级意识的挑战。福利主义、大众消费主义盛行于第二次世界大战之后。英国社会学家贝弗里奇在1942年发表了其关于社会福利的相关报告之后，福利一词开始受到西方多国的追捧，各国普遍开始推行覆盖内容相对全面、覆盖范围相对广泛的福利政策。福利主义政策的实行和推行本质上是为了缓解资本主义发展中不可克服的矛盾，即资本的无限积累与工人阶级的有限购买力之间的矛盾。福利制度的推行客观上改善了工人阶级的生活状况，伴随着生产效率的提高，资产阶级愿意拿出利润的一部分用以满足工人的需要，缓解工阶级的贫困化状况，提升其购买力。第二次世界大战后至 1973—1975 年石油危机发生之前，工人阶级的收入与消费水平较战前都有了明显提高。以瑞典、德国以及意大利为代表的部分西欧国家，工人阶级的私人消费开支增加了一倍甚至两倍以上。① 媒体在意识形态上向工人灌输这样一种虚假认识，即如米利班德所说的，只要对资本有利就是对大家有利。② 但是福利主义的实现并不是资产阶级施舍的结果，而是工人通过斗争争取来的。正是由于工人对资本家阶级不断激增的不满情绪和抗议行动，使资产阶级不得不做出经济上的适度让步，缓和日益尖锐的劳资冲突。并在经济让步的基础上，建立起劳资谈判协商机制，将工人斗争限制在资本主义制度的可控范围内，在不触及资本家阶级根本利益的基础上实现有限的经济改善。大众消费主义最早起源于美国，随着全球化的推进，已经在世界范围内所普及。消费主义是对过度消费的一种崇拜，其消费内容已经不是生活所需，而是在媒体导向过程中陷入一种难以自拔的"欲购情结"，人的生活受物的包围和控制。正如弗洛姆所说，在西方社会由于消费主义成为生活方式的主导因素，人们所过的是占有的生活而非存在的生活。消费主义一方面使人陷入对物的追求，从而逐渐失去对产生这种现象的原因进行探索和追问的能力。另一方面消费主义本质上促进资本迅速流动以适应资本积累的需要，消费主义越是得到认可，资本力量越是增加，工人受资本的控制越是严格。

具体地说，福利主义、大众消费主义对工人阶级的分化主要表现在这样几个方面。首先，减少了社会主义对工人阶级的吸引力；其次，增加了工人对资本主义的容忍力。这一时期关于工人阶级"中产阶级"论，工人阶级"融合论"，工人阶级"同化论"，告别工人阶级论，工人阶级要求"非政治化"的声音不绝于耳。西方马克思主义重要的一支法兰克福学派代表人物马尔库塞在《单向度的人》中指出，正是由于资本主义劳动生产率不断提高，工人阶级的物质生活条件不断改善，使得工人阶级逐渐认可资本主义制度，转而成为资本主义制度的肯定部

---

① 参见黄素庵《西欧"福利国家"面面观》，世界知识出版社 1985 年版，第 152 页。
② 周穗明：《后马克思主义关于当代西方阶级与社会结构变迁的理论述评》（上），《国外社会科学》2005 年第 1 期，第 32 页。

分，丧失了其批判资本主义的能力，为资产阶级的思想和意识形态所固化；再次，普遍实现了工人斗争的制度化，即在工会组织范围内进行有序的斗争。工会组织成为平衡工人与资本家之间利益关系的调节剂。以平息劳资冲突为出发点的资方、工会、政府三方协商机制在客观上增加了工会谈判力度。客观地说，工会组织这一时期在维护工人阶级利益方面发挥了较为重要的作用，其组织谈判能力不断增强，也正因此，资方和政府为确保工会权力的行使不至于影响资本积累和获利的规模，要求对工会权力进行有效的监督和制衡，这种情况下，国家层面上的"自由法团主义"发挥了相应的作用。可见，工会的左侧是工人阶级，右侧是资产阶级，亦即工商企业者。工会一方面限制资本家权益的过分扩张以维护工人的经济利益，但另一方面也限制了工人的权利，进而维护资本家阶级的既得利益以及对资本积累的需要，确保将工人斗争控制在一定范围内。

可见福利主义、大众消费主义对工人阶级意识在总体上起着消极弱化的作用，一方面将工人阶级与资产阶级体制外的斗争转向体制内，认可资本主义的发展模式；另一方面将代表工人阶级利益的工会组织活动局限在经济的、资本可控范围之内。

第二，新自由主义对工人阶级意识的挑战。如果说战后至20世纪70年代国家和资本对工人的攻击尚且是隐蔽的，对工人阶级采取安抚为主打击为辅的策略，那么到了20世纪80年代，当新自由主义盛行的时候，国家和资本对工人的攻击则成为公开的，转而以打击工人及工会力量、工人阶级政党为主，安抚为辅，极大削弱工人通过斗争获得的权利。劳资冲突在这一时期由体制内的妥协与合作发展为体制内的对抗和斗争。新自由主义对工人的直接打压使工会及工人阶级政党在新自由主义冲击下力量大为削弱。此外，由于新自由主义席卷全球，试图将全世界都纳入资本的循环体系。在全球范围内谋求实现资本最大化的资源配置将资本向工人组织程度较低、劳动力廉价的地区转移，瓦解工人的集体行动能力。所以说，在新自由主义盛行之际，工人阶级缺乏有效的组织这一问题体现的非常明显，那些曾经以维护工人阶级经济利益为主的工会组织，在新自由主义条件下遭到直接的打压，会员人数不断缩减，组织谈判能力不断下降。与此同时，受资本在全球化范围的运行，工人的分散化现象日趋明显，联合行动能力削弱。

第三，后工业社会对工人阶级主体性的否定。在分化工人阶级的各种理论主张中，后工业社会理论对工人阶级主体性的否定应该说是从根本上抹煞了工人阶级的历史使命。回顾西方学者对阶级划分方法的探讨，确切地可以提炼出以下四种类型。一是以亚当·斯密和大卫·李嘉图为代表的将收入归结为三种源泉的论说，他们认为收入或者赋税无外乎源自这样三个层面，即地租、利润与工资；二是以马克斯·韦伯为代表的市场决定论；三是美国学者劳埃德·沃纳所主张的社会职业流动论；四是美国学者丹尼尔·贝尔提出的权利论。[①]他们普遍宣扬工人阶级的资产阶级化，进而否定工人阶级客观上的存在。此外还有西方马克思主义者普朗查斯所提出的"新小资产阶级"理论，马尔库塞提出的"工人阶级一体论"以及高兹提出的"新工人阶级"理论等等。虽然侧重的角度有所不同，但是他们无疑都对工人阶级的客观存在、对工人阶级作为资产阶级掘墓人的历史地位、对工人阶级在社会主义运动中的主体性提出了质疑，并试图以一种新的阶级或者阶层将其取而代之。

那么，工人阶级真的消失了吗？消失的究竟是工人阶级曾经的生产方式，还是工人阶级本身？实践证明工人阶级不仅没有消失，反而其队伍在不断壮大。工人阶级的变化集中于其从所事劳动方式的改变。在马克思所处的时代，工人阶级有着鲜明的特征，他们从事着沉重的体力劳动，例如采矿工人等，他们不仅具有相似的工作环境、工作内容，而且也有着相似的生活环境和生活习惯。哈里·布雷弗曼在《劳动与垄断资本》一书中就对所谓的新型工人阶级提出了质疑，认为那些新工人阶级理论家并没有尝试对科技革命条件工人阶级的具体劳动做深入分析。布雷弗曼认为随着科技的推进，工人阶级为适应工作需求，在受教育程度、训练水平方面都有明显提高。但此时工人对工作状况的不满和抱怨，特别是对工业生产和办公室环境的不满情绪也在不断提升。人们常抱怨说"工作越来越被分成细小的操作，而这些操作不能引起那具有普通教育水平的人们的兴趣，也不能发挥他们的能力……现代劳动……正在使越来越多的劳动人口发生

---

① 参见孔德永《当代资本主义国家中的工人阶级与社会主义的社会基础》，《石油大学学报》（社会科学版）2004年第6期，第50页。

异化。"① 资本主义的发展，特别是伴随科技信息的发展，使整个社会的劳动过程不断实现重组，但当福特主义等生产方式将工人以机器的一个机体组织部分看待，以及每个工人负责生产过程的一个部分来看时，工人的技能已经大大被局限于某一狭窄领域。以致20世纪70年代新自由主义重新席卷全球，成为世界经济、政治等领域的主导思想时，工人的劳动过程被迫发生新的重组。然而被剥夺了一种手艺遗产的工人却很难找到另一种可以替代这种遗产的东西。② 布雷弗曼反对新工人阶级理论的论据还在于，相关调查数据显示，当工程师的从业人数不断攀升时（从1900年的5万—10万左右，发展到1970年的125万），同样也是勤杂人员等从事更为机械、简单工作人员数量不断增加的时刻。③ 事实上，通过对资本主义生产方式的分析，我们不难看出，资本主义生产方式一个十分突出的特点恰恰在于它们使劳动脱离其本真的整体性特征，将其分化、零散化地分布于各个独立的工人个体之间。但是这种对劳动的分解不能从根本上改变工人对劳动产品的共同创造，也不能改变"这些人中的每一个人对资本的关系是雇佣劳动者的关系"④。因而也就不可能改变他们在本质上属于雇佣工人的现实。因此，可以推断工人阶级在本质上并没有发生任何质的变化，不同的只是雇佣劳动形式以及具体的操作内容。

第四，"后现代主义"对工人阶级意识的挑战。"后现代主义"否定阶级概念在后现代社会的意义，他们认为社会生活的多元化和多样性促使每个人在不同的社会关系中分别扮演着不同的角色，"交叉身份特征"十分明显，可能在这个场合你是一名经理或者负责人，但是在另一个场合你又成了听从教师指挥的学生。在社会日趋多元化的条件下，以阶级为标准的划分方式已经不再适用，反而是每个人"自己的生活方式、价值标准、消费实践"⑤ 决定着他的群体性归属。这无疑对阶级的解构，进而对阶级意识的解构形成一股强大的助推力。后现代主义否定阶级分析法和阶级划

---

① 参见［美］哈里·布弗雷曼《劳动与垄断资本——二十世纪中劳动的退化》，商务印书馆1979年版，第9页。
② 同上。
③ 同上书，第28页。
④ 《马克思恩格斯全集》第26卷，人民出版社1972年版，第444页。
⑤ 姜辉：《论当代资本主义的阶级问题》，《中国社会科学》2011年第4期，第42页。

分标准，抛弃马克思主义的一元论代之以多元主义。他们的特征在于对结构进行"解构"，但从他们做出的理论分析中也可以看出工人阶级在生活方式、价值标准以及消费实践方面的差异性，这些差异对阶级意识的培养，对工人阶级作为一个阶级整体的认知都会产生负面影响。可见，后现代主义是在否定阶级分类的基础上强调共同的生活模式、共同的生活习惯、共同的爱好等因素，以多元因素分化了工人的总体性，并透过多元化的角度分散工人对主要问题和主要矛盾的探究，驱动工人以现象层面的表象代之以对核心本质的追溯。

第三节　经济全球化条件下的阶级斗争

前面我们根据资本主义全球化扩张的新形势，以及资本主义进入国际垄断资本主义新阶段的发展趋势和特点，较为深入地分析了全球化条件下资本家阶级和工人阶级的状况和变化。这一节我们集中探讨经济全球化条件下的阶级冲突和阶级斗争的新的情况、趋势和特点。

事实上工人阶级与资本家阶级之间的斗争从未停止过，无论工人在经济领域取得的些许改善，还是在政治领域获得的有限权利，都是工人阶级斗争的结果，而绝非资产阶级的施舍所致。当然由于主客观条件的变化，劳资双方之间的矛盾有时趋于缓解，有时趋于激烈。全球化条件下工人阶级受剥削的程度不但没有因为科技的广泛运用而有所减弱，反而在劳动生产率不断提高的过程中承受着更为严重的剥削。在这种情况下，虽然劳资之间的斗争与冲突仍然局限在资本主义制度范围内，但是双方之间的矛盾有不断升级的趋势，工人阶级的阶级意识在这一时期也表现出了新的复苏。

一　工人阶级意识的新复苏

工人阶级意识的复苏在劳资矛盾激化的过程中会有较为清晰的表现，特别是 2008 年全球性经济危机发生之后，工人阶级的阶级意识发生了一系列新的变化，表现出一些新的特征。当然工人阶级意识的状况不可能因一次危机的发生而发生根本性的逆转，但是当工人阶级再次经过危机的洗礼之后，其阶级意识必然会有所新的突破。具体分析，工人阶级意识的变化集中体现在以下三个方面。

第一,工人阶级的阶级归属感逐渐增强。西方国家大多数的工人阶级曾一度将自身归于"中产阶级"行列,他们一味回避"工人阶级"。但在资本主义危机发生之后,西方工人阶级逐渐认识到"中产阶级"这一易碎的铠甲无力阻挡危机的重磅袭击。工资下降、工厂倒闭、持续的失业状况都是他们必须面对的现实。以美国为例,即便是失业率有所回落,目前数值为7.9%,但这并不足以反映工人的实际就业情况,更无力说明工人的工资收入、工作稳定性以及生活状况已经好转。事实上,如果将那些目前从事临时性工作并希望能够找到正式工作,以及那些已经对找工作毫无希望的人计算在内,那么失业比例可以高达14.4%。[①] 危机面前,他们共同受到资本的冲击,承受着危机带来的巨大损失,最终成为危机的牺牲品,这些都促使西方国家工人阶级开始重新思考自身的阶级定位问题。

倾向于将自己归入"中产阶级"行列的多是一些所谓的白领工人,不过在新自由主义统治下,白领工人日益明显的"去技能化"和"蓝领化"趋势,已经使"中产阶级"队伍在不断松动。科技革命的日新月异为资本对社会的控制提供了更为有利的条件,相对资本日益增强的控制职能,工人在生产组织过程中的影响日渐式微。他们中的大多数人所从事的工作更趋于程序化、公式化,对技术的要求日渐下降。由于技术含量降低,这些从业人员的工作职位就很容易被其他成员所取代。在这种情况下,这些"白领工人"与资方的谈判能力明显下降,因为即使发生大规模的罢工,资方也会比较容易找到人员予以填补空缺。事实上,21世纪以来发生的经济危机中,失业人数更多的并不是蓝领工人,而是白领工人。白领工人在危机中受到的冲击和影响更为明显和严重。所以,我们有理由相信,在当前资本主义制度下,白领工人与蓝领工人日益走向趋同,而绝非日渐疏远,他们在生活方式、工资待遇等方面都有很多相似的表现。他们永远都有着共同的名字即"工人阶级"。目前已经有一些调查数据显示,工人阶级的归属感在不断提升。例如,英国国家社会研究中心2007年1月公布的一项调查数据显示,在西方媒体普遍宣称"中产阶

---

① http://monthlyreview.org/2013/03/01/class-war-and-labors-declining-share.

级"、"告别工人阶级"的时候,英国"令人惊讶地"仍有57%的人认为自己属于工人阶级。① 或许"告别工人阶级"是虚妄的,而"告别中产阶级"在得到越来越多的人的认可,特别是曾经将自身纳入"中产阶级"的工人。

第二,工人阶级的联合意识日益凸显。西方国家工人阶级的联合意识在全球性的经济危机发生之后有着较为明显的表现。具体地说,可以将工人阶级的联合意识从这样三个层面来加以阐释。一是行业内部工人的联合;二是一国境内跨行业工人的联合;三是国家间工人彼此的联合。

首先,来看行业内部工人的联合。关于行业内部的联合,我们可以在澳洲航空公司员工罢工的过程中看到清晰的演绎。此次罢工的主要目标是实现工资待遇的提高,以及抗议资方将大量业务转向低收入国家的行径。澳洲航空公司三大工会组织即飞行员工会、运输工人工会和航空机械师工会于2011年10月29日共同宣布罢工行为开始。

其次,再来关注一国境内跨行业工人的联合。经济危机爆发后,西方资产阶级政府为摆脱财政困境出台了一系列损害工人阶级利益的救市举措,为此引发了各国工人普遍的不满和抗议。2009年1月29日,法国就发生了有250万人参加的全国性联合大罢工。全国各地的工人都被组织起来,其中既包括私营企业从业人员,也包括公共服务部门从业人员,此外失业者和退休人员也加入到其中,他们纷纷举行罢工和示威游行,仅29日当天就发生了近200多场的示威游行。之所以此次工人罢工能够在全国范围内同时掀起,工会的有效组织起了重要作用。参与并组织此次罢工的法国工会达八个之多,它们分别是工人力量总工会(FO)、法国总工会(CGT)、法国工人民主联合会(CFDT)、基督教工会联盟(CFTC)、法国干部总工会(CGC)、团结工会(Solidaries)、统一教师工会(FSU)以及法国警察工会(Unsa)。在罢工前,八个工会的代表成员举行罢工动员会议,并就大规模统一行动达成共识。联合的工人在罢工中喊出了"拒绝为危机付出代价"的口号。可见工人已经认识到他们是本国政府摆脱经济危机的牺牲品,在资产阶级政府面前他们有着共同的利益需要捍卫,

---

① 参见 [英] 菲尔·赫斯《"自在"还是"自为":工人阶级的阶级意识瓦解了吗?》,《马克思主义研究》2009年第10期,第141页。

而可以最大限度影响政府决策的行为就是通过联合的集体行动。

最后，也是值得我们特别加以关注的是国家间工人彼此的联合。实践证明，工人阶级联合意识的凸显不仅表现在某一地区工人阶级的团结，还表现在跨越国际范围工人阶级彼此的支持。此处以发生在美国威斯康星州保卫公共部门工会的斗争为例来加以说明。危机发生以后，工人阶级利益普遍受到损害，无论是公共部门还是私营部门的工人都难以逃脱为危机埋单的命运。也正是共同的遭遇，使得工人得以认清离间公共部门与私营部门工人阶级的种种谣言和借口。他们共同行动起来开启了保卫公共部门工会的斗争。不仅如此，美国威斯康星州工人的抗议行为还赢得了位于埃及开罗工人们的支持，开罗工人打出"同一个世界，同样的苦难"的标语。① 面对资产阶级所卖弄的对工人进行"分而治之"的法宝，工人阶级需要经历一个相对漫长的过程才能够突破这一障碍。这一过程既需要主观上阶级意识程度的提高，同时也需要客观上斗争经验的不断积累，特别是在危机发生之时，在资本对工人加强进攻之际，这一过程会以加速度的形式向前推进。令人欣慰的是，工人阶级的联合斗争意识已经开始慢慢彰显。

第三，工人阶级的抗议行动逐渐升温。西方国家在新自由主义占主导，特别是资本主义经济全球化席卷世界的背景下，工人阶级组织和工人的抗议行动始终处于一种被抑制甚至被打压的境地。但是，资本主义危机发生以后，西方国家工人阶级的抗议行动普遍增多，其范围和程度都有所扩张。具体来说，西方国家工人阶级抗议行动的升温可以从以下三方面的内容表现出来。首先，抗议规模不断扩大。经济危机发生之后，数百万人参加的大罢工在西方各国频繁出现，例如2012年11月30日发生在英国的世纪大罢工，参与者多达200万人。"占领华尔街"行动更是波及全球。在法国，来自公共部门的工人抗议政府以"国家将会破产"为由所采取的削减养老金待遇的"省钱"措施的施行。此外，德国、西班牙、希腊等国家的工人阶级也举行了频繁的罢工和示威游行，反对政府采取的一系列以损害工人切身利益为前提的改革方案。其次，工人阶级的抗议行

---

① [美]萨伦·史密斯：《资本主义危机再次打开工人运动的大门》，《马克思主义研究》2011年第12期，第121页。

动虽然多以和平、非暴力方式进行组织和开展,但是不时也有暴力事件发生。在希腊、法国以及英国等国的大罢工中都发生了示威者与警察之间的冲突,甚至多次出现人员伤亡的事件。最后,西方国家工人抗议行动的升温还体现在工人抗议行动中所提出的要求和内容方面。已经有现象表明,工人在反对政府规避经济危机所采取的转嫁危机措施时,也日渐对本国政府提出质疑。法国大罢工中,工人将目标直指萨科齐政府,提出政府不能在经济危机面前仅仅救助政治家及银行财团,必须考虑工人的权益,减少工人受损失的程度。希腊工人在希腊共产党的号召下更是发出了"组建工人政府"的声音。

在对西方国家工人阶级的抗议行为做出评述时,应该始终坚持客观的评价标准,不宜做出过于乐观的判断。如果将此次危机的发生视为工人阶级革命的转折点,视为资本主义制度崩溃的前沿,那么只会产生主观唯心主义的论断,无益于对西方工人运动新特点的发现。事实上,此次危机发生后,资本主义制度的自我调节力再一次得到彰显。此次危机已经远远超过经济领域的范畴,而涉及资本主义的政治、文化、社会等各个方面,是资本主义制度本身造成的一种危机,危机的影响范围也在不断扩大,尽管相应的工人阶级的抗议行为日趋激烈,但是资本主义的自我"消化能力"和"调节能力"也在应对危机引发的棘手事件方面得到印证。但无论如何我们不可否认,工人阶级的实践抗议行为一方面有助于阶级意识的复苏;另一方面也是阶级意识逐渐觉醒的一种表现。毕竟,工人阶级意识的最终目标是要指向实践,指向对资本主义社会的变革。

二 工人阶级运动的激进化

资本主义危机与资本主义生产关系之间形似一对孪生兄弟,可以用"形影不离"来形容。资本主义生产关系的存续必然会引发周期性的资本主义危机。以经济危机为例,每隔一段时期,资本主义国家就会因生产关系的局限而招致生产过剩的危机。这里的生产过剩特指生产的相对过剩,是相对于工人阶级有支付能力的需求来讲社会生产产品的过剩。通过经济危机这种大规模破坏生产力的方式缓解以资本主义生产关系与生产力之间的矛盾,释放资本主义生产关系所能容纳生产力的些许空间。伴随经济危机的发生,进而带来的是工厂倒闭、工人失业、工人阶级生活状况骤然下降。工人阶级通过斗争所争取的权利在很大程度上又回到了原点。无疑，经济危机中受损最为严重的是工人阶级，资产阶级及代表其利益的资产阶级政府会通过各种手段和方式最大限度地转嫁危机，使工人为危机埋单。

在资本主义条件下，除去资本主义危机与资本主义生产关系的"形影不离"外，工人阶级斗争与资本主义生产关系之间也结下了"不解之缘"。劳资关系是资本主义生产关系中最基本的一对矛盾范畴。或许因为资强劳弱的态势没有发生根本性的变化，或许因为工人阶级自身的阶级意识尚未得以完全形成，工人阶级对资本主义生产关系的否定还存在不够彻底及局限之处，但是工人阶级反对资本主义生产关系的抗议行动却从未停止。无论是基于经济领域的有限改善，还是上升为政治性的斗争，工人阶级的抗议行动都无疑是社会主义运动的助推器和指向标。

由此可见，资本主义生产关系一端连接着资本主义危机，一端连接着工人阶级斗争，客观上造成了资本主义危机与工人阶级斗争之间的"难解难分"。资本追求利润最大化的本性及其对工人所创剩余价值的无偿占有，决定了劳资双方的矛盾与冲突不可能在资本主义生产关系范围内得到有效解决，因而冲破资本主义现有生产关系的工人阶级斗争会时而急促时而缓慢地表现出来。特别是在资本主义危机发生的时候，工人阶级的利益受到直接而显著的侵害时，工人阶级的斗争要求会更为强烈，斗争意志会更为坚定，斗争行动也会更为频繁。资本主义全球化背景下，资本流动范围、资本积累方式以及资本主义生产过程的组织形式等都发生了巨大而复杂的变化，与之相对，工人阶级的阶级构成、阶级意识以及所从事的劳动性质等也发生了相应变化。在这种双重变化的条件下，劳资双方之间的矛盾不断以新的形式表现出来。资本主义生产关系所难以克服的危机，以"新"危机的面貌呈现出来，工人阶级斗争也日趋升温，内容不断丰富。

全球化阶段，阶级和阶级冲突与斗争不但没有消失，而且以更加尖锐、更加明晰的形式表现和扩张。"在我们的时代，在全球化时代，也就是全球资本主义时代，阶级和阶级冲突变得更加鲜明了，而不是淡弱。它在世界的每一个地方都流行起来，因而成为全球资本主义体系的显而易见的特征。今天，随着阶级分化的扩大，阶级越来越发生极化并持续地冲突，阶级斗争越来越成为整个世界范围内全球资本主义之社会风景的不可或缺的部分。"① 关于工人阶级运动的激进化可以从这样两个角度做相应的分析。

第一，资本主义新危机的多种表现潜存着工人运动走向激进化。资本主义危机是资本主义的固有特征，它将伴随资本主义生产关系存续的全过程。但是，在不同时期，受各种主客观因素的制约，资本主义危机会表现出与以往不同的"新"的一面。当代资本主义新危机"新"在何处？具体可以从以下两方面内容得以体现。一是资本主义新危机之内容新。在资本主义国家，作为社会稳定平衡器的"中产阶级"这一称谓在不断受到质疑，并日渐趋于松动和衰弱。"中产阶级的愤怒"已经不再让人们感到陌生。有调查数据显示，认为自己处于中产阶级队伍的比例在不断下降。曾经"中产阶级"的优越感，特别是他们所从事的工作及收入的稳定性在危机面前却变得不堪一击。日本作者田中胜博在其代表作《2010年中产阶级消失》一书中就提出，"2010年日本将出现10%的富人和90%穷人的大分裂，中产阶级将消失，日本人正面临历史上最大的歧路。"② 似乎在西方国家，所谓的"中产阶级"已经成为了动荡不安的源泉。其次，马克思主义理论相关著作，特别是《资本论》在经济危机发生后的重新升温，也是工人阶级对资本主义现有生产关系形成质疑和不满的表现之一。二是资本主义新危机之程度新。资本主义全球化背景下，国家垄断资本主义逐渐让位于国际垄断资本主义，资本全球范围内的自由流转使得危机的发生更具世界性。资本主义危机的发生超越了某一国家和地区范围，形成牵一发而动全身的"蝴蝶效应"。随之，解决危机的方式和手段也日趋复杂化和全球化。在资本主义全球化形成之前，在资本自由流转于世界各国之前，危机的发生尚且可以通过本国资本家阶级或者一国政府的积极应对得以涉险通关，而今面对资本主义危机影响范围的不断扩张，就一国而言已经无力应对世界性的危机。危机涉猎范围之广，情况之复杂，从一方面反映了资本主义危机之"程度新"。危机程度之新，换句话说是资本在世界范围内盘剥工人的程度在不断加深，这就必然会带来解决危机手段

---

① Berch Berberoglu: *Class and Class Conflict in the Age of Globalization*, Lexington Books Press, 2009, p. 129.
② 木春山、纪双城等:《西方担心中产阶级成"动荡之源"》,《环球视野》2010年4月6日第286期，摘自2010年3月15日《环球时报》。

的激进化。

第二，工人阶级运动的规模和强度日趋激进化。随着全球化的发展以及新自由主义在世界范围内的扩张，工人阶级在资本的打压下也逐渐地生发出对现状的不满和抗议。劳资双方之间的关系已经由第二次世界大战后"黄金发展时期"的体制内协商与合作，转向体制内的疏离和对抗。2008年经济危机发生之后，世界各国工人普遍掀起的罢工抗议行动更是反映了工人阶级改变现状的要求。无论是工人阶级在抗议活动中所提出的要求或者口号，还是工人运动的规模都渗透出激进化的特点。在此以"占领华尔街"运动为例，2011年9月17日，12名美国大学生在位于纽约的祖科蒂公园，打开帐篷住下，并打出"占领华尔街"的标语。随之这场以反对经济萧条，民众为金融垄断财团埋单、失业以及贫富差距悬殊等问题为主的大规模群众运动在美国乃至世界范围内展开。此次抗议活动波及范围之广堪称近半个世纪所罕见。从纽约到马德里，从伦敦、巴黎、法兰克福到惠灵顿、奥克兰、悉尼，甚至在亚洲也引起了强劲的波动，韩国首尔、日本东京、印度尼西亚雅加达等地均掀起了"占领华尔街"式的抗议示威活动。全球有80多个国家，近千座城市民众参与了此次抗议活动。

在此次占领运动中表现出这样两个特点，其一，"占领华尔街"运动中表现出清晰的"敌"、"我"阵营划分。参与"占领华尔街"抗议行动民众打出了鲜明的口号，如"我们代表99%美国人"、"我们都在同一条船上"、"公司、银行、政府应该承担责任，停止让我们为你们的错误埋单"、"革命的一代"，等等。这些口号明确将矛头指向1%的美国人，控制了美国40%财富的美国人。① 抗议者认为他们代表了99%的绝大多数，由不同种族不同肤色的抗议者在缺乏统一领导的条件下坚持抗议行动，支持他们的最强劲的动力是他们将拒绝容忍1%美国人的贪婪和腐败。他们试图用"阿拉伯之春"的方式达到行动的目标并鼓励运用非暴力方式最大限度地保护参与者的安全。②

"占领华尔街"抗议行动的主要力量是学生群体，在经济危机影响

---

① 盛媛：《"占领华尔街"之火烧向全球》，《第一财经日报》，2011年10月17日，第A04版。

② http：//www.occupywallst.org/.

下，美国大学生毕业之后不仅由于高额的学费而欠下很多债务，同时毕业后又不能顺利找到工作，致使很难实现自身独立。通过学生在"占领华尔街"抗议行动中的表现可以看出学生对当前美国经济制度的不满。工人联合参与"占领华尔街"抗议行动，并成为坚强主力之一。此外，和平主义者、老兵团体、政府职员、移民权利组织以及美国共产党和美国共产主义青年同盟也参与到这场抗议行动中来。① 因为他们清楚地认识到他们属于全美99%的成员，与占全美1%的最富裕阶层存在着根本性的对立。

经济危机使得金融寡头和国家机器的密切关系暴露无遗，抗议民众直接将斗争矛头对准华尔街，说明他们已经意识到导致本次经济危机的罪魁祸首，意识到应该为此次经济危机承担责任的肇事者。无论是中产阶级还是无产阶级，在此时此刻都已经将自己容纳到一个群体当中，他们有着共同的利益诉求，也意识到需要相互的扶持。正如马克思所说的，资本主义社会使社会的阶级结构简单化了，整个社会分化为资产阶级和无产阶级，发达资本主义国家通过各种手段和方式离间无产阶级，但是他们终究处于社会阶级结构的同一端，即被剥削阶级。本质上他们不占有任何生产资料，是通过出卖劳动力以维持自身和家庭生存所需。

其二，"占领华尔街"运动中目标诉求明确但也存在一些不足。"占领华尔街"有着较为明确的目标诉求，具体说来包括浅层次和深层次两个方面。其中浅层次的要求即解决民众就业问题，改变贫富差距悬殊的现状，让经济危机的制造者承担应有的责任，拒绝转嫁危机；深层次的要求即改变美国不公平不合理的政治经济制度。不难看出，美国民众，更确切地说是美国无产阶级对经济危机的发生及其解决途径的认识已经从边缘走向了中间地带，从对削减财政赤字的关注转向了贫富差距悬殊问题的解决。与此同时也提出要求改变美国的政治经济制度，这说明已经在向问题的深层次原因进行试探。

但也应看到，种种诉求多是停留在一种口号或标识上，缺乏深层次的剖析和具体实施措施。这说明美国99%的民众还处在抗议的初始阶段，

---

① *U. S. young people show their discontent with capitalism*, by Lisa Bergmann, http：//www. cpusa. org/u－s－young－people－show－their－discontent－with－capitalism/.

对社会矛盾根源还缺乏深刻的认识,同时对解决问题的方式和方法还处于朦胧的酝酿当中。

可见,工人阶级运动有趋向于激进化的趋势,但是仍然以资本主义体制内的斗争为主,即使超越体制范围的要求也多停留于一种口号,尚且缺少实践的具体策略。资本主义国家随着发展经验的积累不断增强自身调节的能力,在应对危机以及工人运动时显得游刃有余。处于这种情况,既需要正确看待工人阶级运动表现出的新特征,也要科学评价资本主义发展的客观现实,忽视任何一方,都不可能对工人运动的现状以及劳资关系作出准确的判断。

三 工人阶级运动与世界社会主义

在运用历史唯物主义的方法分析人类社会发展规律时,我们深知资本主义有其自身难以克服的矛盾,多次频繁发生且影响深远的经济危机就是一例最好的说明,在其所能容纳的生产关系完全释放之后必然有更高的生产方式将其取而代之。社会主义代替资本主义有其历史必然性,但是世界社会主义的实现不会是随时间自然生发的顺次推移。其间,作为世界社会主义运动主体力量的工人阶级对资本主义现状如何认识,对资本主义发展脉络如何判断,在资本主义危机发生以及平复之时又会采取哪些行动,所有这些都会对世界社会主义运动产生或多或少,或深或浅,或长期或眼前的影响。所以正如马克思和恩格斯在《共产党宣言》中所给予我们的启示,共产党人要将长远利益和眼前利益相结合,在当前观察西方工人运动状况时也需将其当前效应与长远影响一并加以考察。毕竟世界社会主义运动的实现是一个动态的过程,同时也是一个相对漫长的过程。

工人阶级运动与世界社会主义之间存在着密不可分的联系。不断走向成熟的工人阶级运动将为世界社会主义的实现创造有利条件。世界社会主义的实现不是一朝一夕之事,它是一个不断发展、不断向前推进的、相对漫长的过程。在这个过程中,作为变革社会的主体力量工人阶级需要发挥积极而能动的作用。离开工人阶级运动奢谈世界社会主义的实现无异于缘木求鱼。可见,世界社会主义运动的实现需要工人阶级运动的蓬勃发展。同样的,工人阶级运动也离不开世界社会主义这一总的发展趋势。工人阶级运动的最终指向必然是世界社会主义的实现,其具体内容是实现生产关系的根本性改变。在这里需要特别指出的是，工人阶级在当前劳资斗争中提出的各种经济层面的要求与工人阶级运动的最终指向之间并不存在根本性的背离关系，反而前者是后者不可或缺的组成部分之一。那种以工人阶级局限于经济层面的要求，例如提出改善工资待遇、工作环境等内容，进而断言工人阶级运动的不彻底性，甚至认为这种方式偏离工人斗争的真正轨道的论说是不正确的。正如马克思所言，工人阶级"为了不受骗，他甚至在市场价格这样下降时也应当同资本家争论工资究竟该降到什么程度。在生产额外利润的繁荣阶段，他如果不争取提高工资，按整个工业周期平均计算，他就会甚至得不到他的平均工资或他的劳动的价值。他的工资，在这个周期的不顺利阶段，必然要受到影响，如果在这个周期的繁荣阶段，还要求他不去争取补偿，那就太愚蠢了。"[1]综上所述，工人阶级运动与世界社会主义的关系主要可以从以下两个方面来展开阐述。

第一，工人阶级运动对世界社会主义的重要性。社会主义的胜利具有其历史必然性，但是社会主义代替资本主义最终实现生产资料的社会主义公有制需要具备两个不可或缺的条件，一是经济方面的充分准备，二是无产阶级的充分准备。正如列宁所言，"胜利的社会革命至少要具备两个条件：生产力的高度发展和无产阶级的充分准备。"[2] 马克思和恩格斯在《神圣家族》中曾经指出，生产关系的资本主义私有制终将把其推向发展的边缘，并最终送进历史的博物馆。但是这一过程的实现需要有无产阶级的产生，这里的无产阶级是指"意识到自己在精神上和肉体上贫困的那种贫困"，"意识到自己的非人化从而自己消灭自己的那种非人化"。[3] 无产阶级的最终目标是完成解放全人类的历史使命，这一使命的完成需要工人阶级在不停歇的运动中将其推向前进。真正意义上的、在主客观层面均达到相对成熟的工人阶级必然将最终目标的实现转化为具体的实践行动，将世界社会主义运动蕴含于工人阶级运动当中，不断推进世界社会主义的实现。

工人阶级作为变革资本主义制度、实现社会主义的主体力量，并未随

---

[1] 《马克思恩格斯文集》第3卷，人民出版社2009年版，第71页。
[2] 《列宁全集》第20卷，人民出版社1989年版，第222页。
[3] 《马克思恩格斯文集》第1卷，人民出版社2009年版，第261页。

着资本主义时期结构性调整以及其他因素的变化而发生改变。"工人的解放应当是工人阶级自己的事情"①。对于工人阶级，变革资本主义制度是实现自身解放的前提条件，"如果不同时使整个社会永远摆脱剥削、压迫和阶级斗争，就不再能使自己从剥削它压迫它的那个阶级（资产阶级）下解放出来"②。

世界社会主义运动的推进，社会主义对资本主义的替代，真正的生产资料私有制的终结和瓦解，除了客观上生产资料的私有制已经无法包容生产社会化的客观条件之外，主观上还需要推进世界社会主义运动的主体即工人阶级发挥其积极主动的能动性作用。毕竟，社会主义前进的步伐绝不仅仅是单纯的客观经济发展的自发性结果，也不是经济发展到一定高度自然生发的果实。事实上，世界社会主义制度优越性的充分彰显，并最终实现制度的更替，其全部过程都离不开变革社会的主体即工人阶级主动、自觉的参与，也就是说离不开具有阶级意识的自为阶级的形成，离不开工人阶级运动的推进和深化。

第二，世界社会主义运动蕴含着工人阶级运动的蓬勃发展。恩格斯曾经说过，"共产主义不是教义，而是运动。它不是从原则出发，而是从事实出发。"③ 从当前的客观"事实出发"，2008年以来发达资本主义国家引发的经济危机席卷了全球，世界各国都很难在危机中幸免，工人阶级更是成为危机的直接受害者，不同程度分担着经济危机引发的损失。"占领华尔街"运动、伦敦大罢工、希腊工人罢工等风云迭起，不少工人喊出不要资本主义、变革资本主义的口号。工人阶级之所以不同程度地提出对资本主义制度的不满和变革要求，离不开工人阶级对现状的不满，以及对社会主义所彰显出的未来蓝图的向往。所以说，世界社会主义运动在广义上包含着工人阶级运动，但又不局限于工人阶级的实际运动。它在客观上还涵盖了对科学社会主义理论的继承和发展，同时与各种揭露资本主义弊端以及促进社会进步的新型社会运动紧密相连，例如女权运动、生态运动、反战和平运动等。当然，强调新社会运动对世界社会主义运动的积极

---

① 《马克思恩格斯文集》第2卷，人民出版社2009年版，第21页。
② 同上书，第9页。
③ 《马克思恩格斯文集》第1卷，人民出版社2009年版，第672页。

作用，并不意味着将其等同于世界社会主义运动，二者之间还是存在着严格的区分和界限。但是社会主义运动的实现终究不是一种直线的、向上的、依次顺利的发展过程，它是一种螺旋式上升，往往沿着"之"字形路线在艰难的探索中不断向前推进。世界社会主义向前发展过程中所生成的新的理论，以及对科学社会主义理论的深化，会为工人阶级运动提供正确的理论支撑以及实践中的正确引导，促使工人阶级加深对资本主义弊端的认识，实现工人阶级运动进一步开拓和发展。

第三章 发达国家工人阶级状况考察

第二次世界大战后，特别是20世纪70年代以来，发达资本主义国家的工人阶级在内涵与外延、结构与组成、生产与生活等各个方面发生了深刻变化。正是基于此，对于是否还存在一个具有共同阶级利益的同质性的工人阶级，西方思想界一直存在着激烈争论。本章是对当代发达资本主义国家工人阶级发展演变的实证分析，旨在通过对工人阶级的数量和结构变化，对工人阶级队伍中的两个重要组成部分即女性和移民工人的当代演变，以及作为工人阶级生活状况的两个突出特点即失业和贫困化，尤其是国际金融危机以来主要发达国家工人阶级生活的急剧恶化，进行详尽考察，以说明尽管工人阶级已经和正在发生诸多变化，但本质上仍然保持着作为工人阶级本身固有的基本特征，即作为受资本剥削的雇佣劳动者的地位并没有发生实质性改变。本章选取的数据主要集中于欧美地区的主要发达资本主义国家。

第一节 发达资本主义国家工人阶级的数量变化

自工业革命后，伴随产业无产阶级队伍的迅速成长，工人阶级逐渐成为发达资本主义国家社会结构两极分化中的主要一极。19世纪后半叶尤其是进入20世纪后，发达国家工人阶级的数量迅速扩大。20世纪70年代以来，在信息革命的推动下，发达国家社会生产力获得巨大发展，社会结构出现重大变化，各行各业中不占有生产资料、以出卖自身劳动力为生的工人阶级数量也随之发生变化。

关于20世纪70年代以来发达国家工人阶级数量的变化，当代西方理论界存在不同看法。一些学者虽然对于具体阶级划分的认识存在差异，但总体上主张"三阶级"说，即把发达国家的社会阶级划分为资产阶级、中产阶级和工人阶级,但是,在各阶级占人口比重问题上不同学者存在着不同看法。这主要表现为两种主要观点:一是认为发达国家工人阶级占劳动力人口的将近一半,相比而言,中产阶级和资产阶级人口所占的比例较小。这种观点以美国社会学家埃里克·奥林·赖特为代表,在他看来,工人阶级比例之所以相对较大,其原因是"无产阶级化":发达国家虽然存在着职业结构升级的趋势,但却都被部分中产阶级融入工人阶级队伍的事实所抵消了。第二种观点是强调工人阶级不再占社会多数,而中产阶级所占比例则相对较大。比如,英国社会学家戈德索普就认为随着20世纪下半叶体力人员就业人数下降,以及低级和高级非体力就业人员上升,发达国家工人阶级大约只占被雇佣人口的三分之一左右。①

此外,还有一种观点从马克思主义阶级分析视角出发,认为在当前发达国家中工人阶级仍然占人口的绝大多数。比如,英国学者马丁·史密斯以英国阶级结构的变化为例,分析了工人阶级的当代发展,指出"制造业工人的人数虽然下降",但"办公室白领工人和服务业工人的人数大为增加"。他们大多不是什么中产阶级,仍然在被迫出卖自己的劳动力,而且其劳动待遇和工作条件也和传统工人阶级一样艰苦,因此他们也和传统工人一样也日益组成工会和资本斗争,所有这些表明他们实质上仍然是工人阶级。②

显然,由于在什么是工人阶级问题上的认识不同,西方学者对工人阶级在当代西方发达国家中的确切数量存在不同看法。本书一直坚持从马克思主义基本理论出发界定工人阶级,主张不占有生产资料,而必须靠出卖自己的劳动力为生,受资本主义剥削的雇佣劳动者,都是工人阶级队伍中的一员。从这一界定出发,我们认为当代西方发达国家受雇佣劳动者中的大多数是工人阶级。20世纪70年代以来,由于发达资本主义国家中劳动力参与率(包括就业和失业人口)大都占各国人口的50%—60%以上的多数(意大利除外,参见表3—1),因此工人阶级仍然是发达资本主义国家社会构成的主体力量。

---

① 参见[英]斐欧娜·戴维恩《美国和英国的社会阶级》,重庆出版社2010年版。
② 王小颖译:《新工党的阶级理论评析——英国工人阶级状况》,《国外理论动态》2007年第12期,第32页。

表3—1　　　　主要发达国家劳动力参与率（1970—2011）　　　　单位:%

年份	1970	1980	1990	2000	2005	2006	2007	2008	2009	2010	2011
美国	60.4	63.8	66.5	67.1	66.0	66.2	66.0	66.0	65.4	64.7	64.1
澳大利亚	62.1	62.1	64.7	64.4	65.4	65.8	66.2	66.7	66.7	66.5	66.5
加拿大	57.8	65.0	67.4	66.0	67.3	67.2	67.5	67.7	67.2	67.0	66.8
法国	57.5	57.2	56.8	56.3	56.2	56.1	56.2	56.3	56.6	56.5	56.3
德国	56.9	54.7	55.0	56.7	57.5	58.1	58.3	58.4	58.5	58.6	59.2
意大利	49.0	48.1	47.2	49.5	48.7	48.9	48.6	49.0	48.4	48.1	48.1
日本	64.5	62.6	62.6	61.7	59.6	59.6	59.5	59.5	59.3	59.1	58.7
荷兰	(na)	55.4	57.0	63.0	64.2	64.5	65.2	65.4	65.2	63.7	63.3
新西兰	(na)	(na)	63.9	65.3	67.7	68.3	68.5	68.5	68.4	68.0	68.4
西班牙	(na)	49.9	50.5	53.3	57.0	58.1	58.6	59.6	59.7	59.8	59.8
瑞典	64.0	66.9	67.4	63.8	64.9	65.3	65.3	64.8	64.9	65.1	65.1
英国	(na)	62.8	64.3	62.8	63.1	63.5	63.4	63.4	63.4	63.2	63.2

资料来源：BLS, International Comparisons of Labor Force Statistics, 1970—2011。

20世纪70年代以来发达国家劳动力增长的相关数据，也证明了工人阶级队伍的不断扩大。据美国劳工部的统计，1970—2008年，在美、英、日等十个发达资本主义国家中，以工人阶级为主要构成力量的劳动力总数呈增长趋势（参见表3—2）。从横向比较看，美国劳动力人口最多，历年数据显示，与其他九个发达国家劳动力人口之和甚至不相上下。日本的劳动力人口数量次之。从纵向发展看，各国劳动力人口总体上不断增长，但各国的数量增长并不平衡。有的国家，如加拿大、澳大利亚等，近40年间劳动力人口增长超过两倍，美国的增长数量接近两倍，而欧洲地区的一些国家如英国、瑞典、意大利则增长相对较少。有学者还特别对各国劳动力的增长率进行统计，指出20世纪70年代以后发达国家工人阶级增长率的演变呈现先上升后下降的过程。比如按照年均增长率计算，1970—1975年的劳动人口年均增长率为1.43%，1975—1980年升至1.74%，但此后开始下降，1995—2000年降至0.99%，2000—2004年更降低至0.59%。并且认为，发达国家劳动力增长率下降与各国人口增长率的降低存在密切关系①。这种观点不无道理，但并不全面，比如它并不能对近年美国人口增长率上升而劳动力人口下降做出解释。发达国家劳动力增长率的下降有多方面原因。有学者对美国劳动力参与率的演变分析后认为，造成劳动力人口增长率下降的原因还包括年轻人对教育的投入加大，因而进入劳动力市场的时间延长；以及人口老龄化的到来，"婴儿潮一代中年龄最大的人群已经60岁了"，尽管部分人还在工作，但整个人口的构成比例已经发生变化，等等。②总而言之，无论导致劳动力增长率减少的原因是什么，在作为一个整体的发达国家中，工人阶级绝对数量的持续性增长是一个不争的事实。

表3—2　　主要发达资本主义国家劳动力人口演变（1970—2008）　　单位：千

年份	美国	加拿大	澳大利亚	日本	法国	德国	意大利	荷兰	瑞典	英国
1970	82771	8395	5478	50740	20800	26247	19723	—	3909	—
1975	93775	9974	6169	52530	21660	26426	20085	5340	4123	25932
1980	106940	11725	6693	55740	22746	27256	21115	5870	4312	26750
1985	115461	12835	7300	58810	23332	28028	21802	6250	4417	27573
1990	125840	14047	8440	63060	24066	29412	22670	6767	4597	28766
1995	132304	14456	8995	65990	24536	38980	22578	7344	4457	28135
2000	142583	15637	9590	66990	25951	39302	23361	8052	4490	28962
2005	149320	17108	10529	65850	26926	40760	24179	8459	4700	30137
2006	151428	17351	10771	65960	27169	41250	24395	8541	4752	30598
2007	153124	17696	11021	66080	27305	41416	24459	8686	4827	30778
2008	154287	17987	11254	65900	27541	41623	24829	8780	4887	31125

资料来源：BLS, International Comparisons of Labor Force Statistics, 1970—2011。

---

①　孙寿涛：《20世纪70年代以来发达资本主义国家工人阶级的数量增长与构成变动》，《马克思主义研究》2012年第6期，第127页。

②　Conor Sen: Why is the Labor Force Shrinking? Blame Young Men, Not the Economy, Oct. 9, 2012, http://www.theatlantic.com/business/archive/2012/10/why-is-the-labor-force-shrinking-blame-young-men-not-the-economy/263368/.

第二节 发达国家工人阶级的产业与素质构成变化

当代发达资本主义国家工人阶级的内部构成也发生了显著变化。这里主要选择产业构成和素质构成两部分，来阐明工人阶级的发展演变。其中，产业构成直观地反映了发达国家经济社会变化对工人阶级部门和职业分布的影响，而素质构成则体现了工人阶级素质和能力的提高，表明作为一个整体的工人阶级本身的成长过程。

一 产业构成的变化

20 世纪 70 年代后，伴随发达资本主义国家生产力发展和产业结构的变化，工人阶级的产业构成也发生了很大变化。其总的发展趋势体现为"两低一高"：第一产业（农业）和第二产业（工业）的劳动力就业出现不同程度的降低，而第三产业（服务业）的就业比重显著升高。

这一特点在美国就业人口的产业部门分布上表现得尤其突出。[1] 农业劳动力占总就业人口的百分比，从 1930 年的 25%，下降到 1970 年的 5%，再到 2000 年的 1%；农业生产部门的就业人口直线下降，农业生产占 GDP 的比重在相应年份也从 8% 下降到 2% 直至 1%。在工业方面，随着战后美国经济的发展尤其是制造业部门的迅猛增长，美国产业工人阶级的数量迅速增加。到 20 世纪 70 年代初，在多种因素尤其是发达国家间国际竞争加剧的作用下，美国大量生产部门和资本开始向国外特别是第三世界国家转移。这直接造成了制造业部门的急剧减少，进而导致制造业所需劳动力的大幅下降，该部门失业劳动力以及其他就业不足人群向服务业和其他第三产业部门的转移，其直接后果就是工业劳动力的下降与服务业劳动力的迅速增长。据统计，1970—2005 年，从事制造业工人的比例直线下降，1970 年占 25%，1980 年占 20.7%，1990 占 16.2%，2000 年占 13.1%，到 2005 年则只有 10.7%。与之相反，服务部门的劳动力在整个劳动力中的占比迅速增加，从 1970 的 68.7%，1980 的 73.3%，1990 的 78.4%，2000 年的 81.3%，直到 2005 年提高到 83.5%。

---

[1] Council of Economic Advisor, Economic Report of the President, 2006.

与美国相比，欧洲发达国家的产业结构变化虽然展现出同样趋势，但具有地区发展特点，展现出完全不同的发展轨迹（见表3-3）。尽管关于工业就业下降以及服务业兴起的"后工业社会"说早在20世纪70年代初已经流传开来，但直到20世纪70年代末时，欧洲政治实际上仍然牢牢扎根于工业主义。尤其在南欧，从农村和农业向城市和工业的转向仍在进行过程之中，希腊、葡萄牙、西班牙的第一产业（表中的Ⅰ，即指农业和采矿业）劳动力都在20%以上（其他国家中只有爱尔兰达到23.2%）。除了希腊外，制造业等第二产业部门（表中的Ⅱ，包括制造业、公用事业和建筑业）是所有国家重要的就业部门，在奥地利和原联邦德国雇用的劳动力甚至超过40%，而服务业等第三产业部门在整个就业结构中的比重并不占绝对优势。到1990年前后，农业和采矿业在南欧国家和爱尔兰仍然占重要地位，但整体占比已经大大下降。第二产业部门虽然在一些国家仍然占优势，比如在奥地利和前联邦德超过全部就业人数的35%，但在斯堪的纳维亚和西北欧的一些国家，服务业就业已经取得65%以上的绝对优势。而到2005年前后时，各产业部门就业布局出现了根本性变化。第一产业部门全面萎缩，即使一些传统农业大国比如希腊、西班牙等，也下降到15%以下。除了意大利和葡萄牙外，第二产业部门就业占比全部下降到30%以下，服务业部门成为各国就业比重超过50%以上的主导性产业。

需要指出的是，20世纪70年代以来发达国家就业结构重心总体上朝着以服务业为主的第三产业部门转移，但由于不同时期第三产业内部各行业并非一种均衡发展状态，因此各行业就业因各行业发展状况呈现一定起伏。科林·克劳奇将第三产业部门划分为四个主要部类（即表中的Ⅲ、Ⅳ、Ⅴ、Ⅵ），[1] 即流通行业，比如交通与所有销售活动（包括商店）、邮政服务和通信业；商业服务，比如银行、保险及其他金融活动、法律服务、设计和咨询活动、清洁、保安和维修；社会和社区服务，比如教育、医疗、环境保护、警察服务；个人服务，比如文化和运动娱乐、家庭清洁、家用物品维修等。从欧洲地区的发展看，1975年前后，流通服务在所有西欧国家就业量为20%—25%。商业服务所占份额非常少，而公共社

---

[1] Colin Crouch：" Change in Europe Societies since the 1970s"，*West European Politics*，2008.

第三章 发达国家工人阶级状况考察 91

表3—3 1975—2005年前后西欧主要国家产业结构变化

单位:%

时间\国别	1975年前后 I	II	III	IV	V	总计	1990年前后 I	II	III(VI)	IV	V	总计	2005年前后 I	II	III	IV	V	VI	总计
奥地利	13.3	40.4	23.0	4.7	18.5	99.9	9.0	36.6	25.0	6.4	23.1	100.1	5.6	27.6	22.1	12.6	25.4	6.8	100.1
比利时	4.8	38.0	23.1	5.5	28.3	99.7	2.9	27.8	23.7	8.7	36.9	100.0	1.9	24.8	21.5	13.3	35.1	3.5	100.1
丹麦	9.5	32.4	21.3	6.2	30.6	100.0	5.5	28.0	21.9	9.0	35.6	100.0	3.3	24.4	21.3	12.5	35.8	2.7	100.0
芬兰	14.9	36.1	22.9	4.9	21.2	100.0	8.4	30.8	22.9	8.1	29.9	100.1	4.9	25.5	19.4	13.3	33.4	3.6	100.1
法国	10.9	37.8	21.2	6.2	24.0	100.1	6.0	29.7	23.0	9.6	31.8	100.1	4.0	24.3	19.9	13.2	32.9	5.9	100.2
民主德国	4.0	38.0	21.8	8.4	27.6	99.8	8.1	34.8	17.7	3.9	35.6	100.1	2.7(a)	29.4	19.8	13.2	30.9	4.1	100.1
联邦德国	8.0	44.3	20.2	5.1	22.4	100.0	4.0	38.0	22.3	8.4	27.6	100.3							
希腊	33.8	28.6	21.0	3.0	13.6	100.0	24.1	27.5	24.5	4.9	19.0	100.0	12.3	22.3	24.1	9.2	23.3	8.9	100.1
爱尔兰	23.2	30.9	21.3	2.8	22.1	100.3	15.7	27.7	23.4	8.1	25.3	100.2	15.7	29.0	10.9	15.0	22.8	6.6	100.0
意大利	—	—	—	—	—	—	10.0	31.1	26.7	4.2	28.0	100.0	4.5	30.7	20.5	13.2	24.7	6.5	100.1
荷兰	6.1	34.7	22.5	7.2	29.7	100.2	4.8	26.0	23.7	10.2	35.5	100.2	3.4	20.7	21.6	15.8	34.3	4.2	100.0
挪威	10.2	34.3	24.7	4.4	26.5	100.1	7.4	23.8	25.8	7.4	35.8	100.2	5.5	20.2	22.7	11.3	36.9	3.5	100.1
葡萄牙	30.3	35.3	16.2	1.9	16.2	99.9	18.7	33.7	20.0	4.5	23.2	100.1	11.6	31.2	19.5	7.5	21.8	8.5	100.1
西班牙	21.9	37.0	21.8	3.2	16.1	100.0	12.8	33.2	25.9	5.2	23.1	100.1	5.8	29.4	21.1	11.2	21.9	10.7	100.1
瑞典	6.9	36.0	21.1	5.3	30.8	100.1	3.6	29.0	21.4	8.6	37.5	100.1	2.2	21.9	18.9	15.6	38.7	2.8	100.1
瑞士	—	—	—	—	—	—	4.3	30.5	27.4	12.9	25.0	100.1	3.9	22.8	20.1	17.0	32.3	3.9	100.0
英国	4.1	38.6	23.2	5.8	28.3	100.0	2.7	29.1	26.5	12.8	28.8	99.9	1.7	21.8	22.2	15.7	34.0	4.8	100.2

注释:(a)这里的数字代表统一后的德国。
资料来源:根据Colin Crouch,"Change in Europe Societies since the 1970s", *West European Politics*, 2008年的数据资料整理。

会和社区服务部门的就业规模显然与流通部门的发展不相上下,在丹麦和瑞典的就业比例甚至超过 30%;到 1990 年,情况没有发生多大变化。流通服务就业量维持在 20%—29%。商业服务仍然是一个小部门,但在一些商业导向型的国家比如荷兰、瑞士和英国超过了 10%。而公共社会和社区服务部门就业量的发展各国均有不同程度提高。2005 年前后,流通部门的就业量都有不同程度的下降;商业部门尽管仍然很小,但在一些国家如荷兰、瑞典、瑞士超过了 15%。除希腊外,社会和社区服务成为各国服务业的绝对主导部门。同时,这一时期个人服务业也开始显现规模,在一些国家就业人数超过 5%。总之,如果依据这种划分标准,流通与社会和社区服务显然是目前发达资本主义国家服务业的主要就业部门和行业。

二 素质构成的变化

工人阶级内部结构的显著变化,还体现在工人阶级素质结构的改变,即工人受教育程度和技能水平的改变方面。由于技能本身难有统一的测算标准,受教育程度成为衡量工人阶级素质结构变化的主要指标。

总体上看,20 世纪 70 年代以来,发达资本主义国家工人阶级的受教育水平极大提高。在美国,1974—2012 年,25 岁及以上接受过高中以上教育的人口从 60% 增加到 80%,而接受过本科教育以上的人口从 12% 增加到 25%。① 从劳动力人口看,20 世纪 90 年代以来,接受过高等教育的劳动力人口急剧增加。世界银行的统计显示,1997 年为 33%,2001 年为 35.7%,2002 年猛增至 58.9%,2007 年为 61.1%。②

在欧盟地区,工人阶级受教育水平的发展总体上呈现上升趋势。2011 年欧盟地区 30—34 岁人口中完成高等教育的平均比例为 34.6%,但存在明显的国家间差异。其中,卢森堡、爱尔兰和法国是人口受教育程度较高的国家,其接受过高等教育的人口比例分别是 66%、60% 和 50%,尤其是劳动力人口受教育程度提高迅速且明显。比如卢森堡 1992 年接受过高

---

① Census Bureau of United States, http://www.census.gov/hhes/socdemo/education/data/cps/historical/fig4.jpg.

② Labor force with tertiary education (% of total). http://www.indexmundi.com/facts/united‐states/labor‐force‐with‐tertiary‐education.

等教育的劳动力仅有13.8%，到2010年很快增加到31.7%。意大利、葡萄牙、希腊等国的教育水平相对较低。比如意大利，1992年接受过高等教育的劳动力只有8.2%，到2010年也只增加到17%，极大低于欧盟平均水平。①

教育水平的提高，带动了工人阶级工资收入的整体提升。但在当代发达资本主义社会，由于受教育程度的不同，工人阶级内部呈现显著收入差异。一般来说，受教育程度越高，工资收入就越高；受教育程度越低，工资收入就相对越低。美国劳工统计局对2002年不同受教育程度的男女性工资收入的比较显示，未获得高中文凭的女性平均周工资为323美元，而获得大学文凭女性的周工资为809美元；高中辍学的男性周工资为421美元，而大学毕业生则能达到1089美元。② 最近，哈佛大学高级领袖学者史蒂文·施特劳斯在对不同职业人群的收入进行对比后发现，受教育水平越高，收入就越高。比如，拥有专业学位的人的收入能够达到非高中毕业生的6倍（2009年二者的收入分别是12.8万美元和2万美元）。③

而从另一角度，即对技能的要求发展看，随着西方国家产业结构调整，第三产业部门尤其是服务业迅速发展，近几十年来发达资本主义国家低技能劳动市场急剧扩张，大多数工人进入了对技术水平要求不高的低技术或半技术劳动市场。目前，发达资本主义国家甚至整个世界面临的情况是：低技术工作极度饱和，而完成高中和部分职业培训的中等技术工人以及拥有大学和研究生学历的高技术工人供应短缺。麦肯锡全球研究所的统计指出，到2020年，全球将短缺3800—4000万拥有大学或研究生学历的工人。而届时，将有9000—9500万低技能工人，即全球劳动力的2.6%面临长期失业。在发达国家，对高技能劳动的需求增长高于供应，而对低技能劳动的需求正在减少。而随着包括7500万青年人在内的低技能工人经历失业、就业不足和工资停滞，受教育不同的工人间的收入不平等将会

---

① Tertiary or equivalent education attainment, ec. europa. eu/europe2020/pdf/.../20_ tertiary_ education. pdf.

② Earnings by educational attainment and sex, 1979 and 2002, Oct. 23, 2003, http://www.bls.gov/opub/ted/2003/oct/wk3/art04.htm.

③ Steven Strauss, "The Connection between Education, Income Inequality, and Unemployment", *the Huffington Post*, Nov. 2, 2011.

继续扩大。①

第三节　发达资本主义国家工人阶级中的女性与移民工人

在发达资本主义国家工人阶级内部,有两个特殊群体尤其值得关注:一是女性劳动者。随着近几十年间女性劳动力市场参与率的急剧增长,女性构成整个工人阶级队伍中的"半边天"。二是移民工人。这一群体伴随着全球化的发展而展现出愈益重要的作用,成为当代西方发达资本主义国家工人阶级的主要组成部分。

一　现代劳动力市场中的女性劳动者

在西方,劳动市场上女性参与率相对男性一直偏低,这有其形成的文化和社会根源。但20世纪后30年以来,伴随产业结构的变化,发达国家的女性劳动力参与率呈现明显增长态势。

根据主要发达国家的统计资料显示,20世纪70年代以来,除日本外,各国女性劳动力参与率都出现了不同程度的增长。在美国,从20世纪70年代初到2009年,女性劳动力参与率从43.3%增加到59.2%。女性劳动力参与率在1999年达到峰值60.0%,2011年为58.1%,比2010年下降了0.5个百分点。在欧盟国家中,女性劳动力参与率的提高并不同步。率先实现增长的是北欧一些国家,随后那些女性劳动力参与率较低的国家也开始出现较大幅度增长。20世纪70年代初到2009年间,英国的女性劳动力参与率从44.6%增加到56.8%;德国从38.4%增加到52.1%;意大利从26.4%增加到38.2%;瑞典从50%增加到60.6%;荷兰从28.5%直线增加到60%(参见图3-1)。②另有统计结果指出,截至目前,欧盟国家中女性劳动力参与率最高的国家是丹麦,达到73%;其次是荷兰,为71.5%;瑞典、芬兰等紧随其后。而在南欧的意大利、希

---

① New report: 90 Million Low Skilled Workers to be out of work for good, June 20, 2012, http://www.forbes.com/sites/susanadams/2012/06/20/new-report-90-million-low-skilled-workers-to-be-out-of-work-for-good/.

② Women at Work, March 2011, http://www.bls.gov/spotlight/2011/women/; and Women in the Labor Force: A Databook, U. S. Bureau of Labor Statistics Reports, February 2013.

腊等国，女性劳动力参与率一般低于 50%。整个欧盟的平均数达到 57%。①

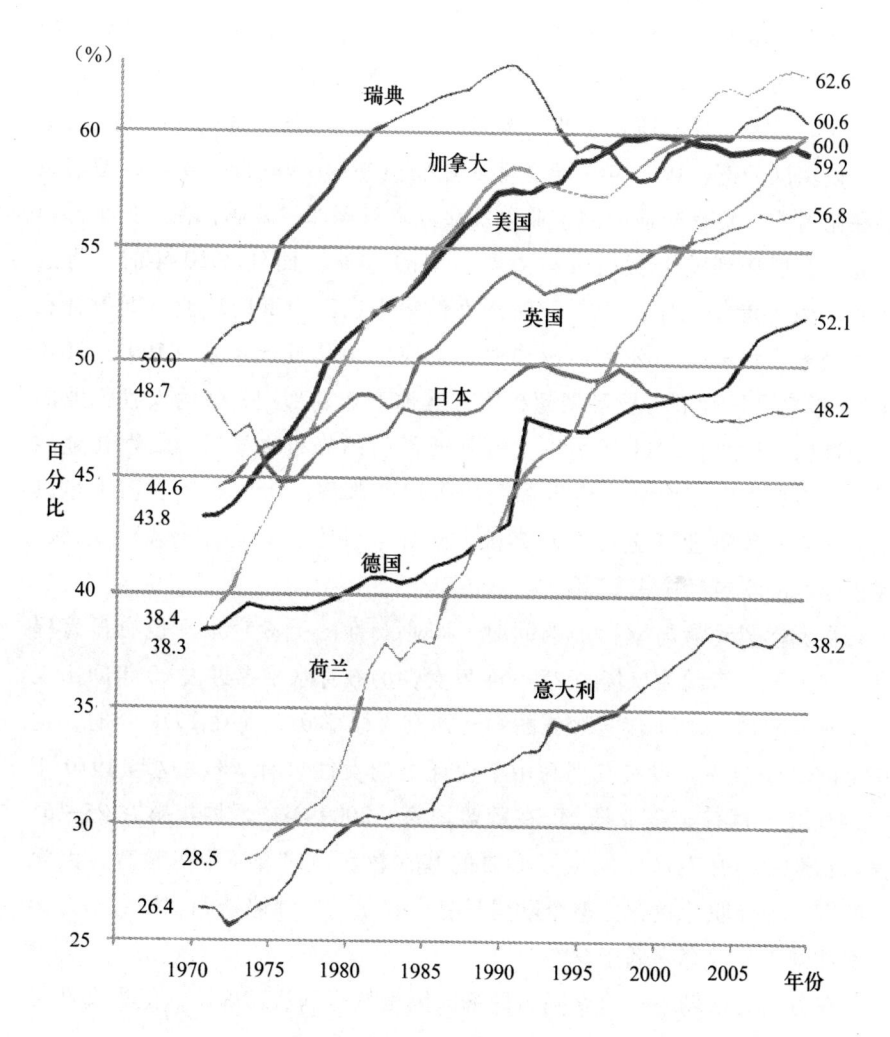

图 3—1　主要发达国家女性劳动力参与率（1970—2009 年）

资料来源：美国劳工统计局，www.bls.gov。

---

① Female Labour Force Participation in Europe, April 25, 2011, http://laboureconomics.wordpress.com/2011/04/25/female-labour-force-participation-in-europe/.

女性自身的性别特点决定了其不可能成为传统第一、第二产业的"主力军"。20 世纪 70 年代后，伴随着西方产业结构向着以服务业为主导的第三产业的转型，女性在劳动市场中的作用日益凸显。从整个发展走势看，女性的就业部门相对集中，在产业结构变化的大背景下，女性就业越来越多地集中在技能要求相对不高、工资水平相对较低的服务业部门。几十年间，西方女性的职业和产业部门分布演变，印证了这一基本的发展走向。以美国为例，1964 年，全美非农业雇员中约 1900 万为女性，她们主要在制造业、贸易交通公用事业以及地方政府等部门就业，在这三个部门就业的女性达到整个女性劳动力参与率的 54%。而到 2010 年时，将近 6500 万女性参加工作，其中 53% 的女性集中在三个部门就业，即教育和医疗服务、贸易交通公用事业和地方政府。尤其近十年来（1993—2010 年），教育和医疗服务业已经超越所有其他产业和部门，成为女性就业的首要部门。① 关于 2011 年美国女性就业部门的分布也显示，女性在金融活动、教育和医疗服务、休闲和餐旅等服务部门的参与率至少占一半以上，其中一些行业甚至占绝对多数。比如女性在会计和审计业占 61%；在小学和中学老师中占 82%。②

在女性劳动参与率增加的同时，职业女性的受教育水平也有显著提高。在美国，劳动力市场中 25—64 岁女性的教育水平在过去 40 年间出现了实质性增加。2011 年，37% 的女性拥有大学学历，而在 1970 年时，这一比例仅有 11%。没有拿到高中毕业证书的女性只有 7%，这与 1970 年的 34% 相比也有显著下降。③ 在欧盟国家，2009 年，平均年龄在 25—65 岁的女性中，有 70.9% 完成了必要的基本教育，即普通中等教育、大学前教育、中等职业教育。整个欧盟只有卢森堡、塞浦路斯和德国劳动力参与女性的高等教育率低于 50%。④

在劳动力市场中，男女同工同酬原则虽然得到法律确认，但男女性工

---

① Women at Work, March 2011, http://www.bls.gov/spotlight/2011/women/.

② Women in the Labor Force: A Databook, U. S. Bureau of Labor Statistics Reports, February 2013.

③ Ibid..

④ Dutch women: High Labour Participation Rate and High Education Level, 8 March 2011, http://www.cbs.nl/en-GB/menu/themas/dossiers/vrouwen-en-mannen/publicaties/artikelen/archief/2011/2011-3336-wm.htm.

资仍然存在很大差异。在美国，2011 年全职女性每周中间收入是 684 美元，只占男性中间收入（832 美元）的 82%。当然这一比率依据职业不同而有变化。在个人金融顾问、零售商、保险销售代理人、律师等职业中，女性的收入比率较之平均数还要低。而在仓库管理员、订单管理员、债务催收员、快餐准备和服务人员中，女性的收入则要高于男性。在欧盟和欧元区国家，女性收入比男性平均低 16%。发达国家中奥地利、德国、英国、芬兰、荷兰高于平均水平，而前三个国家的男女性工资差异更是高达 20% 以上。[1] 同时，女性工资的高低与受教育水平也存在一定关系。2011 年，美国 25 岁以上高中毕业全职女性的平均每周中间收入是 554 美元。这占大学肄业女性的 81%（682 美元），以及拥有大学以上学历女性的 56%（998 美元）。

此外，女性劳动力参与的特点还体现在从事非全日制工作（通常指每周工作时间少于 30—35 小时），比如零工、半日制工作、临时性工作的比例较大。在美国，2011 年，约 27% 的女性从事非全日制工作；与之相比，男性的比例只有 11%。在亚太经合组织国家中，约有 1/4 的女性从事此类工作。其中北欧、德国、奥地利、英国、荷兰等达到 35% 以上，荷兰甚至高达 75%。一般观点认为，非全日制工作是较富弹性的工作安排，有利于女性将市场工作与传统家庭责任结合起来。因而，正是兼职工作的大量存在，促进了女性劳动市场参与率的大幅提高。[2] 但总的来看，这种工作岗位通常缺乏社会保障、工资较低、劳动条件较差。为了维持生计，许多女性不得不同时从事多份工作。2011 年，美国有 5.3% 的女性从事一份以上工作。也有的女性直接成为自雇者。2011 年美国自雇女性的比例达到 39%，比 2007 年增加了 12%。

二 移民工人的增长与分化

随着经济全球化的发展，移民工人的数量大大增加。一方面，发展中国家的贫困和失业推动许多工人背井离乡寻找工作机会；而另一方面，伴

---

[1] Gender pay gap statistics, March 2013, http://epp.eurostat.ec.europa.eu/statistics_explained/index.php/Gender_pay_gap_statistics.

[2] OECD Economic Department, Female Labour force participation: Past Trend and main determinants in OECD countries, May 2004.

随经济社会的发展，发达国家对劳动力尤其是非技术劳动力的需求也在迅速增加。因此，移民成为发达资本主义国家劳动力中愈益增长的重要部分。在美国，1970 年时，移民工人只占全部劳动力的 5%。而到 2010 年，美国劳动力中有 2310 万外籍人口，占美国总劳动力的 16.4%。① 欧洲也是移民工人的主要目的地。据统计，当前欧洲约有 7000 万国际移民，占欧洲人口的 9.5%，占整个世界移民流动量的 32.6%。欧盟地区的移民人口 3180 万，占欧盟地区人口的 6.4%。② 仅在 2011 年有约 170 万移民流入，约 130 万移民在欧盟成员国间流动。移民流入最多的国家是英国（56.6 万）、德国（48.9 万）、西班牙（45.7 万）和意大利（38.5 万），这四个国家的移民数量达到欧盟 27 个成员国的 60.3%。从流入移民的地区分布看，欧盟移民主要来自欧盟 27 个成员国之外的欧洲国家，占总移民人口的 38.5%。其次是非洲（24.5%）、亚洲（22.0%）、美洲（14.2%）和大洋洲（0.8%）。③ 伴随老龄化社会的到来，欧洲地区劳动力的需求量有增无减。据估算，到 2050 年时，欧洲将需要 5600 万移民工人。④

流入发达资本主义国家的移民工人，位于劳动力市场的上下两极，面临截然不同的收入、保障和工作条件。一方面，移民工人明显集中于需要高技术工人的产业，比如信息技术、高科技制造业和生命科学产业。在这些行业就业的移民工人，拥有较高的学历，大都获得至少大学以上的学历证书。他们一般拥有较高的社会地位，收入高，社会保障好，工作环境优越。但总体上看，能够进入这些行业的移民工人相对较少，是移民工人的少数。比如，关于美国 2010 年移民就业行业统计显示，在信息技术和高科技制造业就业的移民工人只占全部工人的 23%。⑤

另一方面，移民工人的绝大多数主要给所谓下层劳动力市场，即发达国

---

① Audrey Singer: Immigrant Workers in the U. S. Labor Force, March 15, 2012, http://www.brookings.edu/research/papers/2012/03/15-immigrant-workers-singer#1.

② United Nation Human Rights Office of the High Commissioner, Rights of Migrant Workers in Europe.

③ Migration and migrant population statistics, March 2013, http://epp.eurostat.ec.europa.eu/statistics_explained/index.php/Migration_and_migrant_population_statistics.

④ Europe needs 56 million immigrant workers by 2050, 14 Jan, 2008, http://www.workpermit.com/news/2008-01-14/europe/eu-needs-56-million-migrants-2050.htm.

⑤ Audrey Singer: Immigrant Workers in the U. S. Labor Force, March 15, 2012, http://www.brookings.edu/research/papers/2012/03/15-immigrant-workers-singer#1.

家本地劳动力不愿意进入的行业补充了大量劳动力。比如，2010年美国移民工人前七位的就业行业分别是家政、住宿、仓储、管理与行政、农业、食品服务、建筑业。其中移民工人占比最高的家政服务业比例高达49%，第二位的住宿业也达到31%。① 英国作为欧盟地区的移民大国，移民工人增长最快的行业部门同样集中在低技术部门和行业。比如移民工人增长最为迅速的"流程执行工作"（process operative），即司机、食物、烟草、饮料等流程操作人员，移民工人从2002年的8.5%直线增加到2011年的28.2%。②

移民工人经常集中的这些行业部门，经常被称为"3D"，即肮脏、危险和要求苛刻（dirty, dangerous and demanding）的工作部门。这些工作通常工资低，工作时间长，存在较高的职业不稳定性，对体能要求较高，属于单调重复性劳动，出事故的风险率比较大。在这样一些部门工作，因为工作性质的短期性，移民工人要面临健康和安全风险；加之不利的工作环境，身心压力巨大。有研究机构认为，移民工人在下层劳动力市场的集中，除了劳动力短缺因素影响外，语言、法律障碍以及某些微妙的歧视性因素也是造成这一结果出现的重要原因。③

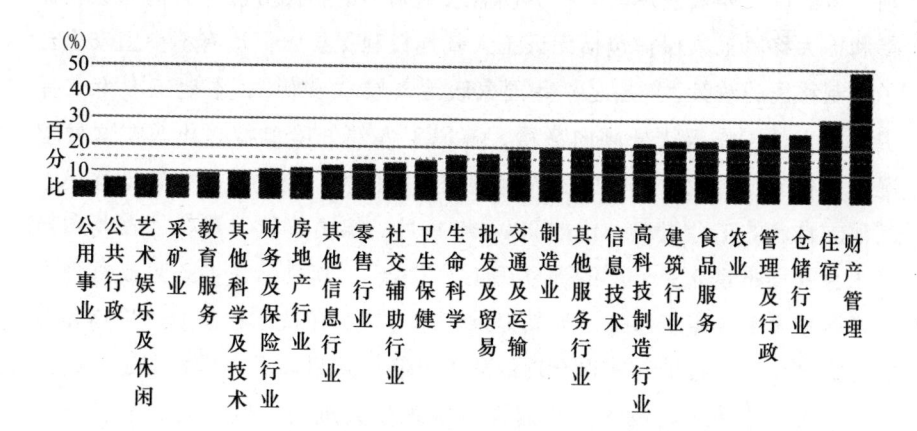

图3—2 美国移民工人集中的行业

---

① Audrey Singer: Immigrant Workers in the U. S. Labor Force, March 15, 2012, http://www.brookings.edu/research/papers/2012/03/15-immigrant-workers-singer#1.

② Cinzia Rienzo: Migrants in the UK labour market: an overview, Aug. 28, 2012.

③ European Risk Observatory, Many of Europe's Migrant Workers Face Poor Safety and Health Conditions, Jan 17, 2008.

在发达资本主义国家的移民工人中,有一个特殊的群体,即没有合法身份的所谓"无证工人"(undocumented worker)值得关注。关于"无证工人"的确切数量,各国均无明确的统计数字。但依据一些民间机构的调查显示,这是一个相当庞大的群体。据统计,1990—2007 年,美国的无证人口增加了三倍多,从不到 400 万提高到 1200 万。2010 年,仅在加利福尼亚州就有 260 万"无证移民"。拉美地区是美国无证移民的主要来源地,平均每十个无证移民中就有八个来自拉美。① 无证工人是移民工人中最弱势的群体。他们缺乏基本的就业权利,比如养老金、失业、疾病和孕妇补贴;缺乏住房、子女接受教育和医疗等基本社会权利。由于自身没有合法身份,经常受到雇主的剥削而无法申诉。某欧洲人权机构以荷兰为例指出,7 万名荷兰无证工人大多被从事"温室农业"的行业部门雇佣。他们工作强度极大,每天工作 12 个小时,每周需要工作 7 天,而每小时的工资只有 3—4 欧元,平均每个工人每年能给雇主节省 2 万欧元。②

在欧洲地区,各国针对移民工人权利保护的立法和实践明显存在波动。有的国家积极发展建立在劳动需求基础上的移民方法,有的国家在保持和扩大移民工人保护包括无证工人基本权利保护,但也有不少国家出台了限制移民的政策。③ 加之一些国家政治气候"右转",本地工人为"捍卫"自己的工作权排外倾向激增,移民工人的处境愈益恶化。在这种情况下,各国工会除了为移民工人提供相应支持外,有的还直接帮助移民工人建立自己的工会组织。比如 2004 年 9 月,德国建筑、森林、农业和环境工会就宣布建立一个"欧洲移民工人工会",其目标是将欧盟成员国中的各国移民工人组织起来,为其提供法律支持和建议、在其遭遇疾病和事故时提供支持、帮助其获得合理的薪资等等。从目前看,尽管由于一些国家工会反对这种跨国性的方法而没有实现多大进展,但正如有学者指出

---

① Laura Hill and Joseph Hayes: Undocumented Immigrants, http://www.ppic.org/main/publication_show.asp? i = 818.

② Situation of Migrant Worker in Europe, Jun 18, 2007, http://no - racism.net/article/2156/.

③ United Nation Human Rights Office of the High Commissioner: Rights of Migrant Workers in Europe.

的，它至少在为其他各国工会提供一个可以仿效的范例方面迈出了第一步。①

第四节 发达资本主义国家工人阶级的失业与贫困化现象

第二次世界大战后，由于资本主义生产力的高速增长、民主政治在一定程度上的发展，以及作为其直接后果出现的社会福利制度的完善和大众普遍消费能力的增强，发达资本主义国家工人阶级在生产中的地位有所改善，生活水平得到很大提高，生活方式也发生变化。但这并非一些西方学者所谓的工人阶级"资产阶级化"。作为一个整体的工人阶级，仍然受到资本的剥削和压迫，社会地位没有出现根本性改变，这从遍及西方发达世界的失业和贫困化中可见一斑。

一 失业率的变化

从历史发展的纵向看，发达资本主义国家工人阶级失业率的变化，不是一个简单的直线上升或下降过程，有其发展变化的周期。而且，不同国家和地区失业率波峰或低谷的出现也并非完全同步，依据经济社会发展不同进程，呈现出一些显著特点。

在战后到70年代中期前西方社会经济发展的"黄金时代"，发达资本主义国家的失业率曾长期保持在相对较低的水平。在美国，除个别年份外，失业率长期处于5%左右的低位，50年代的大部分年份甚至维持在4.5%以下，1953年的失业率更达到战后至今最低的2.9%。1960—1973年的平均失业率为4.9%。鉴于这种状况，到60年代中期时，有新经济学家甚至认为，在保持通货膨胀率稳定的情况下，失业率可以长期达到4%以下。在欧洲地区，这一时期的失业率甚至更低。比如，1960—1973年，四个主要欧洲国家（法国、德国、意大利和英国）的平均失业率只有2.6%。因此，当时流行的学术话语称之为"欧洲失业奇迹"（Europe-

---

① Heiner Dribbusch, European Migrant Workers Union Founded, Sep. 22, 2004, http://www.eurofound.europa.eu/eiro/2004/09/feature/de0409206f.htm.

an unemployment miracle）。①

自 70 年代中期至 2008 年国际金融危机前，主要发达地区的失业率波动展现出不同发展轨迹（参见表 3—4）。在美国，从 70 年代中期到 80 年代中期，失业率急剧攀升。1982 年达到战后以来最高的 9.7%，此后逐渐回落到 5%。90 年代初曾反复升高到 7% 左右，随后直到金融危机爆发，一直维持在 5%。在欧洲地区，失业率变化呈现很大的跨国性差异。在四个最大的大陆国家（法国、德国、西班牙和意大利），失业率一直稳定增长，在 90 年代中期至金融危机爆发前长期处于 10% 左右的历史高位（西班牙的失业率从 90 年代中期的最高峰下降了一半，但也维持在 10% 左右）。而在许多小国，尤其是爱尔兰和荷兰，失业率虽然在 20 世纪 80 年代之前有所增加，但此后一直稳步下降。金融危机爆发前，失业率都维持在 5% 以下。在其他一些国家，比如丹麦，除了 90 年代初出现了周期性的高失业率外，迄今一直维持在 5% 以下的较低水平。

表 3—4　金融危机前主要发达资本主义国家失业率的发展变化（1970—2007）

单位：%

国别 年份	美国	加拿大	澳大利亚	日本	法国	德国	意大利	荷兰	瑞典	英国
1970	4.9	5.7	1.7	1.2	2.5	0.5	3.2	—	1.5	—
1972	5.6	6.2	2.6	1.4	2.9	0.7	3.8	—	2.7	4.4
1974	5.6	5.3	2.7	1.4	2.9	1.6	3.1	3.6	2.0	3.7
1976	7.7	6.9	4.8	2.0	4.1	3.4	3.9	5.4	1.6	5.4
1978	6.1	8.1	6.3	2.3	4.7	3.3	4.1	5.1	2.2	5.5
1980	7.1	7.3	6.1	2.0	5.7	2.8	4.4	6.0	2.0	6.9
1982	9.7	10.7	7.2	2.4	7.0	5.6	5.4	10.2	3.1	10.8
1984	7.5	10.9	9.0	2.8	8.6	7.1	5.9	11.5	3.1	11.8
1986	7.0	9.2	7.9	2.7	9.1	6.6	7.5	10.0	2.6	11.4

---

① Unemployment in the G7 Countries: 1960—2000, Sep. 9, 2002. http://www.bls.gov/opub/ted/2002/sept/wk1/art03.htm; Bureau of Labor Statistics, Labor Force Statistics from the Current Population Survey, April 15, 2013. http://data.bls.gov/timeseries/LNU04000000? years_option=all_years&periods_option=specific_periods&periods=Annual+Data.

续表

国别 年份	美国	加拿大	澳大利亚	日本	法国	德国	意大利	荷兰	瑞典	英国
1988	5.5	7.4	7.0	2.4	8.9	6.3	7.9	9.3	1.9	8.6
1990	5.6	7.7	6.7	2.0	8.0	5.0	7.0	7.6	1.8	7.1
1992	7.5	10.6	10.5	2.1	9.1	6.7	7.3	6.8	5.8	10.0
1994	6.1	9.6	9.4	2.6	10.8	8.5	10.7	6.9	9.6	9.5
1996	5.4	8.8	8.2	3.1	10.7	9.0	11.3	6.6	9.9	8.1
1998	4.5	7.7	7.7	3.8	10.5	9.3	11.5	4.4	8.4	6.3
2000	4.0	6.1	6.3	4.4	8.6	7.8	10.2	3.1	5.8	5.5
2001	4.7	6.5	6.8	4.5	7.9	7.9	9.2	2.5	5.0	5.1
2002	5.8	7.0	6.4	4.9	8.6	8.7	8.7	3.1	5.1	5.2
2003	6.0	6.9	5.9	4.6	8.6	9.3	8.5	4.1	5.8	5.0
2004	5.5	6.4	5.4	4.2	9.0	10.3	8.1	5.0	6.6	4.8
2005	5.1	6.0	5.0	3.8	9.0	11.2	7.8	5.3	7.7	4.9
2006	4.6	5.5	4.8	3.6	8.9	10.3	6.9	4.3	7.0	5.5
2007	4.6	5.2	4.4	3.6	8.1	8.7	6.2	3.6	6.1	5.4

资料来源：U. S. Bureau of Labor Statics（http：//www. bls. gov/fls/flscomparelf/unemployment. htm#table1_1）。

对于近40年来发达国家失业率的变化，西方理论界着重从世界和地区范围内的经济"冲击"（Shock）和"制度"（Institution）变化两方面寻找原因。比如70年代失业率最初增长的原因，被归咎于原材料价格的急剧增长；随着战后生产力增长的终结，工人一定程度上没能充分适应这些变化；以及80年代的紧缩货币政策带来长期的高利率，从而造成资本使用价值增加，而这反过来又导致了低资本积累、低就业增长和高失业率。到80年代中期后，随着一些欧洲国家的失业率全面赶超美国，从劳动力市场制度探究失业率增长的原因，成为理论界的主要着眼点。一般观点认为，与美国相比，欧洲的社会福利好、失业保障高，从而造成了失业率的持续攀升。比如在推行高保障"莱茵模式"的德国，其失业率一路走高，从90年代初的5%左右，到21世纪初的8%左右，再到2006—2007年经济危机爆发前的10%左右。当然，也有学者反对高福利与失业率增长间存在明显的必然联系。比如荷兰在回归低失业率的同时，仍然提供着高社会保障，而斯堪的纳维亚国家也一直保持着高社会保障与低自然失业率并行。[1]

　　发达国家失业率变化的原因，不是本章探讨的重点。无论其具体原因如何，自70年代中期发达资本主义经济的高速发展结束后，一个不争的事实是，工人阶级失业率出现了不同程度的提高。当然，应该看到，考察工人阶级的失业问题，长期失业率是一个方面，兼职、临时性工作的增加也在很大程度上反映着工人阶级工作状况的变化。比如在美国，16岁以上兼职雇员的数量从1990年的20.1%增加到2007年的25%[2]；在欧盟地区，到2006年，兼职工作已经从2001年的16.2%稳步增加至18.1%。其中兼职工作比例最高的是荷兰，达到46.2%，其次是德国（25.8%）、英国（25.3%）、瑞典（25.1%）、丹麦（23.6%）和比利时（22.2%）。[3] 如果说兼职工作的数量变化，部分程度上与个人意愿存在很大关系，那么临时性工作（或者说固定期限工作）的激增则能更准确地反映工人阶级工作不稳定性的增强趋势。在欧盟地区，1983年以固定期限契约就业的劳动力为8.1%，到2005年时这一数字达到14.5%。从实践上看，固定期限就业依据部门、雇员教育水平和年龄存在差异。比如这种非长期性就业在日渐扩大的服务业部门的比率明显高于其他部门；中低教育程度的雇佣也更可能得到固定期限契约；此外年轻人的短期就业比率也较之其他年龄段人士更高，2006年统计数据显示，欧盟25国中15—24岁年轻工人的固定期限就业率高达42%。[4]

　　就工人自身而言，失业以及工作不稳定性的增加，除了众所周知地能够对工人的日常收入和生活水平产生直接影响外，还会给工人带来极大的

---

[1] Olivier J. Blanchard, Explaining European Unemployment, Summer 2004, http：//www. nber. org/reporter/summer04/blanchard. html.

[2] Mumber of Part-time Employees in the United States, 1990-2012, http：//www. statista. com/statistics/192338/number-of-part-time-employees-in-the-us-since-1990/.

[3] Persons Working Part-time or with a Second Job, 2001-2011, http：//epp. eurostat. ec. europa. eu/statistics_ explained/index. php? title = File: Persons_ working_ part-time_ or_ with_ a_ second_ job,_ 2001—2011_ (%25_ of_ total_ employment). png&filetimestamp = 20121030183353.

[4] Fixed Term Employment, Dec. 10, 2007, http：//www. eurofound. europa. eu/areas/industrialrelations/dictionary/definitions/fixed-termwork. htm.

心理和精神损害，导致一系列社会问题的出现。早在20世纪80年代，美国霍普金斯大学教授布伦纳就已指出，美国失业率每上升1%，监狱里的囚犯便增加4%；被谋杀的人增加5.7%；自杀的人增加4.1%；到精神病院看病的男子增加4.3%、妇女增加1%；死于心脏病、肝硬化和其他疾病的人增加1.9%。① 近些年的一些调查研究也认为，失业与自杀、犯罪的发生正相关。比如一项关于失业如何影响犯罪率的研究认为，失业与特定的犯罪行为存在密切联系，是偷窃、盗窃以及具有金钱动机的暴力犯罪的主要刺激因素。② 另一针对欧洲国家进行的调查也显示，对就业缺乏信心、对收入不足的预期以及失业者的低生活标准，能够刺激自杀率的增加。③

宏观上看，马克思在《资本论》中关于工人阶级"常备军"的理论也仍然适用于当代资本主义社会。一项针对1948—2011年美国失业劳动力人口流入和流出的研究发现，劳动力常备军的流动与资本积累的速率是一致的。工人失业的增加仍然是发达资本主义资本积累的重要手段。当代资本主义不仅没有一种机制来安置这部分相对剩余的人口，相反，资本的积累机制不断通过工人的替代、对自给性农业的破坏以及失业工人的去技能化来补充劳动力常备军。劳动力常备军是资本家获取利润的主要来源。④ 另外，失业人群也仍然是资本家控制工人的主要工具。失业工人的增加既有利于资本家对在业工人从工资、劳动保护、退休金等方面削减克扣，也给在业工人造成巨大的精神压力，从而有利于培育一支"温顺的劳动力"队伍，造成了阶级意识和阶级斗争精神的削弱。据统计，2000—2003年，将近20%的美国工人（平均年收入不到40000美元）被从全职或兼职工作中解雇。每年有超过3000万人失业，但同时也大约同样数量人获得工作。也就是说，每年工作岗位的轮

---

① 转引自陈莉、叶劲松《新自由主义：资本向劳动进攻的理论武器》，http://www.edu.cn/20020401/3024008.shtml。

② Christina Sloane: The Effects that Unemployment Has on the Crime Rate, http://www.ehow.com/list_7414520_effects-unemployment-crime-rate.html.

③ Andriy Yur'yev etc.: Employment Status Influences Suicide Mortality in Europe, *Internaitonal Journal of Social Psychiatry*, 2010.

④ Deepankar Basu: The Reserve Army of Labour in the Postwar U. S. Economy: Some Stock and Flow Estimates, Scholarworks, Umass Amherst, March 2012.

换能够达到全部工作数量的 20%。正如有西方学者指出的那样，"这种工作轮换水平给在业人员造成了一种潜在的丧失工作的氛围。当家庭成员或朋友失业的时候，在业人员会感到强烈不安，从而变得不再那么激进"。①

二 实际收入的下降与工人阶级贫困化

从世界范围看，必须承认，发达资本主义国家的工资水平仍然相对较高。国际劳工组织针对 72 个国家（不包括一些最贫困的国家）工资收入者（不包括自雇者和津贴领取者）的统计显示，各国按照购买力计算的平均工资是 1480 美元，而位于前列的都是发达国家，其中最高的卢森堡达到 4089 美元，而美国、英国、法国和德国分别达到 3263 美元、3065 美元、2886 美元、2720 美元。② 但是，由于与工人阶级的实际收入一直处于动态的变化过程之中，同时由于工人阶级内部不同阶层间的工资收入也存在巨大差异，这种体现某一时间段的整体性工资水平实际上并不能完全反映工人阶级工资收入的发展变化情况。分析工人阶级实际收入的变化，真实再现工人阶级收入状况，至少需要结合相当长时期内劳动生产率变化，以及工人阶级不同阶层在整个国家的财富和收入占比来综合分析。总体上看，无论在工资增长率，还是在国民收入占比以及不同收入阶层收入份额比较方面，发达资本主义国家工人阶级尤其是中下层工人阶级处于一种相对贫困化状态。

首先，从长时期发展看，发达国家工人阶级工资收入的增长远远滞后于劳动生产率的提高。国际劳工组织对 1999 年以来 36 国的统计数据指出，发达资本主义国家平均劳动生产率的增长超过平均工资增长的两倍。③ 这一状况在美国和德国表现的尤为突出。美国劳工统计局的统计数字显示，自 1980 年以来，非农业部门的每小时劳动生产率增加了约

---

① Fred Magdoff and Harry Magdoff: Disposable Workers: Today's Reserve Army of Labor, Monthly Review, Volume 55, April, 2004.

② Where are You on the Global Pay Scale, March 29, 2012, http://www.bbc.co.uk/news/magazine - 17543316.

③ 以下两段相关数字参见 International Labour Office, Global Wage Report: Wage and Equitable Growth, 2012.

85%，而实际每小时工资补偿的增加只有35%。而在德国，过去20年间劳动生产率提高了几乎达到1/4（22.6%），但每月实际工资却几乎与同一时期持平，2003—2011年，实际收入甚至降到20世纪90年代中期的工资水平以下。虽然月收入的下降在部分意义上与月工作时间的急剧缩短有关（从事兼职工作的工人数量增加以及一些非典型的就业形式比如所谓"小工作"的急剧增加）：1991—2011年，德国人的月工作时间从122.7小时下降到110.7小时，但即便如此，2011年德国每小时的劳动工资比2000年只稍微提高了0.4%，而每小时的劳动生产率则增加了12.8%。

其次，发达国家劳动收入占国民收入的份额一直呈下降趋势。国际劳工组织对1970—2007年16个发达国家的统计显示，劳动收入占国民收入的份额从20世纪70年代中期的75%下降到2007年金融危机爆发前的65%。联合国国民账户体系则指出，由于1%的上层管理者收入增长迅速，如果将其排除在外的话，劳动收入份额所占比重下降更大。当然，这种趋势在工人阶级中因教育和技术水平的不同而有所变化：主要表现为中等和低技术工人工资份额的下降，以及高技术工人所占收入份额的提高。比如国际劳工研究所的研究指出，十个发达经济体20世纪80年代初至2005年间低技术工人所占工资份额下降了12个百分点，而高技术工人则提高了7个百分点。国际货币基金组织关于同一时间段的统计也认为，美国和欧洲低技术工人的劳动收入分别下降了15个和10个百分点，而高技术工人则分别提高了7个和8个百分点。

最后，发达国家工人阶级实际收入变化还体现在不同收入阶层，尤其是顶层与低层收入者的收入和财富占有差距扩大方面。值得一提的是，2011年发生的占领华尔街运动曾提出了一个著名的口号——"我们是99%"。其基本的理念共识在于：99%的美国人在过去30年间根本没有获得实质性的财富增加，而1%权贵们的财富增长异常迅速。随着"占领"运动的发展，99%和1%的说法被广为传播和引用，用以说明发达国家收入和财富占有不平等的扩大。但确切地说，这个概念在此并不完全适用我们对工人阶级收入状况的分析。因为所谓1%人口中既包括以食利为生的资本家阶级，也包括众多以靠出卖劳动力为生但收入水平相对较高的工人阶级上层。有统计指出，位于美国社会顶层的1%，既包括"占领"运动针锋相对的华尔街金融家和经纪人,也包括非金融部门的高级管理人员、经理人、主管、医生、律师、教授、科学家、飞行员以及计算机和工程技术、房地产从业者等。① 然而,这些人在1%中所占的比例和社会影响力不可同日而语。在1%中占据将近1/3的,是金融和非金融机构的高级管理人、经理和主管们(31%)。米歇尔·D.耶茨这样指出,1%中最重要的是位于顶层的那些人,他们在包括金融公司在内的最大的一些企业中拥有控股权。② 鉴于确切统计渠道的缺失,我们这里采用西方常用1%、20%家庭分布等统计概念来概略地反映不同阶层工人阶级收入状况的变化。

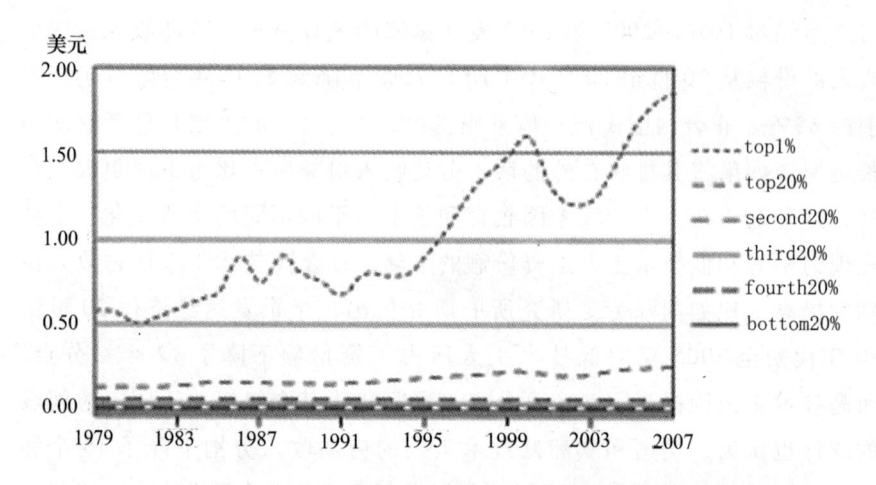

图3—3 1979—2007年美国平均家庭收入(单位:百万美元)

资料来源:Congressional Budget Office。

相关统计显示,发达资本主义国家各社会阶层间收入和财富占有的不平等呈现出不断扩大趋势。在美国,这种收入差距扩大以几何倍数增长。美国国会预算办公室公布的数据(参见图3—3)表明,"1979—2007年,1%最高收入者的平均税后家庭实际收入攀升了275%,而中间3/5的人

---

① Dave Gilson:"Charts:Who are the 1 percent?" *Mother Jones*, Oct. 10, 2011, http://motherjones.com/mojo/2011/10/one-percent-income-inequality-OWS.
② Michael D. Yates:"The Great Inequality", *Monthly Review*, Volume 63, March 2012.

口只增长了不到40%";"顶层20%人口的税后实际收入增长了10个百分点,其中绝大部分又流向了1%人群,其他各部分人群所占收入份额则下降了2—3个百分点"。① 美国人口普查局(U. S. Census Bureau)的统计数据也显示,在2010年的家庭总收入中,20%最富有的家庭占50.2%,20%最贫困家庭只占3.3%。而1980年,即所谓"里根革命"开始之初,其所占份额分别是44.1%和4.2%。也就是说,在这30年间,最贫困家庭的收入减少了21.4%,而最富裕的家庭收入增加了13.8%。而其他各20%的家庭所占收入份额都有不同程度减少。人口普查局还对顶层5%家庭进行统计,其所占收入份额从1980年的16.5%增加到2010年的21.3%,即增长率达到了29.1%。到2010年时,顶层5%家庭所占收入份额要大于底层50%的家庭总和。②

欧洲地区各国的收入不平等也有不同程度的增加。据统计,一段时间内欧洲国家的收入不平等遵循了不同的发展模式。20世纪70年代末和20世纪80年代初,收入不平等的增加首先出现在英国,20世纪80年代末普遍发展起来,21世纪初以来,不仅一些已经高度不平等国家的收入差距不断扩大,传统上不平等程度相对较低的国家比如德国、丹麦、瑞典以及其他北欧国家,收入不平等也开始迅速发展起来。国际通行的计算收入不平等的基尼系数变化显示,从20世纪80年代中期到21世纪最初十年末,除法国和比利时(这两个国家变化很小,少于2个百分点)以及希腊(出现下降)外,其他欧洲发达国家的基尼系数都出现了不同程度的增加。其中芬兰、瑞典、德国、卢森堡的上升幅度超过4个百分点。③

---

① Congressional Budget Office: "Trends in the Distribution of Household Income Between 1979 and 2007", October 2011, http://cbo.gov/ftpdocs/124xx/doc12485/10—25 - HouseholdIncome.pdf.

② U. S. Bureau of the Census: *Annual Social and Economic Supplements to the Current Population Survey*, 2012.

③ An Overview of Growing Income Inequalities in OECD Countries: Main Findings, 2011, http://www.oecd.org/els/social/inequality.

第五节 国际金融—经济危机下发达资本主义国家工人阶级状况

国际金融危机以来，西方发达国家出现近年罕有的政治动荡，社会冲突频发、罢工运动以及各种形式的社会运动风起云涌。发达国家社会矛盾与冲突的加剧，与已经持续近6年的经济危机，尤其是危机下工人阶级生活状况的急剧恶化存在密切联系。恩格斯在《英国工人阶级状况》一书中曾经这样指出，"工人阶级的状况是当代一切社会运动的真正基础和出发点，因为它是我们目前存在的社会灾难最尖锐、最露骨的表现。"① 这一关于19世纪中叶资本主义社会的论断显然同样适用于当前西方发达社会。从主要国家看，工人阶级在就业、福利保障、实际收入等方面比危机前大幅下降，而在危机较为严重的一些国家，工人阶级甚至普遍陷入生活窘境。

一 失业率攀升伴随长期性失业风险加剧

金融危机发生后，发达资本主义国家失业率迅速攀升。这种发展趋势在受危机影响严重的欧洲地区尤其明显。据欧洲委员会统计，② 自2008第二季度至2010年中，欧盟27国失业率达到9.7%，随后三个季度虽然有所下降，但从2011年第二季度开始又开始迅速上扬，截至2013年2月，欧盟27国失业率升高到10.9%，创21世纪以来新高。不过在欧盟各成员国中，失业水平并不平衡。在欧洲发达地区，一些经济形势较好的国家仍然保持着较低失业率，比如奥地利（4.8%）、德国（5.4%）、卢森堡（5.5%）和荷兰（6.2%），而备受债务危机困扰的南欧诸国则面临严峻失业状况，比如希腊（2012年12月为26.4%）、西班牙（26.3%）和葡萄牙（17.5%）。近来引爆新一轮债务恐慌的塞浦路斯，失业率也从

---

① 《马克思恩格斯文集》第1卷，人民出版社2009年版，第385页。
② http://epp.eurostat.ec.europa.eu/statistics_explained/index.php/Unemployment_statistics。

一年前的 10.2% 增加到 14%。

在美国，据劳工部数据显示，失业率在 2009 年 10 月猛冲至 10% 的最高峰之后开始回落，2013 年 2 月下降至近年来最低的 7.7%。即使从这一官方统计数字来看，尽管总的失业水平有所下降，但仍然维持在历史相对高位，与危机前 5% 以下的失业率存在较大差距。而且，这种官方的失业率统计方法由于只统计了积极寻找工作但尚未找到的人口，而没有计算那些不再寻找工作的成年人，从而掩盖了大量存在的隐性失业人口。据统计，美国的劳动力参与率（在职或过去四周内找到工作者）自 21 世纪初以来一直持续下降，金融危机后更是直线下滑。单在 2013 年 3 月，美国劳动力就减少了 50 万人，因而导致劳动力参与率下降至 63.3%，达到 1979 年以来的最低水平。[1] 如果将官方概念的失业人口以及退休者、学生刨除在外，那么这两个数字间的大量隐性失业者显然会成为计算空白。而有数据显示，仅在 2011 年，这种隐性失业人口就达到 3600 万。而如果其中 600 万有工作诉求的人积极寻找工作，达到官方统计标准，那么失业率将猛增至 11%。[2]

与失业率居高不下并行的，是长期性失业风险的增加。OECD 的统计报告显示，金融危机以来，一些发达资本主义国家的长期性失业率（一年及以上）显著增加。2008—2011 年，增长较快的包括美国（从 10.6% 增加到 31.3%）、英国（从 24.1% 增加到 33.4%）、西班牙（从 17.9% 增加到 41.6%）、爱尔兰（从 27.1% 增加到 59.4%）、冰岛（从 4.1% 增加到 27.8%）。[3] 长期性失业不仅给工人阶级带来生活甚至生存难题，对工人阶级的再就业也具有显著影响。有研究认为，劳动者实现再就业与年龄、职业和教育水平等无关，而与失业时间正相关。如果失业时间超过 6 个月，再就业难度将大大增加。[4]

---

[1] Terminal Confusion in the U. S. —The Labor Force, April 11, 2013, http：//www. declineoftheempire. com/2013/04/terminal - confusion - in - the - us - the - labor - force. html.

[2] 《美国隐性失业 8600 万，劳动力参与率不断下降》，2012 年 5 月 3 日，http：//finance. sina. com. cn/stock/usstock/c/20120503/203111980113. shtml。

[3] Long - term Unemployment % of Total Unemployment, July 11, 2012, http：//www. oecd - ilibrary. org/employment/long - term - unemployment - 12 - months - and - over_ 20752342 - table3.

[4] Matthew O'Brien, The Terrifying Reality of Long-Term Unemployment, Apr. 13, 2013, http：//www. theatlantic. com/business/archive/2013/04/the-terrifying-reality-of-long-term-unemployment/274957/.

二 青年成为受冲击最大的劳动群体

在所有劳动群体中,青年受危机的影响和冲击最大。2012年2月发布的联合国世界青年报告指出,"在经济衰退期间,青年人经常成为'最后被雇佣'以及'率先被解雇'的人。这一问题在从学校向工作转型,即青年人进入劳动市场寻找第一份工作时尤其突出"。国际劳工组织和联合国经济与社会事务发展部的统计数字显示,经济危机下全球青年的失业率显著高于成年人。比如2010年,全球青年失业率一直维持在12.6%,而成年人失业率只有4.8%。联合国秘书长全球可持续性发展报告《活力人类、活力地球》(Resilient People, Resilient Planet)也指出,青年人是受经济危机影响最大的人群。当前全球约有8100万青年失业,另外1.52亿人虽然有工作,但每天收入不到1欧元。①

在欧美发达国家,尽管青年失业率长期以来一直高于整个人口的失业率,但经济危机下青年工人阶级的失业情况更加严重。在欧洲地区,2011年青年失业水平达到史无前例的550万人,有超过1000万人失业长达一年以上。截至2012年年底,欧盟27国青年失业率达到23.2%,欧元区是23.7%,达到整个人口失业率的2.6倍,而在2010年12月时分别只有21.1%和20.9%。在西班牙和希腊,青年失业率比危机前增加一倍多,分别达到55.2%和57.9%。2012年,除奥地利、德国和瑞士外,没有任何一个发达国家的青年失业率能够达到危机前的水平。②

在美国,尽管青年失业率相比多数欧洲国家低(2012年年底25岁以下青年失业率为16%),但美国的青年失业问题实际比欧洲国家更为突出。③ 在美国的失业人群中,存在大量所谓"NEETs"族,即那些既不工作也不接受教育和技能培训的年轻人,他们是最为边缘化的青年群体。危机以来,美国"NEETs"族的数量大大增加。据统计,截至2011年第三

---

① Youth: the Hardest Hit by the Global Financial Crisis, http://www.unric.org/en/youth-unemployment/27414-youth-the-hardest-hit-by-the-global-financial-crisis.

② http://epp.eurostat.ec.europa.eu/statistics_explained/index.php/Unemployment_statistics.

③ Peter Gumbel, Why the U.S. has a worse youth unemployment problem than Europe, Time, Nov. 5, 2012.

季度有14.8%的美国青年人从属这一群体,而在2007年同一时期则只有12.1%。与欧洲一些发达地区相比,美国大量"NEETs"族的存在,既与其缺乏相对完善的延伸性职业培训计划有关,比如在德国的"学徒计划"下,年轻人通过1.5—3年的职业培训,往往可以实现全职就业;也与高昂的高等教育学费不无关系。目前,美国学生的贷款债务总额已突破1万亿美元,上升为美国第一大债务负担,成为阻碍青年人继续求学的最大困扰。

失业率的持续攀升,对青年人自身发展将产生长期性后果。国际劳工组织认为,这将降低进入劳动市场青年人对职业道路的预期,并减少未来一代对漫长且昂贵教育的选择。① 同时,青年失业队伍也构成了一支庞大的劳动力"常备军",对劳动力市场造成潜在影响。正如有学者指出的,失业青年成为资本所有者打压在职者工资和工作条件,以实现从危机中复苏的工具。② 而从实践上看,发达国家青年人对失业和生活状况的不满也正是"占领华尔街运动"的主要诱因之一。在席卷全球的"占领"运动中,青年成为抗议行动的急先锋和主力军。

三 实际收入下降与不平等继续扩大

金融危机后,除公共部门以及部分短期工作遭遇工资削减外,欧美发达地区工人阶级的名义工资(nominee wage)并未发生太大变化,但实际工资(real wage),即经通货膨胀调整后的工资增长大幅下滑。在美国,危机后除2010年实际工资水平相对上年度有所提高外,其余年份均呈下降态势,2012年实际工资再次下降0.2个百分点,这也是美国连续第40个年头实际工资低于1972年的最高峰。③ 根据联邦储备银行的统计,2007—2010年,美国中间家庭的收入下降7.7%,其中非白人家庭收入下降高达11.3%。④ 在欧盟地区,除经济形势相对较好的德、法等国有所提

---

① International Labour Organisation: Global Employment Trends 2012.
② Laura Cooke: The Impact of the Crisis on the Working Class in Britain, *International Socialism*, Oct. 9, 2012.
③ Real Wages Decline: Literally No One Notices, March 24, 2013, http://middleclasspoliticaleconomist.blogspot.co.uk/2013/03/real-wages-decline-literally-no-one.html.
④ Income Inequality Grew after the Great Recession, June 12, 2012, http://thesupportcenter.wordpress.com/2012/06/12/income-inequality-grew-after-the-great-recession/.

高外，2010—2012年，平均实际工资下降了0.7%个百分点。其中下降幅度最大的希腊高达10.3%，英国也达到3.2%，劳动者实际收入回落至2003年水平。[1]

与工人阶级收入下降形成鲜明对照的，是资本利润和企业高管薪酬的持续上扬。2008年，尽管受到金融危机的影响，美国1%最高收入者的平均收入仍然达到120万美元，而底层90%的人的平均收入只是31000美元。此后的经济衰退期，也未对发达资本主义国家这些最富有者产生影响。2010年，美国200家大公司高管的平均薪酬960万，比2009年增加了12%。[2] 2012年高管薪酬继续增加，标普尔指数500公司CEO薪酬比上年度提高8%，平均达到970万美元。[3] 高管们的天价薪资与普通劳动者的收入形成天壤之别。据统计，2011年领跑美国CEO薪酬榜的苹果公司首席执行官蒂姆·库克，薪酬达到将近4亿美元，这相当于6258个典型苹果公司员工的工资之和。而就平均数而言，CEO的薪酬多为379名员工的工资。[4]

在经济危机下，发达资本主义国家的收入与财富不平等继续扩大。2009—2010年，尽管美国经济增长迟缓，但最高1%收入者却掠夺了全部收入增长的93%，而在2002—2007年经济相对繁荣期，其占全部收入增长的比例也只有65%。[5] 新近的统计数据也显示，经济危机下富人越来越富，而穷人越来越穷。美国净资产超过50万以上的家庭，早在经济危机发生后的第18个月即2009年6月，经济就已经开始恢复，而对于其他人来说衰退仍在继续。2009—2011年，13%的富有家庭通过股票和债券市

---

[1] Real Wages Fall Back to 2003 Levels, Feb. 13, 2013, http://thesupportcenter.wordpress.com/2012/06/12/income-inequality-grew-after-the-great-recession/http://www.ons.gov.uk/ons/rel/mro/news-release/real-wages-fall-back-to-2003-levels/realearn0213.html.

[2] Costello, Daniel: 2011, "The Drought Is Over (at Least for CEOs)", *New York Times* (9 April), www.nytimes.com/2011/04/10/business/10comp.html.

[3] Matt Krantz and Barbara Hansen: CEO Pay Rockets as Economy, Stocks Recover, USA April 1, 2013, http://www.usatoday.com/story/money/business/2013/03/27/ceo-pay-executive-compensation-2012/2006203/.

[4] http://money.cnn.com/magazines/fortune/fortune500/2012/ceo-pay-ratios/.

[5] Emmanuel Saez: Striking it Richer: The Evolution of Top Income in the United States, March 2, 2012, http://www.huffingtonpost.com/2012/04/11/income-inequality-obama-bush_n_1419008.html.

场的收益，净资产增加了 21.2%，而受住房市场萎缩的影响，其他美国家庭损失了 4.9% 的家庭财富。①

四 "新贫困危机"导致社会下层阶级急剧增加

贫富两极分化不是发达资本主义国家的一个新现象。但自经济危机以来，伴随大规模失业以及实际收入下滑，欧美地区处于贫困线以下的人口数量急剧增长，工人阶级的生活困境再次凸显出来，这被西方媒体形象地称为"新贫困危机"。②

在美国，从 2008 到 2012 年，贫困人口从 13.2% 增加到 16%，5000 万人受到影响，几乎每 6 个人中就有 1 人生活在贫困线以下，达到 1993 年以来的最高点。在 2011 年，按照每个家庭 2.55 人计算，极端贫困家庭（在获得政府补贴前家庭每天支出不足 2 美元）约占美国人口的 1.2%。③ 而如果"回巢族"（boomerang generation，与父母同住的年轻人）重新回归社会的话，那么贫困人口将继续增加 300 万。④ 当前美国社会的贫困率已经接近 20 世纪 60 年代政府发起"向贫困宣战"时期的水平。在欧洲，随着经济危机的持续深化，同样遭遇贫困问题的挑战。2011 年，24% 的欧盟人口（约 1.2 亿）面临贫困或社会排除风险。17% 欧盟人口的可支配收入低于各国平均标准的 60%，其中最高的包括西班牙（22%）和希腊（21%）。其中约有 9% 的人口"严重物质匮乏"，根本无法支付租金和账单。⑤

危机下贫困的加剧令普通劳动者的自我认知度大大下降。皮尤调查中心的民调结果显示，金融危机以来，自视为下层阶级的美国成年人口已从 1/4 增加到 1/3。其中 30 岁以下青年人所占比例最高，达到 39%，比 2008 年金融危机伊始增加了 14 个百分点。在下层阶级中，有 63% 的人认为较之 10 年前更加缺乏经济安全感，84% 认为目前必须削减开支才能聊

---

① "A Stark Story of Two Americas: Rich Got Richer and Poor Got Poorer after U. S. Recession", *Financial Post*, Apr. 23, 2013.
② Rana Foroohar: The Truth about the Poverty Crisis, *Time*, Sept. 26, 2011.
③ Census: US Poverty Rate Spikes, Nearly 50 Million Americans Affected, Nov. 15, 2012.
④ Rana Foroohar: The Truth about the Poverty Crisis, *Time*, Sept. 26, 2011.
⑤ http://www.euractiv.com/socialeurope/24-eu-population-risk-poverty-so-news-516413.

以度日，同时下层阶级的幸福感、健康状况相对更差，而其面临的压力则比其他社会阶级高得多。① 此外，现实的贫困也造成了"美国梦"，尤其是普通劳动者实现向上流动梦想的破灭。据统计，在对自身及其子女未来发展的看法上，下层阶级中许多人认为前景黯淡。约77%的人认为现在比10年前更难实现发展，只有51%的下层阶级认为辛勤工作能够带来成功，而有35%的下层阶级相信其子女的未来生活状况比不上自己。②

五 危机催生移民工人处境维艰

在经济危机下的西方发达国家，成为普遍共识的多元文化主义遭遇挑战，反移民政治抬头，大量移民工人的生活、工作处境急剧恶化。

当前，反移民不再只是极端右翼政党获取选民支持的标签，为转移经济危机带来的国内压力，欧洲一些中右翼执政党也把矛头指向外来移民。近年来，英国先后采取了"积分制"、设置移民上限、紧缩学生签证数量等政策限制移民。最近，保守党首相卡梅伦在关于移民问题的演讲中提出，将采取措施限制申领失业补助超过六个月的外国人继续申领补助的权利，同时将敦促地方政府要求移民至少在当地居住两年，才有资格申请保障性住房，而国家医疗服务（NHS）将在治疗暂居英国的外国人时执行更为严格的标准，并敦促学校对非法移民的子女进行审查。③ 在法国，前总统萨科齐为取悦右翼选民曾经紧抓移民问题不放，大规模驱逐来自罗马尼亚和保加利亚的吉普赛非法移民。此外，荷兰、丹麦、西班牙纷纷出台反移民政策，瑞士近日也宣布将对来自欧洲各国的移民以及劳工数量实施限制政策。

除主流政策导向外，欧洲反移民情绪在危机后持续发酵。益普索（ipsos）对全球23个国家的调查显示，多数国家民众反对移民，认为移民规模过于庞大，带来诸多负面影响，而其中尤以欧洲为典型。有超过

---

① http://www.pewsocialtrends.org/2012/09/10/a-third-of-americans-now-say-they-are-in-the-lower-classes/.

② http://www.pewsocialtrends.org/2012/09/10/a-third-of-americans-now-say-they-are-in-the-lower-classes/.

③ http://www.guardian.co.uk/uk/2013/mar/29/eu-watchdog-britain-shameful-rhetoric-migrants.

65%的西班牙人、意大利人和英国人强烈或部分同意"本国的移民过多",而各国绝大多数人都认为移民对各国发展不利,赞成外来移民令本国人就业困难,并且给医疗和教育等公共服务带来太多压力。①

在经济危机和各国反移民政策的双重影响下,欧美各国的移民数量大幅下滑。经合组织的统计显示,2009年多数欧洲国家的移民人数下降,其中法国、德国、西班牙、意大利分别减少7%、13%、18%和25%。②2011年3月—2012年3月,英国外来移民相较此前同一时期下降7.8%。③而因移民的大量离开,早已出现人口负增长的一些国家人口大量减少,比如仅在2012年西班牙人口就减少了20万。④此外,非法移民的数量也大大下降。据统计,2012年在欧盟边境抓获的非法移民7.3万人,大约有2011年的一半(14万)。⑤

在这种氛围中,移民工人处境进一步恶化。一方面,由于移民工人经常主要受雇于建筑、制造、批发、酒店等受危机冲击最严重的部门,而且由于其一般签署的是临时合同、学历较低、本地语言水平有限,因此移民工人受危机影响巨大。在许多欧洲国家,移民工人的失业率是当地工人的两倍多。⑥另一方面,在经济困难形势下,移民工人遭受歧视和不公正待遇的情况大大增加,移民受攻击的事件屡屡发生。比如,2010年1月,意大利南部萨尔诺市发生二战后最严重的种族暴力,当地居民袭击主要来自非洲的移民,导致53名移民工人受伤,1000人被递解出境。2013年4月,希腊也发生了种植园主枪击讨薪移民农业工人事件,至少造成28人

---

① Europeans Overwhelmingly against Immigration: Poll, Aug. 23, 2011, http://www.euractiv.com/socialeurope/europeans-overwhelmingly-immigra-news-507074.

② The Economic Crisis and Discrimination against Migrant Workers, Aug 1, 2011, http://www.ilo.org/global/publications/magazines-and-journals/world-of-work-magazine/articles/WCMS_165299/lang--en/index.htm.

③ Net Migration to the UK Falls year-on-year: How Has It Changed since 2002? http://www.guardian.co.uk/news/datablog/2012/nov/30/net-migration-uk-falls-data.

④ Spain's Population Shrinks as Immigrants Flee Economic Crisis, April 22, 2013, http://www.bbc.co.uk/news/world-europe-22251840.

⑤ Sharp Decline in the Number of Illegal Immigrants to the EU: Frontex, April 21, 2013, http://www.focus-fen.net/?id=n304686.

⑥ Committee on Migration: The Impact of the Global Economic Crisis on Migration in Europe, April 9, 2010, http://assembly.coe.int/ASP/Doc/XrefViewHTML.asp?FileID=12407&Language=EN.

受伤。

总而言之，从当代发达资本主义国家工人阶级的演进看，工人阶级的发展变化是多方位、多层次的。在有一些积极的变化，比如数量的增长、受教育程度的提高、社会福利以及生活水平的相对改善等的同时，工人阶级也一直面临一些严重的问题，比如失业和贫困等，在当代发达资本主义国家依然非常突出。尤其是在周期性资本主义危机的冲击下，工人阶级相对平稳的生活状态一落千丈，一些在资本主义繁荣期被掩盖的问题和矛盾也会急剧凸现出来。但往往也正是在这种条件下，工人阶级对自身的政治、社会和阶级地位才能有更为准确的认知，并外化为各种激进形式的反抗斗争。2008年国际金融危机以来，发达资本主义国家风起云涌的罢工、游行、示威等抗议行动为此提供了最好的证明。而从长期看，这种潜在的斗争精神将在一次又一次的经济危机中酝酿、积累，并最终汇聚成颠覆资本统治的决定力量。

第四章 "告别工人阶级"论与"中产阶级"论辨析

阶级和阶级斗争的观点是马克思主义社会论最为基本的观点，是马克思主义科学社会主义学说的基础。马克思认为，在迄今为止的阶级社会中都存在着被压迫者反抗压迫者的阶级斗争，这是人类历史的基本内容和内在动力；工人阶级是资本主义的掘墓人和人类解放的主体。二战后，随着新科技革命和后工业社会的到来以及国家垄断资本主义对生产关系的局部调整，资本主义国家工人阶级的就业结构和生活状况发生了显著的变化，并对整个工人阶级的组成结构和阶级意识产生了一定影响：即传统阶级特征弱化、阶级意识淡化、身份特征和身份政治崛起、去阶级政治强化等趋势日益明显。在这一历史背景下，马克思主义关于无产阶级贫困化的理论以及无产阶级历史使命的学说遭到来自多方面的攻击，产生了马勒、安德烈·高兹的"新工人阶级"和"告别工人阶级"论，贝尔、奈斯比特和德宾的"中间阶级化论"，约翰·埃伦莱克的"专业管理阶级论"，普兰查斯的"新小阶级论"和法兰克福学派的"工人阶级融化论"等各种流派、观点。这些流派、观点的一个共性特征是：将阶级分析从政治领域置换到社会领域，阶层分析代替阶级分析；否认阶级产生的经济根源，强调政治、意识形态、文化在经济形成过程中的决定性作用；消解无产阶级的革命意识，推崇中产阶级或技术阶层的革命主体地位。

第一节 对高兹"告别工人阶级论"的评析

二战后，西方学界围绕"阶级消亡"的话题展开了激烈的争论，形成各种对立的学派。其中，以西方马克思主义者高兹为代表赞成"阶级消亡论"的学者认为，在现代大众消费的浪潮中，工人阶级被资本的逻辑同化，逐渐淡化了阶级意识，并最终放弃其历史使命；当代无产阶级已经失去了作为社会主义革命主体的历史地位，阶级作为分析工具与历史主体都已经结束，作为理论的客体被解构，应当采取去阶级的激进多元民主政治的新劳工战略。

一 后工业社会与工人阶级新变化

与马克思、恩格斯资本原始积累为特征的资本主义时代相比，在后工业社会时代，工人阶级发生了许多新变化。首先，20世纪60年代以来，新科技革命极大地改变了资本主义国家的产业结构，第三产业超越第一、第二产业，成为国民经济的支柱，这就导致工人阶级的职业构成呈现多样化的趋势。即出现了从事计算机、航空航天、石油化工等工作的"金领工人"，从事精密仪表和机器维修或专门从事设计、开发、营销的"灰领工人"，与此同时，女销售员、女秘书、女教师、女护士等"粉领工人"的队伍也在不断壮大。这些不同的职业构成使工人阶级分化成复杂的阶层并产生具体利益的多元化，工人阶级在工业革命时期那种具体利益较为一致、内部之间也比较团结的局面在一定程度上遭到破坏。西方学者以此认为，在现代社会结构里，传统的阶级概念在理论上界定不清，已不能把多样的"主体立场"（阶级、种族、性别、民族、世代）化约为阶级立场了。

其次，工人阶级的生活状况得到明显的改善。福利国家的创始人从痛苦的经验中学到的东西现在愈加清晰地暴露出来：自由市场和政治民主绝不是和睦一致地向所有人提供福利的不可分离的孪生兄弟，相反，西方工业国家的这两重核心理想始终是相互矛盾的。二战后，西方国家在这两极之间成功地找到了恰当的平衡，即国家通过一定的社会福利政策保持劳动与资本之间力量对比的平衡，国家作为社会安全阀，对资源和权利进行再分配以弥补市场的不足，来达到经济增长、价格稳定和充分就业。工业化国家的决策者们精心安排了使经济目标同社会目标保持平衡的体制，如提高工人工资、培育强大独立的工会，促进集体谈判，制定保障结社自由和罢工权的劳动立法，设立全国性三方对话机制，建立全面的社会保障制度以保护劳动力市场之外的群体，等等。在西欧，对老人、残疾人、未婚母亲、长期失业者均有无所不包的社会救助，所有雇员都受到劳工法的保护，不受竞争高涨的影响，并成立了强大的工会组织，使企业很难解雇员工。除此之外，"福利国家"的项目惠及全体人民，包括免费医疗或大额补助，给未能参加全国保险计划的老人发放免税的年金，以及长期有效的失业救济，等等。

最后，工人阶级价值观念多元化、革命意识退化。生活水平的提高和劳动条件的改善，特别是工人和整个社会在资本主义高生产、高工资和高消费引导下，向消费主义方向发展，革命意识消退，产生了非政治化倾向，从而削弱了工人阶级的斗争精神和战斗力。战后福利国家的建设，资本向劳动妥协，资本主义统治方式从暴力统治向意识形态统治转化，更多的是通过"技术理性"、"工具理性"来控制工人阶级的意识，使其认同资本主义统治的文化秩序，引起了工人政治意识淡薄和革命意识弱化。在政治上，工人阶级获得了一定的民主权力，在某种程度上有了情绪和愿望发泄和倾诉的渠道，从而也使其与垄断资产阶级之间的矛盾得到缓解，不至于积聚起来导致革命爆发。由于工人阶级阶级意识消退、政治斗争意识下降、历史使命感不强，使得西方各国的共产党以及其他社会主义力量难以获得坚强有力的广泛的阶级基础和社会支持，从而大大削弱了各国工党、社会民主党的号召力、凝聚力，再加上苏东社会主义阵营的覆灭，导致近年来欧美发达资本主义国家的工人运动长期处于低迷状态。

面对二战后工人阶级在政治上重要性的衰落、边缘化以及新中产阶级地位的上升，一些资产阶级代言人乘机宣扬"西方发达资本主义社会正在与无产阶级彻底诀别"等观点。一些西方马克思主义者也提出种种关于工人阶级消亡的理论，这其中包括以马尔库塞为代表的"无产阶级及其历史使命消失论"、普兰查斯等的"工人阶级萎缩论"、马勒和高兹的"告别工人阶级论"，认为战后工人阶级的内部结构、素质、愿望都发生了新变化，出现了一个与传统的以体力劳动为主的工人阶级不一样的"新工人阶级"，应当从理论上重新调整无产阶级的革命策略。

二 "劳动碎片化"与工人阶级消亡

高兹是法国著名的左翼思想家，是当代生态社会主义的重要代表人物之一。他以激进态度写作的《告别工人阶级》一书，乃是基于为适应后工业社会变化的立场而尝试放弃马克思之阶级观点的代表性文本。高兹认为，马克思所认为的资本主义产生工人阶级的那种无产阶级理论从本质上来说是形而上学的，这种神秘的无产阶级观点不仅构成《资本论》的分析框架，而且蔓延于以后诸多的马克思主义研究的理论作品之中。

首先，在高兹看来，马克思所说的工人阶级能够主宰和控制所有的工作的这些论断，是一种"集体占有的神话"。他认为，成熟的资本主义社会的组织化造成了劳动的碎片化，在这个通过信息技术组织全球生产的时代，工人根本没有机会作为一个普遍阶级在整体上控制社会生产。高兹指出："在现存的生产结构的框架中，基层工人的权力于是可视为一种实际的不可能。……不是他们个人有毛病，而是因为技术和社会的劳动分工、生产方式和生产关系、工业机器的规模和惯性严格地决定着生产过程的结构和阶段，从而使工人控制生产的空间所剩无几。"① "资本主义劳动分工已经摧毁了'科学社会主义'的双重前提。第一，工人的劳动不再包含任何力量。而一个其社会行动没有力量的阶级既没有掌握权力的手段，也意识不到需要这样做。第二，劳动不再是工人自己的行动。在绝大多数场合，无论是在工厂或是在办公室，劳动现在是一种被动的、预先规划好的活动，它完全从属于一架大飞机的运转，没有为个人的积极性留下任何空间。对工人来说，不再可能在生产过程中与'他们的'劳动或'他们的'职能统一起来。现在，一切看起来好像是在他们自身之外发生的。'劳动'本身已经成了等待和征服'工人'的物化活动量。"② 高兹否认资本主义的生产力为无产阶级集体占有创造条件的思想，断言工人阶级根本无法控制现代生产方式，资本主义的劳动分工使工人阶级失去了独立自主和创造性，使它失去了关于自身使命的"阶级意识"和对资本主义的否定意识。

其次，高兹认为，信息技术带来的产业结构转型将消除大部分现成体力劳动，后工业社会的生产过程摧毁了工人阶级的力量。为了提高生产率和降低成本，公司经理力图使用最现代化的信息网络技术，使工业设计、生产、销售达到尽可能最低的成本和最大的效益，其结果是所需要的雇员

---

① Andre Gorz: *Farewell to the Working Class: An Essay on Post-Industrial Socialism*, London: Pluto Press, 1982, pp. 51-52.

② Ibid., p. 67.

越来越少。在工业革命时代是机器剥夺了工人的工作,在信息时代,电脑网络起到了机器在工业革命时代同样的功效。蓝领工作越来越趋于萎缩,同时也将消除单调乏味的白领工作。那些由于战后产业结构调整而使其劳动技术变得毫无价值的人,首当其冲地成了永久失业者或半失业者,这些人遍布在见习的、合同的、不定期的、临时的和业余的工作领域,他们在高技术的全球"新经济"中找到合适工作的希望十分渺茫。高兹认为,由于工人阶级是一个从体力、智力工作中被排挤和被部分雇佣、没有工作保证的阶级,疏离于稳定而连续的工作场所,劳动的片段化和随机性、间断性使他们丧失阶级意识。因此,无产阶级不再是资本主义社会直接革命的阶级,他们受自动化的威胁,首先要求的是雇佣的稳定性,工人受到物化的压迫却并未产生被奴役的阶级反抗意识,也就不能承担和组织有效的反资本主义的斗争。

根据以上因素,高兹借鉴西方马克思主义尤其是马尔库塞关于社会主义革命历史主体的思想得出结论,在当代资本主义社会,无产阶级已经失去了传统马克思主义所赋予的特点,失去了作为社会主义革命主体的历史地位,从而导致了现实工人运动的危机。高兹谈道:"资本主义的危机首先是无产阶级危机的反映。具有多种技术的工人——生产劳动的潜在主体,因此是社会关系变革的潜在主体——的消失也意味着能够负责社会主义的目标并将它转变成现实的阶级的消失。从根本上讲,社会主义理论和实践的衰退的根源就在这里。"[①] 既然支撑社会主义运动的社会力量、作为历史主体的工人阶级已经消失,传统形式的社会主义革命也就成为不可能,马克思的无产阶级革命理论成为"没有收信人的来信",故应"告别工人阶级",发动后工业社会革命,以解决"普遍的人类利益问题"(核恐怖和生态危机)。

三 "新工人阶级论"

高兹基于西方发达资本主义国家的阶级关系、结构、矛盾和斗争的新变化,认为传统工人阶级在资本主义社会建构中作为单一主体的中心地位

[①] Andre Gorz: *Farewell to the Working Class: An Essay on Post-Industrial Socialism*, London: Pluto Press, 1982, p. 66.

已不复存在，无产阶级已无法承担社会主义革命主体的重任，因此，必须重新寻找革命的主体。20 世纪 60 年代，高兹提出了"新工人阶级论"，主张用"新工人阶级"取代马克思的所谓的同质化的革命工人阶级，幻想以高技能工人为领导，并融合学生等新的生力军，组建成新的工人阶级队伍，带领无产阶级进行革命。

高兹敏锐地观察到，随着资本主义社会结构的变化，一个由专家、技术人员、教师、科学家、工程师、学生、学者、新闻记者、科层管理人员、受过专门训练的白领工人、青年、知识分子、黑人和外籍劳工等组成的新中间阶层正在崛起。他把这个阶层称为"新工人阶级"。"新工人阶级"受过教育，薪金丰厚，自主意识、自治心理增强，他们不同于传统工人阶级的绝对贫困现象，因此他们革命的动力不再是旧工人阶级所面临的物质匮乏，而是克服异化和厌倦，追求劳动、生活的意义和创造性。同时，他们又和旧工人阶级一样受资本规律的制约，有着克服异化的自治要求，其斗争直接指向资本主义的内在经济理性。

高兹看到，"资本主义的技术理性正在完成对自治领域的最后侵占"，他批评传统的工人阶级往往把自己的斗争局限在劳动生产领域，把争取劳动条件的改善作为斗争的主要目标，认为他们的斗争不具有普遍的社会解放的意义；而新工人阶级的革命目标不再是在劳动的框架内去夺取政权，而是要联合所有的人去拒绝资本主义劳动的本质、内容和方式。高兹谈道："对个人而言，这不再是把自己从劳动中解放出来、把资金置于控制劳动的地位或在他们的劳动的框架内夺取权力的问题。现在的关键是通过拒绝劳动的本质、内容、必要性和方式而使自身从劳动中解放出来。拒绝劳动也就是拒绝无产阶级运动的传统战略和组织形式。这不再是赢得作为工人的权力的问题，而是赢得不再以工人的身份发挥作用的权力的问题。"[①] 高兹宣称，新工人阶级的目标不是夺取政权，而是通过斗争重新获得支配自己活动的权力，他们直接否定资本主义的意识形态、物质基础和社会关系等，通过拒绝异化劳动来规定自己的主观性。在高兹看来，"新工人阶级"是真正实施社会主义劳工战略的先锋队和主要力量。

[①] Andre Gorz: *Farewell to the Working Class: An Essay on Post-Industrial Socialism*, London: Pluto Press, 1982, p. 67.

高兹设想的未来社会立足在三个基本点上：更少的劳动，消费得更好，重新整合文化到每个人的日常生活中来，即主张一种"后工业社会的乌托邦"。由此他所提倡的劳工战略是：革命必须从劳动场所开始，在工厂内部实行工人自治，重点在于直接掌握领导权，即通过合法斗争，使工人能够自主地参与对生产过程的管理和控制，逐步实现劳动自治，才能消除技术给工人带来的孤立和劳动异化，达到自治的社会主义。他认为受过高等教育的技术工人作为无产阶级的精英，应该带领工人完成这项任务。高兹主张的"新工人阶级"的革命方式是一种和平的方式，他反对暴力革命及总罢工等方式，革命对象是整个资本主义社会的生产方式、消费方式以及思维模式和生活方式等，目的是要让人们从资本主义社会的异化状态中解放出来。

高兹的"新工人阶级论"力图证明在后工业社会，工人阶级作为一个阶级已经不复存在，已经被所谓的"新工人阶级"、"新中间阶级"等中间阶层所取代，从而模糊了阶级斗争的视线，消解了工人阶级的阶级意识和革命精神，淡化了工人阶级反抗资本主义的斗争性。这实际上是将工人阶级整合进资本主义制度中，有利于维护资本主义的长治久安。

但是，高兹逐渐发现，"新工人阶级"尽管具有激进的对资本主义制度感到厌恶和要求革命的一面，但他们脱离生产劳动和工人运动，已被资本的逻辑同化，具有相对保守性，"新工人阶级"其实很难成为首要的历史变革动力。因此，高兹又放弃了将高技能工人阶级作为革命依靠力量的观点，转而提出"非阶级—非工人论"。

四 "非工人—非阶级"与新社会运动

1968年"五月风暴"失败以后，高兹对未来革命的主体进行了深入的分析，他认为无产阶级已不是什么"阶级意识"的匮乏和缺失问题，而是这一作为普遍历史主体的概念本身成了问题。针对法国传统意义上的工人阶级不断减少和工作时间大大减少的最新发展状况，他融合存在主义与马克思主义，提出了"非工人—非阶级"的革命主体理论，想寻求一条解放劳动人民的崭新道路。

20世纪60年代的"五月风暴"群众运动的失败表明，科技知识分子没有从根本上反对资本主义制度，他们为了维护自己的利益倾向于保持现状并与资本合作,被资本逻辑所同化;而农民、学生、少数民族、妇女、同性恋者和环保主义者逐渐上升到社会变革的显要位置。高兹在 1968 年以后放弃了"新工人阶级论",转向对生态运动、女权运动等新社会运动的思考,以寻求发现反抗资本主义制度的新的革命动力。他将社会变革的希望寄托在新的激进力量即"非工人—非阶级"身上,把革命的领域从生产范围扩大到整个社会范围,从"生产革命"扩大到"文化革命"。

在《告别无产阶级》一书中,高兹认为,随着后工业社会的继续发展,新工人阶级衍化为"非工人—非阶级"。"非工人—非阶级"既不是传统意义上的工人,也不构成现在意义的阶级,他们在后工业社会中是潜在的或现实的失业的人,他们是试用的、临时的和部分时间被雇佣的人,他们扩展到社会各个阶层,既包括脑力劳动者又包括体力劳动者,这些人没有职业安全感或者确定的阶级认同。"这个非阶级包括所有那些由于劳动的废除而从生产中被驱逐出来的人,或者说那些由于脑力劳动的工业化(指自动化和计算机化)而其能力未能充分加以运用的人。它包括当前社会生产中所多余的人,无论是永久性的还是暂时性的,部分的还是完全的,他们都潜在地或实际地失业。"①

高兹认为,"非工人—非阶级"是后工业社会中成分不明、政治身份模糊的个人,即游离于现实资本主义物质生产过程之外,或者未被资本主义生产过程所同化的各阶层,他们追求个人的自主创造。由于"非工人—非阶级"倾向于从工作领域之外寻找满足,从而能意识到自己能将全人类从资本的奴役下解放出来的潜能,故他们将成为后工业社会的革命主体和主导力量。"他们的主要目的不是夺取政权以便建立一个新世界,而是通过从生产主义的市场合理性中解脱出来而重新取得支配他们自己生活的权利。"② "资本主义的逻辑把我们带到解放的门口,但只有彻底粉碎它才能超越它,自由的领域从来不是产生在物质生产过程中,只能通过一种结构性的调整行为来获得,意识到它自身的自由主观性,并且每个人中确信它自身表现为一种绝对的自在目的。只有非工人给阶级才能完成这种行

---

① Andre Gorz: *Farewell to the Working Class: An Essay on Post-Industrial Socialism*, London: Pluto Press, 1982, p. 75.

② Ibid., p. 67.

为，因为它体现了超越生产主义的东西：拒斥积累行为的准则和一切阶级的分解。"① 高兹指出，"这种'非工人非阶级'可能继承了老工业无产阶级的使命而成为反对资本主义的最大力量。"②

高兹意识到仅靠工人阶级去对抗资本主义所造成的生态危机是不够的，要团结所有被资本主义经济理性所奴役的大众进行斗争，才能走向性别解放和生态社会的自由之路。他谈到，"新社会运动"攻击了资本主义的经济合理性的统治，但是它所攻击的只是统治关系的文化僭越和社会后果，而没有攻击到资本主义的经济—物质核心。当"新社会运动"不仅与"现代工人"，而且与无政治权利、受压迫的、处境悲惨的无产阶级的当代同类，即后工业社会的失业的无产阶级、偶尔被雇佣的、临时被雇佣的即"非工人非阶级"结成联盟时，"新社会运动"便成为社会变革的承担者。③

高兹崇尚社会结构的多元化取向，强调社会合作，"非工人—非阶级"预示着西方社会包括工人阶级在内一切阶级的瓦解，表明非政治的、强调个人主权的新社会运动和力量的崛起，主张以权力抗争取代阶级斗争，以激进的、多中心的文化抗争和民主建构否定劳动对资本的反抗。但这种"非工人—非阶级"论实际上是掩盖了西方工人阶级仍然是阶级斗争主流的客观事实，消解了工人阶级的斗争意识。

五 对高兹"告别工人阶级论"的评价

以高兹为代表的西方马克思主义者对战后工人阶级新变化的认识作出了开创性的理论贡献。当代资本主义社会随着资本主义生产方式的全球化趋势、知识经济和信息化时代的到来，工人阶级在经济、政治、文化以及社会心理方面不再是单一性的结构，而是在不断地分化、分层，其追求的价值目标也出现多元化趋势，这是值得当代马克思主义者研究的时代性课题。高兹的"告别工人阶级论"提出在资本主义后工业社会中重新划分工人阶级、扩大革命基础、社会主义革命应该与新社会运动结盟、提高个

---

① Andre Gorz: *Farewell to the Working Class : An Essay on Post – Industrial Socialism*, London: Pluto Press, 1982, p. 74.

② Keanes: *Democracy and Civil Society*, London Verso, 1988, p. 68.

③ Andre Gorz: *Capitalism, Socialism, Ecology*, London and New York: Verso, pp. 7 – 73.

体革命的自主性等观点，对我们在新的历史条件下丰富和发展马克思主义无产阶级革命理论，具有不少值得借鉴的观点。但另一方面，高兹对西方发达资本主义国家以制造业为基础的工人阶级随着生活水平的提高而丧失了自身的革命性、否定性和批判性，从而未能如马克思所预言的那样成为资本主义的掘墓人，未能完成颠覆资本主义社会的历史使命，反而陷于消亡、进入坟墓的状况，感到悲观失望。他错误地认为，由于当代资本主义社会阶级阶层结构的新变化，马克思主义的阶级斗争学说已难以适应现代资本主义社会的实际状况。事实上，高兹的结论是偏颇的、片面的、存在理论局限的。尽管新技术革命引起阶级形态的变化，使无产阶级的组成结构及其劳动方式发生了新变化，但从根本上说，只要无产阶级（包括"白领"脑力工人和"蓝领"体力工人）不占有生产资料的状况，及其在社会经济结构中所处的被雇佣剥削的地位没有发生根本变化，在工人阶级身上就仍然蕴藏着社会主义革命的潜能。从更宽广的世界视野来看，国际金融寡头们通过资本输出、金融诈骗、巧取豪夺，把这种赤裸裸的资本原始积累对工人的残酷剥削又转移到发展中国家劳工身上，从发展中国家攫取数额惊人的超额垄断利润，导致世界上穷国与富国的差距达到了空前尖锐的程度，从而将资本与劳动的阶级斗争从发达国家舞台转移到发展中国家舞台，又引发了反对全球资本主义、反对新自由主义剥夺性积累的全球工人斗争浪潮。

（一）高兹的新劳工策略的去阶级化和乌托邦空想色彩

高兹的理论是建立在存在主义的个人主义与马克思早期具有黑格尔特征的无产阶级革命理论相结合的基础之上的。马克思早期主要是以经典的人本主义的异化理论作为其理论的主导逻辑线索，他在讨论资本主义社会的工人问题时批判了资本主义导致工人劳动的异化，并在《1844年经济学哲学手稿》中最终达到了这种异化逻辑的顶峰，确立了异化劳动在无产阶级解放和共产主义实现这一伟大目标中的地位。但高兹"对马克思后期在《资本论》等著作中关于无产阶级成熟阶段的理论很少涉及和存在不少误读之处"。[①]高兹强调当今人类要克服经济理性，实现自身的解

---

① 吴宁、张秀启：《高兹新工人阶级论析评》，《湖南文理学院学报》（社会科学版）2009年第6期，第23页。

放，必须从马克思关于克服经济理性的论述中获得启示。这种超越经济理性不仅意味着让闲暇时间压倒劳动时间，而且要使劳动本身成为一种自主的行为。同时，强调个人自治精神以及每个人个性的发展，要求在自治领域内获得劳动的解放，最终才能实现每个人全面而自由地发展的未来社会主义。但是，高兹忽视当代资本主义社会工人阶级的革命主体地位，而过分强调"文化革命"等"主观力量"，脱离了实实在在夺取资产阶级政权的物质运动，从而使他以及其他西方马克思主义者所提出的新历史主体的革命战略不可避免地陷入乌托邦的困境。

高兹对后工业社会革命历史主体认知是存在着局限性的。首先，马克思认为无产阶级对未来社会有一个完整的预想，并对未来社会建立的途径以及未来社会的建设方式有一定设想和计划的。而"非工人—非阶级"则完全不同，他们对未来社会缺乏一个总体性的观念，"非工人—非阶级"阶级意识模糊，革命目标模糊，是一个松散的团体。由于"非工人—非阶级"的并不像传统无产阶级具有明确的推翻资本主义的革命目标，他们不能代替传统无产阶级成为新的革命代理，而只能作为传统无产阶级的辅助力量。

其次，高兹所描述的没有生产资料、受资本家雇佣和统治、但又较一般工人具有较高的科技文化知识以及社会地位的"新工人阶级"，不管他们的收入和社会地位有多高，从阶级属性上来说，都是工人阶级的一部分，是代表先进生产力的工人阶级。他们的存在和壮大，是脑体差别和阶级差别逐渐缩小的标志，是资本主义生产力发展的结果。随着新自由主义政策所导致的白领工人与蓝领工人之间的界限逐渐趋于模糊，"中间阶级"与一般工人的阶级地位和阶级利益逐渐一致，已成为反抗全球资本主义和新自由主义的中坚力量。

最后，由于对传统工人阶级的衰落感慨，高兹将在现代社会中的性别、文化、种族、生态等领域的种种冲突与阶级冲突等量齐观甚至取代阶级斗争。高兹的阶级和社会结构理论实际上是将工人阶级从其历史变革动力的优先性位置上置换下来，换言之，即将阶级斗争连同工人阶级从马克思主义的核心中置换下来，从而大大降低了阶级斗争作为社会变革的主要发动机之作用的评价，带有浓厚的去阶级化色彩。这种"阶级消亡论"实质上是通过否定阶级的实体存在，消解无产阶级斗争的合法性，从而掩盖西方国家资产阶级专政的阶级实质，有利于维护资产阶级的国家政权。

（二）高兹的理论对新自由主义全球化下阶级斗争的理论盲区

二战后工人阶级的经济地位变化应当分为凯恩斯主义福利国家建设时期和新自由主义政策时期两个不同阶段来认知。二战后，在凯恩斯国家干预主义时期，各国社民党政府吸收了第二次世界大战的教训，实行资本对劳动妥协，使西方发达资本主义国家工人阶级的经济状况和社会地位出现显著的改善和提高。正如马克思所说的，这实际上不过表明"雇佣工人为自己铸造的金锁链已经够长够重，容许把它略微放松一点"，但这并"不会消除奴隶的从属关系和对他们的剥削"①。只是西方资本主义国家已进入经济增长、社会稳定的"黄金时期"。

但自20世纪70年代以来，战后资产阶级现代自由主义派构筑的以大规模群众性消费刺激大规模社会生产的福特主义资本积累方式促进经济和社会发展的潜力已被耗尽，不但不能服务于垄断资产阶级的统治，反而导致严重的"滞胀"危机。危机导致不满情绪广泛蔓延，"许多发达资本主义国家中劳工和城市社会运动的结合似乎隐约暗示着一种社会主义替代方案的出现，以取代资本家和劳工之间的社会妥协。在欧洲许多地方，甚至在美国，共产党和社会党开始发展壮大，群众力量激烈要求大规模的改革和政府干预。这一回，所有经济精英与统治阶级都感到一种明显的政治威胁和经济威胁……上层阶级不得不做出决断以保护自己免于政治和经济的失利。"② 自1970年以来，以私有化、市场化、自由化（尤其是金融自由化）和全球一体化这"四化"为核心内容的新自由主义理论，取代凯恩斯主义而成为美英主流经济学理论和政治一意识形态统治工具。③ 因此，"新自由主义化过程从一开始就是一项旨在重建资本积累的条件并恢复经济精英的权力的计划。"④ "华盛顿共识"的出笼，更标志着新自由主义成为国际垄断资本向全球扩张及其全球制度安排的意识形态和政策工具。

---

① 《马克思恩格斯文集》第5卷，人民出版社2009年版，第714页。
② ［美］戴维·哈维：《新自由主义简史》，上海译文出版社2010年版，第16页。
③ Sasha Lilley: On Neoliberalism: An Interview with David Harvey, http：//mrzine.monthlyreview.org/2006/lilley190606.html.
④ ［美］戴维·哈维：《新帝国主义》，社会科学文献出版社2009年版，第18页。

具体来说，西方新自由主义政府各国大力推行放松管制、自由化和国有企业私有化政策。各国政府通过使邮政和电话事业、供水和供电事业、航空和铁路事业私有化，通过使这些服务业在国际交易自由化，通过放松对包括技术和劳动保护在内的一切事务的管制，使在职者由于贬值和受合理化运动的冲击而面临失业的巨大威胁。在西部德国的工业中，仅从1991年至1994年这三年间就丧失100多万个工作岗位。1996年，在经济合作与发展组织（OECD）各国中有4000万以上的人没有找到工作。许多失业者、丧失稳定工作者不得不去从事短时工作或临时工作，收入日益降低。其次，生产部门外迁、生产过程简化、生产程序删减、生产人员被解雇——高效经济和高技术经济使福利社会中的劳动牺牲殆尽。为了提高生产率和降低成本，公司经理力图使用最现代化的全球信息网络技术，使工业设计、生产、销售达到尽可能最低的成本和最大的效益，其结果是所需要的雇员越来越少。高技术革命加大了贫富之间的差距和对立，使全世界居民日益两极分化为两股尖锐冲突和不可调和的势力：一股势力是号称"符号分析专家"的世界主义精英，他们控制着技术和生产力，收入成倍地增长；另一股势力是数量日益增多的"有工作的穷人"和失业者，他们在高技术的全球"新经济"中找到合适工作的希望十分渺茫。此外，由于资本能在全球自由流动，跨国公司可以在全球寻找价格最低、素质最好的劳动力，或把生产部门搬迁到劳动力成本最低的地方去生产，以实现利润最大化的目标，这导致了发达国家工人的大批失业，就连一向比较稳定的中产阶级也不能幸免。勒特韦克感慨道，"所谓精英也成了涡轮资本主义引发的结构不稳定的牺牲品。"[①]

20世纪70年代以来，商品和劳务市场的国际化引发了各国"经济基地"之间的竞争，即国家设法把资本和工作岗位留在本国或者引入自己的国家，这种竞争迫使各国政府减轻企业和资本收益的税务负担，并限制对劳动关系和生产过程的社会调控。各个新自由主义政府为了保持其"经济基地"的国际竞争力，只能以牺牲社会和政治目标的代价来实现，采取扩大社会不平衡、有害于社会团结和社会的民主稳定性的

[①] [美] 爱德华·勒特韦克：《涡轮资本主义》，光明日报出版社2000年版，第57页。

"削减福利政策"①，工资下调、工时延长，并随时解雇和威胁不满的员工、解除劳资协议、限制社会福利国家的福利费开支和压缩社会保障体系。在英国，撒切尔夫人大力推行私有化，摧毁工会，镇压矿工，使工党15年不能翻身，她在国内经济上将成千上万人排斥在外，并产生了一个"新富人"阶级。1980年，里根政府宣布所有工会会员都要置于国家严格的安全监控之下。随后，政府和国会多次放宽劳动法，使得公司首脑和经理可以以激进方式处理劳动事宜。在德国，政府采取了该国的资本精英们的主张，削减工资和国家福利开支，追求较高的资本利润率。领取社会救济金的人、失业者、残疾人和未受培训的青年人日益被社会排斥。中产阶级市民也由于受到败落的威胁而转变成富裕的沙文主义者，不再愿意为世界市场上的输家们支付钱财。新右翼党团的政治家们鼓吹把养老、疾病和失业的预备措施重新交给个人负责。这些变化所造成的后果是，在战后几十年间本已克服的大规模失业和贫困现象又卷土重来，社会不平等和社会分裂加剧。②

新自由主义政策的实施使工人阶级遭受比20世纪30年代更加严重的剥削，资本收入急剧增加，劳动收入停滞或下降，贫富差距日益扩大，贫困现象广泛蔓延。美国贫富差距自1973年以来不断扩大，财富分配不均已达到创纪录的水平。在克林顿执政的头两年，最富有的5%家庭收入在全国收入中占的比例比80年代增长还要快，低收入家庭达到2000多万。在1973年至1994年，美国人均社会总产值实际上增长了整整1/3，但与此同时，所有就业者（管理人员除外），也就是劳动人口中将近3/4的人的平均工资总额下降了19个百分点。另一位美国学者杰夫·福克斯也认为，美国的生产率与工资水平适成反比，自1979年以来，美国劳动者的平均劳动生产率提高了22%，而他们的实际工资下降了8%，美国劳动者的实际工资在6年的经济繁荣之后却又比1989年的水平降低了4%。由此可见，美国社会中的消费和福利的增加完全是靠剥削的强化得来的。其后果是，在美国，有1700多万每年工作50周、每周工作40个小时的全

---

① [德]哈贝马斯：《社会福利国家妥协面临终结》，选自《全球化与政治》，中央编译出版社2000年版，第74页。
② [德]弗里茨·沙尔普夫：《跨国政治中的民主》，选自《全球化与政治》，中央编译出版社2000年版，第127页。

职就业人员生活在贫困线以下，700万人沦为没有固定住址的无家可归者，170万人被关入监狱。贫困问题不但存在一般劳动阶层，而且日益侵蚀着中产阶层。涡轮资本主义有两种尖锐分歧倾向在起作用：一方面，约占经理人员1%的高层经理收入剧增，365家最大公司首席执行官1996年的平均收入高达578.13万美元；另一方面，中层经理收入剧减，各个公司都在大减中层经理。

严重的社会贫富两极分化使整个西方社会从经济上不断分裂，失去安全感的人们把排外仇恨、分裂主义和与世界市场隔绝作为政治药方。民粹主义、民族主义以及原教旨主义的领袖们抛出种种脱离社会发展进程的答复和危险的解决方案。里夫金在《劳动的终结：全球劳动力的衰落与后市场时代的发端》一书中认为，"世界范围内的失业加剧与贫富分化的增大，正是为社会动荡和近代所未见的大规模的阶级斗争创造前提条件。犯罪、暴力与小规模冲突正在扩大，并且发出了清楚的信号，表明在未来的年代将会日愈加剧的趋势。一种新形势的野蛮在现代世界的墙垒外面等待着我们。"①

从世界范围来看，国际金融寡头们通过金融诈骗、资本输出、巧取豪夺，从世界各国和地区攫取了数额惊人的民族财富，从而导致世界上贫富差距、穷国与富国的差距达到了空前尖锐的程度。近10年来，从西雅图到伦敦，从科隆到东京，从马尼拉到利马，从汉城到魁北克，从巴塞罗那到热那亚、纽约、卡尔加里……反对资本主义全球化以及反对新自由主义剥夺性积累的群众示威游行已成为燎原之势。这些新社会运动还包括反对由世界银行所支持的大坝建设项目的计划、反对生物剽窃的农民运动、反对转基因食品确保当地生产体系的斗争、反对私有化的政治斗争、发展中国家争取劳动权或妇女权利的运动、获取土地耕种权的农民运动、抗议国际货币基金组织所强加的财政紧缩方案的运动，等等②。

总之，随着当代垄断资本主义各种矛盾和危机在全球层面的深化，社

---

① ［美］杰里米·里夫金：《工作的终结：后市场时代的来临》，上海译文出版社1998年版，第240页。

② David Harvey: Is This Really the End of Neoliberalism? ——The Crisis and the Consolidation of Class Power , http：//www. counterpunch. org.

会主义的物质因素和政治力量，也将在世界范围内不断发育、壮大。虽然20世纪70年代以后，发达资本主义国家工人斗争比较缓和、低落，但工人运动并没有由此沉寂，在新近工业化的第三世界，例如巴西和韩国的例子表明，工人运动正处于上升势头。美国2008年爆发席卷全球的国际金融危机，导致欧洲主权债务危机持续恶化，挪威发生死伤惨重的枪击爆炸案，英国爆发几十年未见的大规模街头骚乱，"占领华尔街"抗议活动迅速蔓延全美和世界其他资本主义国家。综上所述，高兹的"告别工人阶级论"并不符合当今世界阶级斗争的真正形势，不仅发达资本主义国家国内工人阶级与金融寡头之间的矛盾在不断加剧，而且国际垄断资本与全球劳工之间的阶级斗争日趋激烈，正在为共产主义全球化的到来准备着社会历史条件。

第二节 工人阶级的"中产阶级化"

在英语中，"中产阶级"这一词是"mid‑class"或"middle class"，它的意思是指，在社会等级序列中处于中间位置的一个阶级或阶层，应译为汉语的"中间等级"、"中间阶层"或"中间阶级"。按照韦伯的解读，"middle class"是指当代社会中的这样一大批人，这些人处于工人阶级和上层阶级之间。有些学者认为"中产阶级""从传统和字面理解是指拥有中等产业的资产阶级"[①]。更多的学者认为，"中产阶级的最大特点，就是这一部分人既出卖自己的劳动力，同时也拥有自己的资产，并通过自己的资产获取一部分剩余价值。这种特殊的社会经济地位使中产阶级同时既有资产阶级的特点，也具备无产阶级的特征"。[②] 以上所述特质使得中产阶级的阶级性和阶级意识难以凝聚，也难以充分体现，因而具有模糊的情形。第二次世界大战之后，西方社会经济结构、产业结构以及就业结构发生变迁，社会福利国家的完善和发展，使得工人阶级队伍出现了明显变化：蓝领工人阶级逐渐衰落，"新工人阶级"迅速崛起，并成长为主要的

---

① 顾兴斌：《论英国中产阶级的形成、发展与作用》，《江西社会科学》1995年第11期，第64页。

② 汪宁：《俄罗斯"中产阶级"论析》，《东欧中亚研究》2001年第2期，第47页。

职业群体与阶级群体。"新工人阶级"的崛起使得当代西方社会发生了深刻的变化：在经济方面，工业与服务业的产业结构与劳动者的生产力差异趋于消失，社会贫富差距始终保持在合理的范围；在政治方面，西方社会的阶级矛盾趋于缓和，蓝领工会逐渐衰落，新工人阶级工会与社团组织迅速发展，劳工斗争方式日益呈现出"多元化"的特点。据此，一些资产阶级学者提出了"无产阶级消失论"、"工人阶级中产阶级化"等观点，认为本主义社会呈现出中间大、两头小的"橄榄型"的结构，资产阶级和无产阶级的阶级对立与斗争正趋于消失，拥有中等收入和私有财产的白领工人在西方社会结构中占据了主导地位，当代资本主义社会已实现了"工人阶级中产阶级化"。

一 "中产阶级"概念界定的主观随意性

在全球范围内，中产阶级至今仍是一个边界比较模糊并且有着多种不同定义的概念，也被称为"中间阶层"、"中间阶级"和"中产阶层"等，到目前为止，学术界关于这一词条的确切定义和解释还没有达成共识。一些学者认为，"中产阶级"的主要划分标准是以收入多少为准绳，其主体是中小资产阶级和工人阶级中的中高薪者。因此，"中产阶级"并不是一个统一的、真正的阶级，它是一个将收入水平在一定区间的人们划为一个社会群体的社会学概念。

按照世行的标准，"中产阶级"是指年收入在4000美元到1.7万美元之间的人群。[①] 世界银行不久前发布的一个报告指出，未来20多年，全球化将把8亿多人"推入""中产阶级"，"到2030年，中产阶级的人口将增加到12亿，占全球人口的15%。"美国"中产阶级"最主要的判定标准是收入。通常而言，家庭年收入从3万—5万美元都属于"中产阶级"，中等水平应在8万美元左右。华盛顿智库"第三条道路"经济学家吉姆·凯西尔把家庭年收入4.9万美元以上列为"中产阶级"。[②] 美国皮尤研究中心将家庭收入在全国中位数2/3至2倍区间内

[①] 环球时报驻外记者联合报道：《未来20年全球化使中产阶级浪潮席卷多国》，《环球时报》2007年12月22日。

[②] 张茉楠：《如何拯救正在塌陷的美国中产阶级》，《搜狐财经》2010年8月25日，http://business.sohu.com/20100825/n274459536.shtml。

的成年人定义为"中产阶级"。① 法国生活条件研究中心社会学家雷吉·比戈将收入处于法国社会中层的 50% 人群定义为"中产阶级",其中,月可支配收入在 1120—1750 欧元间的人群为下层"中产阶级",1750—2600 欧元间的人群为上层"中产阶级"。② 在日本,由于物价较高,其"中产阶级"的年收入应该在 2000 万日元以上。③ 亚洲开发银行在一份名为《亚洲和太平洋地区 2010 年关键指标》的报告中称,就绝对数量而言,中国的中产阶层人数早已超过 8 亿。在这份报告中,亚行将"中产阶级"定义为每天消费 2—20 美元(约人民币 13.6—136 元)的群体,其中,又分为"底层"、"中层"和"高层"三类,这个标准远低于西方。按照这个标准,亚洲 2008 年中产阶级人数达到 19 亿,占亚洲人口总数的 56%。④ 按印度"国家应用经济研究理事会"的统计标准,年均税后收入在 3.375 万卢比到 15 万卢比(约合 700—3000 美元)的家庭为"中产阶级"家庭。按此计算,到 2001 年,印度有 6000 万户家庭已经成为"中产阶级"。⑤ 巴西里约热内卢智库热图利奥·瓦加斯基金会经济学家马斯洛·内里说,在巴西,"中产阶级"指月收入为 690—2970 美元的人群,这一群体占总人口的比例从 2001 年的 38% 上升到现在的 55%。⑥ 亚洲开发银行将尼泊尔"中产阶级"定义为月收入 60—600 美元的人群。按照这一定义,尼泊尔约 23% 的人口,即 610 多万人,可被归入"中产阶级"。⑦

由此可见,西方社会界定"中产阶级"的主要评判标准是具体的年收入,而且是差距颇大的年收入,从 600 美元到 10 万美元不等,生活在地球上不同国度的人们就这样被划入到了一个共同的"中产阶级"。

---

① 孙浩、王丰丰:《美国中产阶级规模和资产减缩》,《中华工商时报》2012 年 8 月 27 日。
② 彭梦瑶:《法国:"身份倒退"的中产阶层》,《经济参考报》2010 年 5 月 13 日。
③ 日本人的"中产意识",金羊网—新快报,2007 年 06 月 13 日,http://www.sina.com.cn。
④ 刘一楠:《亚洲中产阶级有望成为全球第一消费群体》,《北京日报》2010 年 8 月 20 日。
⑤ 赵章云:《印度中产阶级的生活状况》,《人物周刊》2002 年 7 月 1 日。
⑥ 唐昀:《欧美国家中产阶级收入停滞 拉美中产阶级崛起》,《羊城晚报》2011 年 12 月 31 日。
⑦ 张松:《新兴中产阶级决定尼泊尔未来》,《文汇报》2012 年 11 月 1 日。

"在美国，年均收入在 3—10 万美元之间的人群。俄罗斯，年均收入在 1.2—2.5 万美元之间的人群。日本，年收入在 4.4—6.8 万美元之间的人群。韩国，年收入在 2—3.6 万美元之间的人群。法国，年收入约在 1.4—4.1 万欧元之间的人群。英国，年收入在 2.5—5 万英镑之间的人群。印度，年收入在 700—3000 美元的人群"① 被纳入中产阶级范畴。此外，"中产阶级"还被描述为一种生活方式和态度，具有这种或那种生活方式和态度的人，也被划为"中产阶级"。例如，各种媒体尤其是时尚杂志描述"中产阶级"应该具有什么样的生活方式和生活品质，津津有味于吃什么肉要配什么样的酒水，穿什么样的品牌，住什么样的房子，开什么样的车和到什么地方去度假等所谓的"中产格调"和"中产品质"。那么，普通民众只要有能力喝上一两瓶红酒、淘一两件什么样的品牌，有个房开个夏利也归属于"中产"。凭借这种对于自身"中产"的社会经济地位的主观认同感，1996 年，90% 的日本人认为自己是"中产阶级"。②

综上所述，"中产阶级"是一个随意性、主观性比较强的划分，这种划分的话语权主要掌握在社会学家手中，他们划出一个从 700—10 万美元的一个大圈，把形形色色的人们纳入"中产阶级"范畴。因此，对"工人阶级中产阶级化"这种提法从概念到外延都是值得人们审慎考察和认真剖析的。

二 中产阶级形成的历史原因和背景

20 世纪 80—90 年代，科技革命掀起新的高潮，整个西方经济、社会的现代化进程、经济产业结构、企业组织管理模式、劳动市场结构、社会阶级阶层结构都发生了剧烈变动。随着电子计算机的广泛使用、第三产业的迅速发展，福利国家官僚管理机构的不断扩大以及资本主义国家的教育事业的快速发展，在政府机构、企业、第三部门任职的科技人员，包括律师、医生等在内的自由职业者的数量大量增加，"新中产阶级"开始蓬勃

---

① 良弼摘：《各国中产阶级的划分标准》，《中外文摘》2010 年第 22 期。
② 武心波：《全球化与日本"企业共同体"性格的"蜕变"》，《日本学刊》2006 年第 2 期，第 119 页。

发展。马克思所定义的传统的"没有自己的生产资料，不得不靠出卖劳动力来维持生活"、完全靠出卖体力劳动、不占有任何资本形式、没有文化的工人阶级已占很小的比例，并且数量越来越少，代之而起的是以脑力劳动、白领阶层为主体的新型工人阶级队伍。工人阶级的新变化具体表现为如下。

第一，传统工业工人的数量持续减少，新兴工业工人的数量逐步增加；物质生产部门的工人逐渐减少，非物质生产部门的工人大幅增加。在新科技革命推进下，西方国家产业结构以传统工业为主导的产业逐渐被以知识为主导的高新技术产业所代替，从劳动密集型到资本密集型再到技术密集型和知识密集型的转化。电子信息、网络工程、通信工程、生物工程、新材料工业等新兴产业从传统工业群中分离出来。与此同时，能源、原材料等成本消耗巨大的第一、第二产业的比重大幅下降，第三产业的比重迅速扩大，它的产值与就业人数逐渐超过物质生产领域的产值与就业人数的总和，继而成为社会的主导产业。由知识经济所带动的诸如金融、保险、证券、咨询、会计、信息、文化、教育、旅游等大量服务部门的第三产业的劳动力，已成为就业人数最多和增长速度最快的产业，成为现代生产和经济运行的主体。正是在这个产业结构的转型与升级过程中，新中产阶级迅速成长与壮大，并最终成为西方社会的主要职业群体与阶级群体。

第二，体力劳动者不断减少，脑力劳动者迅速增加。科学技术的发展，使当代资本主义社会的劳动已不再以体力支出为主，而是依靠越来越多地掌握先进科学技术、经营管理知识和高超劳动技能的劳动者操纵先进机器设备的劳动。大量的劳动已处于直接生产过程之外，更多的劳动者成为生产的监督者、协调者和操纵者，劳动里的知识和技术含量已经远远超过了体力劳动的含量。同时，随着生产的组织形式与管理方式的变化，工人们从大机器、工业车间流水线上的集体劳动变为远程的、分散的、个性化的劳动，他们不再是传统意义上的蓝领工人，而转变为办公室白领职业，甚至被称为管理阶层的"金领"。至20世纪90年代中期，白领工人上升到83%，蓝领工人仅占17%。

第三，工人阶级的生活质量大幅改善，科学文化素质不断提高。二战后，当代资本主义国家生产力的发展、财富的增多，尤其是欧盟和北欧国家实行"从摇篮到坟墓"的社会保障体制,不仅使在岗工人能够在各方面享受到政府给予的各种社会福利,就是失业工人也能得到最基本的生活保障。西方福利国家政府提供了贫困救济、免费医疗、失业补贴、养老金发放、教育等一系列社会福利开支。工人阶级的工资水平有了较大的提高,他们普遍拥有家电、汽车和住房等生活资料,还拥有存款、债券和股票。同时,他们的劳动时间缩短,失业有基本生活救济。资本主义国家除学校教育外,还推行"终生教育制度"和各种形式的职业教育和再教育制度,教育社会化的普及使工人阶级的科学文化素质得到大幅度提高。美国大学的入学率从1980年56%提高到1995年的81%,知识分子越来越成为工人阶级的重要组成部分。

第四,"经理革命"的影响,20世纪后半期,随着生产力的迅速发展,在19世纪末出现的股份制得到了更大规模的发展。股份制的发展使资本的所有权与控制权的分离以更加迅猛的速度推进,大批的企业管理人员迅速成长起来,西方学者将这一现象称为"经理革命"。"经理革命"使得家族资本家对资本的控制权日益削弱,企业的经营与管理大权越来越多地掌握在高级管理人员手中,并出现了大批中下层企业管理人员。他们的出现在很大程度上扩大了新中产阶级的数量。据统计,1945年美国男性管理人员(包括经理在内),占男性劳动者的9.2%,1957年这一数字达到26.2%,1970年是40%。英国企业内的行政管理人员增长也很迅速。1951—1961年经理与行政管理人员增长了1.5倍。1961—1981年,又增长了96.3%。[①]

总之,发达资本主义国家的工人阶级队伍中出现了知识化、脑力化、白领化的新趋势,其即所谓的西方学者所说的工人阶级"中产阶级化"现象。到20世纪80年代中期,科技知识分子、白领雇员(职员与公务员)的数量已经超过了劳动力的一半以上,成为中产阶级最大的社会群体。英国前首相约翰·梅杰在1996年宣布:"我们现在都是中产阶级了",即工人阶级与中产阶级之间的界限已日益模糊。

[①] 倪力亚:《论当代资本主义社会的阶级结构》,中国人民大学出版社1989年版,第228页。

三 西方学者关于"中产阶级"的理论

马克思主义认为，工人阶级就是没有自己的生产资料、不得不靠出卖劳动力来获取生活资料的阶级。马克思主义经典作家还根据资本主义发展进程中分工扩大、协作加强、生产进一步社会化的情况，提出了"总体工人"、"商业无产阶级"、"脑力劳动无产阶级"、"技术无产阶级"等概念，指明了无论是从事体力劳动还是脑力劳动，无论是创造剩余价值还是创造占有剩余价值条件，无论是物质生产部门还是非物质生产部门的劳动者，都属于工人阶级的范畴。然而，一些西方学者却认为，仅仅从生产资料占有这种"单维"角度进行阶级的划分是远远不够的，他们提出，应以人们的收入水平、劳动方式、职业技能、知识水平等为标准，从"多维"角度进行阶级划分，由此提出了所谓的"无产阶级消失论"、"工人阶级中产阶级化"等观点。

法兰克福学派的马尔库塞认为，生活贫困应是无产阶级必须具备的条件。他通过分析发达工业社会的劳动过程对无产阶级的影响，提出了无产阶级正在消失，与资本主义制度融为一体的观点。尤其是面对知识经济发展所带来的工人越来越多的由体力型向脑力型、由单一型向复合型、由"蓝领向白领"的逐渐过渡，一些资产阶级学者提出了"中产阶级论"，瑟奇·马勒、皮埃尔·伯勒维叶等则据此提出了"新中产阶级"论，把那些日渐发展壮大的白领劳动者和管理者统称为中产阶级。

围绕新中间阶级的社会地位与社会功能西方学者进行了激烈的辩论。西方学者根据职业、收入、教育、声望、消费、性别、种族、品位、认同和社会政治态度等测量标准对中产阶级进行了研究。以弗里茨·克龙奈为代表的学者认为，由于中产阶级大体上承担着原来雇主承担的四种职能：监督管理、专业技术、行政事务和经营销售，中产阶级与资产阶级的地位更为接近，中产阶级是资产阶级的延伸。越来越壮大的新中间阶层作为一支独立的社会力量，处于资本和雇佣劳动矛盾对立中间的第三者立场，在一定程度上平衡和消解了上述两个阶级之间的矛盾，资本主义社会已经中产阶级化。但以西奥多·盖格和赖特·米尔斯为代表学者则认为，中产阶级主体是雇佣劳动者，与工人具有相同的受雇地位。米尔斯认为，新中产阶级是受雇职员，不占有生产资料，从功能上看以劳动为主,不同于老中产阶级占有生产资料,以资本功能为主。① 这个新的从事雇佣劳动的中间阶层的出现只是产生的过渡现象,如果社会福利政策的改变或者削减,其中大多数人将要沦为无产阶级的境地,中间阶级的社会地位难以稳固。

当代西方社会学家大多使用职业与生产资料的所有权作为界定"新中产阶级"与"旧中产阶级"的标准,其中,美国社会学家米尔斯的界定最为全面与权威。20世纪中叶,在《白领:美国的中产阶级》一书,赖特·米尔斯以职业为标准划分了中产阶级,认为美国的中产阶级主要由依附于政府机关、大机构大企业、各种事业单位,专门从事行政管理与技术服务工作的人员所构成。② 米尔斯根据职业特点,以及私有产权的状况,把美国的"中产阶级"区分为"老中产阶级"和"新中产阶级"。他认为,美国"中产阶级"的新老交替时间为20世纪40年代。"老中产阶级"到1940年,占整个"中产阶级"的44%,而新式"中产阶级"的比例上升为56%。他将旧中产阶级界定为那些从事脑体混合劳动,拥有少量独立资产、自主经营的小企业主、小农场主、小商人,以及自谋职业者;而新中产阶级主要是那些以脑力劳动为主,没有独立资产的技术人员、专业人员、管理人员,以及办公职员、销售人员为代表的薪金雇员。米尔斯将这些新中产阶级成员称为白领,以区别于工厂的体力工人蓝领。③ 根据米尔斯的观点,在自由竞争的资本主义时代,"中产阶级"实质上就是大小资产阶级别名,而到了垄断资本主义时代,"中产阶级"则成为从事与生产相关的服务、支持工作的职业的专业人士的代名词。④ 米尔斯认为,"中产阶级"的新老交替有两重意义,"从消极的意义上说,中产阶级的转变是从有产到无产的转变;而从积极的意义上说,则是从财产到新的分层轴线——职业的转变"⑤。

---

① 李强、陈振华:《20世纪西方社会结构一个根本性的变化——析西方国家的中产阶级》,《红旗文稿》2003年第11期,第35页。

② [美]赖特·米尔斯:《白领:美国的中产阶级》,南京大学出版社2006年版,第49页。

③ Mills C. Wright: *White Collar: the American Middle Classes*, New York, N. Y.: Oxford University Press, 2002, p. 73.

④ Ibid., p. 50.

⑤ Ibid..

在米尔斯看来,"老"中产阶级是在农业逐渐被工业战胜的时代,主要由"人数众多的农场主"构成,而在这个"中产阶级的世界从来就不是由清一色的无等级之分的小业主组成的。在其内部,小农场主和小生产者为一端,大地主和大批发商为另一端,两者之间泾渭分明"①。随着生产力的进步,小农场主和小生产者被大资本家或垄断者被大量排挤出"老中产阶级",进入无产者的行列。这是由于生产力的进步,所需要的农业劳动力越来越少,农产品的相对过剩和其价格的相对下降使大量农场主破产,而收入优越的专业人士的出现又使留存者无奈地成了"老"中产阶级。

其次,米尔斯认为"老"中产阶级在城市中的代言人是小商人。"小商人们,尤其在农场主普遍衰落之时,开始被视为老派实业界领袖传统的某种苦巴巴的继承人,即便这仅仅是一种一厢情愿的看法。"② 但同样的,小商人的命运也同小农场主一样,面临着生产力进步导致的资本集中及其产生的生产和销售的集中,他们的经济地位朝不保夕、起起落落,成为米尔斯所描述的"游民资产阶级"。"在城市中,游民资产阶级是由一大群死亡率极高的商号组成的。……然而,真正的游民资产阶级是根本不雇佣工人的:业主及其家属自己干活,常常是夜以继日地工作。……但是在农场里,小业主们却使用着较低劣的生产资料,作为老式中产阶级的边际受害者中的主要部分而拼命支撑着。……小农场主和他的全家被卷入了低效率的乏味工作之中,许多人只在部分时间里才是'独立的',其余时间则受雇于大农场主。他们只能通过野蛮的超量工作和低水平的消费,才能保证在整体上不会落入佃农的行列。"③ 这些城市或农村的小业主们虽然是所谓的"中产阶级"却确确实实过着朝不保夕的生活,风险承受能力相当低,这使他们"……可能会一直生活在极度的焦虑之中;即使是很小的经济压力,只要他不能掌控,也会使他失去平衡并降低其心理安全水平。虽然一度无人能够把握这个市场,但现在这些小人物却常常能够准确

---

① Mills C. Wright: *White Collar: the American Middle Classes*, New York, N. Y.: Oxford University Press, 2002, p. 5.
② Ibid., p. 18.
③ [美]赖特·米尔斯:《白领:美国的中产阶级》,周晓虹译,南京大学出版社2006年版,第23页。

地感到它是不利于自己的"①。米尔斯所指的作为"老中产阶级"中坚的小业主，实际上就是拥有少量生产资料但又不得不亲自参加劳动的小资产阶级。由于小资产阶级应对风险和与大企业竞争的能力非常低下，因此，"老中产阶级"实际上是强烈反对自由竞争（除非这种竞争对自己有利，可惜这种情况极少出现）的保守力量。米尔斯认为，"老中产阶级"的地位是模棱两可的，因为底层百姓认为小业主们的经济和社会地位和上层阶级（即大商人、名流）相差无几，而上层阶级却清楚地看出小业主们无法与之比肩的经济和社会地位，那么，"这就好像城市人口被极化为两个群体：大企业家和劳工，而其他每个人则都被置于模糊的'中产阶级'之中"，而"不论老式中产阶级怎样或以何种方式支撑着，社会声望的分配都会适时地根据城市经济和政治力量的分配而变动"②。

法国著名学者雷蒙·阿隆在20世纪60年代指出，"人们习惯于用旧中产阶级和新中产阶级这样的词语，前者用来指独立经营者，后者用来指工业社会的被雇佣者或管理人员，即达到资产阶级或小资产阶级生活方式的工薪阶层。"③ 这与米尔斯的分析路径是一致的。

当代美国阶级分析的代表人物赖特指出，"中产阶级在西方社会中是指广大的社会主流人群。它由过着还算舒适（既不富裕也不贫穷）的生活的人构成。……在有些模糊的社会分层视图中，他们是广大的中间群体。"他认为应该使用三种阶级成型机制：个人属性、机会阻隔与剥削和支配来进行机制互动的分析。④ 赖特使用两种维度对中产阶级进行分类，一是他们在生产中与权力的关系，二是他们所拥有的技术和专长。"第一个理论基础涉及资本主义财产关系中的统治职能。……只要经理和监督者参与了生产中统治的实践活动，他们就可以看作是在代理行使资产阶级的权力。在这个意义上，他们可被看作是同时处于资产阶级和工人阶级中：从他们统治着工人这点来看，他们像资本家；从他们受资本家控制并且在

---

① [美] 赖特·米尔斯：《白领：美国的中产阶级》，周晓虹译，南京大学出版社2006年版，第23页。
② 同上书，第37—38页。
③ [法] 雷蒙·阿隆：《阶级斗争——工业社会新讲》，译林出版社2003年版，第132页。
④ 李春玲主编：《比较视野下的中产阶级形成》，社会科学文献出版社2009年版，第10页。

生产中受剥削这点来看，他们像工人。因而他们处于我称之为阶级关系中的矛盾位置上。……第二个理论基础是集中在他们的收入和对剩余占有之间的关系上。经理在生产组织中的战略性地位使得他们能够以相对高的收入这种形式占有一部分社会剩余。事实上，这意味着管理性劳动力的工资或薪金是高于生产或再生产出这种劳动力的成本的……正是这两方面把他们从工人阶级中区分出来了。""第二个维度是技术和专长的拥有……那些拥有高水平技术/专长的雇员在剥削关系中潜在地处于一种特权占有位置上……第一，在劳动市场中技术和专长经常是稀有的，……这些稀有技术的所有者能获得高于生产或再生产他们劳动力成本的工资，这种'技术租金'是雇员能够占有部分剩余的一种方式。第二，对知识和技术的控制也经常造成监督和控制技术工人劳动努力程度的困难。……为了取得高水平技术和专长的雇员的合作和努力，在某种范围里雇主必须依赖忠诚推进机制，就像他们在对待经理的情况中所做的那样。因此，由于他们在生产组织中的战略地位（作为知识的控制者）和他们在劳动市场组织中的战略地位（作为稀缺劳动力的控制者），那些拥有高水平专长的雇员能够占有剩余。"[1] 因而在赖特那里，"中产阶级"主要是指经理及技术或专业人员阶层。

也有的学者将社会群体区分为"富人、中产阶级、劳动穷人、福利穷人"四部分。它将"中产阶级"定义为主要包括那些在非富豪家庭环境中长大的专业人士和管理人员。"在中产阶级那里，收入和消费都是充足的，但普通的积蓄和投资（税收特权保护之外）却出奇的少。中产阶级主要拥有两种重要的资产积累形式——住房所有和退休养老金。"[2] 美国学者戴维恩在《美国和英国的社会阶级》一书中，将"中产阶级"、工人阶级与底层阶级相区别。在他看来中产阶级即是专业人士，他们从事的职业有医生、教师、律师、社会工作者、牧师等等。[3]

---

[1] [美] 埃里克·奥林·赖特：《后工业社会中的阶级》，陈心想、皮小林、杨玉明、陈阳译，裴晓梅审校，辽宁教育出版社2004年版，第21—23页。

[2] [美] 迈克尔·谢若登：《资产与穷人——一项新的美国福利政策》，商务印书馆2005年版，第152—156页。

[3] [美] 威廉·朱利叶斯·威尔逊：《真正的穷人——内城区、底层阶级和公共政策》，上海人民出版社2007年版，第9页。

美国社会学家丹尼斯·吉尔伯特和约瑟夫·埃·卡尔合的《美国阶级结构》一书,也是以职业、收入、财产、声望、交往、社会化、权力、自我意识、流动等标准,作为划分阶级结构的主要依据。在他们看来,中产阶级的特点是在工作中接受上级的命令,"但也具有充分的职业技能,维持良好的生活,享受主流生活方式。他们通常感到地位稳定,有时也会渴望向上流动"。① 英国社会学家安东尼·吉登斯(Anthony Giddens)根据资本、教育和技术、劳动力这三种市场能力,将社会划分为上层、中层和下层三大阶级。瑞典社会民主党认为:"瑞典社会仍然有三个阶级:劳工阶级、中产阶级和一小群很富有的人。但是主观上,大部分属于劳工阶级的人都认为自己是中产阶级。现在很难让某群体的人认为自己属于较低的社会阶级。"②

总体来看,英国和美国两国的学者都倾向于认为,中产阶级在两个国家总人口中占有不低的比例,比如"到20世纪90年代,人口普查数据显示,中产阶级的规模在这两个国家是非常相似的(分别为40%和37%)"③。但他们不得不承认,"中产阶级"定义的模糊性和不确定性仍然存在,"中产阶级内部存在着各种方式的划分,如旧的中产阶级和新的中产阶级,专业人员和管理人员,私营部门和公共部门的雇员,高层和低层非体力劳动者,等等"。现在,随着非体力工作与体力工作收入差距的缩小,下层中产阶级与工人阶级难以区分开来,因而出现了对文职人员应该被视为中产阶级还是工人阶级的争论。④ 确实,由于西方工人阶级的生活水平的提高,自认为是"中产阶级"而非底层阶级的人越来越多了,因而在他们心目中,只有长期失业、没有谋生技能处于社会最底层的人才不是"中产阶级"。

四 对"工人阶级中产阶级化"观点的马克思主义辨析

随着中产阶级的兴起和发展越来越引人注目,"中产阶级"在西方学

---

① [美] 丹尼斯·吉尔伯特、约瑟夫·埃·卡尔:《美国阶级结构》,中国社会科学出版社1992年版,第394页。
② 何秉孟、姜辉、张顺洪编:《欧洲社会民主主义的转型——与德国、瑞典学者对话实录》,社会科学文献出版社2010年版,第146页。
③ [英] 斐欧娜·戴维恩:《美国和英国的社会阶级》,重庆出版社2010年版,第138页。
④ 同上书,第162、166页。

术研究中得到重视和应用。但不同的学者对"中产阶级"的概念界定与衡量标准,难以形成统一认识。有的学者指出,"中产阶级研究的主要难点,在于对中产阶级的界定。不同的学者根据不同的研究目的,往往界定出不同的'中产阶级'概念。"他们用收入水平、职业类别和教育资本作为测量是否达到"中产阶级"标准的指标,并依三个指标的符合程度划分"核心中产阶级"、"半核心中产阶级"或"边缘中产阶级"。① 因此,要揭开笼罩覆盖在中产阶级上的神秘面纱,就要深入考察阶级划分的标准,并把握战后工人阶级组成结构的发展变化规律,才是科学认识知识经济时代"中产阶级"问题的基础所在。

事实上,马克思主义经典作家早就注意到所谓"中产阶级"的存在。1842年10月16日,在发表于《莱茵报》的《共产主义与奥格斯堡〈总汇报〉》一文中,马克思第一次使用了中产阶级这个概念。他写道:"现在一无所有的等级要求占有中等阶级的一部分财产,这是事实。"② 随后,马克思、恩格斯使用阶级分析方法对资本主义社会的阶级结构进行了科学的分析,指出"我总是用 Mittelklass [中等阶级] 这个词来表示英文中的 middle-class(或通常所说的 middle-classes),它同法文的 bourgeoisie [资产阶级] 一样是表示有产阶级,尤其是和所谓的贵族不同的有产阶级"。③ 可见,马克思、恩格斯所指的"中间等级"主要是在现代大工业中处于资产阶级和无产阶级之间的类似中间阶级的小资产阶级,即小工业家、小商人、手工业者、小农场主和农民。在《共产党宣言》中,马克思、恩格斯还写道:"中间等级,即小工业家、小商人、手工业者、农民,他们同资产阶级作斗争,都是为了维护他们这种中间等级的生存,以免于灭亡。所以,他们不是革命的,而是保守的。不仅如此,他们甚至是反动的,因为他们力图使历史的车轮倒转。如果说他们是革命的,那是鉴于他们行将转入无产阶级的队伍,这样,他们就不是维护他们目前的利益,而是维护他们将来的利益,他们就离开自己原来的立场,而站到无产

---

① 李春玲主编:《比较视野下的中产阶级形成》,社会科学文献出版社2009年版,第101—102页。
② 《马克思恩格斯全集》第1卷,人民出版社1956年版,第131页。
③ 《马克思恩格斯全集》第1卷,人民出版社2009年版,第387页。

阶级的立场上来。"① 这里清楚地表明了,在马克思那里,"中间等级"(即后来的学者们所谓的老"中产阶级")主要是指向将要被资本主义生产方式所消灭的小资产阶级。由于他们的处境在资本主义社会里是朝不保夕的,因而是无产阶级可以争取的革命同盟军,但他们具有动摇性的特点,在与之结盟的同时又必须与他们的动摇性和保守性斗争。

但值得重视的是,在《资本论》第3卷中,马克思对经理阶层的重要性、社会地位与传统工人阶级不同的阶级差异性已有明确的认识。马克思谈道,在企业生产过程中经营管理权和所有权的分离,出现了经理阶层和白领阶层,极大地缓和了生产资料私人占有与生产社会化这一资本主义的尖锐矛盾。新兴的经理阶层既与传统的蓝领工人相区别,又与资本所有者相区别,而且他们的人数和规模在不断膨胀。在马克思看来,中间阶级只不过是高级的工人,其中一部分人有科学知识,一部分人有手艺,他们不属于工厂工人的范围,而只是同工厂工人聚集在一起,结合为统一的"总体工人"。他们用自己的劳动直接同作为资本的货币交换,并且还直接为资本家创造剩余价值。因此,马克思认为,没有生产资料,受资本家雇佣和统治,但又较一般工人具有较高的科学技能和文化知识以及社会地位的中间阶级,不管他们的收入有多高,社会声望有多高,从阶级属性上来说,都是工人阶级的一部分,是代表先进生产力的工人阶级;他们的存在和壮大,反映出当代西方社会脑力劳动与体力劳动的差异正在逐渐缩小的征兆。

列宁曾批判过把收入、职业等作为划分阶级的标准的观点,他的分析是:"从收入来源中去寻找社会不同阶级的基本特征,这就是把分配关系放在首位,而分配关系实际上是生产关系的结果。……区别各阶级的基本标志,是它们在社会生产中所处的地位,也就是它们对生产资料的关系。占有某一部分社会生产资料,将其用于私人经济,用于目的在出售产品的经济——这就是现代社会中的一个阶级(资产阶级)同失去生产资料、出卖自己劳动力的无产阶级的基本区别。"② 列宁深刻地指出,"把职业的差别同阶级的差别混淆起来,把生活方式的差别同各阶级在整个社会生产

---

① 《马克思恩格斯文集》第2卷,人民出版社2009年版,第42页。
② 《列宁全集》第7卷,人民出版社1986版,第30页。

制度中的不同地位混淆起来——这就清楚地说明了时髦的'批评界'根本缺乏科学的原则性,说明它实际上有抹杀'阶级'的概念和取消阶级斗争思想的趋势。"①

根据马克思和列宁所提供的理论分析框架,作为"老中产阶级"代表的小农场主、小商业主、小企业主等旧中产阶级拥有一定数量的生产资料,并雇佣一定数量人雇工。"新中产阶级"中除了极少数的企业高级雇员和政府高级官员是以资产阶级代理人的身份出现外,他们事实上应属于资产阶级范畴,而绝大多数的"新中产阶级成员"则属于中下层白领雇员,他们不掌握生产资料,靠出卖脑力劳动力谋生,是新型的雇佣劳动者,应属于无产阶级范畴。由此可见,西方学者从职业分工和收入水平去界定"中间阶级",认为"工人阶级中产阶级化"的观点,实际上是企图否认资本主义社会存在尖锐的阶级冲突,进而抹杀无产阶级的历史地位和作用,是为资本主义长治久安进行美化辩护的意识形态说辞。

一些学者已经认识到"中产阶级"概念的模糊性、不确定性,及其对马克思主义阶级概念造成的解构与消解作用,有的国内学者睿智地区分了当代中产阶级的构成和阶级实质,"所谓的中产阶级,这是一个界限极不确定、概念极为模糊的社会集团的总称。它除了一部分是'传统的'小资产阶级(包括小商人、小农场主、小业主等)之外,主要是指'新的'中等阶层,在西方各国劳动力中约占1/4—1/3。它是由于生产发展和科技进步所带来的生产经营过程的日益复杂以及资本积累到一定程度,资产阶级脱离管理劳动而形成的。这一中等阶层中的大部分不占有生产资料,靠从事专业、技术或管理劳动的工资收入为生。小部分如经理阶层,尤其高级经理,则是资本家的代理人,他们握有管理企业、支配职工的权利,多拥有股票,而且收入远远高于工人。因此,这一中等阶层实际上包括两部分,大部分是有工人阶级属性,小部分则有资产阶级的属性,它不能构成一个独立于资产阶级和无产阶级之外的中间阶级。"②

笔者认为,首先尽管今天西方国家工人阶级的状况与马克思所处的时代有很大不同,但是无论是白领工人还是蓝领工人,他们作为雇佣劳动者

---

① 《列宁全集》第5卷,人民出版社1986版,第171页。
② 程恩富主编:《现代政治经济学》,上海财经大学出版社2006年版,第329页。

出卖自己的劳动力，处于受剥削的地位没有改变，白领工人作为"总体工人"的一部分依然在为资产阶级创造占有剩余价值的条件。中产阶级的出现所能表明的唯一真理不过是：发达国家的工人为自己铸造的金锁链已经足够长、足够沉重了，从而资本家允许将这一锁链放松一些。而西方学者认为一个以拥有知识技术为特点的中产阶级在社会中日益占有主体地位，而资本所占的重要性则有日益削弱的趋势的观点，不过是资产阶级的虚幻意识，是一种阶级欺骗手段，其结果是抹杀了资产阶级和工人阶级两大泾渭分明的群体之间的对立冲突。

其次，即便工人阶级的一部分被划入"中产阶级"，也并不表明工人阶级不再是无产阶级而是"中产"即拥有中等资产了。在2008席卷全球的严重的国际金融危机中，西方国家的多数"中产阶级"的生活受到严重影响，很多贷款买房的"中产阶级"被迫破产，流落街头，实实在在地表明，无产阶级不仅没有因为被"中产"就成了"中产阶级"，而是在经济危机的关头成为新自由主义全球资本积累体制的牺牲品，连起码的生存条件都无法保证。那么，资产阶级叫嚷的"告别无产阶级"、"告别革命"，工人阶级成了"中产阶级"，在现实的潮水退却之后，只不过是向世人昭示了一个真理：只有消灭资本主义私人占有制，才能消灭无产阶级，"中产阶级化"不过是一个资本家的精英们为工人们编织的一个美梦罢了。

第五章 工人阶级与左翼政党

在当代西方社会，工人阶级与左翼政党存在着千丝万缕的联系。本章是从政党和选举政治两个层面，对二者关系发展演变的分析和总结。首先从历史纵向上，即百年来的传统：主要是从左翼政党——共产党和社民党对工人阶级态度演变的视角，阐明工人阶级与工人阶级关系变化的一般轨迹。其次，以工人阶级的选举倾向为基点，通过对当前西方选举政治中工人阶级不同类型群体对左翼政党的选举支持率进行实证分析，来说明左翼政党支持群体的多元化发展倾向，以及工人阶级与左翼政党间"天然联系"的断裂。最后，梳理国外关于工人阶级阶级投票下降的相关观点，分析工人阶级对左翼政党支持下降的根本原因。

第一节 共产党对工人阶级的态度演变与选举战略

发达资本主义国家共产党对工人阶级的认识经历了三个主要阶段的演变，即20世纪60年代前、20世纪七八十年代以及20世纪90年代后。

发达资本主义国家共产党在起源和性质上是工人阶级的政党。在20世纪60年代之前，无论是在革命动荡时期，还是和平发展年代，工人阶级一直是西方各国共产党的核心社会基础。在对十月革命后第一次欧洲革命失败的反思中，卢卡奇、葛兰西等共产党领导人虽然质疑暴力革命道路对西方的普遍意义，把革命失败的原因归结为工人阶级不成熟的阶级意识，但并没有怀疑和否定工人阶级的历史地位和革命主体身份。二战以后，西方共产党凭借在斗争年代的杰出表现，赢得了包括工人阶级在内的各国广大人民群众的支持，并在20世纪50年代前后取得了辉煌的选举成就。它们在这一时期继续坚持传统马克思主义认识论，认为社会主义运动的发展在很大程度上取决于工人阶级的数量、力量和组织状况，争取实现社会主义的斗争也是以工人阶级为主要依靠力量的阶级斗争。这种认识状况一直持续到20时期70年代前后，在各国共产党普遍遭遇选举危机时才出现了根本改变。

20世纪70年代中期，随着战后繁荣期落下帷幕，西方国家经济进入十年持续滞涨。在这一背景下，新自由主义的经济理论上升为政策主流，"新右翼"政治在西方全面崛起。与此同时，在西方社会内部，出现了新社会运动和新社会力量的全面兴起、后物质主义价值观的强烈冲击等新变化，西方社会在战后20年建立的"共识政治"面临瓦解。在这种整体右转的政治格局中，共产党在各国政治舞台上很难再像以前那样发挥作用和产生影响。一方面，共产党的纲领以及具体的社会变革计划，诸如经济计划、企业国有化等，似乎显得不再符合社会变化的潮流；另一方面，一些右翼人士趁机对共产党展开攻击，抨击共产党是唯一反对社会进步和变革、死抱过时教条不放的党，认为共产党已经不能发挥任何积极作用，已经退出了政治主流而边缘化。在这种情况下，许多民众开始对共产党的传统纲领和目标失去兴趣，而将他们对资本主义和右翼的不满情绪，表达在支持各种各样的新社会运动，诸如反战和平运动、民权运动、妇女运动、绿色生态运动之上。这时的各国共产党在政治上处于较为孤立的地位，面临着巨大挑战。

在这种氛围中，各国共产党普遍开始遭遇选举困境。[①] 共产党面临选举困境的原因可以从很多方面总结，而作为其"天然选民"的工人阶级"阶级投票"下降，是各国共产党选票流失的一个重要原因。之所以出现这种情况，一是因为西方经济社会结构的急剧变更导致传统工人阶级，即产业工人阶级数量不断减少。而作为共产党最坚定拥护者的这部分人群的减少，直接影响了共产党获得的选票数。在整个西欧，从50年代到80年代，共产党获得的工人阶级选票数一直呈下降趋势。例如，法国共产党获得的工人阶级选票份额在50年代达到总得票数的一半多，而到70年代却不足1/3。二是各国社会党、社民党的实力和社会影响逐渐攀升，分流了共产党的部分工人阶级选票。以法国为例。在整个70年代，社会党通过

[①] 当然，也有例外的情况出现。例如，受天民党的腐化堕落以及不断攀升的失业率的影响，许多选民把选票投给了意共，导致20世纪70年代中后期成为意共政治发展的黄金时代。

积极进行理论政策调整,其国内政治影响力直线上升。它不断蚕食法共的传统选民,最终在1978年的议会选举中,一举超越法共成为法国左翼第一大党。正如有学者在分析这一阶段法国社会党的发展时指出的那样,"社会党一方面宣扬模棱两可的自由的和社会化的原则,另一方面运用马克思主义的社会主义理论,取得了一大批赞成社会主义的公民的支持"[①]。三是工人阶级的选票除投给传统左翼政党外,还出现了向右翼、极右翼等其他政党的分流。如在法国,由于共产党不对外来工人采取强硬抵制态度,一些原来支持共产党的工人转而去支持那些强硬抵制和排挤移民的极右翼政党。在德国,莱茵—鲁尔工业区的100多万工人抛弃了社会民主党或共产党转而支持基民党;在意大利,在米兰、都灵等传统工业地带,共产党也逐渐失去了工人的忠诚支持。在这种情况下,对党的理论政策进行调整成为各国共产党的必然选择,而重新反思社会阶级结构尤其是工人阶级的变化则成为其首要任务。

  西方发达资本主义国家共产党的反思首先反映在共产党知识分子内部围绕工人阶级划分进行的激烈争论上。总的来说,这一争论可以简单概括为在"广义"和"狭义"工人阶级的定义之间进行选择的问题。"广义"的工人阶级定义通常是把工人阶级看作是由所有出卖劳动力的人组成,即包括所有以工资和薪金为生的人。依据这种界定,在多数发达资本主义社会中,工人阶级构成了人口中的大多数。正是因为工人阶级占绝对优势,所以社会主义运动的核心战略问题集中在"工人阶级"内部团结的问题上。多数共产党学者关注的焦点是如何划分工人阶级的不同阶层或不同部分,其中存在争议的问题是如果把工资作为唯一的标准,那么是否应该把那些在政治上我们凭借本能无法承认其工人阶级属性的人,如高级经理人员、军事人员和重要政府官员也列入工人阶级。"狭义"的工人阶级定义把工人阶级限定为生产劳动者或工厂工人。依据这一定义,工人阶级就只是发达资本主义社会人口中的一小部分,而且所占总人口的比例也在日趋缩小。在这种情况下,社会主义运动的前途就要取决于建立工人阶级与其他社会阶级的联盟。

  在后一分析中,影响最大的无疑是希腊共产党党员尼科斯·普兰查斯

---

① [法]李周编:《法国共产党衰退的原因》,《国外理论动态》2003年第3期,第36页。

同"新小资产阶级"结成联盟的理论。普兰查斯的"新小资产阶级"论认为，工人阶级是由生产性的体力劳动者组成的。在当代发达资本主义国家中，除了存在无产阶级和资产阶级这两个直接对立的阶级外，"人数最多"、"力量最强大"的是包括银行、商业、劳务行业、政府机构等部门雇员在内的所谓"新小资产阶级"。所谓"新小资产阶级"是一个由"靠工资谋生"的雇佣劳动者组成的集团。他们不是生产剩余价值的群体，而具有自己独特的意识形态和个人主义、权力崇拜，对工人阶级"行使具体的权力和统治"。同小商、小贩、小农和小手工业者等"传统小资产阶级"一样，他们也是一个在无产阶级和资产阶级之间的阶级斗争中不断两极分化的阶级。在"新小资产阶级"中，只有少数人有可能爬上资产阶级的地位，绝大多数人不可避免地成为无产阶级的成员。其中有三部分人的地位最接近于工人阶级，因此有可能和工人阶级结成联盟，即包括商业部门绝大多数级别较低的工作人员、各种"官僚化"部门的办公室一般工作人员，以及一般技术人员和低级工程师。革命无产阶级的当务之急就在于和"新小资产阶级"的这几个部分结成牢固联盟，在反对资本的斗争中正确处理"人民内部矛盾"，"团结和改造"他们，"这是马克思主义社会阶级理论问题的一个重要方面"。①

普兰查斯的阶级划分理论遭到来自共产主义运动内部的诸多批评和质疑。英国共产党社会学小组书记艾伦·亨特的《划分工人阶级的理论和政治》一文，对普兰查斯阶级划分的立论方法进行了全面解剖和批判。②亨特的批判主要集中在三个方面：第一，普兰查斯对划分工人阶级的主要决定因素的认识是从劳动过程内部的各种关系中推导出来的。这种下定义的方法是经济主义或技术主义的，突出强调劳动过程中并非作为阶级关系决定因素的各种关系，其结果必然是削弱财产关系的重要性。第二，普兰查斯强调工人阶级同"新小资产阶级"在经济方面的界限是由生产劳动同非生产劳动的差别决定的，这种分析并未揭示出工人阶级和其他一些被压迫阶级的阶级界限。生产劳动和非生产劳动这个标准无法对劳动过程中

---

① See N. Poulantzas: *Classes in Contemporary Capitalism*, Verso, 1974.
② [英]艾伦·亨特:《划分工人阶级的理论和政治》，中共中央对外联络部七局1982年版。

存在的各种地位作出有意义的区分，而是将具有许多重要共同特征的地位割裂开来。第三，尽管普兰查斯对非经济方面的因素进行了广泛探讨，但他并未能证实政治和意识形态的特定作用，政治和意识形态实际上只起到突出或论证从经济方面确定社会阶级的作用，因此他最终形成的是以政治和意识形态为根据的经济主义分析。

亨特在批判普兰查斯理论的基础上，提出了自己划分社会阶级的答案。他的论证前提是把生产的社会关系重新区分出三个不同方面，即生产的直接关系或技术关系、生产的阶级关系和生产的一般关系或历史关系，并尤其强调前两种关系对于分析阶级概念的重要性。所谓生产的直接关系或技术关系是指现存生产力直接造成的生产承担者之间的关系，既包括生产者之间的各种关系，还包括劳资之间的关系。资本主义生产方式中普遍存在的劳资关系，构成了资本家阶级和工人阶级之间的阶级关系，而这正是资本主义的根本性的社会关系。由此他推出了三个命题：（1）阶级关系不单纯是雇主与雇员关系的总和；（2）个人的阶级身份或阶级地位不仅仅是从个人的职业中派生出来的；（3）阶级的概念不只是依据物的关系，而是包括各种社会关系。因此，必须把资本主义的社会关系看成是技术关系和阶级的相互作用的综合体。只有在此基础上才能去探讨政治和意识形态在划分阶级中的作用。生产中的技术关系的经济内容，确定了工人阶级就是雇佣劳动者和不占有生产资料者这样一个概念。因为在经济和政治上具有特殊重要的影响，在工厂从事生产性体力劳动的工人是工人阶级的"核心"。而技术员、经理、政府雇员等"白领工人"是否构成工人阶级的一部分，则必须结合经济、政治和意识形态这些方面的相互作用进行分析。决定他们阶级地位的不只是他们在生产过程中的作用，他们的主观态度，即政治实践和思想实践更具有决定意义。

这一时期共产党知识分子探讨工人阶级变化的另一焦点，集中在对战后西方传统工人阶级政治意识和集体行动能力衰弱的相关分析上。前法共党员、法国左翼学者安德烈·高兹甚至直接提出了"告别工人阶级"的观点。高兹不是根据剥削关系而是根据劳动的技术过程来确定阶级的倾向，断言资本主义发展所产生的工人阶级，从根本上说已无法控制现代生产方式，他们的志趣与社会主义的理念不相一致。资本主义的发展造就的劳动者所拥有的能力和技术，有利于资本家和资本主义发展。资本家已经成功地使工人影响生产过程的能力大大降低。这种发展把生产过程力量的巨大增长和工人自主性的毁灭结合起来，工人阶级已经被资本主义的"唯生产力论"所同化，不能对资本主义形成根本挑战。因此工人阶级的团结已经不存在了，"社会主义的危机首先是无产阶级的危机"，"传统的工人阶级现在已不再是具有特权的少数，资本主义的发展创造了这样的工人阶级，总体来看他们不能支配生产资料，他们的直接利益也与社会主义的理念不相符合"，他们仅仅成为了一种被从事大规模生产的单位和它们所体现的技术的、社会的、地域的劳动力划分所主宰和控制的"机器"。[1] 高兹强调技术人员、研究人员、教师等所谓"新工人阶级"的重要性，认为工作的意义和创造性成为他们追求克服异化的动力，他们才是工人阶级的"先锋队"。因此，高兹认为现在已经到了"告别工人阶级"的时候了，并转而提倡一种以新工人阶级为主要力量的、倾向于无政府主义和反资本主义的结构改革战略。英国著名历史学家、英共党员霍布斯鲍姆也提出了类似看法。他对战后英国社会阶级的发展变化情况进行了分析，指出在战后曾一度高达英国人口 70% 的非农业体力劳动者的比例大大下降，在 20 世纪七八十年代时只占全部人口数的一半；体力劳动者掌握技能的重要性也极大降低，这主要是那些与能源生产新方法联系的技术进步的结果，也是组织管理体力劳动者的白领工人（通常是女性）人数增加的结果。因此，从 20 世纪 50 年代起，曾经集中地体现在工会制度、工党、合作化以及特定形式的假期、娱乐、文化生活等方面的特定的无产阶级生活方式的意义已经削弱。工人的相对富裕、工人团体之间局部冲突的发展以及大众传媒和大众教育的作用，已经使传统的普遍性的无产阶级生产方式日益淡化。他因而断言，随着发达资本主义经济和社会条件的变化，"工人阶级前进的脚步停止了"[2]。

共产党知识分子的这些新理论和观点，直接影响着西方各国共产党的相关理论政策制定与调整，尤其深刻体现在"欧洲共产主义"各党对工人阶级认识的一系列变化上。例如，法国共产党把工人阶级分为两大块，

---

[1] A. Gorz: *Farewell to the Working Class: An Essay on Post – Industrial Socialism*, London: Pluto, 1982, p. 69.

[2] ［美］斯科特·拉什、约翰·厄里：《组织化资本主义的终结》，江苏人民出版社 2001 年版，第 274 页。

一是生产剩余价值的产业工人。其中能够列入工人阶级的领工资的工人非常有限,包括那些在生产过程中从事工作的技术人员、在生产管理中不起决定性作用的部分技师以及运输、通信和仓库等部门的工人。二是非产业工人的工资劳动者。他们主要由两部分人组成,一部分是办事员和公务员,另一部分是技师、技术人员、管理人员和研究人员。在今天的法国社会,每十个参加工作的人中间就有八个以上是领薪者。产业工人仍然是工人阶级的基本核心,但它已经不能代表整个工人阶级和全体劳动人民了。西班牙共产党强调要依靠劳动阶级的作用,但同时又指出,劳动阶级并不单单是指无产阶级。在西共看来,无产阶级的概念已经发生了很大变化。在马克思、恩格斯时代,无产阶级是指在工厂里做工的工人。当时的欧洲大陆,无产阶级是少数。"而今天,当我们谈到劳动群众的时候,首先想到的是广大雇佣群众,但他们不都在工厂做工,他们还包括技术人员、教员,即人们习惯称呼的中产阶级。但他们不再是中产阶级了,而是劳动阶级,尽管这些人的经济状况有时还很不错。他们紧紧地依附于劳动市场,靠工资生活,有时会失业;他们要不断适应劳动条件的变化,到了一定年龄,他们像工人阶级一样也会被赶走。所以不再谈论无产阶级的权力了,只能提劳动者的权力,即占绝大多数人的权力。"[①] 意大利共产党在战后一直强调自己是一个伟大的、群众性的民族政党。1945年年底的意共第五次代表大会甚至公开规定,参加共产党的人可以不是马克思列宁主义者,从而向包括天主教徒在内的各社会阶层敞开了大门。进入20世纪70年代后,意共更加突出强调党的群众性,指出工人阶级仍然是雇佣劳动内部相对单一的最大核心,它们较之过去发生了更加错综复杂的变化,正在不断实现自身的现代化和多样化。在未来许多年,工业仍将是革新进程的关键部门,它在引导科研、技术和组织革新方面仍将产生决定性的推动力,因此工人阶级必将进一步担负起全国领导作用,也将继续作为意共社会基础的中间力量。[②] 但与此同时,广泛社会新阶层的作用也日益突出。随着经济和技术的发展,生产过程和生产方式中所发生的变化,各种被雇

[①] [意] 贝尔纳多·瓦利:《欧洲共产主义的由来》,中国社会科学出版社1983年版,第111页。

[②] 《意大利共产党第十六和第十七次代表大会主要文件集》,人民出版社1980年版,第243页。

佣的"白领"人员,即工业、农业、第三产业中的新职业者、职员、技术员以及生产和服务行业中的中层干部,在形成利润的过程中已经占有中心地位。在资本主义条件下,这些新的社会阶层由于社会的原因受到利润私人占有制的直接打击,与传统的"蓝领"工人一样,他们也是被剥削者,因此党必须把这些广泛的新阶层吸引过来从事政治活动和斗争。

从这种认识出发,"欧洲共产主义"各党普遍放弃了不能反映民主传统根深蒂固的发达资本主义国家现实的"无产阶级专政"的提法,代之以"工人阶级的领导权"。为了争取更多选民,取得选举中的有利地位,更加强调要充分利用议会民主制度走通向社会主义的和平民主道路,要求把议会斗争与议会外的群众斗争结合起来。同时,各党都强调要建立以工人阶级为领导的、以劳动力量和文化力量的政治联盟为基础的、联合一切革命的反垄断资本的社会联盟,以及建立共产党与社会党及其他党派的政治联盟,以动员最广泛的社会局面的支持。例如,意共在20世纪70年代中期提出了"历史性妥协"政策,要求意共为了获得多数群众的支持,应该"下更大的决心,以更大的智慧和耐心去孤立各反动集团,尽量取得一切进步力量的谅解,同它们进行合作"。[①] 此后,意共又在20世纪80年代提出了"民主代替"政策,尝试联合左翼民主力量,取代以天主教民主党为中心的政权体系。

20世纪90年代苏东剧变后,在国际政治经济秩序深刻变动的影响下,西方发达国家共产党普遍面临生死存亡的严峻考验。一方面,各国的右翼势力趁火打劫,在几乎所有领域从包括共产党在内的左翼手中夺取"领地"。另一方面,共产党在民众中的影响也急剧下降。在许多民众心目中,共产党并不是代表本国群众的党,而是代表苏共利益的"异域党"。在他们看来,苏共的解体也昭示着各国共产党失败的命运。这种情况反映在现实斗争中,表现为各国共产党党员数和议会得票率大幅减少。例如,在苏东剧变前,西欧发达资本主义国家有30多个共产党,260多万党员。剧变之初共产党减少到21个,党员数减少到不足100万。最近几年各党人数更是急剧减少,目前西欧地区共产党党员数不足50万。从

[①] [德]沃尔夫冈·莱昂哈德:《欧洲共产主义对东西方的挑战》,人民出版社1980年版,第235页。

议会得票率上看，有的党在鼎盛时期曾获得过30%—40%的选票，掌控议会近半数议席。但在剧变后，各国共产党的影响急剧萎缩。① 多数党沦为议会中的边缘小党，曾经辉煌一时的某些大党如法共，甚至因为不能达到法律规定的得票比例，而被迫与其他小党联合参选才能勉强跻身议会。

在新形势下，西方各国共产党对理论政策进行变革和调整，其对工人阶级的看法也发生了新的变化。一些共产党出于在西方议会民主制下生存和发展的需要，放弃了主要依靠工人阶级的传统信念，转而寻求其他阶级的支持。更有甚者完全否定了自己作为"工人阶级政党"的定位，希望成为"全体公民"的党，以获得更多选民的支持。这主要可以分为两种情况。

一种情况是仍然坚持工人阶级是实现社会主义的主体，但同时也根据时代和环境的变化，对工人阶级的涵盖范围和主体性地位作出新的论证。其突出表现是把工人阶级和全体劳动者并列起来表述，强调工人阶级与其他社会力量联合的作用和意义。

美国共产党在苏东剧变后一直认为美共是"美国工人运动的内在组成部分"，并特别强调"与构成这一运动的主体——劳动人民和工会的联系"。② 2006年美共28大通过的新纲领，对充满活力且极具多样化的美国工人阶级的发展现状进行了全面分析，指出工人阶级是美国人口的重要组成部分，并在不断增长中。工人阶级的多样性表现在既有熟练工人也有非熟练工人，既有白领也有蓝领工人，他们年龄各不相同，既有有组织的也有无组织的工人，既有就业工人也有未充分就业和失业工人。工人阶级的性别构成基本平衡。在受民族和种族压迫的社区里，工人阶级的密度高于全国水平，大概占全国工人阶级的25%。这个比例还在不断增长。工人阶级及其家人占全国人口的大多数。在这一分析基础上，美共继续强调只有工人阶级才能领导争取完全的社会进步和实现社会主义的斗争，指出在当前阶段美共的主要任务，就是以工人阶级为核心，团结一切被压迫、被剥削的人民和进步的社会力量，以及部分可团结的跨国垄断资产阶级，建

---

① 塞浦路斯劳动人民进步党是西方共产党这种普遍困境中的一个异数。在2008年大选中，共产党总书记季米特里斯·赫里斯托菲亚斯当选总统，劳进党从而成为执政党。目前，塞劳进党是发达资本主义世界中唯一执政的共产党。

② http：//www.cpusa.org, *Class, Class Struggle, and Class Consciousness by Sam Web*.

立最广泛的全民阵线，集中力量打击和推翻另一部分最反动的跨国垄断资产阶级所支持的极右势力的统治。①

日本共产党长期坚持工人阶级占社会多数的观点，把各种"新社会阶层"如"城市新中间阶层"的出现解释成工人阶级内部结构的一种变化。② 苏东剧变后日共继续强调工人阶级是党的阶级基础，日共中央主席不破哲三在党的 22 大上指出，从目前日本社会的人口构成看，工人阶级是占国民压倒多数的力量。他们受资本主义压迫最深，因此，社会主义仍然是工人阶级的历史使命。但同时，日共也开始认识到团结最大多数人群进行斗争的重要性，指出在当前条件下，深受利润第一主义危害的不只是工人阶级，而是全社会。跨越资本主义，向新的社会前进，就是要解放首先是深受资本主义榨取，然后是受各种形式榨取的人类，以真正的价值和自由的人类社会为目标。这与全体国民，至少是大多数国民的利益相一致③。为此，日共章程指出自己既是"日本工人阶级的政党，同时也是日本国民的政党"。显然，日共虽然仍然视工人阶级为社会主义的领导性主体，但在很大程度上也把全体国民纳入了社会主义变革主体的范畴。

在西欧发达国家共产党中，葡共、希腊共、塞劳进党是这种变化的典型代表。葡萄牙共产党认为，葡共是一个代表全体劳动者利益的政党，其社会主义变革的主体是工人阶级和葡萄牙全体劳动者。它把工人、职员、中小农民、知识分子、技术人员、中小商人团结到自己的队伍中，强调党的先锋作用正是体现在党的阶级性质，体现在工人阶级同全体劳动人民的密切联系。④ 希腊共产党基本也持这种立场，认为希腊进行的反帝反垄断资本主义的斗争是由工人阶级领导的社会变革，革命后建立的政权是工人阶级及其同盟者的政权，代表工人阶级、农民阶级、城市中间阶层和为争取民主权益而斗争的社会运动的利益。未来的社会主义政府从阶级性质角

---

① *Program of Communist Party USA*, *The Road to Socialism USA*: *Unity for Peace, Democracy, Jobs and Equality*, May 19, 2006, http://www.cpusa.org.

② ［日］山口定:《新中间阶层与日本共产党——和欧洲共产主义的比较》,《国外社会科学》1981 年第 11 期，第 40 页。

③ 朱艳圣:《90 年代以来日本共产党的新变化》,《当代世界与社会主义》2002 年第 2 期，第 19 页。

④ "16th Congress of the PCP, Speech by Carlos Carvalhas", Dec. 8, 2000, http://www.pcp.pt/english.

度讲,是工人阶级的革命政权、是无产阶级专政。① 塞浦路斯劳动人民进步党党章规定,它是"塞浦路斯工人阶级和劳动人民的先锋队",是"反对剥削和压迫,旨在提高人民生活水平以及建立一个民主和人道的社会主义的工人、文员、农民、专家、技工、科学家、知识分子以及其他劳动群众组成的自愿联盟"。②

西欧其他一些影响相对较小的党,也仍然坚持依靠工人阶级实现推翻资本主义制度的社会革命。英国共产党(马列)在 2000 年 10 月召开的第十二次代表大会上,通过了《阶级、国家和控制》的决议,重申工人阶级的历史使命。2001 年 1 月又重申了英共在 1971 年第二次代表大会通过的纲领《英国工人阶级和它的政党》,指出这一纲领仍然具有启示意义。新英国共产党在党纲《英国走向社会主义的道路》中指出,工人阶级以及劳工运动是社会主义革命的领导力量。为赢得领导地位,有组织的工人阶级应该与所有的同盟者一道开展反对各种形式的压迫和剥削。2008 年英国共产党代表大会报告重申英国共产党是劳动者的群众性政党,强调这并不意味着英共是"一个受少数极左人士操纵的阵线组织,是只得到一两个工会支持的新党",而是意味着一个"建立在大多数工会运动基础上的群众性政党",这个党必须"能够赢得选举、组成政府、制定代表工人阶级和绝大多数人口利益的政策"。③

另一种情况是抛弃工人阶级领导性主体论,主张广泛多元主体说,认为全社会的一切进步力量是实现社会变革的平等广泛的主体。坚持这一观点的,主要是较激进的、变革较大的共产党,以原来倡导欧洲共产主义的三个核心党,即法共、意重建共和西班牙共产党为代表。

法国共产党在 90 年代中期提出的"新共产主义"理论中,以"公民干预"取代了"工人运动中心主义",主张建立一种没有领导权和富有多样化的新联盟。"新共产主义"不是要求优先考虑某一阶级的利益,而是

---

① "Resolutison of the 16th Congress of the CPG: the Anti - imperialist Democratic Front", October, 2000, http: //www. kke. gr.
② The Constitution of AKEL, http: //www. akel. org. cy/nqcontent. cfm? a_ id = 5309&tt = graphic&lang = l3.
③ "We are for Communism & Unity – Our Flag Stays Red", May 24, 2008, 英共网站, http: // www. communist - party. org. uk/index. php? file = newsTemplate&story = 308。

围绕这一选择目标,把一切身受资本主义之害的多种多样的人们联合起来。时任法共全国书记的罗贝尔·于认为,正是基于对法国大革命和战后工人阶级新变化的思考,法共提出了"公民干预"的新主张。长期以来,工运和共运怀疑"公民"概念,宁可使用"劳动者"、"人民群众"和"工人阶级"等概念,并且把"阶级斗争"归于"革命者"所有,关于"人"和"公民"的"甜言蜜语"则属于资产阶级所有。这样就把"公民性概念固有的那些'权利'和'自由'拱手送给统治阶级","低估法兰西伟大革命传统所做的政治贡献,以致人们在思想上把反对资本主义剥削的斗争同争取公民性和人权的斗争割裂开来"[1]。为此,罗贝尔·于主张对法共进行革新,认为共产党过去让群众跟随自己、团结在自己周围的做法已经不符合人民的期待,因而现在必须同这种"向导党"和"先锋党"的做法决裂。他在2001年法共第三十一次代表大会上指出,"共产党长期以来只被视为工人阶级的政党。因而我们的视野必须拓宽。共产主义要和解放所有人的要求密切联系起来。我们认为社会是一个整体,不能构筑关于斗争重要性的层级,不能在各种愿望和目标之间设置任何障碍"[2]。

苏东剧变后由原意共演化而来的意大利重建共产党,不再提工人阶级是变革的领导性主体,而强调变革和超越资本主义是群众性的政治运动。该党认为,在新的阶段,主要问题是重新确定变革主体。这个问题在意大利共产主义运动的传统文化中体现为建立历史性集团,并认为由于资本的技术性成分变化、阶级结构和社会结构的变化,确立变革主体的问题已经被以全新的形式提了出来,要求重建共采取不同于传统的解决方法。它认为重建共要成为替代性运动的主角,就必须联合一切替代力量。在当代资本主义社会,社会变革的主体还没有明确地显露出来,因此共产党就要首先出来代表它,同时提出从工人阶级本身开始进行重新组合的问题,在将来要彻底重组现有联盟。显然,在意重建共看来,工人阶级作为领导性变革主体的传统理论已经不适应当代社会的变化,而新的变革主体还没有形

---

[1] 肖枫:《社会主义向何处去》,当代世界出版社1999年版,第551页。
[2] "French Communist Party's 31ST Congress: Closing discourse", Oct. 26 - 28, 2001, http://www.solidnet.org.

成，共产党的任务就是促进从旧主体向新主体的变化。

西班牙共产党尽管没有明确声明工人阶级已经不再是社会变革的领导性主体，但它指出社会主义和共产主义是通过大多数人的真正革命、自觉自愿行动来实现的。社会的变革应该是社会所有成员的任务。为此，西共指出党不能拘囿于工人阶级的范围，而应该把整个解放运动的共同利益置于优先地位，促进各种不同的社会解放运动的改革力量同其他争取人类解放的力量结合在一起。

经过"欧洲共产主义"时期以及20世纪90年代以来的两次调整，发达资本主义国家共产党对工人阶级的认识和态度，与传统马克思主义的无产阶级政党和阶级理论相比已经发生了很大变化。一方面，除少数立场激进的党外，多数党的变革取向表现为弱化自身的工人阶级立场，淡化党的阶级意识形态色彩，逐渐在抛弃一些带有鲜明激进特征的观点和主张。这种"去阶级化"和"非激进化"取向很大程度上是为党的议会斗争服务的。在当代西方经济社会结构发生巨大变化的条件下，进行相关理论政策调整变革，是各国共产党在新环境下生存和发展的需要。正如有西方学者指出的那样，继续坚持原来的一些提法，不但不能为共产党赢得更多支持，反而会成为其发展的阻碍，这样"共产党在参与民主政治和选举政治时，采取非激进化策略就成为不可避免的选择"。[1] 但从整体上看，这种发展取向往往难以使共产党的理论与社会民主主义的相关理论区别开来，无益于共产党与社民党的选民争夺。另一方面，党自身激进色彩的淡化也在一定程度上造成了共产党传统选民的流失，在实践中原本属于共产党的大量低层阶级选民转而倒戈投向更具激进特点的极左翼或极右翼政党。现在评判西方共产党这种阶级取向变化的成败得失为时尚早，而且就共产党自身而言，其理论的"去阶级化"和"非激进化"到底是一种策略姿态还是一种根本的战略修正，仍需时间和实践的检验。但可以确定的是，发达资本主义国家共产党的非激进化趋向在苏东剧变后日益明显表面化已经成为一个不争的事实。英国学者卢克·马奇同样认为，对于包括共产党在内的西方激进左翼政党而言，"尽管不是所有激进左翼政党都在经

---

[1] Frank L. Wilson: *The Failure of West European Communism: Implications for the Future*, New York: Paragon House, 1993, p. 101.

历去激进化,但去激进化的压力却是各党都要面对的一个持续性因素。"①

第二节 社会民主党对工人阶级的态度演变与选举战略

20世纪发达资本主义国家的社会民主党经历了从工人阶级政党逐渐向全民党转变的过程。社民党改良主义转变的整个进程,同时也集中反映了社民党对工人阶级认识和态度的变化。透析社民党从工人党转向全民党的发展轨迹,有助于我们了解和把握社民党对工人阶级态度演变的基本线索。

总的来说,社民党性质的发展演变经历了四个明显的历史时期:从20世纪初到第二次世界大战结束后;从第二次世界大战后到20世纪70年代初;经20世纪70—80年代;以及20世纪90年代至今。

发达资本主义国家的社会民主党形成于19世纪中叶。在马克思的影响下,社民党大都接受了马克思主义关于阶级和阶级斗争的思想,主张为工人阶级的利益而斗争。直到第二国际前期,社民党一直保持着工人阶级革命党的鲜明特征。19世纪末,伴随着德国社民党取得合法选举的巨大胜利,伯恩施坦关于社会结构中产阶级化的理论在党内逐渐产生影响力。伯恩施坦认为,与马克思的预言不同,"社会结构同从前比起来远没有简单化",而是"高度的分级和分化了"。资产者的人数仍然在增加,工人阶级的人数虽然越来越多,但贫困、奴役、退化没有增加,而且工人阶级本身也表现出教育程度、职业地位和收入方面内部分化日益加深的趋势;同时,中间阶层在迅速扩张,"几乎到处都有相当大的扩展"。基于对社会阶级结构的分析,伯恩施坦断定:资本主义危机没有加深,劳资冲突日益有序化,阶级斗争没有加剧。伯恩施坦的言论在社民党内部一度招致尖锐的批评。1899年德国社民党党代会声明批驳了伯恩施坦的立场,指出党"一贯站在阶级斗争的立场","无论如何党没有任何理由改变它的纲领"。②但从实践上看,在这一中产阶级化理论基础上发展起来的"和平长

---

① Luke March: *Radical Left Parties in Europe*, Routledge, 2011, p. 15.
② 参见[德]伯恩施坦《社会主义的前提和社会民主党的任务》,三联书店1965年版,第16页。

人"社会主义的修正主义主张并未得到根本遏制,反而迅速成长为一种国际性思潮,对各国社民党的当代演变产生了深远影响。

直到第二次世界大战结束之初,西方各国社民党尽管不同程度地走向社会主义改良道路,在实践政策上逐渐向中产阶级靠拢,但由于这一时期社民党与工会和工人运动结合紧密,其阶级基础主要由体力劳动工人构成,因此党的中产阶级偏向受到现实约束,其纲领和政策仍然偏重工人阶级的利益。例如,德国社民党在1925年的《海德堡纲领》中就继续强调工人阶级的历史作用,指出"无产者人数越来越多……工人阶级在为他们自身解放而进行斗争时代表了与资本主义垄断相对立的整个社会的利益。"[①] 法国社会党在1905年成立之初就明确宣称"社会党是一个具有阶级属性的党",是"无产者的政治和经济组织"[②]。在后来的政治实践中,法国社会党虽然热衷于与中产阶层的合作,但直到在1946年的原则声明中,它仍然强调社会党本质上是"一个革命的党",认为自己"一直是,并继续是一个以工人阶级组织为基础进行阶级斗争的党"。[③] 英国工党是以倡导渐进改良的"费边主义"为价值理念建立的。在这一理念指导下,工党虽然承认阶级和阶级斗争,但反对工人的暴力斗争,倡导在走议会道路时跨越阶级界限,寻求不仅仅是工人而是全体选民的支持。但从实践上看,工党的这一主张并没有多大成效,直到第二次世界大战期间,不仅工党党员而且工党议员都始终主要由体力工人的工会会员组成。

第二次世界大战后,西方社民党加快了摆脱工人阶级标识以及向全民党演变的脚步。在这一过程中,社民党对工人阶级的认识发生了重大变化。早在战后不久,时任德国社民党主席的舒马赫就否定了党应该只依靠工人阶级的看法,认为"社会主义的原意已有所改动而不只是工人阶级的事情了。社会主义是工人、农民、手工业者、商人和自由职业者的纲领"。[④] 1952年开始继任党主席一职的奥伦豪尔也这样指出,"一个以民主和自由为指导方针的社会主义的党,就其本质来说必须不断努力争取居

[①] [德] 托玛斯·迈尔:《社会民主主义导论》,中央编译出版社1996年版,第82—83页。
[②] [法] 让·马雷、[法] 阿兰·乌鲁:《社会党的历史——从乌托邦到今天》,商务印书馆2000年版,第51页。
[③] 中央党校科社室编:《社会党重要文献选编》,中央党校科研办1985年版,第278页。
[④] [英] 佩特森等编:《西欧社会民主党》,上海译文出版社1982年版,第165页。

民中更多的阶层来支持党的观点和任务"。① 1953年德国社民党大选落败，这促使其从社会阶级结构尤其是工人阶级的变化方面寻求选举失败的原因。它认为，社民党败选的一个主要原因在于工人阶级并没有随着资本主义的发展在居民中形成支持社会主义的绝大多数。相反，工人占就业人口的比例从1882年到1950年始终维持在50%左右，此后甚至开始下降。此外，在工人阶级中，还有相当数量信奉天主教的工人把票不是投给社民党，而是基督教民主联盟或基督教社会联盟。因此，社民党若要获得更多选票，争取上台执政，需要打破这一"阶级屏障"。以这些认识为基础，1959年，在战后的第一个基本纲领《哥德斯堡纲领》中，德国社民党第一次正式改变了近百年来党的工人阶级性质，将其明确定位为全民党，宣称德国"社会民主党已经从一个工人阶级的政党变成了一个人民的政党"。

在这个时期，西方其他一些社民党虽然没有如德国社民党般公开明确宣称党的性质变化，但在理论和实践上不同程度地都在向中间阶层靠拢，抹杀工人阶级政党的特征，致力于向"人民党"变身。在英国工党赢得战后第一次大选胜利之后，其议会党团中劳工议员迅速下降到不足总数1/3，而来自中间阶层的年轻议员人数大幅增加。这股进入议会的"新费边主义"势力，不满工党浓重的工人色彩，认为这样不利于党争取中间阶层的支持。尤其是工党在20世纪50年代连续三次大选落败，更加导致了这股修正主义思潮的急剧膨胀。具体表现在对社会阶级的分析上，工党理论家埃文·德宾认为，由于工人阶级有了一定财产，甚至有人还买了房子、汽车，又受到了更多的教育，因此无产阶级已经不再像马克思时代那样纯粹，而是"增添了资产阶级的特性"。克罗斯兰也指出，"和正统的马克思主义所说的两个紧密联系的同源的社会阶级明显地相互对立的情况相对照，我们发现阶级结构很复杂，中间集团日益增多"；"社会的阶级结构越发变化多端了"。② 这些理论思潮对20世纪五六十年代工党的主流意识形态产生了极大影响。例如，工党领袖艾德礼虽然认为"不列颠的社会主义者永远承认阶级间的矛盾"，但指出"并没有那么两个鲜明对照

---

① [德] 托马斯·迈尔:《社会主义民主主义导论》，中央编译出版社1996年版，第83页。
② [英] 格兰特:《社会主义与中间阶级》，商务印书馆1964年版，第31、17页。

的阶级——资本家和挣工资者","在这二者之间还有许多等级的人"。①盖茨克尔更是对克罗斯兰的主张大加赞赏,而且更进一步提出吸引中间阶层的关键手段在于以"混合经济"替代"公有制",并公开要求放弃党章第四款中关于"生产资料公有制"的规定。总的来看,尽管这些思潮在党内盛行,但在整个西方经济稳定发展时期,其"人民党"的改革努力无论在实践还是纲领上都未能取得实质性突破。

法国社会党是欧洲社民党中最为激进的。它在1946年的原则声明中宣称:"资本主义所有制把社会分成彼此必然相对抗的一些阶级",强调社会党是"一个以工人阶级组织为基础而进行阶级斗争的党"。② 1969年社会党原则声明虽然不再提自己是主张"阶级斗争的党",但仍坚持自己"是一个革命的党"。法国社会党虽然自诩为工人阶级的政党,但在20世纪五六十年代的政治实践中却热衷于与中间派合作参政执政。尽管社会党从白领工人、管理人员和自由职业者中得到不少选票,然而在戴高乐主义温和右派和共产党的左右夹缝中,社会党由于失去了鲜明的阶级身份,造成其在20世纪60年代末党员的大量流失。1965年成为社会党第一书记的密特朗逐渐放弃了与中间派联盟的策略,重新转向与共产党建立左翼联盟。

瑞典社民党成立之初,就将瑞典产业工人确定为其服务、依靠和动员的对象。而且在其执政后,也的确实行了很多有利于工人阶级和工会的政策。然而,其长期执政的国家角色令其在实践中相较于其他社民党逐渐表现出更多的阶级合作色彩和全民党特质。这具体表现为:在处理与工会关系方面,它既强调工会集团的利益,同时也倡导党对国家、社会和经济发展的总体责任。在处理劳资关系方面,它认为劳资关系已不是阶级敌对关系,而是有着共同利益的平等合作伙伴关系。因此,在1960年纲领中,瑞典社民党摒弃了"劳资对立",而代之以"阶级界线和社会差别依然存在"等说法。在政治实践中,瑞典社民党的这一做法取得了一定成效,从20世纪50年代开始它在工商界各社会阶层中的政治支持率一路走高。

进入20世纪70年代,西方社会告别长期繁荣的黄金岁月,进入持续

---

① [英] C.R. 艾德礼:《工党的展望》,商务印书馆1961年版,第62页。
② 中央党校科社室编:《社会党重要文件选编》,中央党校科研办1985年,第278页。

的经济衰退期。在这一背景下,西方社会民主党奉行的传统政策变得难以为继,各国社民党纷纷下台,开始了长期在野的经历。与此同时,英美保守主义趁势而起,而经过1968年西方学生运动洗礼以及生态主义等新社会运动催生的新左派力量也在不断蚕食着社民党的传统领地,社会民主主义一时陷入发展低潮。面对困境,社民党不得不认真反思其阶级和社会结构理论,寻求其社会基础的重构和整合。从70年代开始直至80年代,各国社民党相继彻底"告别工人阶级",完成了人民党中产阶级化的转型。

如上所述,德国社民党早在50年代末已经率先实现了从工人党向人民党的转变。经过十几年的发展,到20世纪七八十年代时,其"人民党"特征逐渐稳固成型。1971年12月,德国社民党通过新的组织章程,继《哥德斯堡纲领》之后再次确认了党的转型。与之相应,德国社民党党员的构成也发生了重要变化,工人党员的比例不断下降,而中间阶层的人数则不断增加。据统计,在1972年,德国社民党新党员中,工人只占27.6%,职员和公务员则达到34%。因此,德国社民党在这一时期的主要困扰不再是如何对待作为党的传统社会基础的产业工人,而是如何对待具有后物质主义色彩的新中间阶层。在20世纪70年代,随着大量1968年运动的新左派进入社民党,社民党本身也意识到社会经济状况以及价值观的转变所带来的中间阶层的壮大,从而提出了团结新一代的策略。但由于党内对社会结构的新变化和大众价值取向的转变认识不足,在实践中不能适应不同支持者日趋多元化的价值观,这一策略在实践中失败,使新左派与之决裂,新中间阶层大量流向了绿党。70年代末80年代初社民党的政策陷入混乱,导致选票流失而下台。经历80年代的连续败选后,德国社民党开始思考新中间阶层与自己原有社会基础的共同之处,并吸收后物质主义的要求,逐渐放弃了传统纲领中的一些激进成分,向新中间阶层开放。1989年《柏林纲领》就是这一反思的体现。该纲领突破了《哥德斯堡纲领》,增加了新左派的要求,如男女平等、生态保护和公民参与等等,以迎合后物质主义新一代。《柏林纲领》对社会结构新变化的认识和对自身社会基础的重新定位,为其90年代的"新中派"道路奠定了基础。

在20世纪七八十年代,欧洲其他一些社民党同样面临着重新整合和定位自己的社会基础问题。与德国社民党不同,欧洲主要社民党在70年代初期出现了一个逆向的左转过程：或者重新回归传统工人阶级基础，或者试图扩大工人阶级概念，将除体力劳动者之外的其他社会阶层纳入工人阶级之中。英国工党1970年大选的惨败促使其在理论上重新反思关于工人阶级发生变化的观点，认为工人阶级资产阶级化和职业结构的变化实际上比预计小得多，1970年选举失败正是因为工党没有保护其工人阶级基础。为此，工党一改20世纪60年代对工会的疏远姿态，加强了同工会的联系，并在此后的一系列纲领政策中重新确立了其工人利益保护者的形象。法国社会党在密特朗时期重新构造自己的社会基础。它一方面激进地宣称自己是工人阶级的政党；但另一方面也认为，战后工人阶级本身发生了很大变化，生产剩余价值的人数增加，无产阶级的观念已扩大到传统意义的体力劳动者之外的其他阶层，适用于"新工人阶级"。所以，社会党的基础就是劳动者组成的阶级阵线，其敌人则是垄断资本。同样，瑞典社民党政府在20世纪70年代的经济衰退中，仍沿用治理经济滞胀的凯恩斯主义模式，并出台了一系列维护其传统基础工人阶级利益的政策法令。

但是，这种左转没有能够挽救社民党的颓势。20世纪70年代末，随着以撒切尔主义为标志的保守主义意识形态在欧洲政坛占据主导，西方社民党陷入发展危机，开始从整体上向右调整。英国工党1979年大选惨败后，在金诺克的主导下，工党开始致力于摆脱左派激进主义，重新对工党的社会基础进行定位。它再次放弃了"布帽"形象，确立了"人民党"的身份，以争取中间阶层的支持。金诺克领导工党对党的基本政策进行彻底审查，在20世纪80年代末发表了一系列文件，提出了新价值观和一系列新政策、新纲领。其中，最大的变化是以"社会所有制"代替了"公共所有制"，从而为1990年代布莱尔推行"第三条道路"打下了基础。法国社会党是理论和政策调整幅度最大的党。密特朗十年的向左调整努力，使该党在1976年跃升为法国左翼第一大党，并在1981年的总统大选中上台执政。然而，执政的社会党很快丢弃了竞选时的激进纲领，顺应国际右倾化潮流实行彻底的政策转向，将自己定位为中左力量，向中左群体开放。在1988年的大选中，密特朗的社会党改变了1981年竞选时的激进改革者形象，变身为"中间道路"的基石。密特朗再次上台后开始推行社会党的"新政"，放弃与"资本主义决裂"的基本主张，不再提国有化政策，并在1990年雷恩代表大会通过了一个文件全面阐释其"新政"。①文件着重强调社会党特别关注领薪者的利益，即新中间阶级的利益。这样，法国社会党完成了它的中间阶级化变革。

瑞典社民党在1976年选举中失败，此后不久该党就逐渐开始疏远总工会，并最终与其脱离了组织上的传统联系。瑞典社民党在20世纪80年代重新上台后，着重强调社会阶级结构的变化及其对社民党社会基础的影响，认为雇佣劳动者占人口绝大部分已成为一个事实，而不属于工人阶级的那部分人的数量在不断增长。原始意义上的工人阶级从其数量上在减少，新的职业阶层在私人部门、知识密集型企业和公共事业部门发展壮大。这些职业阶层作为雇佣劳动者同产业工人一样具有共同的利益。社会已经成为一个更加多元，但同时也更加分散的社会。在这一认识基础上，瑞典社民党在20世纪80年代大力推行新变革战略，在一定程度上抵消了传统工人阶级因利益受损而对社民党的社会支持面造成的影响。

20世纪90年代以来，在全球化加速和苏东剧变的冲击下，西方社会民主党经历了以"第三条道路"为标志的重大转型。各国社民党对西方社会阶级结构的看法进一步明晰化。其中，英国工党的理论与实践最具代表性。布莱尔领导的英国工党不仅强调工人阶级的衰落，着力改变工党的工人政党性质，而且全党一致赞同将中间阶层作为自己的社会基础。工党理论家吉登斯根据产业结构的这种变化提出，工党承认"西方社会的阶级结构正在发生变化。今天很大一部分居民不再从事体力劳动，而是从事信息社会的基本工作"。②"由于蓝领工人人数的急剧减少，以往一直作为投票和政治关系之基础的阶级关系已经发生了戏剧性的变化。女性大规模进入劳动力行列这一现象进一步动摇了以阶级为基础的政治支持模式。"③基于此，英国工党在传统选民基础之外寻求更具文化多样性的新的政治支

---

① 《法国社会党原则声明》和《在左翼的旗帜下联合起来》，见《社会党国际和社会党重要文件选编》，中共中央党校出版社1993年版，第299页—310页。
② 转引自陈林、林德山主编《第三条道路——世纪之交的西方政治变革》，当代世界出版社2000年版，第189页。
③ ［英］安东尼·吉登斯：《第三条道路——社会民主主义的复兴》，北京大学出版社2000年版，第21、25页。

持，进行面向新中间阶层的"现代化"变革。工党的新观点包括：（1）放弃马克思意义上的阶级和阶级斗争，要求"超越左右"，使工党成为"能够代表所有英国人民"的党，"不再为了国内某个阶层的利益而损害另一个阶层的利益"。① 布莱尔甚至认为，在传统的贫富不公外，现在还存在另一种"阶级制度不平等"，即"一个生活在福利中，一个为此纳税"，主动为中产阶级代言。（2）放弃党章第 4 款的公有制条款，主张"21 世纪不会是公有制和私有制之间相互拼杀的世纪"，"市场经济与公有经济之间的斗争已经结束"②。（3）超越《哥德斯堡纲领》，放弃社会主义替代资本主义的目标。吉登斯说："社会主义不再是对资本主义的一种另类选择"，"现在还没有一个备选的社会形式存在"。③ 面对全球化给西方社会内部造成的两极分化，工党也不再将之视为阶级分化，而是看作一种文化现象；并认为分化的两极都是少部分人，较富裕的中间群体才是社会结构中的绝大多数。德国社民党虽然最早开启了向"人民党"的转向，但其"新中派"道路与英国工党的"第三条道路"大同小异，两党共同主导了 20 世纪 90 年代西方社民党面向新中间阶层的"中性化"政治转型。施罗德下台后，新任党主席并未放弃前任向中间阶层开放的路线，德国社民党继续寻求新的主要选民群体的支持。

法国社会党不赞成英德"第三条道路"的提法，而是在 20 世纪 90 年代主张一种"左翼现实主义"。法国社会党在西方社民党中对资本主义的批判最为激烈，但并不主张与资本主义决裂。若斯潘认为，"本世纪的一个教训是：已不再能把社会民主主义界定为一种制度"，④ 亦即否认替代资本主义的必要性。同时，法国社会党强调自己是一个"跨阶级的政党"，与其他社民党同样致力于积极争取中间阶层。具体来说，法国社会党对社会结构的基本看法是：法国社会仍旧是由阶级构成的，但阶级之间的界限模糊不清，其中有三个群体可以作为自己的社会基础：中产阶级、

---

① ［英］托尼·布莱尔：《新英国》，曹振寰等译，世界知识出版社 1998 年版，第 88 页。
② 同上书，第 12、76 页。
③ ［英］安东尼·吉登斯：《第三条道路——社会民主主义的复兴》，北京大学出版社 2000 年版，第 176 页。
④ 转引自殷叙彝《法国社会党对社会民主主义理论革新的贡献》，《当代世界与社会主义》2002 年第 3 期，第 18 页。

平民阶级和"被社会排斥的群体"。中产阶级处于社会的核心地位，对经济增长起着特殊作用。该阶级包括中高级职员、中小企业家和自由职业者等。平民阶级在该党看来包括传统意义上的工人阶级和低级职员。所谓"被社会排斥的群体"，则是指持续20年的大规模失业导致的边缘化人群。法国社会党主张关心这三个群体的利益和愿望，使他们团结起来，实现一种"新联盟"。[①]

瑞典社民党受苏东剧变的影响较大，在西方否定社会主义的背景下，它淡化了自己的阶级色彩，更突出自己的"全民"代表立场，强调自己不是从工人阶级而是从全民的利益出发制定政策。瑞典社民党1990年党纲的基本观点包括：（1）突出工人阶级政党向全民党的转化。纲领不再提"为工人阶级谋利益"，而是强调权力向"全体人民"转移。（2）认为资本已经得到控制和改造。不应通过强化阶级斗争实现人民的利益要求。（3）坚持不挑战和改变私有制。认为社会主义者取消生产资料的私人所有制的传统看法已经过时，随着时代条件的变化，政治权力不再源于财产占有，而是源于公民权。社民党可以通过政治权力为民众谋取利益。[②] 由于瑞典社民党在20世纪90年代调整的幅度过大，损害了自身传统的社会基础，失去了大量工人阶级选民的支持。近年来它又开始修复与工会的关系，向传统的"瑞典模式"适度回归。其2001年的党纲关于社会阶级结构的表述重新向左转，再度突出平等、阶级等核心问题。新党纲指出：瑞典仍然是一个阶级社会，阶级差别近十年来重新拉大；并强调社民党在劳资冲突中始终代表劳方的利益。[③] 但是，这种回归并不意味着瑞典社民党在重视工人阶级的同时排斥中间阶层，也不意味着在所有制问题上会有任何突破。

从百余年西方社民党对工人阶级态度的演变我们可以看到，西方社民党已经彻底摒弃了马克思主义的阶级分析方法，基本上割断了与产业工人

[①] 殷叙彝：《法国社会党对社会民主主义理论革新的贡献》，《当代世界与社会主义》2002年第3期，第22页。

[②] 参见"瑞典社民党1990年纲领"《社会党国际与社会党重要文件选编》，中央党校出版社1993年版。

[③] 《瑞典社会民主党2001年党纲》，瑞典文版，转引自高峰《瑞典社民党的理论、政策创新与瑞典历史变迁》，《当代世界社会主义问题》2002年第4期，第51页。

阶级的联系纽带。在20世纪90年代之前，各国社民党可能或多或少地贴有"工人阶级"政党的标签，但在此之后尤其是"第三条道路"流行以来，大都公开放弃了传统的阶级立场，转而声称自己是"人民"的代表。从实践上看，这个"人民"主要是指社会的中间阶层，与传统产业工人已经没有多大联系。西方社民党认为，阶级结构的变动已经使所谓中间阶层占到人口总数的70%以上，因此为了最大限度地提高自己的政治支持率并获得执政权，它们不约而同地转向适应中间阶层的价值取向以及满足其利益要求。显然，时至今日，无论从理论还是实践看，西方社民党已经完全不再是以"工人阶级"为基础的社会主义政党了。但是，从历史渊源上看，它们毕竟曾经是"工人党"，而且即使今天在人类尊严的口号下也没有放弃为弱势群体争取社会公正的努力，这种"不放弃"也许正是它们至今还能归属"左翼政党"的一个原因。

第三节　工人阶级各类型的选举支持倾向变化

前文梳理了两大传统左翼政党对工人阶级态度的演变。接下来从战后几十年间西方政党选举中工人阶级对左翼政党支持倾向变化的视角，进一步探讨工人阶级与左翼政党关系的发展演变。

探讨工人阶级对左翼政党的支持倾向变化，需要建立在科学的统计分析方法之上。因此，我们有必要首先谈一谈与该问题息息相关的西方政党政治和政治学领域中的一个重要研究问题——"阶级投票"（class voting）。

所谓"阶级投票"，是指对社会阶级和政党选择之关系的一种研究。它把政党和选民作为两个变量，通过分析某一社会阶级或阶层选举支持倾向的变化，研究其选举行为的长期发展趋势。当代西方理论界对"阶级投票"的研究由来已久。按照保罗·纽比塔的说法[1]，西方"阶级投票"的研究经历了三个主要发展时期：第一阶段出现在第二次世界大战后最初十年间，研究主要围绕是否存在"阶级投票"，即个人的经济和社会地位

---

[1] Paul Nieubeerta: *The Democratic Class Struggle in Twenty Countries 1945—1990*, Armsterdan: Thesis Publishers.

与其投票行为之间是否存在一种确定关系来展开；第二阶段始于20世纪60年代，这一时期掌握了更多的统计数据，较之第一阶段更加注重增加不同的变量以解释投票行为的变化，而非关注社会阶级与政党选择之间的关系；第三阶段形成于20世纪80年代中期，其特点是大量运用跨国比较的阶级范式，反对使用单一的比例差异衡量方法，主张运用以对数比例为基础的相对阶级投票分析法。

当前西方理论界围绕阶级投票的发展趋势主要存在三种观点：一是阶级投票下降论。该观点虽然对政党是否具有自己固定的阶级或群众基础问题持一种谨慎赞成态度，但也认为主要工业化国家的阶级投票近几十年来呈大幅下降趋势。著名政治社会学家西摩·马丁·李普塞特和罗纳德·英格尔哈特是阶级投票下降论的重要提出者。比如，李普塞特在其影响深远的《政治人：政治的社会基础》中早就指出，"某些特定的社会阶层支持极端主义政党或支持民主政党的具体倾向，不可能根据对他们心理前兆的认识，或根据从调查资料推断的态度作预测。不过，证据和理论都表明，下层阶级相对更富集权主义，极端主义运动比温和的民主运动对他们更有吸引力，而且，他们一旦被缺乏民主的组织吸收，就会亲近这种组织"。[1]但他同时也认为，随着社会的发展，中产阶级的壮大，不同阶层的政治倾向越来越难以固定在一个模式上。他以丹麦和法国的选举为例，分析了特定时段的阶级投票倾向，指出在丹麦"工人投票支持社会民主党的比例从1957年的80%下降到了1973年的39%……而保守党1957年得到了全体雇主中39.5%的支持，到1973年，支持度下降到9%"。而1978年，法国社会党与共产党联盟在选举中失利，共产党之所以失去支持，是因为没有重视社会问题，未来的支持者"已不一定对共产党在竞选活动中采取的'无产阶级'方式感到舒服……他们日渐关心生活质量问题，即使某些数量问题继续存在"。[2]同一时期，一些欧洲的选举研究者依据与李普塞特等类似的方法，即建立在阿尔福德指数基础上的简单的社会阶级量度方法，也曾提出同样的观点。

---

[1] [美]李普塞特：《政治人：政治的社会基础》，上海人民出版社1997年版，第78—79页。

[2] 同上书，第453—454页。

第二种观点是阶级投票持续论。这种观点与传统的下降论针锋相对，主要出现在20世纪八九十年代，由美国和英国的一些学者提出。在美国，代表性学者是克莱姆·布鲁克斯（Clem Brooks）、米切尔·霍特（Michael Hout）和杰夫·曼扎（Jeff Manza）等。他们通过运用更为细致的阶级范式和成熟的统计技术对相对阶级投票而非绝对阶级投票进行测度，认为在美国，社会阶级对政党选择具有整体性影响。在英国，对阶级去结盟化的质疑是由对英国选举进行研究的所谓"纳菲尔德研究小组"（Nuffield Team）中的一些学者提出的。该小组采用与其美国同行类似的方法研究20世纪八九十年代的英国选举，发现这一时期英国的相对阶级投票处于一种"无趋向的波动"而非下降状态。基于这一数据结果，研究小组内部发生分歧。戈德索普和伊万斯等人认为，英国的阶级投票具有持续性，对阶级投票下降的比较研究存在争议。而海斯等人则认为，对阶级投票需要从更为长期的视角来分析，而这样来看的话，90年代的阶级投票除了无趋向的波动之外，确实表现为一种长期性的下降。

除上述两大立场之外，还有一些学者坚持"走势不明的波动"论，认为这种提法更谨慎、更科学。意大利学者萨尔沃·莱奥纳尔迪指出，这种提法"没有试图把仅仅从几个工业化国家的狭小范围内推导出来的下降趋势，普遍化到全世界"。而即使在这几个工业化国家中，阶级投票也是经常出现波动。他以英、德等国为例指出，"英国60年代初期阶级选票有所下降，但在70年代中叶工业矛盾尖锐的那些年又有所上升，在撒切尔执政时，保持了稳定，布莱尔的新工党获胜后，在1997年和2001年跌到最低点。德国的阶级投票在第二次世界大战结束时下降，到60年代初期又大幅上扬，接下来10余年中缓慢减少，各地区的情况也不尽相同。瑞典的阶级投票水平一直是工业化国家中最高的，它在1960年达到顶峰，此后直到1970年，缓慢下降，80年代初期稍有回升，之后基本保持了稳定。西班牙的阶级投票也保持在较高的水平上，西班牙工人社会党多年在工人、公职人员、退休者那里拥有强大的号召力。"[①]

尽管理论界对阶级投票的发展趋势目前尚无定论，但下降论显然占据

[①] [意]萨尔沃·莱奥纳尔迪：《论阶级投票的趋势——以意大利的情况为例》，刘光毅、黄河译，《国外理论动态》2012年第3期，第43页。

主导。因此，我们对工人阶级投票趋向的认识主要以这一看法为依据。在众多下降论倡导者中，奥·努特森的分析具有代表性。在《西欧阶级投票——一个比较性的纵向研究》①一书中，他以1970—1997年"欧洲晴雨表"（Eurobarometers）提供的数据为基础，对西欧八个主要国家，即比利时、英国、丹麦、法国、（西）德国、爱尔兰、意大利和荷兰的社会阶级与政党选择的关系及其在将近30年间的发展变化进行了详细分析和探讨，为我们认识不同类型工人阶级投票倾向的变化提供了重要参考。

在该书中，努特森构设社会阶级与投票关系的阶级分析建立在"五阶级"（雇主、初级产业中的雇主、高层次非体力劳动者、其他非体力劳动者和工人）和"六阶级"变量（雇主、初级产业中的雇主、高层次非体力劳动者、中等非体力劳动者、低层次非体力劳动者和工人）之上，而在考察社会各阶级对左右翼（社会主义/非社会主义）政党支持倾向的演变时对这种阶级划分简化处理，采用了四个变量，即雇主、高层次非体力劳动者、其他非体力劳动者和工人。通过对近20年间八国各阶级投票倾向的分析，努特森认为阶级投票总体上呈现一种下降趋势，其中下降最大的是英国、丹麦、荷兰；其次是法国、爱尔兰和意大利；再次是比利时和德国。他运用复杂的统计方法，通过对卡帕指数值（kappa index value）的计算，尤其具体分析了各国对左翼政党的投票倾向，这里选择几个主要国家来说明问题。

首先是英国。英国对左翼政党（主要是工党）的支持倾向（参见图5—1）在20年间遵循了一个"U型曲线"，表现为左翼政党在90年代比在70和80年代初获得了更高的支持率。但是，各社会阶级对左翼政党的支持倾向并不是完全一致。在70年代末至1985—1988年，阶级投票下降主要是由工人以及部分意义上其他非体力劳动者不再支持左翼政党造成的，而其他各社会阶级比如雇主和高层次非体力劳动者对左翼政党的支持率一直维持在相当平稳的水平上。80年代末，社会各阶级对工党的支持率都有所增加，但两个非体力部类，即高层次非体力劳动者和其他非体力劳动者支持率的增加远远大于工人。

---

① Oddbjørn Knutsen: *Class Voting in Western Europe: A Comparative Longitudinal Study*, Lexington Books, 2006.

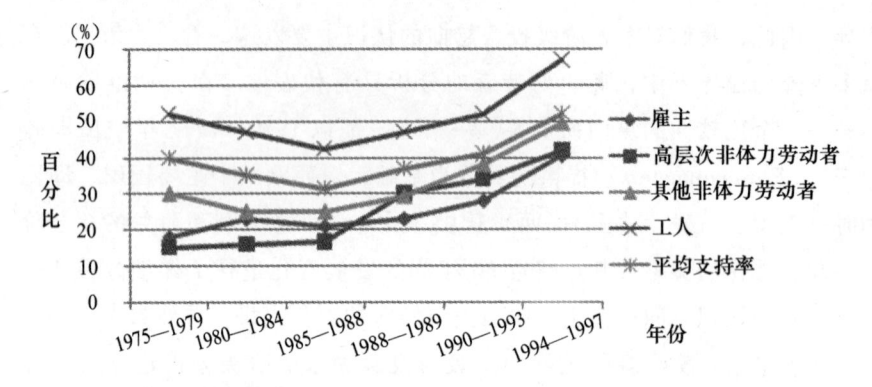

图 5—1 英国各社会阶级对左翼政党的支持倾向变化（1970—1997）

资料来源：*Class Voting in Western Europe*, Oddbjørn Knutsen, p. 107。

再来看看法国（参见图 5—2）。法国左翼政党的阶级投票呈现逐渐下降态势，工人对左翼政党支持率的下降显然要大于其他社会各阶级。从 1988—1989 年到 90 年代末，工人对左翼政党的支持率进一步下降，而高层次非体力劳动者和其他非体力劳动者也出现了相应下降。从长期发展变化看，工人对左翼政党的支持率下降了 21 个百分点，而其他各社会阶级则下降了 6—9 个百分点。

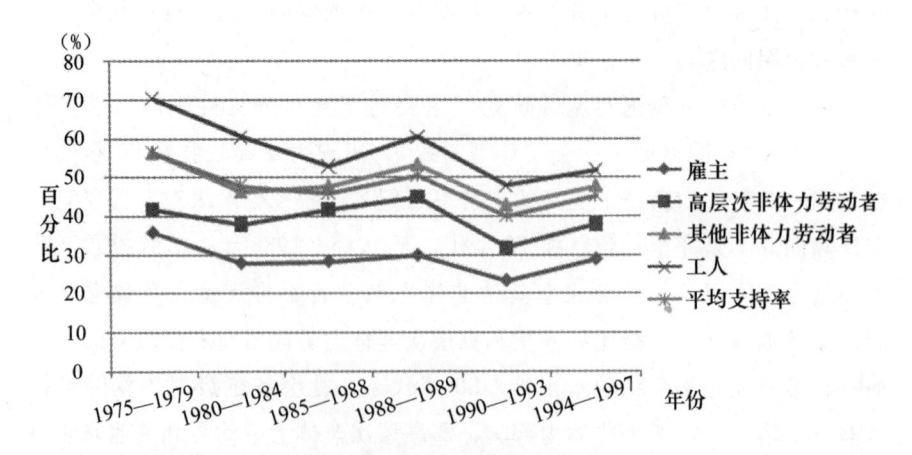

图 5—2 法国各社会阶级对左翼政党的支持倾向变化（1970—1997）

资料来源：*Class Voting in Western Europe*, Oddbjørn Knutsen, p. 108。

最后一个例子是意大利（参见图5—3）。工人阶级投票的急剧下降出现在20世纪80年代末。在这一期间，工人与高层次非体力劳动者间对左翼政党的支持率差异从26个百分点下降到15个百分点。到20世纪90年代，工人与其他两个非体力雇佣群体的左翼政党支持率差异继续下降。到1994—1997年时，由于传统工人的支持率急剧下降，其他非体力群体在对左翼政党的支持率上与工人几乎持平。从近30年间的发展变化看，意大利工人对社会主义政党的阶级投票呈下降趋势，而其他雇佣阶级的支持率则保持相对稳定。

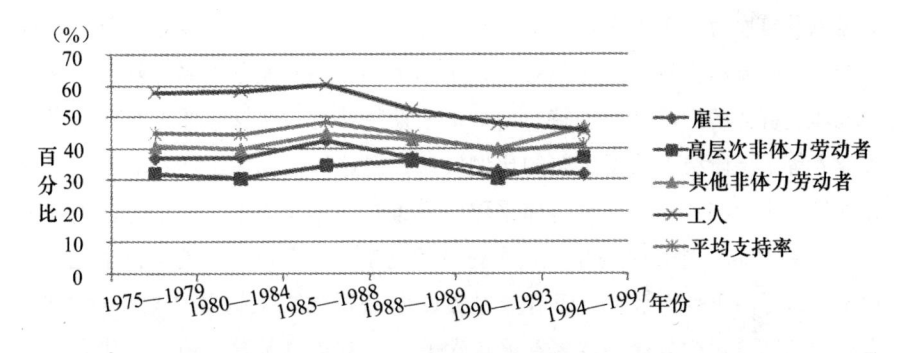

图5—3 意大利各社会阶级对左翼政党的支持倾向变化（1970—1997）

资料来源：*Class Voting in Western Europe*，Oddbjørn Knutsen，p. 110。

努特森对除比利时和德国之外其他六个国家阶级投票下降的总趋向进行总结，依据其平均数据，认为工人对左翼政党的支持率下降了7个百分点，而其他非体力劳动者、高层次非体力劳动者的支持率分别增加了3个和9个百分点。因此，两个因素促进了阶级投票的下降：一是传统工人对左翼政党的背离；二是高层次非体力群体对左翼政党的支持倾向增加。其中法国、意大利、荷兰的工人对左翼政党的背离相对更大，而对左翼政党的支持率增加尤其发生在英国、丹麦与荷兰等国。

安娜·斯特里索斯特以不同职业群体为依据，撰文分析了近年来一些欧洲左翼政党的选民构成情况。① 从 2004 年的选举数据看，多数欧洲左翼政党中工资收入者的比例能够达到 50% 以上，失业人群支持左翼政党的比例低于其占全国人口的比例。其中，法国共产党获得的失业选民比例最高，为 6%。总体上看，相比其他类型政党，左翼政党在公共服务和服务业从业者以及自雇人群中获得的支持率相对较高。比如，2005 年大选，挪威社会主义左翼党全部 8.8% 的选票中只有 2% 来自工人，而约有半数选票来自公共服务从业者，11% 的选票来自自雇人群。在同一国家内，不同左翼政党的支持者有所差异。比如在希腊，希腊共产党的支持者主要来自失业者、工人和私营经济雇员。另一左翼政党希腊激进左翼联盟的支持者则主要是学生、私营和公共服务从业者以及自雇者，工人对该党的支持率低于平均数。除存在少量重叠外，这两个左翼政党的支持群体迥然相异，基本不存在相互竞争关系，获得了来自不同职业群体的广泛选举支持。斯特里索斯特认为，尽管总体上左翼政党在失业者等下层阶级中获得选票的比例较低，但这种情况在不同左翼党中也存在差别，主要与各党对这些群体采取的政策存在密切关系。比如，德国左翼党在 2009 年选举中就获得了大量失业者的选票，其获得工人的支持率也达到 18%，远远高于平均水平；而芬兰左翼联盟获得的工人选票甚至高达 43%。因此，从其选民构成看，许多左翼政党仍然"有意或无意"地成为代表"工人"的政党。

杰弗里·伊文思和詹姆士·蒂利对英国工党阶级投票下降的个案研究，也有助于我们认识西方左翼政党的不同社会阶级投票变化情况。② 他们的阶级投票考察建立在对 1959—2006 年 81758 例的数据分析基础之上，运用多项分对数方法，以六个阶级或阶层的变量划分，即上层服务阶级、低层服务阶级、日常非体力劳动者、小资产阶级、工头和监工、工人阶级为依据，构建了一个跨越近 50 年的英国工党—阶级分析图表（见图 5—4）。从图表看，各社会阶级对工党的支持率间的差距呈现逐渐下降趋势。比如，上层服务阶级（高级职业和管理工人）与工人阶级间对工党的支持差距，从 20 世纪 60 年代的超过 50% 下降到 21 世纪的低于 20% 以下。

---

① Anna Striethorst：*Members and Electorates of Left Parties in Europe*，Rosa Luxemburg Stiftung, Buro Brussel, 2010.

② Geoffrey Evans and James Tilley："How Parties Shape Class Politics：Explaining the Decline of the Class Basis of Party Support"，*British Journal of Political Science*，Volume 42，Jan 2012.

而其他所谓"中间阶级",即低层服务阶级、日常非体力劳动者和小资产阶级与工人阶级间的差距变化虽然不如前者明显,但也展现出一种类似的发展趋势。所谓"上层工人阶级"群体,即工头和监工对工党的支持率通常情况下是低于工人阶级的,但在90年代末以来二者也开始展现一种持平趋势。伊文思和蒂利认为,整个阶级投票下降的发展路线表现为:60年代各阶级间的投票差异急剧下降,70年代到90年代初之间稍微有所下降,到90年代中期又出现了新一轮的急剧下降,此后直到2006年再次出现了小幅下降。

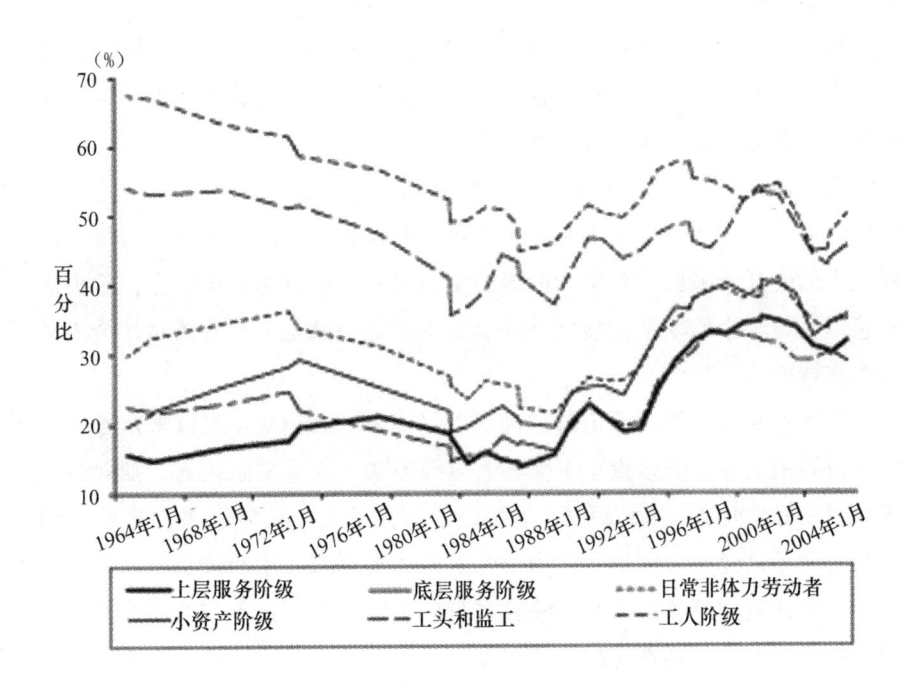

图5—4 社会阶层视角下的工党支持率预测

第四节 工人阶级为什么不再是左翼政党的"天然选民"?

尽管上述西方学者在分析阶级—政党关系时设定的相关变量,尤其是对"工人"、"工人阶级"的界定与本书关于工人阶级的概念不尽一致,但从大量的数据分析中我们可以得出一个基本结论:传统上作为工人阶级政党的西方左翼政党，现在已经不再能够以这个标签来简单界定。虽然有的左翼政党，尤其是以共产党为代表的激进左翼政党，在传统体力工人中仍然拥有很高的支持率，但总体上看，左翼政党的支持群体越来越趋于多元化。不仅早已脱下"工人政党"外衣的社民党如此，共产党等激进左翼政党也表现出同样的发展趋向。工人阶级与左翼政党间天然的牢固联系已经被打破了。

为什么工人阶级不再是左翼政党的"天然选民"呢？政治学、社会学、政党政治学的研究者做出了诸多阐释。总结起来，如下一些观点可以帮助我们厘清工人阶级与左翼政党间这种断裂的联系。

第一种观点是工人阶级"资产阶级化"论。第二次世界大战后，伴随着生产力的发展，西方社会各阶级的生活日渐丰裕。收入增长、消费水平提高、普遍拥有住房导致传统工人逐渐认同中产阶级的生活方式。资产阶级化论对 20 世纪七八十年代工人阶级缺乏激进取向的分析就是建立在这种认识之上，认为工人不必再为生存而奔波，工人阶级中更为富裕的那部分人已经开始采取一种中产阶级的生活方式。在发达工业社会，阶级认同感以及与工会的联系也随之下降。其主要后果就是工人阶级对社会主义政党支持率的下降。

第二种观点是新政治论。这种观点强调 20 世纪 60 年代以来西方社会关注议题的变化对阶级投票下降具有重要影响。大量文献认为，随着植根于新兴中间阶层的"第二种"左翼力量的发展，工人阶级与左翼政党间的历史联系已经大大削弱了。由于左翼政党得到来自中间阶层越来越多的支持，因此政党纲领的阶级一致性被打破了，政党开始更多的关注环境保护、和平、女性和同性恋的民权以及生活质量等议题。正是由于左翼政党变得更加具有包容性，它们对关注物质议题的工人的吸引力减弱了。

英格丽哈特尤其系统性地分析了新中间阶层的兴起对于工人与传统左翼政党关系的影响。[1] 他认为，依据社会心理学的群体极化假设，群体极化的新轴心的兴起与引发政党分裂的物质主义/后物质主义维度联系密切。因而，拥有后物质主义价值观的社会群体（主要是指战后受过良好教育

---

[1] Ronald Inglehart: *Modernization and Postmodernization: Culture, Economic and Political Change in 43 Societies*, Princeton University Press, 1997.

的新中间阶层),更倾向于支持那些关注后物质主义价值观的政党,比如绿党或左翼自由意志主义政党。同时,在后工业社会中,由于后物质主义议题变得愈益重要,因而可能引发一种物质主义的"逆反应",表现为部分工人阶级支持保守党或资产阶级政党,以重申传统的物质主义对经济增长、军事安全以及法律和秩序的强调。

赫伯特·基奇特通过对左右翼政党空间向度的分析提出了同样的问题。[①] 他指出,在发达工业社会中,左右翼划分的经济维度被物质主义/后物质主义或极权主义/自由意志主义维度所替代。在这一新的向度上,工人以及受教育程度较低者往往定位于极权主义一极,而新中间阶层以及受教育程度较高者往往定位在自由意志主义一极。新兴的右翼和左翼自由意志主义政党分别占据着这一新向度的两极,那些温和左翼和右翼政党则需面对新向度重要性的增加而带来的战略困境。而其最终结果经常是导致社会阶级的影响变得模糊不清。

第三种观点是关于"服务阶级"的政治倾向论。这种观点同样也是探讨新中间阶级政治倾向问题,但与前一种观点存在差异。这种观点主要是从解析服务阶级的结构组成而非其价值观来阐释其政党支持倾向。在论述"服务阶级"(新中间阶级)政治倾向和政党选择的文献中,戈德索普的观点具有代表性。他认为,在现代社会中,服务阶级将成为一种具有实质意义的保守主义因素。在他看来,服务阶级是由那些从属于某种形式更高机构的雇员构成的阶级,但是服务阶级职业具有一个主要特征,即他们要参与某种权威或专门知识或技能的实践。这一阶层的成员极其慎重地履行其工作任务和角色,享受着相对于其他各级雇员更具优势的工作条件。这表明他们具有一种统一的阶级定位,而这种定位决定着服务阶级基本的社会和政治观。正是基于这一认识,戈德索普认为服务阶级在现实社会中作用重大,但没有任何结构性证据证明他们会发展出一种类似于工人阶级的"老左派"观点,或产生某种新形式的文化和政治激进主义。他批评服务阶级没有对其政治激进主义结构定位做出充分阐释,造成其倾向于支持右翼政党。当然,他也承认,服务阶级

---

① Herbert Kitschelt: *The Transformation of European Social Democracy*, Cambridge University Press, 1994.

中也如同其他社会阶级一样存在一些"位置"分裂，但他强调这种分裂的重要性不大。服务阶级政治倾向的多数变化可以归结于其在战后的迅速发展。其成员广泛来自于社会各阶级，一个主要后果就是只有约1/3 的服务阶级成员是那些具有类似阶级地位的家庭的后代。而反过来这也表明，向上流动的服务阶级成员与其起源阶级联系密切，因而不太可能具有保守倾向。总而言之，戈德索普认为不是任何结构特征，而是其成员的个性，比如社会流动、教育以及自我的职业选择过程促进了服务阶级内部的政治差异。[1]

有些学者不同意戈德索普关于服务阶级整体上具有保守主义倾向的观点，而是通过解析该阶级大量的内部分裂来说明传统政治结盟模式的削弱。塞维奇、海斯等通过对 39 种不同服务阶级职业群体的研究发现，服务阶级内部的分裂比其他任何阶级大得多，经理、行政管理者和专业人士不可能具有一种统一的政治倾向，而且这一职业群体相较其他社会群体更不可能支持保守党。

第四种观点是政党战略论。这种观点认为阶级投票的下降与政党纲领以及政党对其选民做出的呼吁有关。在当代社会，政党不再像以前那样重视从经济上区分左右翼的阶级议题和价值观。因此，社会主义政党尤其是社民党不再能够成功地向所有社会群体发出呼吁，因而它们在选举中面临着如何做出权衡的问题。普沃热尔斯基等认为[2]，以体力工人作为核心选民的左翼政党面临着选举困境，由于工人阶级[3]只占选民少数，因此左翼政党若想赢得选举就必须要向中间阶级发出呼吁。但这种战略改变必将产生阶级去动员化的后果，因为这些政党在争取中间阶级支持的同时，很有可能失去工人阶级的支持。因此，社会主义政党最终既不可能超出工人阶级之外扩大选举支持，也不可能如以前那样有效地动员工人阶级的选举支持。这种选举困境在实践中以两种方式颠覆了阶级投票。一方面，它迫使最初以工人阶级为基础的政党寻求其他社会阶级成员的支持。如果成功的

---

[1] John H. Goldthorpe, "On the Service Class, its Formation and Future", in Anthony Giddens and Garvin Machenzie (ed.), *Social Class and the Division of Labour*, Cambridge University Press, 1982.

[2] Adam Przeworski, Social Democracy as a Historical Phenomenon, New Left Review, 1980.

[3] 他在这里所说的工人阶级是个狭义概念，单指传统体力工人。

话，就会使得以阶级为基础的选举投票下降。另一方面，这种困境也导致政党在现实政治中不再提出以阶级为基础的呼求，而是转向超阶级主题。因此，当社民党寻求其他社会阶级支持时，不可能单独针对工人设定符合其特殊利益或议题的纲领或主张，而只能把工人从阶级范畴中剥离开来，将其作为单独的个体同其他社会阶级成员给予同等对待。也就是说，工人不再是作为"工人"，而是消费者、纳税人、父母、穷人等实现政党动员。

第五种观点是社会流动论。这种观点认为社会流动模式能够对阶级投票水平产生影响。关于社会流动和政治偏向的众多研究发现，选民很大程度上会在其本源阶级与最终阶级的政治偏向间选择一个中间立场。尤其是在那些社会流动绝对比率较高的国家，社会流动可能通过增加流动选民的中间倾向以支持左翼政党，通过削弱阶级一致性，甚至将非流动的选民拉向中间而减少社会阶级的两极化。曼扎等的研究发现，第二次世界大战后以来，主要源于职业和经理工作稳定和普遍增长而出现的社会流动水平的显著增加，降低了阶级投票的水平。①

第六种观点是新社会分裂论。在这种观点看来，随着后工业社会的来临，当代西方政治中各种形式的分裂相互交织，对阶级投票的重要性越来越大。在发达工业国家，这既可能是一些新形式的分裂，也可能是一些旧形式但在重要性上有所增加的分裂，比如种族和语言差异等。这些分裂往往切断传统工人与新兴中间阶层的阶级分裂，进而导致其出现政治上的分裂。有学者对"消费"和"生产"领域的分裂进行研究发现，部门间的垂直分裂切断了阶级分裂，因而同一部门内的不同社会阶级分享着特定的共同利益，而在同一社会阶级中，部门间的差异则反映了利益冲突。② 所谓的消费部门分裂，是指在单个的私人模式与集体的公共模式之间导致出现两极化的消费形式。比如，住房和交通政策以及选民在这些消费地点的层次，影响着投票决定，并切断了阶级分裂。而在生产领域，公共部门与私营部门的分裂往往能够削弱阶级分裂。

---

① Jeff Manza, Michael Hout and Clem Brooks: "Class Voting in Capitalist democracies since World War Two: dealignment, realignment or trendless fluctuation", *Annual Review of Sociology*, 1995.

② Patrick Dunleavy: "The Urban Basis of Political Alignment: Social Class, Domestic Property Ownership, and State Intervention in Consumption Processes", *British Journal of Political Science*, 1979.

另外，还有一些切断式分裂尽管不是新的分裂形式，但也能够解释阶级投票的比较差异。比如，传统的宗教分裂也在很大程度上切断了阶级分裂。有学者对 14 个国家的阶级投票情况比较研究后认为，宗教和种族分裂是解释阶级投票差异的主要因素。① 一国的宗教人口越多，阶级投票的水平就越低。信教选民往往会独立于其阶级地位而去支持非社会主义的宗教政党，因而有很大比例的工人阶级投票支持非社会主义政党。

第七种观点是认知动员论。这种观点依据公民独立于其阶级忠诚限制而做出决定能力的提高，来解释阶级投票的下降。这种理论认为，工业社会选举的一个典型特点就是较低的教育和政治信息获取水平，因而一般选民只能依赖社会和政党线索，即所谓"外部动员"来掌握复杂的现实政治。对于多数选民来说，根据个人从属的社会联系网来选择政党往往成为一种必然选择。而随着教育，尤其是大学教育的发展，越来越多的公民在政治上变得更加成熟。而随着政治信息渠道的畅通，尤其是电视、互联网等新兴媒体渠道的发展，公众也能够获取海量信息以供决策参考。因此，选民在政治事务中变得越来越独立，他们能够对政治议题做出自己的判断，能够在政党选择方面做出合理的政治决定，而不是必须遵循社会规范或依赖于特定政党的领导。也就是说，按照这一理论，选民被认为越来越能够对政党和候选人的选举纲领做出理性判断，因而不再简单地依赖阶级划分进行选择。这种观点强调，选民依据社会群体联系做出政治选择的功能性需要逐渐降低，而从一段时间的发展来看，这部分选民的数量大大增加，造成了阶级投票的下降。

上述这些观点从不同角度和层面分析了当代西方的阶级投票下降问题。有的观点与工人阶级对左翼支持率的下降直接相关，比如第一到第四种观点。其他一些观点则是从政治、社会等更为宏观的视角对阶级投票下降问题进行解析，当然这些分析同样也适用于解释工人阶级与左翼政党关系的变化。这些观点对于我们认识和思考问题具有启发意义，但单纯采用上述任何一种观点，都不足以阐释工人阶级对左翼政党支持率下降，而把各种观点综合起来似乎更能说明问题。简而言之，工人阶级自身发展变化

---

① Paul Nieuwbeerta and Wout Ultee: "Class Voting in Western Industrialized Countries, 1945 – 1990: Systematizing and Testing Explanations", *European Journal of Political Research*, 1999.

以及左翼政党战略策略变化是导致工人阶级阶级投票下降的主要原因。

首先，从工人阶级自身看，20世纪50年代后，由于新科技革命和产业革命带来的巨大冲击，发达资本主义国家的工人阶级，与19世纪及20世纪初相比在内涵和外延方面发生了巨大变化，这具体表现在三个方面：一是工人阶级的科学技术水平和文化素质明显提高。由于工人受教育的平均时间大大延长，专业技术人员和管理人员有了较大增加，因此工人阶级队伍的知识化、技术化趋势日益明显。这种变化也直接体现着在生产的标准化、自动化带来的工人阶级劳动方式由体力劳动向脑力劳动和半脑力劳动转化的方式上，其导致的直接后果就是工人阶级白领化趋向日益明显。二是工人阶级的职业结构发生了深刻变化。物质生产领域的工人相对减少，非物质生产领域的工人比重上升，其中服务业工人人数的增长迅速，成为工人阶级的多数。三是工人阶级生存环境相对改善。一方面，工人的实际工资有所增加，享有越来越多的社会保险和社会福利，生活水平明显提高。另一方面，工人的劳动时间大大缩短，生活出现了休闲化趋势。

从阶级政治的角度看，这些发展变化中最为显著的特点是所谓"服务阶级"，即"新中间阶层"的兴起。这一阶层与传统工人阶级相比存在很大不同。它们虽然也需要以出卖劳动力为生，是雇佣劳动者和被剥削者，但同时它们往往也在劳动收入之外，通过购买股票等方式获得其他收入，因而它们也是股票持有者甚至是股东。此外，在当代资本主义的企业活动中，随着管理职能的日益专业化，这些"新中间阶层"实际上已经取代大资本家成为企业的直接管理者和法人代表，这使得它们在劳动方式上与传统工人阶级也出现了明显差异。传统工人阶级本身发生的变化以及工人阶级内部各阶层的多样性发展特点，导致工人阶级不可能再如20世纪二三十年代那样对左翼政党保持一种绝对的忠诚。

其次，从左翼政党战略策略的变化看，当代西方左翼政党为迎合选举政治的需要，最大限度地扩大党的社会基础，其发展变化的一个重要特点就是在不断淡化党的意识形态特性，奉行意识形态"中间化"。如前文所述，欧洲社会党早在第二次世界大战后就已开始了"向中间靠拢"的转变。在转变过程中，它们普遍放弃了马克思主义，转向指导思想的多元化；重新解释和界定"社会主义"，逐渐放弃了阶级政治、公有制等质的规定。近年来，欧洲一些社会党进一步取消了与社会主义的联系，甚至不再提社会主义的字样。同时，在对其基本价值如"公正"进行阐释时，也更多偏重通过教育等手段实现的机会平等，而非通过再分配实现的结果平等。国外一些国家共产党的意识形态中间化在20世纪70年代欧洲共产主义时期已经初露端倪，苏东剧变后这种发展趋向愈益增强。除希腊共、葡萄牙共等少数党外，大多数共产党通过理论调整逐渐淡化了社会主义的目的性和制度属性，而把民主、自由、人权视为社会主义的最基本特征。比如作为其典型代表的法共"新共产主义"理论，实际上就是把社会主义归结为一种社会运动过程，主张通过在资本主义社会内的连续性变革，克服资本主义"剥削、异化和统治"等弊病，从而实现其社会理想。

政党意识形态的淡化直接体现在党的纲领路线的发展变化上。虽然在不同历史时期，不同左翼政党的纲领路线可能会出现不同程度的"左转"或"右转"，但从长期发展趋势看，这种调整几乎无一例外地都是"在向中间转"，各党的纲领路线相互借鉴和吸收，越来越具有包容性和趋同性。从《哥德斯堡纲领》的非马克思主义化，到介于自由主义和传统社会民主主义之间的所谓"第三条道路"和"新中间路线"，战后社会党现代化发展中具有里程碑意义的两次重要纲领路线调整，都展现出越来越超越阶级、"超然左右"的姿态。同样，以欧洲共产主义走向社会主义的和平民主道路为标志，尤其是20世纪90年代以来法共的"新共产主义"、美共的"权利法案社会主义"以及日本和拉美一些共产党纲领路线调整中的非暴力、非意识形态化发展表明，共产党的纲领路线也越来越去激进化。

西方左翼政党为扩大党的社会基础，争取更多选民支持而普遍淡化意识形态差异，模糊党的思想特性，转变党的阶级性质，其重要后果之一就是造成了政党自身独特政治标识的丧失，导致了党的思想体系缺乏应有的独立性和完整性，致使"左"、"右"翼政党间的界限变得模糊不清。政党在本质上是特定阶级利益的代表者，竞争性政党体系运作的前提是不同政党间的观点对立和思想交锋。在思想意识趋同条件下，政党存在的合法性明显受到质疑。从实践上看，由于现代社会阶级阶层的异质性以及利益、愿望和诉求的多样化发展，单靠改变党的意识形态并不一定能够达到吸引选民和支持者的目的。相反，政党自身特色的丧失在很大程度上引发了政党传统支持者和选民的流失。这在转型较大的社会党和共产党等左翼政党中表现得尤为突出。比如英国《卫报》在2005年大选前公布的一份民调显示,在投票给哪个党的问题上"拿不定主意"的人越来越多,60%受访者不认为自己会坚决支持某个党派,只有17%的工党选民自认是其坚定支持者。但在1964年大选前有51%的工党选民说自己坚定站在工党一边①。法国、意大利、西班牙等国共产党的选民流失更为严重,在新近议会和总统选举中的得票率屡创新低。近年来,一些具有极端意识形态的政党,如法国国民阵线、意大利北方联盟、奥地利自由党等右翼平民主义政党以及法国新反资本主义党等激左翼政党在各国政治舞台上的崛起,也从一个侧面说明了传统左翼政党战略策略变化遭遇的发展困境。

总的来说,工人阶级与左翼政党关系的变化,建立在上述两个基本变化基础之上:工人阶级自身的发展变化降低了工人阶级对左翼政党的直接认同,而左翼政党政治代表性的削弱也对工人阶级支持取向带来反向影响。正是这两种变化的交互作用,导致当代工人阶级很难再成为左翼政党命中注定的"天然选民",而这也反过来直接左右着左翼政党的未来发展前景。正如有学者指出的那样,欧洲中左翼政党的规模将会因此而出现进一步的萎缩。而只有"充分反映当今经济和社会状况,确立更具信服力的政治理念,进而转化为有效解决问题的决策,才能推动欧洲中左翼政党重新进入国家政治决策系统中,赢得政治代表性的复归"。②

---

① Alan Travis:Election apathy at record level , March 23, 2005, http://www. guardian. co. uk/politics/2005/mar/23/uk. election2005.
② 赵刚印:《欧洲中左翼政党正面临代表性危机》,《中国社会科学报》第319期,2012年6月20日。

第六章 工人阶级与工会组织

20 世纪 70 年代末以来，在由西方新自由主义主导的国际金融垄断资本主义经济全球化时代，大多数发达资本主义国家长时间经济衰退，失业严重，工人阶级及其自己的组织工会都发生了许多变化。在国际国内及主客观因素的综合作用下，发达资本主义国家工会有其践履职能、发挥作用、争取和捍卫工人权益及工会权利的一面；另一方面，西方国家工会在保持实力、地位和工人阶级代表性及动员和组织工人阶级开展工人运动以有效代表、争取和维护工人利益等保有影响、践行职责和完成使命方面遭遇重大挑战，工人权益和工会权利遭受严重侵蚀。为应对被动不利局面，摆脱困境，寻求转机和出路，西方国家工会进行了种种探索和努力。本章对西方国家工会进行较为深入系统的考察研究，以较全面地了解和把握其现状、问题、策略与发展前景。

第一节 西方主要国家的工会情况

一 美国工会

美国从 18 世纪末出现了第一个行业工会开始，便展开了劳资双方的集体谈判。此后随着资本主义经济的发展及工人阶级的壮大和觉醒，在工会掀起的工人运动的强烈冲击下，美国政府和雇主被迫开始承认集体谈判制度。继 1933 年标志联邦政府正式承认集体谈判制度的《全国产业复兴法》颁布后，在工会的促进下，美国政府于 1935 年颁布了《国家劳资关系法》、1947 年颁布了《国家劳工管理关系法》等一系列有关集体谈判制度的法律，将允许工人成立工会以及集体谈判写入法律条文中。如《国家劳资关系法》第七条规定："职工有权自己组织起来建立、参加或扶助劳工组织，有权通过自己挑选的代表进行集体谈判，并有权进行以集体谈判或互相保护为目的的其他共同活动。"这标志着工会作为集体谈判主体一方的合法资格和权利在国家法律中得到承认。自此,"以工会为代表的一方同资方进行集体谈判,成为了美国劳动关系中一项最为重要的制度,也成为工会组织的一项重要工作内容。"①《国家劳资关系法》保证了劳工组织工会的权利,《国家劳工管理关系法》则保证了资方有组织反工会行动的权利,成为资方制约工会的有力法律武器,这两个关于工会的重要法案将美国劳资关系纳入了今天的轨道。

美国约有100多个全国性工会,它们"在规模、结构、经济来源、权利范围和政策主张等方面各不相同。但基本上是按行业或产业原则组织工会的,大多数全国工会的主要工作是吸收会员入会,为地方和企业基层工会提供有关集体谈判服务及通过游说议员参与立法等。全国工会一般每两年召开一次代表大会,四年为一届。会议主要任务是根据地方分会的意见修订章程并选举新一届领导人",②以及根据会员意愿决定工会的主要工作。美国工会之间的联系并不十分紧密,组织系统也比较松散。③

由美国两个最大的工会组织劳联和产联于1955年合并而成的劳联—产联是美国最大的劳工运动组织和全国性工会联合会,现拥有全国性和国际性的工会组织60多个,1300多万名会员,在美国工会运动中占有举足轻重的地位。④最高权力机关是两年一次的代表大会,大会选举主席,常务副主席,司库以及执行委员会。执委会是两次代表大会之间的行政机构。主要工作是协调下属全国产业工会和地方工会的活动,并帮助处理重大劳资纠纷,一般不直接参与集体谈判。

"商业工会主义在美国是一种最为普遍的形式。它满足于在此时此地为参加职业或行业工会的工人争取更多利益,通常也不会考虑政治社会因素。"⑤

美国主流工会与美国资本主义是共生关系。美国主流工会在国内是与

---

① 北京市总工会劳动关系代表团:《关于美国工会及集体谈判工作的考察与思考》,《北京市工会干部学院学报》2005年第4期,第4页。
② 同上书,第3页。
③ 周凤霞:《加拿大和美国工会一瞥》,《前线》2000年第4期,第58页。
④ 孙茹:《劳联—产联》,《国际资料信息》2004年第12期,第36页。
⑤ 冯同庆:《金融危机下美国工会:见闻和思考》,《当代世界社会主义问题》2009年第4期,第101页。

美国资本主义"团结—斗争—团结"的劳资合作关系,在国际上则是与美国帝国主义配合的劳工帝国主义,这种共生关系及这个基本政治立场是美国主流工会体制得以长期存在的必要条件。①"行业的变化、公共政策的取向、社会运动的状况等因素,都影响着资方与工会的关系,而距离建立新的制度化和规范化的关系还有很长的路要走。"②

美国工会及其领导与资方的关系是美国"工会领导和资方共谋,工会成为就业信托。"根据工会和资方的具体的劳动协议,有些雇主必须通过工会招募一定比例或全部的雇工,工会领导层掌控工人的就业渠道。"即使协议里没有要求资方通过工会招工这一条,只要工会不闹事,老板们也常常乐得让工会代其招募、管理工人。这样,工会就成了一个就业信托。这样的结构性关系表现出了工会领导放弃了劳工整体的立场和原则,参与维持——而不是反对——资本主义对工人的剥削。"这使得工会不仅丧失了组织工人的动力,而且反而因为掌控的就业机会有限,在工人内部制造收入等级制,加重了工人阶级内部的分裂,工人阶级因此瓦解。工会领导层路线原则的败坏与领导们个人道德行为的败坏交织,使广大普通工人为劳资合作付出了最多的代价。③可见美国工会及其领导是资方的合作伙伴,他们是共同施加资本主义对工人的剥削。

而美国工会"领导和会员的关系变质为恩主庇护关系"。"行业工会的原始性和'就业信托'的定位使得掌控了'工会就业'机会的工会领导与得到就业机会的工人形成庇护关系。领导给成员恩惠,成员向上级献忠。这样的体制不能促进工人间的横向团结。用费奇的话说,'美国两万多工会更像半独立的封建领地,而不像是为劳动人民的共同利益而斗争的劳工组织'。费奇认为领导和工会会员关系的变质是工运问题中最深刻的问题。"④工会领导和工会会员关系的变质是关涉工会将不成其为工会的非常严重的性质问题。

美国工会内部及工会之间的组合、竞争与分裂。美国劳工运动的一个突

---

① 严海蓉:《美国劳工运动中的病症》,《读书》2006 年第 11 期,第 96 页。
② 冯同庆:《金融危机下美国工会:见闻和思考》,《当代世界社会主义问题》2009 年第 4 期,第 104 页。
③ 严海蓉:《美国劳工运动中的病症》,《读书》2006 年第 11 期,第 92 页。
④ 同上书,第 93 页。

出特点是劳工内部频繁发生分化与组合现象。①劳联—产联本身就是由工会分裂组合而来的。在长达 50 年的时期内,美国所有由工会组织起来的工人受单独一家中央联合会劳联—产联的控制。2005 年劳联—产联发生大分裂,拥有 600 万会员的 7 个大工会分裂出去,组成新的联合会"变革谋胜利"。"变革谋胜利""指责劳联—产联具有官僚主义、无所作为的痼疾,组织机构老化,财政状况始终无法走上健康的道路,而且至今仍然缺乏扭转会员人数下降趋势的战略。"而他们"分裂的目的在于建立一个摆脱机构臃肿、权力过度集中状况的更富有朝气的工会组织。""有些工会甚至退出'劳联—产联',认为它的组织太松散,各行各业混在一起,无法正常工作。此外,各工会之间相互争夺的情况太多,常常在别人地盘上想方设法扩大自己的势力范围。"② 从美国劳联—产联的分合经历来看,固然每次分合都有具体原因,但美国劳工运动没有统一、公认的指导思想,缺乏制度约束等则是重要原因。③不同工会之间的相互竞争可能会使它们各自发生新变化,但在当前强资本弱劳工格局下,工会的分裂和分散使劳工运动难以达到团结统一,减弱了劳工运动整体力量,制约了工会在整体上维护工人权益作用的有效发挥,给雇主分裂工会、分裂工人队伍提供了可乘之机,并影响到工人阶级为实现其根本利益而联合起来、采取协调一致的集体行动的能力、方式和战略,结果最终利益受损的是工人阶级。但工人阶级及工会的团结统一并非强求能得来的,需要经历很长的过程。

美国工会与政党、政府的关系。美国工会自 19 世纪以来就一直热衷于通过政治活动争取自身权益。20 世纪 30 年代,工会通过支持民主党人罗斯福推行"新政"而争取到一系列劳工立法。20 世纪 90 年代以来,美国工会更加热衷参与政治,甚至不惜耗费巨资支持民主党人竞选。④ 美国政府也十分重视同工会的密切联系,重视通过有利于劳工的行动和立法缓解劳资矛盾,稳定社会。经过工人运动和工会的长期斗争,目前,美国的劳动立法已逐渐形成了一个由劳动标准立法和社会保障立法两大体系组成

---

① 李会欣:《战后美国劳工运动的特点分析》,《当代世界社会主义问题》2002 年第 2 期,第 65 页。
② 丁骥千编:《美国工会分裂的影响》,《国外理论动态》2007 年第 2 期,第 56 页。
③ 李会欣:《战后美国劳工运动的特点分析》,《当代世界社会主义问题》2002 年第 2 期。
④ 陈奕平:《美国工会现状分析》,《工会理论与实践》2002 年第 3 期,第 51 页。

的较完整的法律体系。①

美国工会虽一向标榜自己"无党派色彩",但显然在美国这一适应资本主义市场经济的议会制民主国家里,涉及劳动者利益的许多法律都要经议会通过,工会为了自己所代表和维护的那一部分劳动者的利益,就需要一定的政党在议会中充当其代言人。而战后,美国资产阶级政党为了调和阶级矛盾,保持社会稳定,不得不对工人阶级采取一些调和让步政策。在这种历史条件下,工会与一定的政党必然发生联系。美国的劳联—产联与民主党既相独立又相依赖的特殊伙伴关系正是二者之间政治利益的一种妥协,它导致并形成了二者政治上相互依靠、经济上相互支持的关系。② 劳联—产联的宗旨是改善工人生活,实现经济和社会正义,其主要活动都是围绕维护劳工权益展开,通过游说、罢工、鼓动工会成员投票、鼓励工会成员竞选公职来实现目标。该组织虽是一支强大的政治力量,但其领导人却拒绝将其转变为政党组织,而是在政治上长期支持民主党。③

共和党向来对工会不友好。1981年,共和党前总统里根当局开除1.2万名进行罢工的航空交通专业控制员,显示共和党对工会的强硬态度,整个20世纪80年代工会的发展大受打击。20世纪90年代工会支持的民主党重新掌权后,行政部门对工会的态度有所改变,但共和党控制的国会通过的不少立法仍对工会不利。2001年共和党人小布什上台不久,即介入美国四家最大航空公司与旗下雇员的劳资纠纷,在西北航空公司劳资双方差不多达成协议的情况下,布什对西北航空公司员工进行最后通牒。④ 可见,共和党执行打压工会的政策措施。

美国工会虽在衰落,但在美国的经济政治生活中仍有较大的吸引力和影响力,这种影响力体现在对加入工会的企业雇员在工作、工资、养老、保险、医疗福利和涉及工会会员的裁员、减薪、解雇甚至在企业出卖转让乃至破产时的善后安置等方面的保护上。⑤

---

① 雨豪:《美国工会工运历程的启示》,《工会博览》2003年第13期,第45—46页。
② 同上书,第44页。
③ 孙茹:《劳联—产联》,《国际资料信息》2004年第12期。
④ 陈奕平:《美国工会现状分析》,《工会理论与实践》2002年第3期,第51页。
⑤ 同上。

二 英国工会

英国工会组织是随着英国资本主义的确立逐步出现和发展的。17世纪末英国成立了世界上最早的工会组织,18世纪60年代产业革命发生后,行业工会逐渐增多,工会运动不断①。1799年政府颁布了《结社法》,禁止任何工人组织建立和活动,工人活动被迫转入地下。1824年,工人经过不断斗争获得了组织工会的权利②。1868年,英国工会的联合组织——英国职工大会成立,它是一个论坛性的机构,并不是各参加工会的领导者,但此后它一直是英国劳工运动的代言者,英国主要的工会组织基本上都是它的成员。③ 英国职工大会主张在维持生产资料私有制的情况下改善工人的经济与社会条件,调解劳资矛盾。英国职工大会是国际自由工会联合会和欧洲工会联合会会员组织,并在其中发挥重要作用。④

1900年,英国工会、费边社、社会民主联盟和独立工党为了在议会中增加工人议员,维护工人阶级利益,成立了"劳工代表委员会"。1906年,劳工代表委员会在议会中建立独立的议会党团,改名为"工党"⑤。英国工党是工会应劳工运动需要建立的政党组织,从工党成立至今,工会一直是工党的集体党员,对工党发生重要影响。⑥ 100年来英国工党与工会的关系大体为:在第二次世界大战结束以前,作为工人运动的两翼,二者总体上能够密切配合、和谐相处,工会在其中起主导作用;第二次世界大战后初期,二者关系既有和谐相处,也有公开对抗,总体上日渐疏远;1983年以后,工党对工会进行了新的定位,二者关系因由工人运动的两翼变为工党主导下的社会伙伴关系,而变得明显疏远。⑦

三 法国工会

1789年法国建立了资产阶级国家,1791年立宪会议禁止按职业联合

---

① 李华锋:《英国工党与工会关系研究》,人民出版社2009年版,第11页。
② 《国际工人运动知识手册》,工人出版社1987年版,第301—302页。
③ 李华锋:《英国工党与工会关系研究》,人民出版社2009年版,第11页。
④ 《国际工人运动知识手册》,工人出版社1987年版,第305—307页。
⑤ 李华锋:《英国工党与工会关系研究》,人民出版社2009年版,第10—11页。
⑥ 同上书,封底。
⑦ 同上书,第3页。

工人的法案通过，阻止工人们组织起来进行斗争。19世纪初叶法国产业无产阶级形成，19世纪60年代产生了第一批工会。1864年资产阶级被迫承认工人有罢工权，1884年承认了工会的合法地位。①

1895年出现了法国第一个规模较大的全国性工会——法国总工会。但此后法国的工会组织时分时合，逐渐形成了多元化的格局。法国工会最为鲜明的特点表现为工会运动的多元化，不同行业、不同群体根据自身特点和需求，组成代表自身利益的工会。目前，法国写入《劳动法典》的工会有法国总工会（CGD）等5个，这5大工会实力比较强大，而且法律赋予它们与政府进行对话和谈判的权利，其他工会则不具有这项权利。法国的劳资关系调整机制已形成一套比较规范的体系，劳动法、行业协议和企业协议共同构成劳资关系调整机制的框架。"在法国，发生集体劳动争议必须采用调解、仲裁程序。但法国的公营企业、私营企业和除警察以外的公务人员都有罢工权。"②罢工在法国比较频繁，多是如增加教育投入等社会要求，这些罢工或示威实际成效不明显。法国工会组织的多元化、分散化，影响了工人阶级的团结联合及与资方较量的实力，加之社会经济形势不利，工会的斗争成果甚微，因而工会的吸引力降低。"如何扩大影响，增强实力，有效地代表和维护工人群众的利益，是法国工会急需解决的问题"。③

四　德国工会

19世纪前，工人与雇主之间依靠签订劳动合同来确定劳动关系，规范双方的权利和义务。由于个体工人与企业双方力量差异悬殊，工人的利益势必受损。19世纪后，特别是二次工业革命以来，产业工人队伍不断扩大，他们开始自发地组织起来，与雇主进行谈判，工会应运而生，在与雇主谈判时作为工人利益代表，以一个整体的力量出现，为工人争取更大的权益，遂有了工会与企业的谈判。④劳资谈判由行业工会代表雇员、雇

---

① 《国际工人运动知识手册》，工人出版社1987年版，第265页。
② 郑桥、吴亚平：《法国工会运动的现状、特点及启示》，《工会理论与实践》2000年第3期，第51页。
③ 同上。
④ 参见马丙丽《德国工会协调劳动关系机制借鉴及启示》，《北京市工会干部学院学报》2009年第1期，第26页。

主组织代表雇主进行，不受国家影响，这种行业工会同雇主组织之间的劳资谈判模式是德国工会发挥作用的一大特点。在工会和雇主联合会协商签订的劳资协议期内，双方有遵守规则，保持和平的义务，属于伙伴关系。劳资协议到期后，工会代表职工的诉求没有得到雇主同意，才可以组织工人斗争、示威、游行或罢工等。①罢工须遵循必要的条件，才被认为合法，主要是："罢工必须由工会来组织，工人们自发罢工被称为野猫式罢工，无论其目的如何，都是非法的"；"集体合同以外的事项不能成为罢工的要求；集体合同有效期内，协议规定的事项不能成为罢工的项目；政治罢工（也就是那些直接反对国家的罢工）和公务员罢工都是非法的；罢工不能有暴力行为，否则工会要承担罢工造成破坏的法律责任。"② 德国企业中不设立工会组织，德国工会是通过企业工人委员会和监事会两个机构的运作发挥作用的。"集体谈判是德国工会的一项最重要的工作，是工会代表和维护职工权益的有效手段。"③

德国的劳资关系体系在市场经济国家中最严谨，法律规范比较到位。德国劳资双方的组织程度都非常高，一旦有问题通常用谈判方式解决，矛盾处理有一个规范的渠道，这在一定程度上是因为德国的社会民主主义传统。德国的法律规范让工人不会出现很多自发的行为，劳资双方都比较习惯于用法律手段解决问题，破坏性的罢工很少。"企业里不允许有工会活动，但企业员工可以加入工会组织。"④

德国工会是以行业划分的，德国最大的工会组织是德国工会联合会（Deutscher Gewerkschaftsbund – DGB），它是一个由 8 个行业工会组成的全国性联合会，"是德国工会的领导机构，在全德设有三级联合会，分别为联邦级工会联合会（即 DGB），联邦州级工会联合会（有 9 个区设置），各地方级的工会联合会（目前在 70 个地区设有 94 个）。与此类似德工联下设的各行业工会也分为相应三级，遍布全德。德工联的职责和任务是为

---

① 马丙丽：《德国工会协调劳动关系机制借鉴及启示》，《北京市工会干部学院学报》2009年第 1 期，第 28 页。
② 林燕玲：《工会：市场经济的调节器——从国际化的"陷阱"看德国工会》，《人力资源》2006 年第 22 期，第 12 页。
③ 同上。
④ 《日本与德国的工会模式》，《商务周刊》2007 年第 8 期，第 72 页。

各个行业工会提供法律援助和业务培训,其下设的各级工会也相应地为各对应的行业工会提供服务。"① "截至 2006 年,拥有 804 万成员。由于德国宪法规定公民结社自由,因此,除德工联之外,在德国境内还有许多其他的工会组织",但它们的"竞争力较弱、会员人数少、影响力不大"。德国工会联合会总部"由 13 名核心成员组成,其中 5 人是起决定作用的常务负责人,另外 8 人是八大行业工会选举产生的,基本上都是各行业工会主席担任。包括德工联在内的各级工会主席都是经 4 年一次选举产生的,如果在选举中落选也就意味着失业"。②

"在以往的德国劳资双方谈判中,工会与雇主之间可谓是相互妥协,互有让步,但总的来讲,雇主一方让步的时候较多,德国工会谈判的质量在西方国家中是属于上乘的。由于近年来德国经济不景气,在劳资谈判中,雇主一方不在万不得已的情况下是绝不让步的,频频做出让步的倒是工会一方。"③ 德国的情况反映着当前西方国家工会与资方的总体关系态势——资强劳弱及资进攻劳退却。

德国工会与会员彼此对对方失去信心、兴趣。"工会积极分子队伍陆续从劳动现场消失。这些年来,政府和各种社会机构(如经社理事会、劳资调解委员会、社保机构等)给工会组织加上了越来越多的官方角色,从而使工会的活动和代表性走向'职业化',工会脱产干部人数越来越多,工会由此获得的津贴和资助也日益增加,这使工会对吸收新会员失去兴趣,而此前工会主要是靠吸收新会员来达到收支平衡的。此外,工会从官方机构领回来的新任务,让人看起来比做工会基层工作更体面、更高贵,而且也不那么吃力不讨好。久而久之,工人与工会之间就形成了某种距离,加深了双方之间的不信任感。"此外,工会的"政治化"——工会内部的权力争斗,奋力争夺在政府机构、社会机构和企业委员会中的控制权,又加深了职工群众对工会的疑虑。20 世纪 80 年代以来,各全国性总工会内部领导人之间的争夺态势比以前更加激烈。这种"政治化"既耗

---

① 马丙丽:《德国工会协调劳动关系机制借鉴及启示》,《北京市工会干部学院学报》2009 年第 1 期,第 25 页。
② 同上。
③ 王友明:《德国工会的困境》,《工会理论与实践》2004 年第 3 期,第 54—55 页。

费工会许多精力,也使个人主义进一步抬头。① 德国工会"会员们抱怨,工会每况愈下的组织实力和谈判质量非但未能给自己带来预期的利益,反而让雇主乘机提出苛刻要求从而给自己带来利益上的损失。"因此,一些工会的精英分子"失去对工会的兴趣,一般的会员也对工会未来缺乏信心,这种消极悲观的情绪正在蔓延于德国工会"。

德国行业工会之间的互不配合削弱了谈判的质量。"如,德国五金工业工会坚决拒绝雇主提出的关于劳动时间灵活安排的方案,而德国职员工会和铁路工会则表示欢迎,甚至与雇主一方就劳动时间灵活化达成了协议。"②

德国工会与政党、政府的关系。"德国工会虽然不隶属于任何党派但有着一定的政党背景倾向,其工会领导人和干部大都是社会民主党成员,工会与社民党之间有着千丝万缕的联系,既有着很多共同的政治倾向又存在着许多矛盾和问题。"③在德国,社民党的政策主导着工会与政党关系的变化。"按照新自由主义的逻辑,通过《2010规划》削减社会福利是经济高涨的前提。……减轻企业的负担就可以促进经济高涨,而实际上低迷的内需才是经济景气的根本障碍。这次政策转变在社民党内引起了强烈抗议,许多党员特别是传统的工人党员退党,但这并没有促使社民党改弦更张。"社民党政策遵循新自由主义发生的改变在《2010规划》中被展现出来。"随着《2010规划》的出台,工会与社民党的关系再度恶化。尽管工会与社民党的联系仍然很紧密并且还没有达到分道扬镳的地步,但是彼此之间的传统分工已经结束了。按照传统的分工,工会的精力主要集中在企业政策和集体谈判政策上,而社民党则主要从政治上代表工会的要求。"关于社民党疏远工会的深层原因,"社民党并不仅仅是由于推行《2010规划》才背离社会民主主义的社会公正的基本价值观,并因此而疏远工会的。这只是一种发展过程中的一个阶段,即以企业为中心逐渐代替以劳动为中心,从而导致私人企业的文化赢得统治地位。"并且其结果是"这项必然导致社民党疏远工会的政策并没有实现其许诺的繁荣目标,不论是经

---

① 丁骥千编:《法国工会运动衰落的原因》,《国外理论动态》2003年第5期。
② 王友明:《德国工会的困境》,《工会理论与实践》2004年第3期,第55页。
③ 李子星:《关于德国工会及劳动关系现状的考察与思考》,《天津市工会管理干部学院学报》2005年第3期,第33页。

济目标还是就业目标,相反的却是为进一步削减社会福利和使经济与社会更多地接受市场的摆布创造了条件。保守势力从联邦政府的政策中汲取了动力,基督教民主党人和自由党人以及企业主联合会汇合起来,一起鼓吹进一步削减社会福利,取消集体谈判自主权,限制工会的活动,并进而执行一项比现行政策更有利于企业主和富人的税收政策。"事实上,工会与政党因服务和服从不同的群体和目标,其立场、观点和做法不可避免地存在歧异,二者的关系也会随着社会历史条件的变化不断演变,但在二者关系变化中起主导作用的是政党。"由于社民党的变化而出现了政治真空,而社民党左翼因本身的弱点又无力来填补这个真空,于是工会被迫自己行动。保持和扩大工会的独立自主是必要的,独立自主既不意味着代替政党的位置,也不意味着脱离政治。工会的独立自主更多地意味着独立自主地执行工会自己的政策并以自己的政策构想参与社会大辩论。工会需要革新自己的政策,摆脱目前被动的守势地位。"① 社民党等政党针对工人阶级及工会的政策发生变化,工会就需适时调整、制定和执行自己的政策,加以应对。

1991年两德统一后不久,德工联会员数一度达到1180万,是其"历史的鼎盛时期,但也仅仅持续了2—3年,便以年均3.71%的速度递减"。会员人数不断减少是德国工会面临的主要困难,为了保住现有会员并进一步争取更多的会员,德国工会进行了多方努力,如从本质上提高自身的工作质量,提高谈判的质量,为会员争取更加优越的福利待遇和工作条件;为会员提供更多的法律帮助;为会员提供信息、免费培训以及一些优惠,等等。尽管如此,德工联的会员仍在流失。②

五 瑞典工会

1881年,瑞典第一批工会成立。工人和工会明白他们需要政治权力,以改变社会,于是在1889年创立社会民主党。他们意识到还需要成立联合组织,于是在1898年成立工会联合会,以协调全国工会的政策。随着

---

① 黄汝接摘译:《德国工会和政治抉择》,《国外理论动态》2005年第5期,第28页。
② 马丙丽:《德国工会协调劳动关系机制借鉴及启示》,《北京市工会干部学院学报》2009年第1期,第26页。

工会运动的逐步确立以及越来越多的工人在工会中组织起来，全国工会的数量也增加了。20世纪40年代，越来越多的工会为变得更加强大而进行了合并，工会数量逐渐减少。瑞典工业化相对较晚，20世纪下半叶，瑞典工会运动成为世界范围内最强大的并且或许是联合程度最高的运动之一。瑞典的福利制度常常是其他国家的范例，失业救济金计划主要由国家供给资金，由工会运作。瑞典的工会组织水平一直较高，自20世纪70年代中期起，达到了80%。自1993年开始，主要由于劳动力市场结构的变化，工会组织水平逐渐下降。

采取工会行动的权利，如罢工和停工权，是一项集体权利，它与雇主和雇员之间的集体协议紧密相连。一旦签署了协议，就不能诉诸任何一种罢工行动。假设有自发罢工，则可能对参加者提起诉讼，并对其追加罚款。因为已签署了协议，工会不能进行干预。但是，如果雇主不遵守协议，情况就不同了。除此之外，当协议期满时，采取工会行动的权利是很宽泛的。

工会联合会代表大会每4年召开一次，由130名工会联合会总委员会委员和300名特别从附属工会选出的代表参加，通常讨论和决定由工会联合会执行委员会起草的一份或几份报告及几百个提案，并决定未来4年至下一次代表大会召开期间的主要活动和政策。工会联合会的主要目标是在附属工会之间组织合作。工会联合会也对许多研究领域负有责任，如研究公共福利制度及其发展，有时甚至研究对诸如这样的制度的威胁情况。收集工会议题的一般和具体信息以及进行工会培训等也是工会联合会的任务。

劳工立法是工会联合会关注的重要问题之一。20世纪70年代，当雇主组织放弃了关于改进当时工作条件的协议的谈判时，工会联合会求助于社会民主党政府，并要求新的劳工立法。接着在20世纪70年代通过了几项法律，这些法律构成了现在劳动力市场法规的基础。工会联合会及其附属工会也就有可能据此谈判集体协议。集体谈判是每一个工会组织的核心问题。在新世纪的结构重组期间，工会联合会需要改进集体协议规则，目前它正在与雇主讨论这一问题。最近工会联合会提出有必要制定保护共同决定法、工作环境法以及免受非社会主义政党攻击的其他法律等。

工会联合会自建立以来，与社会民主党建立了牢固的联系。这些联系过去常常既表现为个人联系也表现为组织联系。现在，正式的组织联系不再存在。工团主义者和社会民主党之间仍然维持着很强的个人联系，这种联系在社会各个层次进行。传统上，工会联合会主席是社会民主党执行委员会的成员，由党代表大会选出。在地区和地方层次，工会会员作为社会民主党党员也担任职务，这些工团主义者在党组织中所做的工作由工会联合会地区和地方组织协调。多年来，在工会联合会组织和北欧国家社会民主党之间也有一个特定的合作组织——北欧社会民主主义劳工运动联合委员会（SAMAK）。

瑞典工会与社会民主党有紧密的合作关系，由于社会民主党长期执政，一系列劳工法得以顺利通过。工会联合会和社会民主党之间的合作，主要由工会联合会在中央层次上进行，尽管附属工会在一些具体问题上同社会民主党有接触。而一旦右翼政党上台执政，政府就会设法破坏20世纪70年代通过的一些保护工人权益的劳工法，并削弱工会。[①]

六 日本工会

第二次世界大战后，"日本作为战败国，由美国主持它的立法和建立劳资关系体系"。"日本人认为企业是一个家庭，老板就是家长，家长肯定会考虑员工的健康成长和工资福利"，工会也被认为是家族里一个重要成员。日本"还有其独特的终身雇佣制和年工序列工资制，使得工人和工会对企业的依附程度非常高"。日本工会多数是企业工会，因为企业垮了工会也就没有了，工会非常维护企业。[②]

以上是一些西方主要国家工会的基本情况。有文献对美国工会和欧洲的工会做了比较，"即便欧洲工会不是典范，至少欧洲工会没有美国病，有能力推动和组织全国性的大规模工潮。欧洲的工会领导层虽然有坏苹果，但却不是集体性和结构性的腐败。虽然欧洲的工会有官僚主义，但由于工会不掌控就业机会，工会干部就不能成为工人们的恩主。欧洲的工会不强迫工人加入，也不从工人的工资里扣除会费。"[③]

---

① 本部分内容参见何秉孟、姜辉、张顺洪编《欧洲社会民主主义的转型——与德国、瑞典学者对话实录》，社会科学文献出版社2010年版，第302—336页。
② 《日本与德国的工会模式》，《商务周刊》2007年第8期，第72页。
③ 严海蓉：《美国劳工运动中的病症》，《读书》2006年第11期，第94页。

综合而言，第二次世界大战前，工会作为劳资斗争的产物，不仅是资本、同时也是国家的对抗力量，其活动受到种种限制甚至遭到镇压，那时的劳资矛盾和冲突，由于找不到和平解决的途径，往往采取暴力对抗的形式，常导致社会动荡。第二次世界大战后，欧洲各种社会力量吸取历史教训，普遍要求进行社会变革，摒弃原有资本主义制度的弊端。各国政府顺应民心，开始强调民主政治建设，并重新认识工会的作用。他们提出工会和雇主协会是处理劳动关系的主体，要由国家负责制定规则，担当裁判，主张把劳资矛盾协调纳入法制化轨道，等等。许多国家的工会都曾走过一个从不被政府承认到被政府认可其积极作用的历史过程。目前，西欧各国工会都不同程度地享有参与国家劳动和社会立法的权利。西方各国工会的运动模式及为工人争取权益的斗争方式不尽相同：法国工会的斗争性较强，法国总工会有 100 多年的历史，在关于工会、职工利益与资方及政府的矛盾协调中，斗争多于协商，大多采用集会与罢工的方式；德国、瑞士的工会在维护职工权益过程中，协商多于斗争。[1]

第二节　西方国家工会面临的一般问题与挑战

第二次世界大战以后的 30 年中，西方的工会运动比较强大，影响到政治、经济与社会生活的诸多方面，以凯恩斯主义为主导思想的欧洲国家以阶级合作的方式将劳工融入福利国家。由于劳资协调机制的存在，劳资矛盾及阶级矛盾较缓和，工人劳动条件和生活水平等有很大改善。然而，自 20 世纪 70 年代末以来，随着西方国家主导的新自由主义的资本主义经济全球化的进展，新自由主义改革给许多国家"带来了大量失业、无保障就业和对凯恩斯主义型工人阶级社团及集体福利事业的持续进攻"，西方国家两极分化加重，工人工资被削减而出现新贫困化，工会权利遭到侵蚀，工会力量被严重削弱，致使大多数工会出现了衰落现象，这些给劳工运动带来了内部政治危机和思想危机[2]。在新自由主义向全世界进攻的动

---

[1] 吴申耀、朱斌：《法国、瑞士和德国工会一瞥》，《工会博览》2003 年第 19 期，第 48 页。
[2] 郭懋安摘译：《欧洲一体化与新的欧洲劳工运动》，《国外理论动态》2003 年第 7 期，第 25 页。

荡的20世纪八九十年代,工会都处于守势,绝望地试图尽可能多地保存它们的权力①。当前,曾与工人阶级联系的政党看来已信奉了资本主义,曾与这些政党联系的工会遭受了致命的逆转。产业无产阶级既发生了分化,又在快速衰落。由全球化促进的多层治理的发展,已进一步明显地毁掉了增进劳工利益的制度环境。因而,现在许多人从政治上、历史上看,认为'工人阶级'、'社会主义'及'劳工运动'这些词语是多余的。②

20世纪70年代以来的经济全球化使西方国家工会面临新的形势和问题:一方面,由于国际联系加强,工会之间出现了更广泛的国际合作的前景和发展机遇。但另一方面,新科技革命引起生产方式变化,生产方式改变必然导致劳动关系变革,新自由主义全球化对劳工运动和劳工权益维护造成巨大障碍,使劳动者工会化程度和工会行动的有效性等都受到负面影响,失业严重(美国的失业率2006年、2007年均为4.7%,而2009年则增至9.4%;瑞典的失业率从2007年、2008年的6.2%增至2009年的8.5%;2009年法国的失业率增至9.1%③),工人阶级新贫困化问题更加突出。且由于工会政治影响力及综合实力的减弱,工人群众及其工会长期斗争获得的权益如参与权、集体谈判权和罢工权等都受到了限制和冲击。

当前西方国家工人阶级在资产阶级政府及资本家阶级的统治下,因身处被奴役地位而必然遭遇被剥削被压迫的困苦,以及由于工人阶级新贫困化而引致的工人进行罢工等斗争不断爆发。仅从2010年5月世界社会主义网站《希腊债务危机标志着阶级冲突新阶段》一文中就可以看到当前西方国家的阶级局势和工会立场变异的生动真实情况及其复杂关系。该文写道:希腊债务危机标志着由美国雷曼兄弟投资银行2008年破产引发的全球衰退的新阶段,世界各国政府通过向负债银行注入数万亿的资金,以避免金融崩溃。通过转向,使工人们付出代价,以解救银行。这些政府正在代表着金融资本的利益,他们企图把工人们的生活标准向后倒退几代人的做法,一定会导致欧洲范围内及全世界的阶级冲突急剧升级,这是对泛

---

① Andreas Bieler: *The Struggle for a Social Europe: Trade Unions and EMU in Times of Global Restructuring*, Manchester and New York: Manchester University Press, 2006, p. 212.
② Ibid., Series editors' foreword.
③ 见http://www.oecd-ilibrary.org/employment/unemployment-rate_20752342-table1. 失业率表。

欧洲工人阶级的进攻。工人阶级对欧洲的紧缩运动发起了进攻，以罢工来应对。在希腊，1100万人口中有200万人于2月24日参加了全国大罢工，3月11日爆发的又一次罢工使该国很多地方陷于停顿。整个经济领域因抗议和罢工而瘫痪。其他直接受银行打击的欧洲国家的工人们也举行了类似的罢工。罢工不仅遍及欧洲，也在战斗性正在增加的美国工人阶级中爆发。快速扩展的罢工只有工会才能止住，工会尽其所能地防止抗议发生，这反映了工会的分裂政策。工会实际上站在金融资本一边，反对工人，反映了工会作为上中层阶级一部分的官僚主义的发展，把资产阶级的政治压制强加到工人阶级身上，并有意与工人作对，破坏工人罢工。整个欧洲的工会都扮演着同样的角色。[1]

这些状况暴露出工会自身存在着严重问题：西方国家一些工会分裂工人阶级，破坏工人罢工的运动，在某些情况下，与资本家阶级及资产阶级政府站在一起，共同压制工人阶级，违背了自己建立伊始代表、争取和维护其工人阶级会员利益的初衷和目的，相反倒把资产阶级的统治强加到工人阶级头上，损害他们的权益。失去自己的组织工会的依托，西方国家工人阶级的低微恶劣境遇由此可见一斑。而工人阶级自己的组织工会对其会员的背叛和内部掣肘及反戈则是对工人最沉重的打击，失去原来含义和本初意义的工会已不成其为工会。这样的工会的行径及走向不能不令工人会员和真正意义上的工会担忧，怎样去直面并解决这一工会性质恶变的严重问题，对他们来说无疑是个非常紧迫和严峻的挑战。

总之，发达资本主义国家自19世纪70年代石油危机开始经济陷入滞胀，失业率一直较高，以市场竞争为中心的资本主义经济全球化的负面影响对西方国家工人和工会造成严重打击。80年代以来，西方国家工会主要由于经济国际化发展加快、经济衰退和大批失业、执政党的新自由主义政策以及生产体制转变等原因，面临着史无前例的挑战和变化，已陷入危险的境地。大多西方国家工会都逐步遭受了会员流失，与政府进行政治谈

---

[1] Statement of the International Committee of the Fourth International: The Greek Debt Crisis Signals a New Stage in Class Conflict, http://www.wsws.org/articles/2010/mar2010/euro-m17.shtml.

判的地位受损，思想体系独有的集结作用下降，在物质明显日益丰裕的时代却丧失了目标，失去了作为工人利益代表与雇主进行谈判的制度化了的特权地位。①工会面临的挑战，包括会员基础遭受威胁，会员减少，工会在工厂里、政府中和社会上广泛的代表作用受到限制②，职业构成发生了变化，雇主实行了改革，持续高水平的失业，国家管理体制的国家导向的重组，这些挑战置工会于守势③。资方改变了生产制度，旨在增加工人对企业目标的义务，给工人履行对工会的义务带来了问题④。

这些工会遭受的挑战是与经济、政治和社会各方面出现的变化联系在一起的，而那些变化则是由力图把所有领域都置于市场摆布之下的新自由主义所造成的。"围绕工时、收入、覆盖式集体合同和投资场所等问题的争议表明，力量对比朝着有利于资本方面转移，工会只是被动地进行防卫性斗争。同时工会还暴露出自身的组织弱点，这一点在会员减少方面突出地表现出来。简言之：工会处于劣势。"⑤种种情况表明，当前发达资本主义国家阶级关系的总体态势是资强劳弱，资攻劳守，资进劳退，各种劳工问题增多，强资本弱劳工格局日趋明显，工人阶级及其工会权益被损，工会因面临诸多挑战而处境艰难。

第三节 西方工会应对挑战的策略

工会运动是工人运动的重要组成部分，是工会组织和发动工人阶级开展的维护本阶级利益和实现本阶级历史使命的社会实践活动⑥。对有组织的劳工运动面对各种挑战的反应性质、应采取的措施及其应对特定困难的最适合的组织水平，现有文献没有形成共识。因此，当说到工会"应对挑战"时，不应理解为宣称工会事实上的成功，而更多的是指工会应对

---

① Deborah Foster and Peter Scott: *Trade Unions in Europe: Meeting the Challenge*, Brusells: P. I. E – Peter Lang, 2003, p. 20.

② Ibid., p. 11.

③ Ibid., p. 59.

④ Ibid., pp. 33–35.

⑤ 黄汝接摘译：《德国工会和政治抉择》，《国外理论动态》2005年第5期，第28页。

⑥ 《简明工会学辞典》，辽宁人民出版社1988年版，第16页。

潜在地或明显地威胁它们未来的重要性、生存和持续发展的种种变化的进程。[1]

在新自由主义的资本主义全球化条件下，资本主义对工人阶级和全社会的态度发生了重大变化——采取进攻态势，跨国公司及其盟友决定并正在牺牲劳动人民的利益。严峻的形势要求工会拿出新的运动战略和战术，但从根本上说，工会需要高瞻远瞩、审时度势，重新考虑它同会员、雇主、政府、整个社会以至地球村的关系，找准工会的定位：作为一个社会团体和一个更广泛运动的代表的工会应奋起迎接挑战，并成为同非正义抗争的武器，而不是沦为一个只为其会员减轻当代资本主义带来的痛苦的机构。[2]

面对西方国家主导的国际金融垄断资本主义经济全球化对工人阶级及工会造成的危害，为适应经济、社会和工人阶级结构的变化及国际格局的变动，发达资本主义国家工会实施一系列广泛的内部改革和策略调整，以便能做出更好的反应，恢复力量，寻求到出路。由于历史和现实的差别，每个国家的改革模式不同。工会要解决的问题是适应国内劳动力市场的变化，因为这些变化已削弱了工会的影响。同时，工会要扩展国际影响，还要确保代表新工人群体。基于对资料的综合分析，本节将着重阐述西方国家工会面临的困境与挑战及其应对策略。

一　应对全球化挑战

（一）全球化带来的挑战

一般认为，欧洲工会运动自 20 世纪八九十年代以来受到冲击，是由于全球化浪潮所导致的国际经济竞争的加剧、新经济的兴起、人力资源管理的普及以及欧洲总体失业率上升等因素，基本上，经济全球化是最为重要的因素，而其他一些因素可以理解为经济全球化的伴随物。[3]

随着西方国家主导的新自由主义的经济全球化的发展，资本、技术、劳动力等生产要素在全球加速流动，使各国之间的经济联系更加紧密，国际经济竞争加剧，国际垄断资本剥削的全球扩张加快，特别是作为经济全

---

[1] Deborah Foster and Peter Scott: *Trade Unions in Europe: Meeting the Challenge*, Brussels: P. I. E - Peter Lang, 2003, p. 11.
[2] 参见郭懋安摘译《振兴美国工会运动刍议》，《国外理论动态》2005 年第 5 期，第 30 页。
[3] 参见郭懋安摘译《欧洲一体化与新的欧洲劳工运动》，《国外理论动态》2003 年第 7 期。

球化主要载体的跨国公司的发展，其活动和权力超越国界，"使工人组织工会和进行集体谈判日益困难"，而且"规避对工人、对社会和环境应承担的责任"①。而反观工会，传统上，它是在国家范围内寻求并实现其相当大的影响，在经济国际化发展中，国家作用的下降置工会于危险境地。资本在全球联合起来，随之而来的是劳资矛盾在国际范围展开，然而工会维护工人权益的职权迄今却依然囿于本国范围之内，很难与跨国联合资本的权势相抗衡，工会代表和维护工人利益非常困难。

在资本主义全球化中，跨国公司和国际金融资本对利润无止境的追逐，正在使全世界劳动者的生活与权益受到损害，导致世界规模的贫富差距加大。维护跨国公司与国际金融资本利益的西方国家政府，最大限度地操纵着国际机构，进一步恶化着全球及本国工人的处境。跨国公司凭借其强大实力和随时可以易地生产的威胁手段，致使工会维护工人权益异常艰难，工会的组织形式、工作格局、活动机制、斗争方式等都面临新的挑战。研究和解决跨国公司的问题遂成为西方国家工人和工会应对全球化的重要问题。

（二）应对全球化挑战

经济全球化使得资强劳弱、资攻劳守、资进劳退的阶级关系态势更加突出，面对国际金融垄断资本主义全球化政治经济上对工人和工会权益的恣意侵害造成的两极分化、社会不公等严重社会问题以及环境破坏等严峻生态问题，国际工会组织与西方国家工会在深感和痛受其害的情况下，已经认识到了资本主义全球化所致的巨大威胁和深重灾难，并进行了种种新的探索，采取了一些应对措施，总的主张是反对西方国家主导的不公正、不合理的新自由主义的经济全球化，促进经济、社会及生态环境可持续协调发展，保证工人基本权利和享有体面劳动，消除贫困，缩小各国内部及国家之间的不平等，让经济全球化服务于广大劳动者②。他们还提出了许多建议，形成和开展了许多正式或非正式的组织和运动。③

---

① 转引自郭懋安摘译《经济全球化背景下世界工会组织的联合趋势》，《国外理论动态》2007年第5期，第21页。

② 参见《全球化进程中的世界工会运动——钱大东研究员访谈》，《国外理论动态》2007年第5期，第2页。

③ 参见李会欣《反全球化运动与劳工》，《国外理论动态》2001年第8期，第13页。

从跨国公司的强势及工人和工会的困境可以看出，要实现为所有国家所有人带来机会和使之切实受益的全球化进程非常艰难，世界及各国工会运动正在探索中前进。经济全球化和企业跨国化，使全世界资本家阶级联合起来，西方国家利用首脑会议等场所谋求国际合作，以维护大企业及跨国公司的利益，强化海外发展。与此同时，跨越国界的生产组织本身为工会国际主义提供了新的机会①。在资本主义全球化加速发展的今天，西方国家垄断资产阶级将资本全球化，包括西方国家工人在内的世界工人作为资本雇佣者受世界资本家的支配与控制，阶级压迫、剥削和奴役也随之全球化，世界工人阶级历史地位和根本利益的一致性及其联合起来以有效反抗世界资本家阶级统治的重要性和紧迫性凸显出来——资本的联合要求工人阶级及其工会组织的联合，反对全球非正义的各国工会必须建立起全球性工会伙伴关系②，加强工会组织的国际性联合，更好地协调各国的工会运动，共同抵抗无限制的资本主义的扩张，以有效地维护各国工人的经济社会等权益。各西方国家工会组织应发挥作用，继续以本国斗争为基础，进而加强在区域和世界范围内的团结和联合行动，相互支援，采取坚定的立场，在国内及国际上实现工会更高层次的参与以及同其他社会组织和社会运动的更广泛的合作。通过国内国际工会联合协调行动，把工会的维权格局从一国范围拓展到国际范围，打破全球资本主义恶化工人处境、损害工人及工会权益的状况。

反对资本主义全球化的具体措施还有：工人们在各阶级合作性质结构的社会中的影响力，依赖于他们采取共同的产业行动的能力，这要求欧洲范围的罢工权……跨欧洲的工会加强合作，是构筑反新自由主义进攻的一种方法。③西方国家工人们及工会要积极争取国际集体行动权，并强化工会的国际合作，采取国际范围内一致的集体行动，以有效抗击资本主义全球化对工人和工会权利的侵袭。

虽然资本主义全球化的客观发展过程必然要求同时也在造就着国际劳工

---

① Andreas Bieler: *The Struggle for a Social Europe: Trade Unions and EMU in Times of Global Restructuring*, Manchester and New York: Manchester University Press, 2006, p. 25.
② 郭懋安摘译：《振兴美国工会运动刍议》，《国外理论动态》2005年第5期，第32页。
③ Andreas Bieler: *The Struggle for a Social Europe: Trade Unions and EMU in Times of Global Restructuring*, Manchester and New York: Manchester University Press, 2006, pp. 211－212.

的大联合，但是建立国际劳工联盟是一个长期的阶级斗争的客观过程。在当前新自由主义全球化中不断走强的资本一如既往且变本加厉地侵害劳工及劳工组织权益的情况下，各国及国际工会运动既充分发挥各自作用，又把各自看成是全球劳工运动不可分割的组成部分，加强协调一致的密切合作，才有望争取和维护各国及世界劳工的权益，因为全球劳工运动保持团结一致是制约跨国公司的必不可少的重要力量。但时至今日，国际工会运动对减轻和消除全球化的不良后果影响甚微，对国际经济组织和八国集团所做的不利劳工的决定还没有现实影响力。要改变这种状况，国际工会运动重要而迫切的任务是：加强工会在政治上和组织上的联合，使之能在国际上开展联合的团结支援性的活动。同时，国际工会运动还需要在政治上组织上做到独立自主，使工会在当地、各国和超国家范围内成为独立的国际政治主体，在不受任何束缚下开展活动，以对世界经济和劳工方面的重大方针政策的制定具有政治影响力[①]。还要加强对跨国公司的监管，加强在跨国公司内的工会筹建和组织工作，建立制约跨国公司、国际金融资本活动的国际规则，而国际工会运动的政治立足点和根本目的应是维护劳工阶级的利益。

西方国家工会运动要扭转新自由主义全球化造成的不利局面，消除其破坏性后果，面临着许多巨大挑战，须从多方面采取主动，并坚持不懈地努力才能收到实效。

二 提高会员率

（一）西方国家工会总体衰落

从1960—2008年经济合作与发展组织国家的工会密度图表可以看到，有些西方国家工会密度在1980年前后几年达到高点，此后下降。有些西方国家1976年前后几年比1960—1976年的最高工会密度有所下降，但下降得比较平稳，如美国从31%左右降到25%左右；之后时期，工会密度降幅较大，如美国从25%左右降到2008年的11%左右，法国从22%左右降到2008年的8%左右。有些国家如丹麦、芬兰、比利时工会密度在1980年前后达到1960年以来的高点，之后较平稳下降。总体上看，经济

---

① 参见洛仁摘译《全球化时代更新工会运动的思考》，《国外理论动态》2008年第5期，第34页。

合作与发展组织中的大多数西方国家在1980—2008年工会密度下降,虽降幅不一,但呈现出衰落趋势。

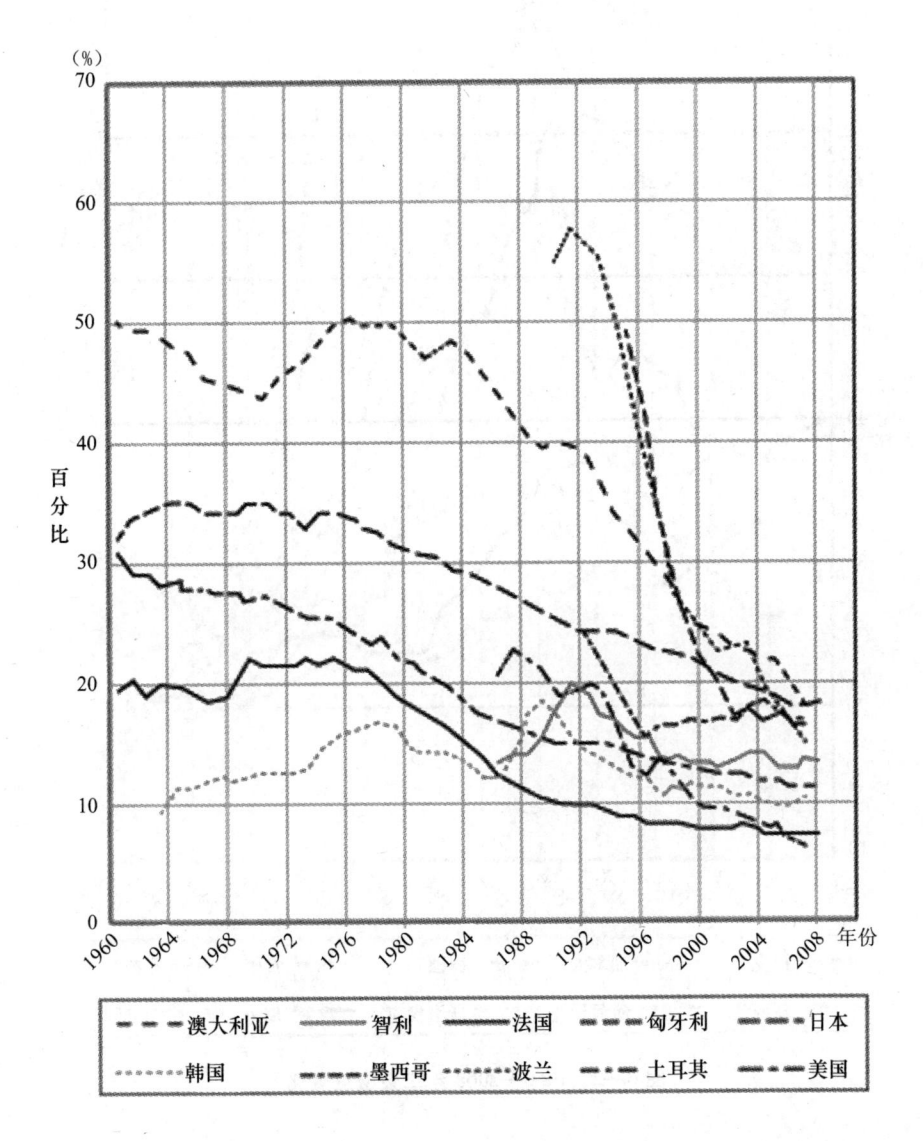

图6—1　1960—2008年工会密度变化

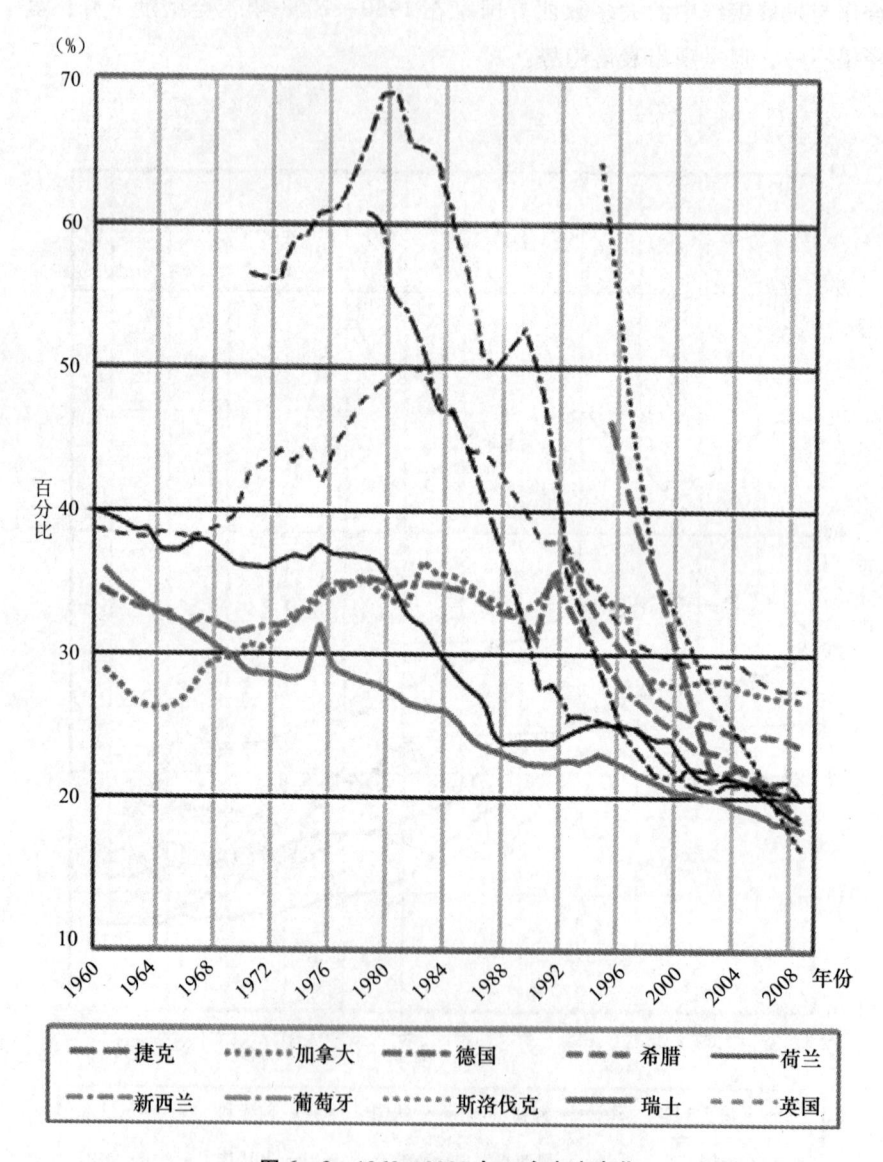

图6—2 1960—2008年工会密度变化

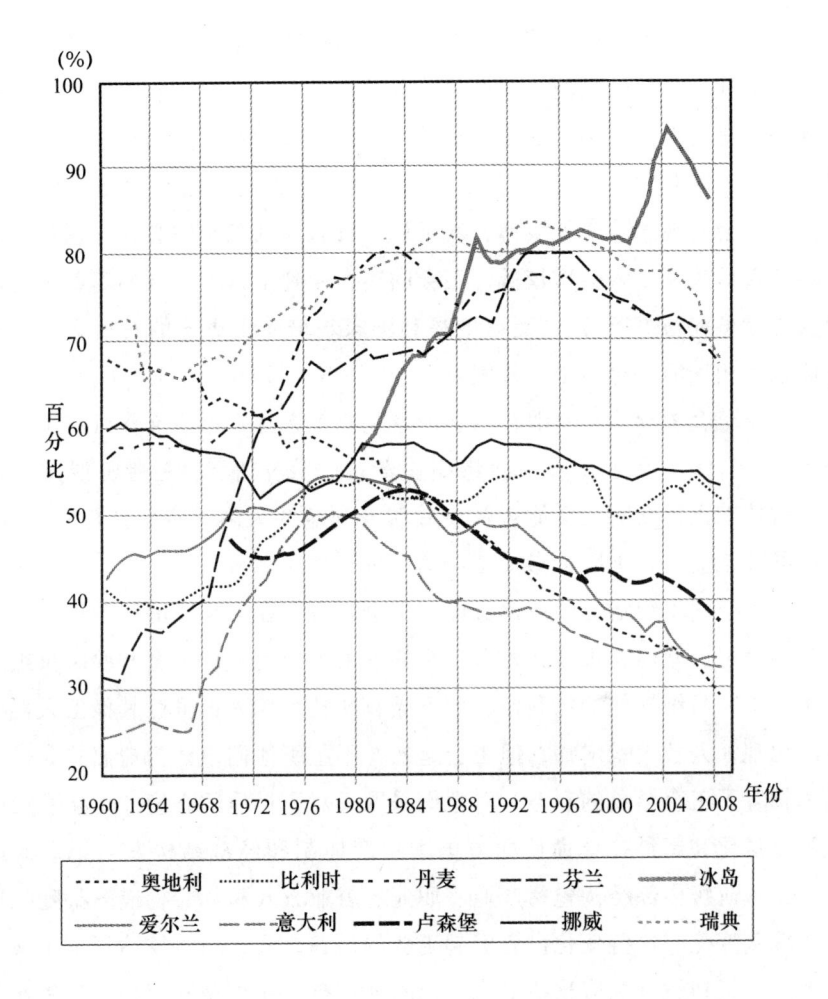

第六章　工人阶级与工会组织　211

图 6—3　1960—2008 年工会密度变化

资料来源：OECD 网站。

工会会员的多少和组织率的高低，某种程度上反映了一个工会或一个国家工会运动的实力强弱和兴衰。西方国家工会会员人数减少、组织率下降有着深刻复杂的原因。

工人入会动因下降。"一般来说，只有社会出现了紧张局势和劳资关系缺少协调机制时才会产生和需要工会，才会促使劳动者联合起来。由于长期以来工会的成功活动，许多国家的社会紧张局势得到了缓和，劳资关系得到了调节。许多国家为劳动者及其工会创造了良好的活动条件,建立了公民最低社会保障机制,为调节劳资关系建立了监察和监督机构,劳动法规基本得到贯彻并不断完善。在此情况下,人们对工会的兴趣却越来越淡化,加入工会的愿望日益降低。"① 这样,工人的工会维权以及要珍视和捍卫工会的观念就变得淡薄,甚至认为没有参加工会的必要。愿意参加工会的人员减少,入会率较低,工会的实力受到了影响。诚如瑞典工会联合会国际事务秘书所言,"更好的福利国家却培养出更多的右翼人士。本来应该是相反的。这真是一种困境。"②

有些工会领导人的腐败行为、严重脱离工人等官僚主义作风和工会自身存在的合法主义观点及工会组织逐渐丧失战斗性③、在劳资谈判中退让,致使工人群众对工会能否代表其切身利益并为之而斗争持怀疑态度,从而导致工会信誉下降,参加工会的会员人数逐渐减少。

在工会的组织活动与策略方面,工会自身存在的狭隘的行会思想以及组织活动努力减弱,束缚并妨碍了它的发展。历史上,工会开始时只组织技术工人,只维护他们的利益,而不吸收非技术工人;虽然其他工人群体不断出现,人数大量增加,但工会起初并不组织他们,认为他们的廉价劳动力损害了工会会员的利益,对他们采取反对和排斥的态度。迅猛发展的经济全球化和新科技革命使西方国家生产体制和经济结构发生了重大改变,工人阶级内部结构包括产业、职业、就业方式和社会构成等都随之发生了深刻变化。这些变化没有引起工会的足够重视,一些发达资本主义国家的工会组织没有顺应这些变化,及时地调整工作思路和布局,把工作重心转移到新兴产业、新兴领域、新兴岗位上来,没有根据工人内部的分化情况,及时改变传统政策,采取调整性措施,扩大代表的工人群体,因而导致了工会会员人数大量减少,工人阶级的组织性降低,工会生存基础受到严重威胁,工会的领导、组织、代表和保护工人的作用也受到了严峻的

---

① 姜列新编:《工会会员流失的原因和对策》,《国外理论动态》2003年第5期,第22页。
② 何秉孟、姜辉、张顺洪编:《欧洲社会民主主义的转型——与德国、瑞典学者对话实录》,社会科学文献出版社2010年版,第306页。
③ 丁骥千编:《美国工会运动目前的处境》,《工会博览》2004年第22期。

挑战和削弱。[1]

全球化和信息技术革命带来的产业重组、技术替代，成为资本谋求降低工人费用、向工人发起进攻的武器，结果是各国工人的实际工资下降，劳动时间增加，工作越来越失去连续性和稳定性，工会组织工人难度加大。也由于已成立工会的生产单位裁员或关厂致使数百万参加工会的工人失去工作，工会会员流失，组织率下降。

政治、经济盛衰周期及制度因素。从有特定政治信仰的政府在多大程度上继续执行或多或少同情工会的政策方面来说，它包括政治周期的影响。还包括经济周期的影响，高通胀有助于工会发展，但是，高失业削弱工会的组织力。[2] 由于新自由主义的发达资本主义国家政府推行的劳动力市场日益解除管制及劳动力市场灵活化、削弱合法保护和承认劳工组织等种种打击工会的政策措施，使得非规范就业工人、移民工人和失业工人进一步增加，大大削弱了工会的劳工基础，这是工会密度下降的重要因素。根据经济合作与发展组织的一份报告，超过60%的稳定的工会水平只有当工会在一国内参与社会保险管理，特别是失业保险管理时才能达到。有人提出西方国家的高工会率现在只有在工会能建立起消除"搭便车"的机制时才能达到。[3] 可见制度因素对工会密度的重要影响。有些国家如"美国政府虽然承认工会的合法存在，但态度不积极，议会则一直反对工会。""美国的一些企业、公司近些年不再设工会组织，尤其是一些小型私营企业反对工人加入工会。"[4] "跨国公司在国外的分公司一般都禁止工人组织工会，并以此作为工人就业的条件。而工人为了能够找到工作，也不得不答应这样的条件，这是近些年来许多国家工会入会率下降的一个主要原因。"[5]政府、资方的压制打击等反工会活动不断增加，一部分舆论反对工会，使原来没有工会的地方很难建立工会，原来已有工会的地方难

---

[1] 《全球化进程中的世界工会运动——钱大东研究员访谈》，《国外理论动态》2007年第5期。

[2] Deborah Foster and Peter Scott: *Trade Unions in Europe: Meeting the Challenge*, Brusells: P. I. E - Peter Lang, 2003, pp. 12 - 19.

[3] Rigby, Mike. Smith, Roger and Lawlor, Teresa (ed.): *European Trade Unions: Change and Response*, London: 11 New Fetter Lane, 1999, pp. 47 - 49.

[4] 周凤霞：《加拿大和美国工会一瞥》，《前线》2000年第4期，第58页。

[5] 李会欣：《反全球化运动与劳工》，《国外理论动态》2001年第8期，第13页。

以维持下去，致使工人更加难以组织，工会维权更加困难，影响了工会建立，工人入会率下降。1960—2008年经济合作与发展组织国家的工会密度图表中新自由主义全球化以来工会总体密度下降的数据表明了这种情况。

（二）提高会员率

西方国家工会组织都把积极发展会员作为一项重要工作。如德国工会为提高组织率，重树威信，摆脱困境，开展了一系列行动："加强工运知识宣传"；积极反击新自由主义进攻；"联合社会力量，寻求政治合作，提升对国家政策的影响力"；"强化欧洲工会联合，参与欧盟经济、社会政策的制定等等"。这些行动能否达到预期效果，尚有待观察①。若欲有效地组织会员，工会须提升组织工作能力，关注并代表劳工阶层多元需求，创新工人活动方式，为工人提供新服务，丰富基本职能，整合工人阶级利益，以拓展工会的效用来增加吸引力、凝聚力，才能充实壮大自己并获得新生。

而针对工人入会动因下降问题，工会要善于进行劳工教育。工会应对工人进行工人运动和工会知识的历史教育，让工人们知晓，今日的成果是历史上工人阶级和工会用英勇艰苦的斗争换来的，坐享成果会有坐吃山空的时候。向工人宣传接受工会保护的同时又互相帮助的集体团结思想及社会公正等价值观念，并针对工人关注的问题采取切实行动，取得他们的支持，将他们动员起来。通过耐心细致的思想教育工作，精心培育工人的工会意识——对工会的一体感及满足感，以吸引和感召工人加入到工会中来，这也是工会能否自我改造、革新的关键。

工会及其领导人超越以前狭隘的视野，改变传统组织基础，扩大吸纳会员范围。伴随着新自由主义政策的广泛采用，生产体制方面从规模生产的福特制转向后福特制，给工会带来一系列挑战：在劳动力构成上，从制造业向私有服务部门的转变，降低了在传统工会会员力量领域的就业水平；全日工作劳动力比例下降，灵活就业增加，要求工会发展吸收和代表会员的战略，以适于女工、部分时间工作工人、临时工人以及小场所就业

---

① 杜婷：《社会市场经济中的德国工会》，《湖北社会科学》2008年第4期，第65页。

工人。①工会的组织结构和机构必须适应并服从于将千百万工人组织进工会的需要，发展适于新工人群体的代表和组织形式，以遏止组织率下滑。工会内部的反应集中在把工会化扩大至正在扩张的私营服务部门，采取适应劳动力市场变化的工会结构，改变吸收会员的方法。尽管工会已提出了许多倡议以解决会员差额问题，但工会并没有足量地吸收私营服务部门就业工人，以代替从工会传统力量范围失去的会员。如果一个工会要扩展到私营服务部门，以长久存在下去，还需要进一步付出相当大的努力②。

　　西方国家工会提高组织率的工作虽收到了一定成效，但在工人阶级结构深刻变化的今天，仍面临着许多复杂而又难以解决的问题。在未实施根特体制③的国家，还不足以扭转会员率下降的趋势，也不足以鼓励较高层次的工人参与。换言之，在工会内及在国家的工会活动中，从传统会员力量范围吸收会员继续占据有影响的关键地位。④

　　工会会员在劳工中所占比重反映了工人阶级的组织程度和工会的影响力，会员人数和组织率是衡量一国工人运动水平和劳工整体力量的重要指标。在看到西方国家工会会员人数减少和会员率下降这些量化的对工人阶级不利的指标的同时，须注意并认识到，虽说衡量一个自愿结成组织的健康程度的最明显指标是其会员数和会员率，但这并不是唯一指标。一个国家工会的影响和力量不能单纯以会员数目及其组织率来衡量，还应综合考虑其他因素。如法国的工会化程度在欧洲国家最低，20世纪70年代中期工会密度曾经在20%左右，到1995年下降至9%，但法国工会通过组织罢工和示威来影响决策。法国工会尽管会员人数少，一直很成功，其作用不应被低估。⑤因此，起实效的工会比会员数量多、组织率高、徒具形式却无战斗力的工会影响更大。所以，西方国家工会在努力提高会员率的同

---

　　① Deborah Foster and Peter Scott, *Trade Unions in Europe: Meeting the Challenge*, Brusells: P. I. E – Peter Lang, 2003, pp. 33 – 35.
　　② Ibid., p. 36.
　　③ 根特体制是指由工会管理失业保险的制度安排，它是以首次创立这一制度的比利时小城根特命名的。
　　④ Deborah Foster and Peter Scott: *Trade Unions in Europe: Meeting the Challenge*, Brusells: P. I. E – Peter Lang, 2003, p. 60.
　　⑤ Andreas Bieler: *The Struggle for a Social Europe: Trade Unions and EMU in Times of Global Restructuring*, Manchester and New York: Manchester University Press, 2006, p. 18.

时，要注重加强工会建设，增强其实际效能。

总之，西方国家工会应当汲取在组织建设、工作思路和战略策略上的经验教训，适应资本主义全球化条件下国内外经济、政治形势及工人阶级结构变化情况，把工作对象面向全体工人阶级成员，把工人参与作为维护工人权益的重要手段和目的，改进工作方式，拓宽为工人服务的领域和渠道，切实发挥好工会代表、争取和维护劳动者合理合法权益的作用，以工会组织凝聚力、战斗力和维权力增强的实效使工人心悦诚服地加入进来。

三　增强代表性

（一）工会自身存在的问题等影响其代表性

在当前全球金融及经济危机时期，多数西方国家工会组建率较低，会员流失，组织率下降，工人失业，劳动者收入减少及劳动和生活条件降低，反映出工会结构、行动能力和工会运动等方面存在弱点，这些弱项都重创了工会的工人阶级代表性，减弱了工人阶级及其工会的坚持力、影响力和战斗力。

工会的分散和分裂使其难以放手组织工人阶级，也就难以代表工人阶级。随着经济全球化的发展，资本增强了跨国流动能力，因大多数国家都希望有足够的资本流入，以促进本国经济发展，创造就业机会，于是资本家在与国家的谈判关系中明显占据优势地位。相形之下，工会作为一种集体力量出现了分裂和分散化现象，如有些国家存在的工会多元结构及工会之间相互竞争等，使工会难以充分组织并真正代表工人阶级，也就很难发动工人联合起来抗衡强势的资本，及难以形成影响政府政策的力量。

工会体制影响工人入会的同时也在制约着工会的工人阶级代表性。"工会积极分子的战斗精神、利他主义和忠心耿耿态度对工会来说是非常必要的，因为工会组织主要是靠会员缴纳会费才能生存下去。"而工会积极分子的战斗形象今天已不复存在，这无疑会打击工人入会的信心与行动。法国工会运动的长期分裂局面，对工人入会也产生不利影响。这些都暴露出工会体制方面存在着问题[①]。同样的，"美国工运面临的问题不仅仅是美国的劳动法（因为资方可以不受制约地解雇工会组织者和支持者）

[①] 丁骥千编：《法国工会运动衰落的原因》，《国外理论动态》2003年第5期，第26页。

和资方的阻挠这些外部的阻力",更是工会体制本身——如前所述工会作为"就业信托"决定了它对组织工人没兴趣、没动力。而美国工会缺乏战斗性,以及作为工人组织没能克服利益群体的狭隘性,则是由于"画地为牢的半封建领地性的体制问题",美国小单位工会的体制则来自于美国的法律、政府、资方对原始的行业工会的扶植和栽培。并且从前面述及的美国主流工会与美国资本主义的共生关系而论,"美国主流工会的问题既是体制问题,也是政治问题"①。社会政治经济制度是工会体制形成的源头。而工会体制又影响其能否和是否代表工人阶级及捍卫工人阶级利益。在工会不能代表、争取和维护工人阶级利益的工会体制下,工人认为加入工会毫无意义。而在工会不必、无须或资产阶级政府故意破坏工会代表、争取和维护工人阶级利益的工会体制下,工会对组织接纳工人毫无必要,既无兴趣也无动力。工人不去加入工会,或工会不去吸纳工人,工会的工人阶级代表性何以谈起。

工会目标存在的问题折射出其代表和争取工人利益方面的欠缺和差距。工会代表工人利益不是空洞抽象的口号,而是要通过实实在在的政策目标的制定和实现体现和表达出来的。西方国家的新自由主义认为工人运动、工人政党、国家的社会福利划拨是阻碍自由市场、阻碍最大限度利润和经济增长的障碍,所以它声称,最好应当废除一切普遍福利,而福利正是历史上工人阶级通过长期艰苦斗争才取得的成果。新自由主义的西方国家政府正在用"自然失业率"的教条取代充分就业政策,在经济衰退或危机时不断削减福利开支,以及使工会及其同盟者难以实施行之有效的宏观经济政策。这些都清楚表明,工人阶级艰辛争取的利于自身的社会政策等方面的成就会遭受攻击,出现倒退,同时暴露出工会政策目标存在着薄弱环节。而工会政策目标的设定和实现问题关系着工会能否切实真正代表并维护工人阶级利益。

工会如何在日益复杂和受影响的环境中代表劳工利益是个严峻挑战。新科技革命的发展使工人的劳动及生活环境发生了改变,同时也由于工会的积极作用以及工人阶级的不断斗争,西方国家工人生活质量和社会保障水平普遍相对提高。物质决定意识,工人意识随即发生变化,产生了个性

---

① 严海蓉:《美国劳工运动中的病症》,《读书》2006年第11期,第98页。

化的利益与价值需求,有了塑造个人生活等需要,这就对工会表达与代表他们的利益构成了影响。同时,工会实施的合并重组战略也提出了工人参与工会活动以及工会如何代表工人的问题。① 工会合并,会员异质性增加,工会如何代表工人遂成为需要面对的问题。②

而西方国家工会是否还在代表及维护其工人会员的利益则是一个备受质疑的问题。西方国家一些工会在当前的资本主义金融危机中有时与资方站在一起,不仅不代表、相反却在损害工人利益。大卫·诺斯在《经济危机与美国阶级冲突复苏》③ 报告中讲到这件事:"1979 年克莱斯勒宣布将关闭一家大的生产企业,联合汽车工会(UAW)不顾普通工人提出的采取行动以保卫工作的要求,接受了这一决定。工人的反对活动被扼杀,工厂在毫无反抗的情况下关闭。联合汽车工会官僚决定在工资和工作条例上给予克莱斯勒重大让步,这就开始了工会与资方合作的模式,扫清了接下来对所有美国工人阶级的工作、工资、工作条件和权益进攻的道路。经过十年的阴谋破坏,美国劳联—产联、汽车联合工会等只在名义上是工会,它们不再作为以任何方式与保卫工人阶级利益相联系的组织而存在。相反,它们却服务于上中阶级阶层的金融和社会利益。以后,美国劳联—产联官僚认可了政府和资方破坏罢工的浪潮。20 世纪 80 年代间并不缺乏罢工,但是,所有罢工都被美国劳联—产联隔离并击败。由资方控制的工会对工人阶级产生了影响,最有力的证据是美国的罢工从 1990 年起实际上消失了。右翼官僚劳工组织镇压阶级斗争的后果是社会不平等加剧,工人阶级生活水平停滞并下降,掌握着空前的政治权力的金融寡头出现,民主遭侵蚀。最终,军国主义增长。美国及国际经济发展的反动性和社会破坏性特点都有赖于工会官僚的主动热切的合作。"报告至此,大卫·诺斯特别说到:"但是,必须强调的是,这并非美国一国现象,国际上也发生

---

① Deborah Foster and Peter Scott: *Trade Unions in Europe: Meeting the Challenge*, Brussels: P. I. E – Peter Lang, 2003, p. 60.

② Ibid., p. 36.

③ 大卫·诺斯是社会平等党(SEP)全国主席,他于 2009 年 5 月 19 日在世界社会主义网站、社会平等党和争取社会平等国际学生(ISSE)地区大会"世界经济危机,资本主义的失败,社会主义的论据"上,做了此报告,见 David North: The Economic Crisis and the Resurgence of Class Conflict in the United States, http://www.wsws.org/articles/2009/may2009/rep1 – m19. shtml。

了类似的社会进程。资本主义在1968—1975年间强大的工人阶级起义中能生存下来,是由于劳工官僚的背叛……英国的劳工官僚在镇压工人阶级反对右翼政府政策方面也起了决定性的作用。"而且,他在讲到现在的奥巴马政府干预汽车业危机,牺牲工人阶级利益时,强调说:"当然,有必要加上以下关键说明:奥巴马几乎不用必须'打破'联合汽车工会。该工会早就已经不是一个有任何社会和政治意义的工会了,它是服务于一个大政府利益的组织,这个政府的收入建立在对工会会员的寄生、剥削和欺骗的关系基础上。"可见,在许多西方国家,许多工会不仅不站在其本应站位的工人阶级立场上,去努力地代表、争取和维护工人阶级利益,却反其道而行之,采取与资方一致的行动,千方百计、殚精竭虑地达成其所效劳的资方的目标方案,蓄意破坏工人阶级保护自身权益的罢工等运动,效力于其原本应持对立立场的资本家阶级。工会脱离直至伤害工人阶级群众,背离当年推动社会前进的理想,这样的工会别说战斗力,即使连代表工人的基本职能都履行不了。那么可想而知,这样的组织是无法得到其所代表的社会主体——工人阶级的支持和认可的,反过来其存在的基础就会动摇,这自然是工会自身存在的严重问题。

工会要否代表整个工人阶级更是进一步的问题。美国工会脱离了工人阶级的其他部分并自外于他们,把自己当作一个只为其现有会员牟利的工具,而不是捍卫工人及工人社会群体的先锋战士。今天已很少有人认为美国工会"反映了进步运动的声音或是进步社会运动始终如一的盟友",今天美国"工会运动的本性也不像老一辈黑人工会领导人菲利普·伦道夫主张的那样,是在推动社会前进"。[1] 工会变异得找不到当初的踪影,何谈去代表和保护整个工人阶级的权益。工会要代表整个工人阶级,还是只代表其会员群体,可能是工会需要思考和面对的问题。

(二)解决工会自身存在问题等以增强代表性

因"在新自由主义经济和社会政策的框架内不可能实现工会在总体上改善劳动和生活条件的目标",西方国家工会要践履自己的工人阶级代表的职责和使命,必须更加重视制定和更新自己的经济和社会政策。"这些政策不会为社会保障制造障碍,而是为经济发展创造前提条件。其目标

---

[1] 郭懋安摘译:《振兴美国工会运动刍议》,《国外理论动态》2005年第5期,第30页。

是由社会需要决定经济发展，在这种经济中，社会的需要、文化的发展、生态环境的保护以及所有必需品的供应都应成为生产、投资和就业的内容"，"应将它们综合起来使之在政策上发挥作用"。这项任务可以使工会在其"核心领域——集体谈判和企业政策——中又回到进攻态势"。① 以有效得力地代表和争取工人阶级权益。

西方国家工会在应对其代表与谋求工人阶级利益方面遭遇的挑战上，不仅需要革新自己的政策，也需要新的策略和方针模式。原来工会组织普遍采用服务性工运模式——即工会首先是一个提供服务的组织，如今"工会应该关注移民、妇女等各方面的社会问题，而不仅仅关注工人的工资和福利问题"——即采用社会性工运模式。"历史上工会曾经主张为了始终如一地保护其会员的利益，需要长期为国家和国际层面的社会和政治问题而奋斗，最终提高所有人和整个社会的福利（Dave Spooner，2004）。工会必须要确定动员和组织工会运动的最终目标，让工会成员都接受这个使命"，以团结一致的强有力行动去达成目标。② 在实现目标的过程中，工会组织要打破封闭状态，与社团、宗教、环保主义等相关的社会团体合作③，以达成更大的影响力和更好的效果。并以确定的工会运动最终目标的正确性保证工会是工人阶级的真正代表。

工会内部实行民主。"美国工会的衰退很大程度上是因为美国工会的高度官僚主义结构以及对集体谈判合同和抱怨体系的过度重视，这削减了工会民主，让工会应对雇主的反对时非常脆弱（Charlotte A. B. Yates，2004）。"④此外，"工会需要摆脱对所有成员都实行一种中心政策的观念，会员的多样性需要在多种工会政策中反映出来。"⑤ 工会要自觉地迎接如何真正代表工人这个问题的挑战，就要依据工会的使命和目标，改变自身的领导方式、组织结构以及代表工人的方式方法，实行并完善民主，要注

---

① 黄汝接摘译：《德国工会和政治抉择》，《国外理论动态》2005 年第 5 期，第 28—29 页。
② 章蕾：《美国工会的衰退成因及其发展对策研究》，《中国劳动关系学院学报》2010 年第 5 期，第 115 页。
③ 丁骥千编：《美国工会运动目前的处境》，《工会博览》2004 年第 22 期。
④ 章蕾：《美国工会的衰退成因及其发展对策研究》，《中国劳动关系学院学报》2010 年第 5 期，第 116 页。
⑤ Mike Rigby, Roger Smith and Teresa Lawlor (ed.): *European Trade Unions: Change and Response*, London: 11 New Fetter Lane, 1999, p. 26.

意倾听会员的心声和意见，尊重他们多种多样的愿望和需求，承认所有会员的自我感受和价值追求，发挥他们的力量和作用，并尽力调动他们参与的积极性和主动性，唯此才有资格在解决劳资冲突时以其代表的身份自居。

也有人认为工会内部民主并不能使美国工会摆脱其工人阶级代表性缺失的境况：美国的劳工被多个利益群体和各利益群体内部的种族、性别、长幼、国籍等不平等关系条块分割，对此，"'工会民主'这个大多数工会改革家使用的口号，就显得空洞而肤浅，根本没有触及问题的实质。即使某些地方工会内部比较民主，但以利益群体为核心、条块分割的宏观架构本身却阻隔了工人之间广泛的认同和联合。事实也证明，迄今所有的'民主'改革都没有解决实质问题。"① 这就要求解决工会分散性等体制问题，工会才有可能代表工人阶级。

而且，鉴于美国"劳工领导人积极参加国务院发起成立的劳工与外交咨询委员会的工作，它的活动给美国政府带来可观的好处，但不利于美国和全世界的工人"，"除非能够态度鲜明地处理好劳联—产联最高领导层的劳工帝国主义回潮问题，否则，要对劳联—产联进行"改革"的任何努力看来都是注定要失败的。"②如果不寻求实质性地根本变革劳联—产联，它就不可能回复到和履行其作为劳工组织的本义和应有之职能——代表、争取和维护劳工权益，实现经济公平和社会公正。

而针对西方国家工会在劳资冲突中不代表工人利益、向资本家阶级不断妥协让步、损害工人权益的事实，针对工会领导与资方在新的斗争中的失败，工会成员需要自己组织起来，进行反击。大卫·诺斯在《经济危机与美国阶级冲突复苏》报告③中讲道："联合汽车工会公开卷入对工人的大进攻活动，摧毁了汽车工人仅存的一点对这一反动组织的信任。他们懂得了他们已经被工会出卖了。工人们保护其基本权利和阶级利益，一定会引致其反抗联合汽车工会及所有其他亲资方和亲资产阶级的组织。当工

---

① 严海蓉：《美国劳工运动中的病症》，《读书》2006年第11期，第94—95页。
② [美] 金·赛普斯：《美国劳联—产联的"劳工帝国主义"》，《国外理论动态》2006年第4期，第43页。
③ David North：The Economic Crisis and the Resurgence of Class Conflict in the United States，http：//www. wsws. org/articles/2009/may2009/rep1 - m19. shtml.

人们进行反对资本主义制度的斗争时，新的阶级组织形式是会出现的……不管公开的阶级冲突重生的直接推动力是什么，归根结底，冲突的形式、特征和目标将由美国及世界资本主义危机的高级阶段所决定。作为正在出现的国际工人阶级运动的一部分的展现，美国工人阶级即将开始的战斗，将呈现出争取权力和社会主义的政治斗争形式。"工人们在残酷痛苦的现实中体察、思考，工会的立场与取向背离其本应代表与维护的主体工人阶级，伤害了工人阶级对自己的群众组织工会的感情和信心，侵害了工人阶级的利益。在认清工会不仅不再能保护反而与资本家阶级合谋损害工人的权益后，工人阶级醒悟到不得不与本来是自己的组织本应代表自己利益的工会对立、斗争，并且需要由他们自己重新组织并进行抗击资本家阶级进攻的运动。

鉴于前述西方国家工会组织自身存在的种种问题及其造成的工会的工人阶级代表性严重缺失的后果，工会若欲走出困境，寻求转机和发展，就须真正做到名实相符，切实代表、争取和维护工人阶级利益。在当前的国际国内形势下，关键是"工会运动必须重新制定自己的政治纲领，重点是表达工人阶级的要求"。具体途径有："须从工人阶级的政治要求出发，动员会员加入以社区为中心的群众组织，关心政治，对各种社会团体的需求保持敏锐的感觉，寻求本人及其亲朋好友在社区参加政治活动的途径，从而创建基层的政治选举组织，为增强劳动人民的权力进行艰苦而必要的斗争。"①

总之，西方国家工会只有通过多方努力，重新塑造其作为工人阶级自己的组织和代表的积极形象，确立其争取和捍卫工人阶级利益的实力和地位，才能扭转衰落的局势，增强自己的工人阶级代表性，发挥在国家和社会中代表和维护工人阶级权益的作用。

四 现代化和重组

随着国际金融垄断资本主义经济全球化的发展，各国经济、政治、社会结构及劳动关系等都发生了巨大变化，西方国家工会也遇到了前所未有的挑战。在资强劳弱、资攻劳守的不利形势下，西方国家工会要有力有效

---

① 郭懋安摘译：《振兴美国工会运动刍议》，《国外理论动态》2005年第5期，第31页。

地应对现时代国际国内多种挑战，保持自身的影响和地位，履行自己的职责和使命，也就必然需要与时俱进，改变不合时宜的思想理论原则和实践，通过重组等战略和策略实现现代化的转身和塑形。因为思想、理论、原则是行动的先导和指南，西方国家工会只有在深刻思省其基本理论原则和已往实践的基础上，着手进行应对当前时代挑战的重组等实现现代化转型的变革，才有可能达到预想成效和目标。"实际上，工会远不是风尚的设计者或是风尚的忠诚的追随者，有时看起来工会就像即将被历史潮流冲刷掉的过时的组织。因为失业正在上升，使得集体谈判制的约束力成为多余，政府已经失去了通过立法手段保持工会地位的兴趣。政府致力于紧缩政策，这样就把工会独自留在市场中，通过高失业、低通胀和日益增加的资本流动性，市场状况日益走向工会利益的反面。工会要再次成为福利国家的设计者，或者甚至能以一种忠诚的、建设性的方式跟上风尚，都得反思他们的组织的基本原则。"工会要走出这种市场化的困境，绝非易事。[①] 如何在当前资本主义经济全球化迅猛发展、市场竞争日益激烈及资方力量更加强大的形势下，既能保持国家和企业的竞争力，又能维护劳动者的权益，是各国包括西方国家工会面临的重大问题，这要求西方国家工会从实施适应当今时代的调整变革方面建构其基本理论原则，以指导工会进行现代化的重组，破解多个难题。

前面已述及，西方国家工会存在着许多弱点，并遭遇着诸多挑战，但它们仍然是社会的反对派，筑起了反对削减社会福利和反对新自由主义的日益广泛的阵线。但同时不容忽视的是，西方国家工会在一些事情上思想认识和态度是矛盾的，这影响了其采取集体行动争取工人阶级及工会权益的能力和实践。例如，德国工会在《2010 规划》问题上"在被动防守和主动反击之间来回摇摆。一部分人主张与政府和社民党对话，而另一部分人则寄希望于议会外的群众对抗力量"。[②] 因此，消除工会内部因工人思想认识分歧而导致组织分裂及无力采取团结一致的集体行动的可能性和风险，既是当务之急，也是长期任务。从工会组织建设、组织保证及工人思

[①] Peter Leisink, Jim Van Leemput, Jacques Vilrokx (ed.): *The Challenges to Trade Unions in Europe: Innovation or Adaptation*, Great Britain: Hartnolls Limited, Bodmin, Cornwall, 1996, p. 252.

[②] 黄汝接摘译：《德国工会和政治抉择》，《国外理论动态》2005 年第 5 期，第 28 页。

想教育等方面来说，西方国家工会结构及其运作等都需要进行面向和适应现代社会变革的重组及调整。

在应对工会的分散化问题以及在许多领域中影响力减小所致的危险方面，工会只有实现了各种作用以及不同层次的劳工运动的结合，才可能取得成功。[1]即需要实现不同层次的工会组织间的关系的契合。要围绕着工作场所、地区和国家层次的组织和活动的内在凝聚和连贯关系建立一个契合的工会。工会结构若不契合，工作场所的活动就常常是孤立的，因而相对无效。更进一步，不同层次的工会组织若缺乏契合，常会削弱工会对雇主的抵制，并迟滞工会内部改革。需要发展国际政策和活动的挑战，集体谈判的去中心化，给工会的契合造成压力，要求工会在国际和工作场所层面之间实现契合，并且工会还必须找到应对这两个挑战的合适的结构契合形式。[2]在代表和维护工人权益的斗争过程中，西方国家工会越来越意识到了工会组织的多元化和活动的分散性对工会运动造成的负面影响，因而愈加重视工会组织的重组与联合。

可以看到，当前劳动力市场重构、工人利益整合模式和工会集体谈判模式等发生的变化使得许多传统的工会组织结构不再适合了。会员减少、财政紧缩以及劳动力市场的变化也已促使工会通过合并进行了广泛的重组。这种合并是防御性的，只保留现存的服务，而没有增加新的服务内容。[3]工会通过改组，已经合并或发展了新的联盟形式，这是工会活动扩展的基础，还是只是一个遏制进一步衰落的反应，仍有待观察。

第四节　西方工会前景

西方国家工会在主要采取上述策略应对其面临的主要挑战中，展现出了如下趋势和前景。

工会需要变革才能存续。美国"为正义而工作"的 NGO 波士顿地区负责人拉斯·戴维斯在 1990 年美国东方航空公司员工罢工期间，"受通用

---

[1] Deborah Foster and Peter Scott：*Trade Unions in Europe：Meeting the Challenge*，Brusells：P. I. E－Peter Lang, 2003, p. 12.

[2] Ibid., pp. 35-36.

[3] Ibid., p. 60.

电气公司工会委托前去支援。结果他们失败了。失败之后的反思告诉他，美国的传统工会已经无力完成应该完成的维护会员利益的任务。他说，这些工会单打独斗，得不到社会同情和声援，甚至有的领导层腐败堕落乃至黑帮化。因此，他与一些有活力的工会领导分离出来，组织了现在的NGO，致力于为更广泛的群体服务，立足社区并团结工人、学生、宗教人士等，争取工会更好的未来"。"为正义而工作""开放的社会化的工作方式和手段，甚至吸引了一些传统工会的基层组织到他们这里来求助和求援。他们自豪地表示，不是要替代传统工会，但是传统工会不变革是没有未来的。"另一个例子是，马里兰州的劳工NGO——"CASA""是一个来自中美洲的移民创办的就业和培训中心。这些移民的非法身份使其难以加入正式的工会，传统的工会在很长时间里对他们也颇为冷落。""CASA"则"根据中美洲工人的特征，安排适宜的训练和寻找恰当的推介岗位，相当有效地解决了移民工人的立足和生存问题。"① 这个中心已经能够满足工人的需要，现在不是他们要求加入工会的问题，而是工会开始关注他们想以此来增加工会本身实力的问题了。工会自身存在的种种问题、NGO等组织的竞争使西方国家工会发展维艰，工会亟须反思和变革，以寻求转机。

尽管自19世纪70年代起，西方国家工会组织总体出现了衰落，并面临着前述等多方面问题和挑战，但其在经济政治社会生活中的基本作用及在劳动关系中的基本职能没有改变。如果工会丧失了影响力和劳工利益代表者的社会地位而瓦解了，当代社会体系和结构也会因之遭到破坏。因此，工会必须为了其所代表的劳工的利益和其自身的生存与发展而采取坚定、正确的立场和处置措施。历史已证明，工会在并未放弃它的核心目标的情况下，是具有高度应变能力的，它们通过组织和战略策略等调整，曾经适应了变化的斗争条件。

马克思曾说："工会的产生，最初是由于工人们自发地企图消除或至少削弱这种竞争，以便在协定中争取到哪怕是能使他们摆脱纯粹奴隶状态的一些条件。因此，工会的直接任务仅仅是适应日常的需要，力图阻止资

---

① 冯同庆：《金融危机下美国工会：见闻和思考》，《当代世界社会主义问题》2009年第4期，第102页。

本的不断进攻,一句话,仅仅是解决工资和劳动时间的问题。工会的这种活动不仅是合法的,而且是必要的。只要还存在着现代生产方式,就不能没有这种活动。不仅如此,这种活动还应当通过各国工会的建立和联合而普遍地开展起来……如果说工会对于进行劳资之间的游击式斗争是必需的,那末它们作为消灭雇佣劳动制度本身和消灭资本权力的一种有组织的力量就更为重要了。"① 无产阶级和资产阶级是资本主义社会的一对孪生子,由于资产阶级对无产阶级进行残酷的剥削和压榨,无产阶级反对资产阶级的斗争从它产生的那一天起就开始了,所以,只要是资本主义制度国家,就有对立统一又斗争的资产阶级和无产阶级存在,它们之间的地位和利益根本对立使它们发生冲突和斗争,资本主义经济的发展总是伴随着生产力和生产关系矛盾的深化和阶级斗争的尖锐化,从而推动工人及工会运动发展,这是决定作为开展工人运动的一种有组织力量的工会存在的基本因素。西方国家许多情况下存在的大量不公正现象,诸如种种形式的剥削压迫、某些部门的低薪、歧视,以及更一般地说,国际劳工组织所称的"体面工作缺乏"等,原则上说,为工会组织生长提供了沃土。

  加入工会是工人改善其劳动条件和生活质量,免遭资本主义制度给自己造成的经济、政治和社会方面的劣势以及许多不稳定因素打击的最好办法。尽管资产阶级国家、雇主和许多媒体存在反工会倾向和行为,但工人们似乎对加入工会的优势有充分的理解,并有数以百万计的工人说,如有可能,他们会加入工会②。由此观之,工会忠实履行并发挥其职能作用是工人意欲加入并推动工会前进的根本前提。因此,只要西方国家职业劳动继续存在,促使工会建立的那些冲突就会继续存在,属于工会职能范围的重要问题就会出现,代表、争取和维护工人基本权益的工会组织就有存在的客观物质基础和必然性,即肩负特有使命、承载并履行特有职能的西方国家工会不会终结,但传统工会不做适应时势的变革却是没有未来的。

---

① 《马克思恩格斯全集》第 16 卷,人民出版社 1964 年版,第 220 页。
② 张文成摘译:《美国工人失业和工会组织现状》,《国外理论动态》2004 年第 12 期。

第七章　工人阶级与行动战略

　　纵观全球化背景下工人阶级的现状，不难看出工人阶级在发展过程中遇到了一些困境，特别是在资强劳弱的情况下，工人阶级的发展更是处于一种相对被动的境地。资本对工人的进攻在力度和范围上都在不断加深和扩大，而工人阶级却处于相对分散和碎片化的现状。总体上讲，工人阶级作为整体以及作为行动战略的主体力量处在一种新的裂化状态，真正能够凝聚全球范围内工人阶级的因素并没有得到充分的彰显，甚至在一定程度上可以说还未真正被发觉，最起码没有得到工人阶级的共同认可。伴随新自由主义的盛行，工人阶级同资本家阶级之间的矛盾具有不断走向显现化的迹象，特别是在新世纪经济危机发生之后，世界各国工人阶级普遍成为资本转嫁危机的对象，为危机埋单成为工人必须面临的事实，在这种情况下民众不满情绪普遍增加。一段时间以来相对沉寂的罢工运动重新焕发出新的生命力，工人普遍走上街头，抗议资本家阶级及其利益捍卫者政府组织采取削减工人工资、社会福利以及其他损害工人切身利益的政策措施，甚至不时还有导致人员伤亡的暴力事件发生。

　　但是总的来讲，工人阶级的抗议行为多是集中在资本主义制度范围内，是一种体制内力量的较量和对比。因而在对工人运动作出判断时要始终坚持客观的评价标准，既不能因为工人运动暂时的活跃从而断言工人阶级运动已经走向成熟，同时也不能忽视工人阶级在当前情况下发生的一系列新变化。偏颇于任何一方，都无法对工人阶级及其与资本家阶级之间的关系作出准确的揭示。

　　客观地说，随着全球化的推进，包括发达国家以及发展中国家在内的所有工人阶级，他们的生活状况以及在生产中所处的地位等不断呈现趋同的倾向。在资本流动不断加快，科技更新更为频繁的今天，工人阶级受剥削的程度并没有因此而减少，反而在不断加深。生产工具的改善所带来的劳动生产率的提高远远超过工人工资待遇的提升，倘若将通货膨胀等因素考虑进来，工人的工资不仅没有增加，实质上还有所减少。在发达资本主义国家曾经以"中产阶级"自居的劳动者，也在经济危机面前受到严重冲击，在阶级归属方面更倾向于将自身纳入"工人阶级"的队伍当中。特别是在经济危机发生之后，各国政府为缓解危机带来的经济动荡与萧条，不约而同地普遍将裁员、削减工人工资、福利待遇、取消休假等作为解决危机的首选方案。工人阶级成为经济危机最大的受害者，而经济危机的始作俑者，那些垄断财团组织的利益不仅没有受到削弱，反而有所加强。在工人阶级入不敷出的情况下，垄断企业高管工资却获得大幅度提升。在这种情况下，工人阶级的不满情绪已经不仅局限于经济层面，局限于就业以及工资待遇等内容，而逐渐扩展到对资本主义制度产生了些许质疑。《资本论》在经济危机发生之后重新走红，也在一定程度上反映了人们对资本主义制度弊端认知。全球化背景下资本在世界范围内的集结决定了工人阶级对资本家阶级的有效抗议不能单纯局限于某一行业、某一地区或某一国家的范围内，而要实现较为广泛的国际联合，彰显工人阶级的国际主义精神。事实上，伴随着工人阶级在新科技革命和全球化背景条件下的巨大变化，工人阶级的抗议行动及其行动战略也表现出许多新的特征，同时也显示出一些亟待解决的新问题。为更好地适应变化了的客观环境，工人阶级在行动战略上需要做出适当的调整。

第一节 当前发达国家工人运动现状概述

一 以缓和斗争方式为主，以剧烈抗议形式为辅

就当前发达国家工人阶级运动的情况来看，工人阶级的行动主要采取和平的、非暴力的方式进行，较少地辅之以相对剧烈的抗议行为。具体到不同国家情况还会有所不同，当一国经济运行态势比较好、工人的工资待遇、社会福利等相对比较稳定的时候，工人运动就较少发生。在这种情况下工人对现有体制以及现行政策等持有认可和支持的态度，而当资本主义国家的经济发展遇到问题，特别是当资本主义自身无力克服的周期性经济危机发生，当资本主义弊端更为清晰地凸显之时，工人的抗议行动就会显

得更为突出,也相对剧烈,进而引发一系列罢工、示威游行等行动。

在资本主义国家,特别是西方发达资本主义国家,劳资双方的矛盾和冲突多是通过谈判、协商的方式加以解决的,较少诉诸罢工、游行示威等激烈方式。劳资双方的冲突之所以多以缓和的方式加以解决,这一方面是由于经济的迅速发展,剩余价值率的不断攀升,使得资产阶级可以拿出所获利润的一小部分用以改善工人的生活现状,满足工人提出的相应要求;另一方面则是由于资本主义国家所规定的各种制衡劳资双方关系激化的政策和法规。例如早在1948年加拿大就曾确立"工业关系和纠纷调查法",其中明确规定,工人如果对劳资合同提出异议,或者发现其中有严重损害工人阶级权益的规定时,首先要通过工会组织与资方进行协商谈判,而不可以直接诉诸罢工、游行示威等抗议行动。当劳资双方谈判破裂后,还需要将双方争议提交调解委员会的审议。只有调解委员会调解失败后,工人才有权利进行罢工。可想而知,这种漫长的拖延方式为资方以及资产阶级政府瓦解、分化工人罢工行为提供了充足的准备时间,资方完全可以从其他地方调集工人以避免因罢工引起工厂的停工和停产。这种状况下,即使工人组织相应的罢工其结果也很难满足工人提出的要求。可见,在类似法规的重重限制下,工人阶级相对激烈的抗议行为必然会有所减少。

这一现象通过各国近十年罢工数量就能够得出明确的判断。例如美国工人举行的罢工无论在次数上还是在参与人数上都有明显的下降。(见表7—1)

表7—1　　　　　　　　美国工人罢工情况统计表

年份	罢工及工厂停工事件的次数	参与人数（千人）	待业天数（千）
2010	11	45	302
2009	5	13	124
2008	15	72	1954
2007	21	189	1265
2006	20	70	2688
2005	22	100	1736

续表

年份	罢工及工厂停工事件的次数	参与人数（千人）	待业天数（千）
2004	17	171	3344
2003	14	129	4091
2002	19	46	660
2001	29	99	1151

资料来源：http://www.bls.gov/news.release/wkstp.t01.htm。

英国工人的罢工情况也表现出与美国类似的特征。（见表7—2）

表7—2　　　　　　　英国工人罢工情况统计表

年份	损失工作日（天数）	工人参与人数（万）	罢工、停工事件发生次数
2010	389000	16	121
2009	455200	20.85	98
2008	758900	51.12	144
2007	1041000	74.5	142
2006	755000	71.3	158
2005	157000	9.3	116
2004	905000	29.3	130
2003	499000	15.1	133
2002	1323000	94.3	146
2001	525000	18	194

资料来源：http://www.bls.gov/。

发达资本主义国家工人阶级的斗争情况趋于缓和的原因是多方面的，其中发达资本主义国家对劳资关系既妥协又对抗的态度很大程度上决定了工人运动的激烈程度。[①] 在不损害资产阶级利益的情况下，在蛋

---

① 吕薇洲：《低迷而不沉寂的发达国家工人运动》，《党建》2009年第5期。

糕可以做得更大的情况下,资本家是愿意在经济上适当满足工人提出的要求,从而获取工人的认可,以创造更多的财富,并榨取更多的剩余价值。

二 经济斗争凸显,政治斗争匮乏

当前西方国家工人阶级在维护自身利益方面所提出的各种要求,特别是同资产阶级一方发生矛盾冲突时所采取的各种方略和举措,更多的是围绕经济方面的斗争而展开,相较而言,政治方面的斗争则较为匮乏。

关于经济领域斗争的重要性问题马克思主义经典作家给予了充分的肯定。因为资本家的本质就是追求最大限度的利润,工人阶级必须不断为提高工资和缩短工作日而斗争,才能对资本家的贪欲有所抑制,才能防止自己的地位不断恶化。工人阶级争得必要的经济权利,展开经济方面的斗争是十分必要的,但是马克思同时也指出经济斗争也有其局限性,即"在日常斗争中他们反对的只是结果,而不是产生这种结果的原因;他们延缓下降的趋势,而不改变它的方向;他们服用止痛剂,而不祛除病根"[1]。所以工人阶级在进行阶级斗争的同时不应忽视政治斗争的重要性和必要性。

就目前情况来看,西方发达资本主义国家工人阶级行动的范围还主要局限于经济领域。例如在希腊发生的历次罢工当中,政府养老金体系改革一直是重要内容。[2]2010年2、3月份发生的多次大规模罢工主要是抗议政府增加燃油税、削减财政赤字、拒绝给公务员加薪等等。此外从英国国家统计局的一组数据中,我们也可以清楚地看到引发罢工和工厂停工事件发生的主要原因集中在经济领域,其中包括工资待遇问题、工作时长问题以及工作条件、工作强度等等。而工资问题引发的罢工和工厂停工导致的工作日流失量是居于首位的。(见表7—3)

---

[1] 《马克思恩格斯选集》第2卷,人民出版社1995年版,第97页。
[2] 罗文东、李龙强:《从希腊大罢工看当代国际工人运动》,2010年4月28日,资料来源:《党建》马克思主义研究网。

表 7—3　英国 1999—2009 年工业、服务业引发工作日损失的主要原因分布表

年份	工资争议 工资收入	工资争议 工资相关	工资争议 总计	其他原因 工作时长	其他原因 工作强度	其他原因 贸易联盟	其他原因 工作条件	其他原因 工作分配	解雇	总计
1999	159	8	166	5	35	2	15	6	14	242
2000	376	8	383	6	56	0	11	23	18	499
2001	141	3	143	13	88	6	173	79	23	525
2002	1039	137	1176	3	14	5	110	10	7	1323
2003	280	140	420	63	5	0	2	7	2	499
2004	759	3	762	19	107	11	0	5	1	905
2005	87	8	94	7	17	0	9	22	2	157
2006	77	475	552	4	167	2	16	5	9	755
2007	676	9	684	316	25	1	1	3	6	1041
2008	748	2	750	5	1	1	1	0	0	759
2009	150	0	150	3	275	1	0	20	3	45

资料来源：http://www.statistics.gov.uk/default.asp。

（以上数字之和存在偏差，是因为各项数据并不完全精准的原因所致，但并不影响做出总体性的判断）

就法国工人 2000—2009 年罢工原因统计数据来看，也可以得出类似的结果，在这 10 年间发生的历次罢工，要求提升工资的比例占到 33%，为维护现有工作的占 22%，要求改善工作条件的占 9%，个人之间的冲突导致罢工发生的占 7%。可见，工人主要围绕着经济领域，涉及政治领域的罢工内容很少。[1]

工人阶级满足于经济领域的斗争，其普遍的要求是增加收入，提高生活水平，而对政治领域的要求涉及很少。可以说在工人阶级的数次罢工与游行示威当中，政治领域的斗争起到的只是点缀的作用。2008 年 5 月 1 日，美国西海岸 29 个港口的码头工人举行罢工，要求政府尽快结束在伊拉克的战争。罢工组织者称，大约有 2.5 万人参加了当天的活动。组织者之一、国际码头与仓库工人工会主席鲍勃·麦克埃尔拉思在一份声明中

---

[1] http://www.isee.nc/anglais/teca/employment-income/empllabour.html.

说，西海岸的码头工人决定在"五一"国际劳动节为了美国的利益暂时离开工作岗位一天，"我们想以此告诉在华盛顿的政客们，现在是结束伊拉克战争的时候了"。或许工人阶级尚未完全认识到其行为的重大意义，但是从客观上他们已经开始了行动，或者说他们的行为在客观上所起到的作用可能远远胜过工人运动的初衷。

资本主义国家运用民主、自由的口号大肆宣传、吸引民众的眼球，通过多种手段，使工人阶级认可资本主义社会所谓的民主政治、民主参与，并在形式上为工人阶级提供一人一票制的选举与被选举的权利，同时让工人阶级相信通过个人的努力可以得到更好的向上发展的机会，这很容易导致工人阶级满足于经济领域的斗争，甚至意识不到政治领域斗争的重要性和必要性。因此，目前工人阶级运动多集中在经济领域也就不难理解了。当然这里也有必要再次强调经济领域斗争的重要性，实际上，随着科学技术的发展，劳动生产率的不断提高，生产劳动者所必需的物质、文化等生产资料的时间在不断缩短，这样即使工人的工资保持原状不变，实际上工人被剥夺的剩余价值量也在不断提升，工人受剥削的程度也在不断加重。可见，经济斗争的意义不可忽视，但是工人阶级希望从根本上改变自身的命运，实现从新的"自在阶级"向"自为阶级"的转变需要将政治斗争和经济斗争相结合。从某种意义上讲，工人阶级政治斗争的要求和实践更能够体现工人阶级意识的复苏，焕发工人阶级运动的生命力。在很大程度上政治和社会斗争的作用更加显著。

三 局部抗议居多，联合行动有限

当前发达资本主义国家工人阶级争取自身利益的斗争主要局限于部门或行业范围内，而有组织、大规模的全国性行动较少，国际合作范例显得相对有限。导致工人阶级在与资方进行谈判或与政府进行抗衡、维护自身利益过程中，影响力及取得的成果都非常有限。

面对2008年以来由美国次贷危机引发并席卷全球的金融和经济危机，西方各发达资本主义国家均受到重创，大规模的救市行动在各国轮番上演。经济危机引发工人失业率攀升，福利待遇锐减等危害工人阶级利益的严重后果。各发达资本主义国家的工人也采取了一系列抗议行动。但是这些行动多是局限于各国国内，没有上升到国际性联合抗议的层次。如，

2010年2月23日西班牙爆发六年以来最大规模的示威，抗议政府将退休年龄从65岁提高到67岁。2010年6月29日，希腊三大工会组织发起全国性大罢工，抗议政府实施财政紧缩政策以及就私有化和养老金等制度采取的改革措施。法国也于2010年10月19日就政府提高退休年龄的新法案举行了第六次罢工。不同国家的工人阶级面临着极其相似的现状，然而在抗议行动中却缺少联结点和凝聚力。但是也应特别注意到，经济危机发生之后各国工人普遍采取的罢工、游行示威等行为，虽然没有严格意义上的联合，但是也表现出一种共同的利益诉求，彼此之间也具有一定的关联性和感染力，在一定层面上表现出集体抗议的态势。

与工人阶级联合的有限性相比，资本主义国家所采取的应对经济危机的措施却有很大相似性。经过几百年的发展，西方发达资本主义国家已经总结出一套比较成熟和完善的方式应对周期性的经济危机，其行为内容和行动方式都比较一致，最终的利益受损者终归是工人阶级。在法国，尽管工人就养老金改革法案举行了一系列全国性的罢工和抗议游行活动，但法国议员于2010年10月23日还是以177票赞成，153票反对的结果最终批准了这项不受欢迎的法案，正式提高了法国的退休年龄。从列举的几次罢工事件，反映出各国工人阶级的行动缺乏统一性和合作性，这无形之中就削弱了工人罢工的力量及其在国际范围内的影响程度。也使资本主义国家更容易对罢工行为进行控制。与单独行动相比，各国工人在适当的时间适当的地点举行国际性的联合罢工等维权手段，对资本主义国家整体，特别是整个跨国集团所产生的冲击将更为深远，更为剧烈。工人阶级与资本家阶级之间的对立和矛盾会在工人阶级中间日渐形成清晰的彼此认同，毕竟是工人阶级通过劳动创造了劳动力价值和剩余价值，从而养活了工人阶级自己和资本家阶级，而不是资本家养活了工人。工人阶级在资本主义生产关系中处于共同受剥削的地位，他们所创造的财富被资产阶级无偿占有，工人阶级为资本家创造了巨大财富，却为自己生产着枷锁和贫困。工人阶级的生活状况的确在一定程度上得到了改善和提高，马克思、恩格斯所处时代工人阶级受剥削受压迫的显性特征，在资本主义不断发展和完善的过程中变得更为隐蔽和模糊，这在很大程度上制约了工人联合意识、联合斗争行为的生成。但是只要资本主义生产关系没有根本改变，工人阶级的地位没有发生变化，伴随着工人斗争经验的不断积累，工人阶级的联合就必然会形成，局部的抗议就会逐步走向联合行动。

四 约束性条款繁多，灵活性举措不足

在西方发达资本主义国家开展的工人运动通常不可避免地要受到所谓三道"防火墙"的限制。具体地说，第一道防火墙是罢工程序的限制；第二道防火墙是罢工程度的限制；第三道防火墙是司法程序对罢工问题的最后介入。① 只有将工人运动限制在一定的范围内，才有利于资产阶级政府进行控制。以免工人运动超出资产阶级国家的范围，从而影响资产阶级的统治。总之，工人的集体行动不能超出资本主义国家所勾画的底线，不能触犯资产阶级政府的统治、损害资产阶级根本的和长远的利益。

透过美国西海岸码头国内工人罢工事件不难看出，美国工人罢工实际上被牢牢地限定在一定范围内，不仅不能冲破资本主义现有的制度性框架，而且还不允许在真正意义上阻碍美国经济发展的大趋势，一旦罢工行为对此造成威胁，国家就有权利采取措施依据法律迫使工人恢复工作，暂停罢工。这方面最好的例子就是布什政府动用了1947年《劳资管理关系法》即《塔夫脱—哈特利法》。该法案一方面限制了工会组织会员的权利，另一方面削弱了工会组织工人罢工的权利，总体上削弱了工人的利益。所以，在当前资强劳弱、发达资本主义国家站在资方一边的条件下，工人运动局限于法律规定范围内的罢工是不足以真正改变工人处于弱势地位命运的，当然也不足以改变工人被剥削的地位，但是并不能因此而否认工人罢工的重要性和必要性。工人掀起的每一次为争取自身利益而举行的罢工都是给工人上的一堂生动的课，让工人们明白团结的重要意义，集体行动的重要性。正如恩格斯曾经说的，"罢工是工人的军事学校，他们在这里为投入已经不可避免的伟大斗争做好准备；罢工是各个劳动部门关于自己参加伟大的工人运动的宣言。"②

工人阶级在罢工或者采取其他较为激进的行动时还会有很多顾虑，如，大卫·培根在《工会必须向左转，此外别无选择》一文中提到，工人通常会认为不应超过某一界限去挑战政府，上街去游行，因为他们并不

---

① 李满奎：《欧洲罢工潮中的三道"防火墙"》，《法制日报》2010年3月2日。
② 《马克思恩格斯文集》第1卷，人民出版社2009年版，第459页。

希望受到任何影响他们未来发展前程的处分记录。① 无形之中，这些约束工人阶级行动的法律以及相关条文规定都已在工人心中生根发芽。因此，工人阶级实现真正的联合，推翻资产阶级的统治，消灭剥削，实现生产资料的公有制还有漫长的路要走。此外，工人运动的灵活性不足还表现在很多方面，以美国为例，美国钢铁工会加州分会会长吉姆·诺瑞斯（Jim Norris）认为，在经济危机发生之前，许多美国人普遍认为他们的子女会比他们自己生活得更好，但是在危机发生之后他们改变了这种想法，而倾向于认为他们的子女可能生活得不如他们。从中不难看出美国民众对危机爆发所引发的暗淡前景的忧虑。此外吉姆·诺瑞斯坦言，在美国每个参加竞选的候选人，他们每月的花费不少于100万美元，而工人每月的工资最多不超过2万美元，这种悬殊的差距使得他们对政府表示出很大的不满。面对重重抱怨，维护工人利益的工会组织在危机发生之后所做的最有影响的行为是组织工人进行捍卫就业机会和工资待遇的斗争。事实上，工会的行为往往是针对工人阶级所提要求的某一个方面，甚至是一个很小的方面，工人很多的不满情绪并不能够在实际行动中得到充分的挖掘和彰显。这就不免导致工人阶级的权益并不能够得到有效的维护，同时工人阶级的声音并不能被表达出来，进而得到更为广泛的附和，从而激发工人共同的利益归属感。

第二节 发达国家工人运动面临的阻碍因素

发达资本主义国家工人运动面临的主要问题在全球化背景下，特别是在新自由主义盛行的今天表现得更为明显和突出。具体说来主要反映在以下几个方面。

一 资本主义全球化对工人运动的扼制和打压

发达资本主义国家在发展的进程中遇到了资源短缺、市场不足的情况，而广大的发展中国家却拥有丰富的矿产资源，广阔的商品销售市场

---

① David Bacon：*Unions Must More Left，They Have No Alternative*，http：//monthlyreview.org/2009/09/01/unions-must-move-left-they-have-no-alternative.

以及潜在的发展空间。发达资本主义国家正是看中了这一点，因此通过新自由主义政策的推行，使得各国放松了对本国经济的监管。发达资本主义国家将发展中国家纳入其发展的战略空间，利用发展中国家的物产资源以及廉价的劳动力资源，为其发展铺平道路。发达资本主义国家利用自身在科学技术上的优势，大肆开采发展中国家的资源，满足其生产过程中对生产资料的需要，同时利用发展中国家劳动力成本低廉的优势，满足其在生产过程中对劳动力方面的诉求，以最低廉的投入，榨取最丰富的剩余价值。

最为显著的事实是，发达资本主义国家将高污染高消耗的企业生产转移到发展中国家，发展中国家由于没有掌握最为核心的技术成果，因此不得不在产业链的低端进行徘徊。越是不掌握技术的核心部分，越是处在产业链的低端，越是无力改变这一局面。发展中国家的工人阶级在为发达资本主义国家创造出巨大财富的同时，自己只获得了微薄的工资收入。更为难以应对的是他们还要面对资源枯竭与严重的环境污染。所有这些对于发展中国家来说都是由于卷入全球化之后无奈的选择，各国政府为了吸引有限的外资，放开了对本国经济强有力的控制，使得本国工人阶级的利益得不到应有的保障，工人阶级日益贫困，饥饿现象频繁发生。由于发达资本主义国家为了实现利润的最大化，将很多工厂转移到发展中国家，导致本国工人阶级就业岗位数量减少，这样无形之中在发达国家工人阶级和发展中国家工人阶级之间产生了严重的分歧，他们原本应该是同一个阵营的战友，然而在资本的运作下他们认识不到其作为共同受害者真正处境，反而将彼此作为竞争对手，资本对工人阶级的离间作用取得了成功。

经济全球化必然导致文化全球化。发达资本主义国家在强力推行新自由主义政策，拓展经济全球化的同时，无形之中会对工人阶级的文化产生深远的影响。通过宣传、经济诱惑等种种手段，他们向本国工人阶级以及别国工人阶级传达这样一种思想，即在世界范围内的竞争不断深化、资金自由流转的情况下，工人的工作和工资不仅不会减少，甚至会有助于种族、民族和国家间裂痕的消失。在1980年代，有1/3的工人被告知全球化是建设社会主义的过程。在各种力量的综合作用下，到2000年时，只有不到10%的工人尚未完全卷入全球化的资本主义经济。① 然而事实情况并非如此，全球化带来的是工人生活水平的日渐走低，失业率不断攀升，工资待遇下滑，而且加深了民族、种族、国家之间的冲突。一国工人阶级将别国工人视为自己的敌人，破坏了工人阶级作为整体的团结性。分裂破碎的现状必然导致分裂破碎的文化，这种分裂的全球化文化势必成为工人阶级行动的障碍。

二 工人运动自身困境消解斗争效力

（一）工人阶级新时期斗争经验匮乏

当前工人运动的情势不同于前两次大规模经济危机（19世纪末的经济危机和1929年的经济大萧条）时的情况。由于在这两次危机前劳苦大众具有高昂的战斗士气，所以工人运动得到了增强。工人阶级事先在阶级斗争中所取得的经验，为工人以一种更加具有战斗精神的姿态应对危机提供了便利。② 显然，针对这次金融经济危机的发生，工人阶级不能完全照搬之前的斗争经验。事实上，工人阶级在阶级意识上也发生了很大的变化，阶级意识淡化的倾向明显，工人阶级再次走向了新的"自在阶级"。总体来说，在新时期，工人阶级在斗争经验和斗争策略方面是十分匮乏的。

而与此形成鲜明对比的是，发达资本主义国家在全球化的今天却积累了丰富的与工人阶级抗衡的新手段：使工人阶级意识弱化，使工人阶级行动分散化。为数不多的、分散性的工人运动表明工人行动的影响力有限，工人从中所能总结的经验也少之又少。

在工人运动过程中一些矛盾性的因素也频繁凸显。当工人阶级的利益受到损害，通过缓和的方式难以解决时，会选择罢工等较为激进的方式。但是，由于这种罢工行为更多的是局限于某个行业，或者最多是某几个行业，因此当关系到民众日常生活行业的工人开始罢工时必然会给普通群众的生活带来很大的不便。例如，2010年9月23日，针对政府即将推行的

---

① *Global Social Movements*, Edited by Robin Cohen and Shirin M. Rai, First published in 2000 by The Athlone Press, London and New Brunswick, NJ. p. 87.

② 聂运麟、刘卫卫、杨成果：《冷静的分析 热切的期待：第十一次共产党和工人党国际会议综述》，《马克思主义研究》2010年第6期。

退休制度改革，法国工人再度发动全国大罢工，290 万人走上街头抗议政府侵犯工人阶级利益的制度调整。当时部分航空运输者也参与其中，导致巴黎戴高乐机场和奥利机场约有 40% 和 50% 的航班被取消，其他机场也仅仅勉强能够维持 60% 的正常运行。此外在 2007 年和 2009 年也曾经发生过法国交通系统工人大罢工，导致法国交通基本上处于瘫痪的状态。这些活动必然给普通民众，更多的是工人阶级的生活带来很大不便，一部分工人阶级为维护其利益免受资产阶级的深度剥削而采取反抗措施，却无形之中又给其他更多的工人阶级的利益造成损失，因而不免引起工人阶级内部矛盾的增加，使工人运动受阻。

可见，法国工人在这次事件中被推到了一种十分尴尬的境地，原本工人阶级为维护权益而开展斗争并没有错，选择的方式也是迫不得已，在资方强大，劳方处于弱势的情况下，工人阶级也是别无选择。然而由于其行为影响到了更多人的正常生活，难免会引来其他人群的不满，因此导致某行业工人举行罢工时不仅仅要面对资方施加的压力，还要考虑其他工人阶级的抱怨和不满。在工人阶级尚未完全形成一个统一整体的情况下，工人阶级的行动需要慎之又慎。

（二）工人阶级缺乏与时俱进的理论准备

工人阶级运动离不开正确的理论指导。回顾工人运动的历史发展，不难看出，正是在马克思主义理论诞生之后，在科学社会主义指导下，工人运动取得了丰硕的成果。也是在科学社会主义理论不断丰富和发展，不断与工人运动结合的过程中工人阶级的阶级意识才更趋成熟。西方发达资本主义国家的工人运动必须与指导工人阶级的理论紧密结合，正如恩格斯所说的，"自从有工人运动以来，斗争是第一次在其所有三个方面——理论方面、政治方面和实践经济方面（反抗资本家）互相配合，互相联系，有计划地推进。德国工人运动所以强大有力和不可战胜，也正是由于这种可以说是集中的攻击。"[①]这种"理论方面"的准备和"集中的攻击"，正是指那些与时俱进的、适应西方资本主义社会工人阶级发展现状的理论，能够用以指导工人阶级运动的理论。马克思主义的理论，特别是关于工人阶级解放的理论，为工人阶级及全人类的解

---

① 《马克思恩格斯文集》第 2 卷，人民出版社 2009 年版，第 218 页。

放提供了强有力的理论积淀。但是马克思主义的理论需要不断地丰富和发展,它本身是一种开放的、与时俱进的理论。今天西方发达资本主义国家已经走出了资本原始积累阶段,也经过了前期和中期的发展,已经处在资本主义发展的高级阶段,工人阶级的生活状况已经有了显著的改善,特别是随着科技的发展,生产力水平的提高,西方发达资本主义国家的工人阶级与其他国家相比更为优越。因而资产阶级政府更有能力和实力掩盖资本家对工人剥削的真相,发达国家工人阶级也不再思考推翻资本家阶级的统治。毕竟资本主义已经发生了很大变化,各国的具体国情不同,相应的工人运动的方式方法以及激烈程度也会有很大的差别。存在的一系列客观事实决定了指导工人运动的理论建设也不可能一蹴而就,而是需要不断地创新和发展。

目前,影响工人阶级行动的理论各式各样,工人阶级被各种各样的思潮和理论所包围,例如,新自由主义、后现代主义、分析的马克思主义、马克思主义等。工人阶级如何在纷繁复杂的理论中寻找到适合自身发展的理论,是摆在工人阶级行动策略方面的不可回避的问题。然而,真正能够改变工人阶级被剥削被压迫地位的马克思主义理论没有得到充分的重视和足够的发展,因此在这方面还要做大量的工作,也还有漫长的路要走。

(三)工人阶级抗议行动相对分散

伴随着科技革命的发展,生产率的不断提高,生产同样多的产品所需要的可变资本即劳动力的投入相应减少,同时西方各发达资本主义国家有条件在分工协作方面做到极致。过去工人阶级大规模地集中在某一个工厂的现象逐步在减少,如,美国雇佣1000人(含1000人)以上的制造业工厂从1963年的3000个减少到1987年的2000个。[①] 这样,无形当中就减少了工人阶级进行大规模联合行动的可能性,增加了工人阶级集体行动的成本和难度。此外,由于分工的日益细化,所需劳动力人数的日益减少,都会对工人阶级的分化产生重要促进作用。

与发展中国家的工人阶级相比,发达资本主义国家的工人阶级团结起来的难度相对更大。在工人阶级所从事工作中,由于分工的细化,工人只负责整个工作项目中很小的一部分,对其他的工作环节一概不知或知之甚

[①] 郭懋安摘译:《产业工人阶级并未衰落》,《国外理论动态》2004年第5期。

少，导致工人之间在工作中的交流少，难以发现彼此之间的共同点。此外，20世纪80年代以来劳资合作方式日渐多样化，工人参与企业管理，并适当持有所在企业的股票，使得工人的经济收益在一定程度上和企业的盈利直接挂钩，这样工人更加认可企业内部的相关规定，认可高强度超负荷的劳作。事实上，生产组织过程中工人参与管理以及工人持有股票的方式，从表象上看似乎工人的权利在扩大，工人成为企业的"主人"，而实质上不过是变相地对工人权利进行限制，削减工人保护自身权利的能力。这种对所在企业的认可度会大大削减工人联合行动的可能性。与此同时，工人从事工作的稳定性越来越低，工作更换频率不断上升也对工人的联合产生消极影响。相对第二次世界大战后资本主义发展"黄金时期"工人工作状况来讲，资本主义全球化条件下工人阶级成员很难在自己的劳动生涯中仅在一个或者两个企业工作。以美国为例，克林顿政府时期，工人平均每年调动工作的次数达6—8次。这种频繁的环境更替，使得工人阶级成员之间很难建立真正的信任，形成稳固的组织，导致工人运动的分散化和力量的相对衰减。同样的，在工人阶级的日常生活中也存在引发工人行动分化的因素。工人丰富多彩的业余活动使工人们可以随自己的心愿与家人在家中团聚，与朋友闲谈聊天，去酒吧、咖啡厅，等等。而工人协会等组织开展的活动与之相比就有些褪色，并略显单调了。这样工人有自己生活的小圈子，个性化不断增强，而共性的东西却日益被淡忘。就像在希特勒统治时期"收音机的出现瓦解了工人的环境"①一样，今天工人阶级的凝聚力也在不断下降。

（四）工人阶级内部竞争日趋严峻

正如马克思在《共产党宣言》中说的那样，"无产者组织成为阶级，从而组织成为政党这件事，不断地由于工人的自相竞争而受到破坏"。工人阶级的内部竞争之所以难以避免，最根本的原因还是因为资产阶级为实现资本利益最大化而实行的策略所致。在资本主义国家，特别是发达的资本主义国家，总会保持一定比例的失业率，这样无形之中会增加被雇佣工人的压力和工作动力，同时还人为制造长期稳定工作与临时工作间在工资

---

① ［德］弗兰茨·瓦尔特：《德国社会民主党：从无产阶级到新中间》，重庆出版社2008年版，第65页。

待遇上的悬殊，使得工人阶级为了保持日常的生活所需，不得不彼此之间为争得工作的权利而展开竞争。此外，保持一定的失业人数或待就业人数，也符合资本需要灵活的劳动力储备军的要求。这一不争的事实，可以通过各主要发达资本主义国家的失业率统计情况中得出。

由于工人阶级不掌握任何生产资料，其维持生活的唯一来源就是出卖自己的劳动力，因此势必为了争取就业岗位而进行竞争，在工作岗位上，彼此之间也会为了争取自己的私人利益而发生冲突。不仅被雇佣的工人阶级内部会发生矛盾，被雇佣者和失业者，以及稳定就业群体和临时性就业群体之间也会发生激烈的冲突，从而削弱工人阶级集体应对资本的能力。

除此之外，工人阶级之间的竞争、排斥还更为突出的表现在不同种族、不同民族和不同性别之间。特别是发达国家的工人阶级与别国移民之间的竞争，由于全球化条件下工人阶级的流动性在不断增强，一些发展中国家的工人阶级为了满足最基础的生存需要不得不被动纳入全球化的浪潮中，分担着资本逐利造成的种种危害。这些工人以低廉的劳动力价格为资本家创造着巨大的社会财富，而自身则仅仅获得微薄的工资收入。然而正是由于他们的出现，相对剩余人口在不断增加，工作岗位的竞争更加激烈，造成本国工人与移民工人阶级的矛盾。大卫·贝肯在《组建工会的核心问题——争取移民的平等地位和权利》[1]一文中，就移民在发达资本主义国家加入工会以及组建工会以维护权利等方面所受到的限制，充分表明工人阶级在新自由主义盛行的背景下，依然存在着很多内部竞争以及相互排斥的状况。

与此同时，发达资本主义国家的政府以及其他相关组织、舆论媒体等等不会放过任何一次可以离间工人阶级团结的机会。2008年以来由美国次贷危机引发的金融危机，扩展为全世界范围内的经济危机，导致大批工人阶级失业。在这种情况下，政府及其他组织和舆论媒体等宣称，由于发展中国家的工人阶级以廉价劳动力的优势挤占了本国工人阶级的工作岗位，因此工人失业率高在很大程度上不是本国经济发生了问题。而移民群体的增加，导致工作岗位的增加赶不上工人阶级人数的增加，从而制造本

---

[1] David Bacon: "Equality and Rights for Immigrants—The Key to Organizing Unions", *Monthly Rewiew*, October 2010.

国工人阶级与移民之间的裂痕，抑制工人阶级走向团结。

第三节 全球化时代工人运动的战略与策略

一 注重联合左翼力量

工人阶级在行动时应该注重联合一切可以联合的力量，以壮大工人阶级自身，增加其影响力。对工人阶级来说争取联合左翼力量是其为数不多的良好选择之一。随着新科技革命的拓展，全球化逐步形成，与此同时也引发了一系列世界性的问题，如生态问题、核武器扩散、女权问题等等，甚至包括以反恐为名对主权国家进行的军事打击。类似问题的解决需要有全世界的共同参与和合作。生态问题、核武器扩散、女权问题产生的根源在于资本主义国家对资本的无限放纵。资本在不考虑任何后果的情况下追求利润的最大化，必然导致生态环境的极度恶化，导致世界和平受到威胁。与此相呼应的怀揣未来主义信念的绿党组织以及由民众发起的反战运动等都对资本主义的弊端提出了严峻挑战。在一定程度上，他们表达了对现存资本主义制度的不满，指出了资本主义制度存在不可克服的缺陷。客观评析这些组织的成员，他们很多也都属于工人阶级的一部分，因此他们与工人阶级存在利益交叉点，二者有很多重叠部分，这也为工人阶级与各种左翼组织在一定范围内寻求联合创造了机会、提供了可能性。例如，资产阶级政府在条件成熟的情况下，为应对经济危机会选择通过战争方式转移本国工人的视线，多国部队轰炸利比亚就是一个典型的例子。当然其中也包含了利益之争，但是借此机会缓解国内经济危机的窘迫状态也是其应有之意。因而工人阶级要对战争与危机的关系有一个明确的认识，反对本国政府侵犯别国主权的种种行为。

反战游行与工人阶级反对输出战争在利益目标上存在交叉点。如2011年3月20日恰逢伊拉克战争8周年，美国反战人士在纽约、华盛顿、旧金山等地举行了反战游行，同时直接将矛头指向本国政府对利比亚的军事行动。要求政府从阿富汗和伊拉克撤军，并退出利比亚军事行动。对于工人阶级来说，资本主义政府采取的战争方式只是其维护摇摇欲坠的统治的策略之一，是其积累力量进一步加深对工人阶级剥削的前奏而已，因此工人阶级自然反对本国政府采取干涉别国主权的行动。

此外，工人阶级在实现其行动中还应与生态运动等组织联合行动。生态运动出现的根源在于资本主义掠夺式的生产方式，资本主义具有浪费资源、污染环境和摧毁生态等与生俱来的破坏作用。[①] 生态运动的组织者和参与者意识到客观环境恶化的现实，主张改变当前资本主义生产方式带来的种种弊病，因此在这一点上与工人阶级的利益存在交点。生态主义者特别强调科技正反两方面的巨大作用，提出对科学技术应该进行更为合理的价值评价，但是他们并没有认识到资本主义社会的基本矛盾，没有认识到生产资料的资本主义私有制是导致人类对大自然疯狂掠夺、生态问题日益严重的根本原因，没有触及资本主义的根基。但是在反对资产阶级的某些具体政策上，工人阶级的主张和运动将与生态主义者发起的运动找到暂时的结合点，因此二者可以结成暂时的联盟，揭露资本主义发展过程中显现出来的种种弊端，从而深化工人阶级关于资本主义制度是造成对生态破坏的罪魁祸首的认识。工人阶级的根本任务当然远不止于此，在与生态主义运动相协调的同时，他们也在寻求适当的时机将运动推向深处。可见，工人阶级的行动不仅与左翼政党的行动存在很多共同点，可以起到相互促进的作用，而且在更为深远的意义上讲，二者还具有互补性。

纵观发达资本主义国家左翼力量，作为左翼力量典型代表的西方发达资本主义国家共产党，他们无论在人数上还是参与政府能力上，都存在很大的局限性。其他的左翼力量，如社会民主党以及新社会主义运动等组织和运动很难在团体范围内发挥全国性的影响。因此左翼力量必须与工人运动相配合，维护工人阶级的权益，促使社会主义的逐步实现。同时工人运动也需要政党的指导和先锋作用，为工人运动提供理论上的指导和舆论等支持力量，增强工人的集体谈判能力。

二 坚持缓和与激烈两种策略相结合

西方发达资本主义国家的工人运动主要是在资本主义国家允许的范围内进行的，幻想发达资本主义国家在短期内出现暴力革命是不现实的，这是因为一方面资本主义生产关系在强大的资本主义国家和以雄厚

[①] 王伟光、程恩富、胡乐明等：《西方国家金融和经济危机与中国对策研究》（上），《马克思主义研究》2010 年第 7 期。

的资本为坚实后盾的情况下，完全有能力对自身的发展进行调节，而且从现实的发展来看，特别是 2007 年伊始的金融经济危机来看，资本主义国家的干预程度在不断加大，从而促使经济在一段时间内可以继续向前发展。另一方面，民主在西方国家经历了多次的考验，民主思想已经深入人心，[①] 更何况 80 年代以后发达资本主义国家的左翼政党都获得了合法的地位。由此种种，工人阶级的行为更多倾向于在法律所许可的范围内开展各项斗争。

工人阶级应注重将争取议会的合法斗争与罢工、游行等较为激烈的斗争措施有效结合的策略。对工人阶级来说，应该充分利用资本主义国家赋予的为数不多，范围有限的权利，如投票、民意测验、罢工、游行和请愿等等，在争取自身经济利益的同时，进而对国家政治过程产生影响。虽然对资本主义国家来说，工人投票选举总统的行为，不过是在资产阶级金融集团中选择由谁来代表资产阶级统治工人阶级而已。资本主义国家的总统选举无疑是资本家之间的政治游戏，工人阶级最多只能扮演不具有决断力的观众的角色。但是我们应该有信心，通过无数次实质上将工人阶级排除在外的选举，工人阶级必然会日益认清资本主义国家政治的本质。

（一）议会斗争

在西方发达资本主义国家，工人阶级能否充分利用议会合法斗争争取自身的权益，至关重要。在进行议会斗争的过程中必须讲求策略，不能急于求成，同时也不能贻误时机。美国工人阶级围绕着《雇员自由选举法案》展开的斗争就充分说明了这个问题。这一法案，将"企业方和雇主从工会选举中排出，只要多数雇员签署了授权卡就能自己在企业内组成工会"[②]。在 2006 年在美国中期选举中，民主党获胜，使得法案在众议院获得通过。但问题的关键是参议院很难通过此法案。为了促进法案的通过，工会希望能够将其推到下届总统大选中，成为总统大选的一项议题。这样就能将法案的通过寄予下一届政府。虽然法案究竟能否最终通过还有待时间来证明，但是通过工会对此项法案获准通过所做的努力，说明在当代西

[①] 参见秦德占《欧美社会运动未来走势分析》，《新视野》2002 第 2 期，第 78 页。
[②] 李雅静译：《美国新保守主义政治文化背景下的工人运动新足迹》，《国外理论动态》2007 年第 8 期，第 41 页。

方发达资本主义国家,在条件允许的情况下,工人阶级团结起来是能够在一定程度上维护工人阶级利益的。即使法案在资方的强烈反对下,最终没有通过,也能够促使工人阶级在行动中增强团结意识、增强阶级认同感,从而也更加认清本国政府的真实面目。真正认识到美国所谓的民主选举,不过是每隔几年决定一次究竟由统治阶级中的什么人在议会或政府中掌权而已。

(二) 集体谈判

在发达资本主义国家,特别是在经济稳步发展,政治相对民主的国家,工人阶级应充分利用对话、谈判的权利维护其集体利益。在很多国家,工会都将集体谈判视为维护工人阶级利益的手段之一。事实上,集体谈判权的获得同样是工人经历漫长斗争的结果,绝不是来自资本家的恩惠。例如世界上最早成立工会组织,也是最早产生集体谈判的国家英国,其集体谈判从非法到获得刑法上的认可,一直到获得民法上的认可,经历了近100年的时间。可见工人阶级应当珍惜并充分运用好这来之不易的权利。

然而目前集体谈判也面临着很大的危机。所谓集体谈判,它仅"适用于一名雇主、一些雇主、一个或数个雇主组织为一方,一个或数个工人组织为另一方。"也就是说,工人必须以集体的形式出现才能具备与雇主谈判的资格。[1] 而目前资强劳弱的态势,导致在资本无孔不入、日趋全球化的今天,工人阶级却由于劳动力市场的分化而出现联合力量被无情削弱的现实。特别是随着科学技术的发展,工人的劳动分工更加细化,每个人只承担整个作业中很小的一个部分,资本寻求利益最大化的结果,导致同一项作业,其参与者可能分配在世界各地,这样使得劳动者在空间上被隔离开来,很难实现共同行动。继而导致联合的可能性减少,相应的与雇主进行集体谈判的机会也会减少。据统计,美国的集体谈判覆盖面1980年为26%,到1994年就下降为18%,许多工人失去了集体谈判权而享受不到集体谈判的成果。这样工人阶级曾经付出巨大代价争得的权益面临着被瓦解的危险。

---

[1] 吕楠:《英国集体谈判制度的确立及其"自由"特征》,《中国劳动保障》2008年第10期,第61页。

工人阶级的集体谈判能力下降可溯源于社会经济结构的调整。传统的从事体力劳动的蓝领工人阶级逐渐向非体力劳动的白领工人转化，20 世纪 50 年代美国白领工人第一次在数量上超过蓝领工人。工人不断向服务业行业转移，所从事工作性质发生了很大的变化，由于其行业的多样性、场所的分散化以及工作的弹性性质明显增强，促使工人的组织程度与福特主义时期相比存在明显不足。相应的，工人与资方的谈判能力在不断下降。福特主义时期，工人集中在某一固定的场所从事较大规模的生产，彼此联系紧密，也较易组织。在与资方进行谈判的过程中，工会可以充分利用工作场所的谈判优势，增加与资方谈判的筹码，从而实现工人经济利益方面的诉求。然而这种工作场所谈判优势在服务业人数不断攀升的时期却难以发挥其曾经的积极作用。为了适应从业人员发生的变化，工会组织可以转而汲取 19 世纪晚期至 20 世纪初期纺织工人所采取的斗争策略，即通过区域、社区劳工的集体谈判能力代替工作场所谈判能力，以弥补后者的不足。可见，工人阶级通过集体谈判的方式维护自身利益的具体措施不是固定不变的，而是随着客观生产环境以及组织方式的变化不断发生改变，不断进行调整的。

（三）罢工游行

发达资本主义国家的工人之所以认可现状，一个重要的原因是高收入、高福利以及向上流动性的吸引，认可自身有广泛的发展空间，而且比其他国家和地区的工人收入都要高，享受的福利政策也更优惠、更全面。但是一旦工人阶级的希望和现实产生严重冲突，必然会引起民众的普遍不满，于是示威、游行、罢工等等也会不断增多。

罢工的重要性毋庸置疑，"罢工是工人的军事学校，他们在这里为投入已经不可避免的伟大斗争做好准备；罢工是各个劳动部门关于自己参加伟大的工人运动的宣言"[①]。根据各国政府对工会的约束性条款，以及对工人运动的种种限制性规定，各发达资本主义国家工人运动的实际情况也有很大的差别。德国和法国等欧洲国家工会的力量较强，工人可以随意举行罢工、游行示威，而英美等国家鲜有全国性的罢工发生，这是因为政府

---

① 《马克思恩格斯文集》第 1 卷，人民出版社 2009 年版，第 459 页。

不断向工会施压，压缩工会的发展生存空间，制约工会的行动。①

据美国劳工统计局提供的信息，2010年美国总计发生11起千人以上工人参与的罢工和工厂停工事件②，这是自1947年以来发生罢工和工厂停工次数最少的年份之一。2010年发生的这11起罢工和停工事件中，导致期间有4.5万名工人处于待工状态，并损失了30.2万个工作日。这一数字远远高于2009年。在2009年，总共发生5起罢工和工厂停工事件，期间1.3万名工人待业，并损失了12.4万个工作日。以10年为一个周期列出一个图表（表7—4），我们可以得出这样的结论，纵观全局，工人罢工和工厂停工的事件有明显减少的趋势。

表7—4

年份	平均每年发生罢工和工厂停工的次数（参与工人人数达千人）
2001—2010	17
1999—2000	34
1981—1990	69
1971—1980	269

在总趋势上把握美国发生罢工和工厂停工次数的情况下，有必要进一步分析具体年份的变化情况，在此着重分析近十年的情况（表7—5），以便结合宏观和微观做出较为客观的判断。其内容包括罢工与工厂停工的次数、工人参与人数以及总计待业的天数。

表7—5

年份	罢工及工厂停工事件的次数	参与人数（千人）	待业天数（千）
2010	11	45	302
2009	5	13	124

---

① 吕薇洲：《低迷而不沉寂的发达国家工人运动》，《党建》2009年第5期。
② 工厂停工是指管理层为增强和工人进行谈判的筹码的一种手段，工厂此时将暂时不聘用人员，或不提供任何工作岗位，http://www.bls.gov/home.htm。

续表

年份	罢工及工厂停工事件的次数	参与人数（千人）	待业天数（千）
2008	15	72	1954
2007	21	189	1265
2006	20	70	2688
2005	22	100	1736
2004	17	171	3344
2003	14	129	4091
2002	19	46	660
2001	29	99	1151

表7—5的数据反映出因罢工和工厂停工事件引发的工人待业天数明显下降。2010年虽较2009年有显著回升，罢工与工厂停工的次数也增加了2倍多，参与人数增长了3倍，这足以说明金融和经济危机所引发的后果逐渐开始凸显。但是与以往的情况相比，当前工人罢工与工厂停工的次数仍然处在资本主义国家可控的范围之内，更确切地说，资本主义国家还能容纳较之更多的罢工与工厂停工事件。这也反映出资本主义国家，特别是西方发达资本主义国家在处理类似事件方面已经积累了丰富的经验，同时也有绝对的经济实力，满足工人提出的暂时的、经济性的要求。

英国工人的罢工情况也有其自身的特点。分析2001—2009年英国历年工人罢工和工厂停工发生的次数以及参与人数和损失工作日的数量，我们可以发现2001年与2009年相比，罢工次数减少了近一半。但是考虑到精确统计工人罢工的次数有一定的难度，因为有些罢工事件可能持续不到一天，参与人数也很少，所以需要参考另外一个数值即工人罢工和工厂停工引起的工作日的流失天数（见表7—6）。2001年发生罢工和工厂停工事件的次数达194起，工作日流失数量为52.5万天，参与人数为18万人，而2009年虽然罢工和工厂停工时间有显著下降，仅为98起，但引起的工作日流失达45.52万天，参与人数达到20.85万。可见，参与罢工和工厂停工事件的人数在绝对数量上有明显上升的趋势，损失工作日也有相应增加。

表 7—6　　　　2001—2009 年英国罢工和工厂停工事件发生概况[①]

年份	损失工作日（天数）	工人参与人数（万）	罢工、停工事件发生次数
2009	455200	20.85	98
2008	758900	51.12	144
2007	1041000	74.5	142
2006	755000	71.3	158
2005	157000	9.3	116
2004	905000	29.3	130
2003	499000	15.1	133
2002	1323000	94.3	146
2001	525000	18	194

透过法国工人罢工的相关统计数据，也可以看出罢工次数和罢工所涉及的行业都有明显的增加，具体情况见表 7—7。

表 7—7　　　　　　　　法国工人罢工情况统计表[②]

年份	1984	1990	1995	2005	2006	2007	2008	2009
罢工次数	27	37	36	54	56	52	48	65
罢工损失工作天数	7320	84681	12328	33466	34360	21529	7913	23486
平均罢工时长	1.5	9.6	5.5	6.2	7.5	15.4	7.2	10.6
涉及行业	17	29	32	34	42	45	43	41
涉及人数	5715	4435	5591	6873	13187	4879	1222	2041
罢工天数	4818	3423	2176	1654	1373	1279	736	1678

罢工行为本身存在着两面性，一种情况是工人阶级主动要求罢工，另一种情况是资本家希望工人开展罢工，对于这两种情况要有一个明确的判断。一方面是工人因工资降低，主动要求提高工资待遇、改善工作环境而发起的罢工。资本家在工人罢工无法控制，又为了避免减少损失的情况

[①] http://www.statistics.gov.uk/default.asp.
[②] http://www.isee.nc/anglais/teca/employment-income/empllabour.html.

下，答应工人提出的要求，并尽快复工。另一方面则是由资本家主动挑起工人进行罢工。因为生产的过剩导致资本周转不灵，此时资本家希望停工，但是又找不到更合适的理由，最好的办法自然是以生产经济效益低为由降低工人的工资，迫使工人停工，越是停工，资本家的损失越小。如果工人勉强接受了这一要求，那么迎来的将是资本家下一轮降低工资的要求。直至达到工人阶级无法忍受的程度而引起罢工。工人阶级面对资方主动引起危机时，应将罢工游行推至资本家不可控制的范围内，超出资方的预期。这也许是摆在工人阶级面前不多的选择之一。

此外，工人阶级在罢工过程中应注重讲求策略。回顾历史不难发现，随着工人阶级罢工数量的增加，资本会逐渐转移到工会组织程度相对较低的国家，以减少资本在雇佣劳动中面临的挑战和风险。然而有事实证明："资本转移到哪里，劳工与资本之间的冲突很快就会跟到哪里。"[1] 随着资本主义生产在世界范围内分散进而有序地进行，链条式的生产环环相扣，在一定意义上为工人抗衡资本提供了有利因素。工人在罢工中首先应寻找到生产链条中的关键环节和核心部分，切断核心环节的生产，即可导致整个生产链条的中断，从而可以在更大程度上实现对抗资本的力量，增加成功谈判的筹码。

三 促成工人阶级国内与国际联合

正如马克思和恩格斯所说，"现代的工业劳动，现代的资本压迫，无论在英国或法国，无论在美国或德国，都是一样的，都使无产者失去了任何民族性。"[2] 特别是在全球化时代，资本在世界市场上的日益集中和中心化，工人阶级和被压迫群众不但有共同的根本利益，而且只有以最广泛的劳动者联合对抗国际性的资本联合，工人阶级才可能不被民族性、区域性的局部利益所分化和削弱，工人运动才能成为真正有前途的世界性的事业。[3] 在跨国公司迅速发展、规模不断扩大、影响力不断上升的今天，资

---

[1] ［美］贝弗里·J. 西尔弗：《劳工的力量——1870 年以来的工人运动与全球化》，社会科学文献出版社 2012 年版，中文版前言第 1 页。

[2] 《马克思恩格斯文集》第 2 卷，人民出版社 2009 年版，第 42 页。

[3] 李丹：《冷战后国际工人运动并未沉寂》，2006 年 12 月 18 日摘自《上海工运研究》，来源：马克思主义研究网。

本已经可以涉足到世界各个领域，寻求廉价的劳动力，争取利益最大化的实现。

工会的组织者或罢工的领导者应时刻关注其他国家工人阶级的行动，并对他国的罢工行为以及本国其他行业的罢工有正确的认识，看清罢工与自身所处行业的关系，从而组织本行业的员工进行联合罢工，以争取更大的利益，维护工人阶级的权益。2010年12月美国汽车工人联合会声援韩国现代工人罢工就是一个很好的例证。

（一）联合的必要性和可能性

工人阶级的联合应该是多方面的，包括国内各行业内部的联合、行业之间的联合、不同行业间的联合以及国内外的广泛联合，其中还要特别注重不同肤色、不同种族成员之间的联合，此外还要加强同移民群体的联合。后两者的力量往往在很多国家工人运动中处于重要支撑地位。例如在美国，直到今天黑人也没有取得和白人完全平等的地位。据成立于日内瓦的国际移民权利组织统计，全世界的移民人数约有2亿，包括从墨西哥移居美国的民众，还包括很多从其他发展中国家移居到发达国家的民众。以生活在美国的墨西哥移民为例，他们的工资和生活状况都处在社会的最底层，他们不享有失业保险、医疗保险以及各种社会福利，工作缺乏根本性的保障。客观地说，他们处于一种被边缘化的境地，在这种情况下需要一个组织，联合移民的力量，为争取移民的权利而斗争。似乎在今天发达资本主义国家，这个组织只能是而且也应该是工会。但就目前情况来看，工会在美国的发展状况并不理想。就美国工人入会率来看，仅仅达到12%，为了保持这一比例，工会必须以每年吸纳40万工人的速度发展新会员，倘若希望提升一个百分点，那么吸纳新会员的数字将达到80万。[①] 在此，工会与移民群体形成了一种客观上的对接，移民的加入，可以为工会的发展注入新鲜的血液，促进工会的健康发展。

工人阶级在行动中联合的必要性主要体现在两个方面，一是通过联合可以增加工人运动的力量和与资产阶级谈判的筹码，成功的可能性更大。随着各行业生产方式的转变，大量劳动力后备军的存在，许多从事服务业

[①] David Bacon: Equality and Rights for Immigrants—The Key to Organizing Unions MONTHLY REVIEW October 2010.

工作的低收入工人很难与雇佣资本家力量之间形成可抗衡的机制。因此通过形成社区或更大范围的组织模式可以有效地联合更多的工人，增强工人阶级的力量。这样能够有效地避免服务行业因雇佣关系的临时性、多变性引起的雇佣成员不稳定，进而使得工人运动联合力量不稳定等弊端。"生产活动的垂直化分工和相应的生产地点的分散化等削弱了劳工的结构性谈判能力"，[1] 此时便有必要强调劳工的组织性力量，以弥补结构性谈判力量的不足。二是联合行动有助于"增进双方的相互了解，交流经验和斗争技巧"。[2] 因此在条件允许的情况下，有必要定期举办相应的交流会议为工人阶级提供一个广泛接触、联合的平台。

工人阶级的国内联合和国家联合的必要性确定无疑，尤其是在资愈强而劳愈弱的发展态势也不断加强的情况下。作为工人阶级的天生对立面的资产阶级在全球化的推动下已经形成了统一的联合，特别是跨国公司的迅速发展。大型国际垄断集团的子公司遍布全球各地，"以1997年世界上最大的20家非金融跨国公司为例，在国外雇佣的职工人数占雇工总人数的比重，最少的为40%以上，一般都在50%以上，最高的达到95%以上。美国通用电气公司2005年在国外的雇员有9.8万名，比2000年上升了6%。"[3] 资产阶级已经建立了剥削全世界工人阶级利益的稳固同盟，工人阶级别无选择，只有建立起反对资产阶级的联盟，才能维护工人阶级的利益，增强与资产阶级谈判的可能性，并争取最后的胜利。

新自由主义政策倡导"扶资本抑劳工"，加之全球化迅速发展，发达资本主义国家进行产业结构调整，加剧了社会内部分化，导致世界范围内"资强劳弱"的态势愈来愈突出，在一定程度上激起了工人运动。[4] 促使工人阶级意识到联合的必要性和紧迫性。特别是在新自由主义风靡众多国家的情况下，工人阶级的流动性增强了，国内或行业内的组织成员有严重的不确定性，这也使得成立国际性工人组织成为必要。

---

[1] 张璐译：《劳工的力量——1870年以来的工人运动与全球化》，社会科学文献出版社2012年版，第153页。

[2] Robin Cohen and Shirin M. Rai: *Global Social Movements*, London; New Brunswick, NJ: Athlone Press; N. J.: Distributed in the U.S. by Transaction Publishers, 2000, p. 8.

[3] 吴波：《经济全球化与西方资本主义国家的工人运动》，《当代世界与社会主义》（双月刊）2007年第1期，第37页。

[4] 吕薇洲：《低迷而不沉寂的发达国家工人运动》，《党建》2009年第5期。

工人阶级联合的可能性也很多，除了世界并存的三大工会组织（当然有的发生了合并）之外，反全球化运动也为工人阶级的联合提供了机遇。在工人阶级的对立面资产阶级已经联合起来的情况下，工人阶级如果继续保持分散的状态，则势必会逐步丧失自己的合法权益。资产阶级极力倡导有利于其获取巨大剩余价值的全球化，工人阶级有必要将反全球化运动视为工人运动的主要内容之一。

不得不承认，全球化是当前发达资本主义国家工人运动面临的最严峻的挑战之一。反全球化运动的全面展开，一方面使工人阶级不断积累斗争的经验和策略；另一方面，这些运动直指资本主义存在的弊端，因此与工人运动有巨大的重合点，反对全球化的群体必然成为工人阶级反对资本主义的同盟军，甚至他们的绝大多数也是工人阶级的一部分。

反全球化运动首先在力量上支援了工人阶级运动，壮大了工人阶级的队伍，扩大了工人阶级运动的影响力；同时也丰富了工人阶级运动的斗争形势和策略，特别是在目前工人阶级分布较为零散的情况下，如何组织工人运动提供了有意义的借鉴。

随着新的科技革命和跨国公司的发展，各国工人阶级受剥削的状况不但没有减轻反而有加重的趋势。工人阶级的处境普遍恶化，也使得工人的联合成为可能。资本家阶级为了追求剩余价值的最大化，在工人购买力减弱的情况下，采取透支消费的方式，以实现资本逐利的本性。当前正在发生并有进一步深化可能性的经济危机说明工人阶级今天的收入不足以维持其消费的现状，也从另一个角度说明资产阶级对工人阶级的剥削力度在加大。工人阶级普遍处于生活状况恶化的现实当中。

法国政府为了应对经济危机带来的危害采取了一系列的措施，其中一项是政府要求提高工人的退休年龄，可以延缓其本应履行的责任，可以延缓对退休金的支出和使用。法国工人为此举行了多次罢工，抗议政府的退休新法案。2010 年为抗议此项法案参加罢工的人数达数百万人，打破了 2009 年 3 月份以来的新纪录。罢工行为虽然也会给民众生活带来一定负面影响，如加油站无法正常供油，学生无法正常上课，交通工具使用受限等等，但据 CAS 民调公司针对 1002 人进行的电话民调，询问民众对联合工会当天罢工游行抗议退休新法案行动的反应，结果显示，71% 的受访者表示支持，仅 18% 的受访者反对。

应该说，经济危机发生以后抗议政府提高退休年龄以及削减工资的罢工行为在各发达资本主义国家普遍都有发生，而且在时间上还有相互呼应的趋势。以最近所发生的几次罢工来分析，可以看出各发达资本主义国家的工人阶级有着共同的利益诉求，同时他们也面临着同样的困境，因此合作开展行动的空间很大。2011年3月24日来自英国63所大学的数以万计的讲师针对工资待遇和养老金的削减而开展了抗议行动，甚至一些名牌大学如牛津大学、伯明翰大学、利物浦大学等的讲师也参与到其中。几乎就在同一时段，3月21日，位于北爱尔兰的英国女皇大学（Queen's University）和阿斯特大学（University of Ulster）也就养老金等相关问题采取抗议行动。此次行动与法国工人举行罢工的原因如出一辙，同样是抗议政府将退休年龄（即领取养老金的年龄）从60岁提升至65岁。对于英国来说，这是大学领域近5年来开展的第一次也是唯一的一次范围较广的抗议行动。[①] 2011年3月12日意大利公共部门工作人员开展全国范围的大罢工，罢工参与者涉及运输业工人、航空业工人、教师以及地方政府职员。2011年3月17日苏格兰华威大学和开放大学的讲师通过罢工以维护享受养老金的权利，这两所大学都试图通过削减教师的养老金，要求教师在工作期间缴纳数额更多的养老金，而在其退休以后所享受到的养老金待遇却微乎其微。2011年3月19日新西兰高级中学的教师计划通过集会的方式促使工资实现4%的增长幅度。2011年3月22日，加拿大布鲁克大学的主助教工作人员基于就业成本不断增加，工资停滞不前状况不满组织罢工，参与人数约240人。[②]

仅仅在2011年3月份各发达资本主义国家就普遍发生了工人阶级争取提高工资待遇和享受养老金权利的抗议、罢工行动，这不能说是偶然事件，其背后隐藏着资本主义国家在劳资关系上明显偏重于资本的倾向。当经济危机袭来之时，资本主义国家不惜投入大量的资金以挽救摇摇欲坠的大型投资公司，以期经济的再度复苏。资本主义国家用来收买工人阶级，掩盖剥削关系的福利政策也在经济危机面前成为资本主义国家的一大包袱，因此试图减轻或者甩掉这个包袱必然成为各发达资本主义国家的必然

[①] http://www.wsws.org/articles/2011/mar2011/wkrs-mzz.shtml.
[②] http://www.wsws.org/category/roundup.shtml.

选择。工人阶级成为经济危机的牺牲品,但是正如马克思在《1848年至1850年的法兰西阶级斗争》中所说的,"革命的进展……是在产生一个联合起来的、强大的反革命势力的过程中,即在产生一个敌对势力的过程中为自己开拓道路的,只是通过和这个敌对势力的斗争,主张变革的党才走向成熟,成为一个真正革命的党。"① 发达资本主义国家的工人阶级面临着共同的敌人,同时这个敌人随着资本的扩张在不断地走向联合,工人阶级在尚未联合起来之前必然受到联合起来的资产阶级的共同镇压,他们的单独行动必然会受到种种的束缚。但是工人阶级在失败的过程中将会逐渐成熟起来,不断丰富斗争经验,从而真正认识到工人阶级联合行动的必要性。

资产阶级政府在尚且能够维护其统治,经济平稳增长的情况下,通常会在工人阶级中采取分别对待的伎俩,以此来离间工人阶级队伍整体,使其分散化、分裂化。而当其统治受到周期性的经济危机影响时则会全面挤压工人阶级所剩无几的现存利益。这样工人阶级的阶级意识会在特殊的条件下得以激发,工人阶级为了眼前共同的利益就走到了一起。因此从另一个角度说,经济危机也为工人阶级创造了一个联合的机会,同时也能让工人阶级在行动中受到教育,逐步培养工人阶级阶级意识的统一性和深刻性。

(二)当前工人运动联合因素相对匮乏的原因分析

工人阶级当前不能实现联合的原因是多元而复杂的,在此仅从主观和客观两个方面做大致的分析。

从主观上看,工人阶级阶级意识的消减,从自为阶级转化为自在阶级,导致工人阶级难以清晰认识到自身的社会地位,阻止其争取根本利益的步伐。

从客观上看,首先,经济结构调整导致工人阶级身份认可度发生变化。随着资本主义生产方式的变化,经济结构发生巨大变化,白领工人,从事较高端工作的非体力劳动者无疑将自身定位在中产阶级的行列,而那些从事较低端工作者也倾向于认为自身处在中产阶级队伍当中。事实上,他们在经济收入以及从事工作的繁复程度中确实与体力劳动者有着本质性

---

① 《马克思恩格斯文集》第2卷,人民出版社2009年版,第79页。

的差异。其次，当从福特主义向后福特主义变化时，工人阶级大规模集体劳动的现象急剧减少。再次，资本主义经济发展的不平衡性，社会主义和资本主义国家发展的不平衡性导致发达的资本主义国家运用其强大的经济实力，特别是通过跨国公司将污染型企业以及劳动力密集型产业不断引向发展中国家。这样必然导致发达国家工人阶级与发展中国家工人阶级的隔绝。此外，发达资本主义国家还会运用各种手段离间本国工人阶级和别国工人阶级之间的关系。一个显著的例子是，美国面对2008年以来的经济危机削减了大量的工作岗位，工人阶级福利待遇严重受损，失业人数激增。2011年3月，距离经济危机发生时大规模的失业已经过去两年时间，然而到目前为止，已经有200万名工人在长达99周的时间里处在失业状态，他们依靠领取微薄的救助金生活。这样长时间大规模的失业状况，是自20世纪30年代以来不曾发生过的。[1] 它们都是转嫁危机的手段。然而美国的主流媒体却引导工人阶级说，他们失业的原因是由于中国廉价的劳动力所致，把斗争的矛头直接指向中国的工人阶级，在美国与中国工人阶级之间制造争端。美国共产党为此极力向民众解释，工人失业的根源并不在于中国，而是由于资本的无限扩张，以及追求利润最大化所导致的。

当前工人阶级不能实现大规模联合与工人阶级的团结程度有着密切的关系。寻找破坏工人阶级团结的原因首先可以追溯到资本的逐利性。由于资本的逐利性特征，导致资本势必会不断地流向劳动力价格低廉的发展中国家以及其他经济发展相对比较落后的国家，以减少成本，加快资本的增值速度和绝对值。在这种情况下，资本形成其特有的流动走势，即从经济较发达的国家流向发展中国家以及其他发展相对比较落后的国家。然而资本的流入并不意味着就业岗位的增加，反而给很多地区带来的是当地居民生活的日益贫困化，失业人数的不断上升。而与资本流动相反的是，劳动力却由发展中国家及发展相对比较落后的国家流向发达国家，导致全球范围内产生了大量的移民。他们背井离乡，希望在异国他乡改变自身的命运，过上相对富裕、稳定的生活。然而事与愿违，通常移民的处境更加恶劣。例如完全接受美国推行新自由主义策略的墨西哥，由于国有企业私有

---

[1] Fred Magdoff: The Jobs Disaster in the United States. http://monthlyreview.org/2011/06/01/the-jobs-disaster-in-the-united-states.

化，产生了大量的失业人口，为了生存他们不得不选择移民。很多人想尽一切办法移居到美国，但是他们在美国无论是工资待遇还是生活状况都处在社会的最底层。他们被无情地剥夺了本应享受的一系列基本权利，如失业保险、医疗保险、社会福利等。① 他们为了生存不得不接受工作强度大、工作环境恶劣的工作，在一定程度上占据了当地居民的工作岗位，这样导致本国公民与移民之间产生巨大的摩擦和冲突。原本同属于工人阶级的"战友"，却在资本的作用下成为"敌人"，这是影响工人阶级团结的一个很重要的因素。据国际移民权利组织的统计，全世界的移民总数约有2亿人，如此庞大的一个群体不能被工人阶级的组织所接纳，这对工人阶级的行动来说将是一个巨大的损失，同时也是影响工人阶级团结的一个极其重要的因素。

其次，工人阶级内部生活水平差距日益明显，内部出现分层也是制约工人阶级团结的一个重要因素。例如知识阶层、白领阶层和蓝领阶层，产业工人和服务业工人之间的差别。② 他们无论在工作的稳定性上，还是在收入、享受的待遇方面都存在着巨大的差异。如果按照所从事的岗位将工人进行划分，那么掌握着核心技术、处在管理层的工人处于工人群体中的中心地位，他们的工作可替代性较弱，而其他的工人则处于被边缘化的地位，因为他们所从事的工作被肢解为一个个小的部分，更多地趋向于简单劳动，可替代性很强，相应的稳定性明显减弱。因此在工人阶级内部这两个大的群体之间也会形成种种矛盾和冲突，从而阻碍工人阶级作为整体的联合。

再次，受工作分工和职位特点的约束，工人阶级的组织性也逐步降低。例如脑力劳动者由于工作的特点，习惯于个人独立进行工作或小部分配合开展工作，有时为了维护自己的知识产权，还要互相戒备，因此难以形成凝聚性很强的组织，所以从整体上看，工人阶级的组织程度远不如从前。③

最后一个制约因素是，女性雇员在被雇佣群体中所占比例不断上升，

---

① David Bacon：Equality and Rights for Immigrants——the Key to Organizing Unions, MONTHLY REVIEW October 2010.
② 林茂：《当代资本主义国家工人阶级状况分析》，《理论学习》2001年第10期。
③ 同上。

但是他们所获得的工资待遇以及被组织起来的程度却十分有限。这也成为工人阶级内部联合力量淡化的原因之一。工人阶级的队伍中，女性的比例在不断上升，在资本主义社会，越来越多的女性走进了工厂，充实着工人阶级的队伍。例如，德国 2009 年男女雇员的比例为 46∶54，德国男女性别比例为 51∶49。虽然雇员的男女比例就德国人口男女比例来说还略显低，但是回顾过去 20 年的发展，德国女性工作的比例在不断上升，从 1991 年的 41.6% 增加到 2009 年的 45.8%。[①] 之所以会发生这种现象，首先是因为资本主义国家对女性照顾孩子与家庭所创造的价值方面并没有给予足够的认可，也就是说她们在这个过程中所创造的价值被严重低估了。因此为了得到相对合理的价值衡量标准，她们不得已而选择忽视对自己孩子的照顾，到工厂等从事其他的工作。[②] 其次，20 世纪 70 年代以来工人的绝对收入量在减少，如果女性不工作，将无法维持家庭的正常开支。在这种情况下，工人阶级的队伍中男性和女性的比例发生了较大的变化。

随着女性工人阶级的比例不断提升，对于如何组织起来更好地维护女性工人雇员的权益应该投入更多的研究和实践。由于性别的差异，男女雇工所从事的行业是有很大差别的。还是以德国为例，36% 的女性雇员和 49% 的男性雇员，在他们所从事的行业中，前者女性占 80% 以上，后者男性占 80% 以上。只有 1/5 的女性和男性所从事的行业是男女比例较为平衡的。具体分析女性所从事的行业，我们会发现，女性雇员多集中在几个固定的领域：如家庭主妇、儿童护理员、护士及咨询助理等等，女性比例达 90% 以上，在理发师行业，女性比例也高达 89.7%，保洁员行业女性比例为 88.5%。[③] 介于女性职员目前工作分布的特点，可以看出在男女雇员求职中还存在明显的性别歧视，但是也反映出女性雇员从事行业的相对集中性，这样在组建工会等组织时，可以充分利用女性雇员分布的特殊性，将其联系成为一个整体，共同维护女性雇员的利益，发挥女性工人阶级的作用。女性雇员所从事的工作与男性雇员相比同样是不可缺少的、非常重要的。但是她们所得到的社会认可度及其体现在货币上的价值却没有

---

① http：//www.destatis.de/jetspeed/portal/cms/.
② Michael D. Yates：" The Injuries of Class"，http：//monthlyreview.org/2008/01/01/the-injuries-of-class.
③ http：//www.destatis.de/jetspeed/portal/cms/.

得到合理而公正的评估,这必然导致女性工作者的权益受到损害,为此有必要加强相关行业的工会组织建设,促使妇女的社会地位、劳动价值得到充分肯定。

就目前情况来看,女性雇员加入工会的比例较低,因此无论是工会的发展还是工人运动的发展都要求对女性工人阶级给予高度的重视。事实证明,将女性工人阶级排除在外来考虑工人阶级的行动战略问题已经不现实了。

四 唤醒工人阶级意识

当前工人阶级最为突出的一个特点是阶级意识的统一性和深刻性不够,然而在工人阶级争取自身权利并最终实现自身解放的过程中,必须有阶级意识贯穿始终。德国学者科尔施提出没有纯粹抽象的实践,认识并不是对现实消极反应的现实副产品,理论为实践提供前提和动力,观念革命不仅是整个社会革命的必要组成部分,而且还是经济革命和政治斗争的策源地。[①]

工人阶级意识的培养是一个相对漫长的过程,首先要克服两种艰难与困境。第一,工人阶级应对自身有准确的阶级定位,形成清晰的阶级归属感;第二,成熟的工人阶级意识应有共同的利益认同感,并对剥削现状及其根源产生准确的认知,树立明确的斗争目标,并在国际主义精神的感召下实现工人阶级彼此之间的联合。总之,工人阶级意识中既涵盖经济层面的内容,同时也有着浓厚的政治内容。真正的工人阶级阶级意识必然是超越工联主义范围的一种整体性的革命意识。单纯局限于经济方面的诉求,会使工人阶级的革命性囿于资本主义体制内的改良,从而抑制工人阶级在较广范围内的联合,并偏离对资本主义制度性替代的历史使命。

作为工人阶级组织的工会,在唤醒工人阶级阶级意识方面承担着重要的责任和义务。工会必须充分发挥其在培训、教育方面的功能和作用,在意识形态领域让工人阶级认识到自身仍处于被剥削的经济政治地位。随着科技的发展、生产力水平的提高,工人阶级的生活状况确实有所改善,但

---

① 吴友军:《"理论"与"实践"的统一和断裂——论科尔施"正统"马克思主义的反思》,《马克思主义与现实》(双月刊)2007年第5期。

这并不是资本家阶级的恩惠,而是工人阶级斗争的结果。工人阶级在斗争中应注重讲求战略和策略,在资强劳弱的现实环境中,不能急于求成。工人阶级要发挥作用,离不开工会对工人阶级的教育和斗争的指导。此外,对教育内容也要有所把握,避免非常折中的、蜻蜓点水般的教育。对工人阶级的教育,以及对美好社会的展望,不应仅仅局限于憧憬,这样容易导致人们的一种乌托邦式的心态。单纯地套用马克思主义经典著作中的口号式的号召,对工人是不会有任何长久吸引力的,因为这并不能解决工人的现实问题、现实困境。这样的结果只能是把自身陷于孤立的、理想的、但却是乌托邦式的环境当中。

正如马克思所说,以生产资料公有制的社会主义代替生产资料私人占有的资本主义社会需要一个过程,"无论哪一个社会形态,在它所能容纳的全部生产力发挥出来以前,是决不会灭亡的;而新的更高的生产关系,在它的物质存在条件在旧社会的胎胞里成熟形成以前,是决不会出现的。"① 那么工人阶级是不是现在就无需做什么了呢?当然不是。工人阶级必须在现有条件下争取自身的权益。正如迈克尔·茨威格在《工人阶级大多数:美国保守最好的秘密》一书中提到的,纵观美国20世纪的历史,几乎每一次社会的进步都伴随着对资产阶级的反对和对资产阶级权力的限制。② 可见在今天的工人运动中,即使是在资本主义框架范围内进行的维权斗争,也是向推翻资产阶级统治这一最终目标的实现迈出了一小步。从长远的角度来说,只有今天的工人阶级充分做好准备,积累丰富的与资产阶级斗争的经验,待到与资产阶级决斗的那一天,无产阶级才能更加得心应手。

在罢工、游行等较为激进的行为中,工人阶级逐渐会意识到资产阶级国家是维护资本家利益的总舵手,在不危害资产阶级统治的范围内,在不至于大规模损害资本家利益的范围内,工人可以进行有限度的罢工等行为,但是一旦这些行为危害到所谓的国家利益,危害到资本家利益的时候,资产阶级的政府就会出面,这时他们究竟代表谁的利益就一目了然

---

① 《马克思恩格斯文集》第2卷,人民出版社2009年版,第592页。
② Michael Zweig: *The Majority Class Majority: America's Best Secret*, Cornell University Press, 2000.

了。美国 1947 年颁布的《劳资管理关系法》，即《塔夫脱—哈特利法》规定，在国家经济和安全受到劳资争议严重威胁时，总统有权要求联邦法院下令停止罢工 80 天，以利劳资双方冷静处理。2002 年 9 月 27 日至 10 月 9 日，美国西海岸 29 座主要港口 1 万多码头工人同时罢工，引发了 30 年来历时最长的封港事件，给美国经济造成很大影响，受到世界广泛关注。事件最终以布什总统根据劳资管理关系法案启动紧急措施，联邦法院下令强制工人复工，劳资双方通过谈判达成新的协议而解决。虽然工人罢工不得不在政府的压力下停息，但是工人阶级在这个过程中已经在感性上认识到资产阶级政府并不站在自己这边，而是站在其对立面。

随着经济的发展，产业结构的调整，各发达资本主义国家制造业工人的数量在不断下降，所占工人阶级的比重也呈现下降趋势，工人被迫分散到各个小型企业工作。因此，今天组织工人运动不能采取过去那种方式，而必须根据工人分布的特点，制定出相关的行动策略。只有策略适应工人阶级分布碎片化的趋势才能达到应有的效果。

强化工人阶级的阶级意识至关重要，工人阶级如若希望取得运动的成功也必须形成一种统一的阶级意识。然而愿望是美好的，但现实却是有差距的。当前工人阶级的阶级意识日渐淡化而成为新的"自在阶级"，社会主义者在制定战略对策的过程中必须考虑到工人阶级的这种现状。因此，社会主义者当前战略和战术的核心不是别的，而正是"不断发展和强化阶级意识、提高组织化水平"。[①]

金融经济危机爆发应该说是强化工人阶级意识形态的良好机遇。据英国广播公司 2009 年 6 月 19 日—10 月 13 日的一项调查显示，在 27 个国家的 2.9 万名受访者中，只有 11% 的人认为资本主义运转良好，89% 的人对资本主义表示不满。其中，平均 23% 的人认为资本主义有着致命的缺陷，需要一个全新的体系来代替它。[②]

之所以特别强调工会在教育方面的作用，是因为工人争取自身权利的斗争应该有一种可持续性，同时认可斗争经验的可传递性和可复制性。今

[①] [英] 菲尔·赫斯：《"自在"还是"自为"：工人阶级的阶级意识瓦解了吗》，《马克思主义研究》2009 年第 10 期，第 139 页。

[②] 王伟光、程恩富、胡乐明等：《西方发达国家金融和经济危机与中国对策研究（上）》，《马克思主义研究》2010 年第 7 期。

天的工人阶级应该怎么做，首先要了解过去他们主要是怎么做的，采取了哪些措施，取得了怎样的效果，又出了哪些问题。继而根据当前的情况分析哪些仍需改变。

五 经济斗争与政治要求相结合

工人运动的最高形式即推翻现政权，推翻资产阶级的统治，实现生产资料的公有制。当前西方工人阶级尚不能实现这一目标，但是工人阶级在运动中已经自发地甚至是自觉地融入了一些政治性的因素。事实上，工人罢工只有更多地容纳政治因素，才能真正有助于世界各国工人阶级的联合。例如，2008年5月1日发生在美国西海岸29个港口的码头工人举行的罢工，他们要求政府尽快结束在伊拉克的战争。这样可以使工人阶级将美国政府与工人阶级的立场划清界限，分清敌友。当然，工人积极政治斗争意识的培养以及实践的展开需要一个过程，也需要一定的前提条件。正如马克思曾经说过："工人阶级的政治运动自然是以为自身夺取政权作为最终目的，为此当然需要一个发展到一定程度的、在经济斗争中成长起来的工人阶级的预先的组织。"① 这一预先的组织必然包括工会组织在内，也就是说实现工人阶级的最终解放，促进工人运动的顺利发展，离不开一定时期为争得工人阶级经济利益而进行的努力，同时在维护工人阶级经济权益的过程中也离不开相应的为获取经济利益的组织，因此，需要对工会的作用给予高度的重视。

六 培养工人阶级共同标志

回顾国际共产主义运动史上第一个全国性政党即德国社会民主工党的出现，是有其前提条件的，其中之一是手工徒工拥有很多传统的标志、仪式、旗帜和歌曲，这些内容在新工人运动中也起到了塑造身份的作用。② 今天发达资本主义国家工人阶级的运动实际上缺乏统一的标志和仪式等等，普遍处于较为分散的状态。因此期待工人阶级从分散走向

---

① 《马克思恩格斯选集》第4卷，人民出版社1995年版，第603—604页。
② [德] 弗兰茨·瓦尔特：《德国社会民主党：从无产阶级到新中间》，重庆出版社2008年版，第2页。

联合，不仅仅是行业范围内、地区范围内的联合，甚至是全国范围、乃至世界范围内工人阶级的联合，少不了共同标志的培养，让工人逐渐意识到工人阶级是一个整体，其力量发挥需要共同协作。工人共同的标志、旗帜、歌曲等，可以从文化层面上使他们意识到应成为一种联合体，他们之间有很多共同点。这就像德国社会民主党的产生离不开城市手工业徒工们所塑造的工人身份一样，今天的工人运动以及政党更应努力夯实这一基础。

在培养工人阶级共同标志的工作中，应特别注重对工人阶级的文化宣传。工人阶级应该有属于自己的报刊。回顾历史，在俾斯麦推行《反对社会民主党企图危害社会治安的法令》时，要求社会民主党的报纸必须停刊。这说明俾斯麦政府认为报刊对工人阶级的影响力和感召力是很强的，敌人惧怕的工具恰恰应该成为工人阶级的武器。但是现在西方国家的媒体完全是资产阶级的代言人。因此在工人运动的过程中，除了通过罢工、游行示威等方式要求改善经济方面的状况以外，还应将意识形态领域的内容渗透其中，要求工人阶级有表达自身意愿以及自身感悟的传播媒体。在这里就需特别强调媒体作用的发挥。1921 年在美国成立的工业民主联盟组织（the League for Industrial Democracy），积极倡导并实践培养工人阶级社会主义理念行动，培养更多的公民认清现实社会存在的种种不平等的剥削现象，加深对社会主义的认识，坚定社会主义必然代替资本主义的信念。《劳工时代》（Labour Age）杂志在工业民主联盟组织与工人阶级之间架起了一座桥梁，它可以实现将工业民主联盟组织代表的主张有效地传递给劳工阶层。[1] 就当前西方发达国家来讲，主流媒体必然是在资本主义体制内以维护资本主义自身的发展为目标。工人阶级的要求，特别是触犯资本主义制度的政治方面的要求基本上不会在主流媒体中出现。但是工人阶级的行动，特别是随着工人阶级分散化的进一步加深，代表工人阶级的政党或者工会在组织工人阶级的联合时，需要一个能够在工人阶级与政党或者工会之间传递信息的媒介进行沟通，从而实现理论主张向实际行动的转变。

---

[1] Thomas J. Edward Walker&Lanhan Boulder：*Illusive Identity——The Blurring of Working - Class Consciousness in Modern Western Culture*, New York · Oxford. p. 118.

工人运动处于困难境地的原因是多方面的，工人运动就好像两边拴着绳子的物体，较为激进的、相对"左"的理念将工人拽向一方，但另一方资产阶级的统治也从中吸取经验教训，满足工人提出的部分要求，于是又将工人拽回原点。今天的社会主义运动不仅需要鼓动家，更需要具体的、可操作的行动纲领和策略。

在国际工人运动史上，"倍倍尔就是一位具有独特魅力的演讲者，充满热情和影响力。然而，……他没有中期的改革计划，没有社会结构转变的计划；对于他来说，只有'立刻'和'遥远的革命未来'"。[1] 不过那时，尚且可以通过有感染力的宣讲将工人吸引在自己身边。但是社会在不断向前推进，工人在不断丰富他们革命运动的经验，工人们意识到，仅靠单纯的口号和宣传是不够的，必须有实际具体的行动纲领才能为目标的实现铺平道路。这是工人进步的表现，是工人运动的经验总结。然而这并不否定工人运动需要像倍倍尔那样可以将社会主义的未来加以很好描述的人物，因为只有这样才有可能吸引更多的人关注资本主义的未来以及社会主义的未来，认清二者之间的关系，以及社会主义对资本主义的可替代性。在西方发达资本主义国家，国家能够为有能力、有号召力和感召力的企业家提供更多的机会，企业家的机会恰恰说明了美国等西方国家缺乏组织化劳工的原因，因为统治阶级能够有效地抽调走工人组织的潜在的领袖。[2]

七 加强政党与工人运动的联系

历史上工人运动取得较好的成绩时，总是离不开政党的作用；同样政党的成立与作用的发挥也需要工人运动推波助澜。例如德国社会民主工党的成立与工人运动有着密切的关系，二者互相影响。德国社会民主工党的成立离不开全国性工人运动的开展，同样工人运动也需要政党的领导。在德国社会民主工党成立过程中，手工学徒的流动性促进了德国社会民主工党的成立。这是因为在学徒期满之后，徒工们都必须外出游历，因此他们

---

[1] ［德］弗兰茨·瓦尔特：《德国社会民主党：从无产阶级到新中间》，重庆出版社 2008 年版，第 17 页。

[2] ［英］斐欧娜·戴维恩：《美国和英国的社会阶级》，重庆出版社 2010 年版，第 50 页。

的组织和思想能够跨地区连接起来。正是这一点，成为在德国出现全国性工人运动和社会民主党的前提条件。①

工人阶级在维护自身权益不受侵犯而采取的罢工示威等过程中，政党可以发挥巨大的作用。例如2008年以来希腊国内经济受到债务危机的困扰，工人阶级不满政府为挽救危机和摆脱债务陷阱所采取的以削减工人工资和福利的相关措施，不满政府这种转嫁危机，让民众为政府埋单的现实，展开大规模的全国性罢工，在罢工过程中希腊共产党起到了积极的推动和促进作用。希共借机表达了对此次经济危机和债务危机的看法，指出危机的根源在于资产阶级追求利润最大化，帮助民众认清了政府打出的所谓"爱国主义"的真正含义，并提出应采取相应的对策。与此同时希共也注重向民众介绍希共的情况，增加希共的透明度，便于民众对希共方针政策等的了解。

在很多发达国家共产党等左翼政党的人数是很有限的，例如美国共产党的人数仅有3000人，其中有近一半的人数是近两年发展的，真正每年缴纳党费的人数仅有1000余人左右。如此微薄的力量如何在未来的发展中发挥应有的作用是摆在美国共产党面前一个十分棘手的问题。在这种情况下发挥巨大的作用，必然受到种种限制。为了弥补不足，联合可以联合的力量，增强自身的影响力，是十分重要的。对于左翼政党的代表共产党来讲，联合工人运动发挥自身的作用是首要的选择也是最佳的选择。美国共产党已经注意到这个问题，并且在工人争取自身利益的行为中明确表明了自己的态度，以争取在工人维权运动中发挥影响。

在工人阶级的行动战略问题中，首先必须确定行动的主体是哪部分工人阶级，当然最理想的状态是工人阶级的整体。但是现实中，工人从分化走向联合需要一个相当漫长的过程，在这种情况下，确定当前行动的主体力量至关重要。

随着跨国公司的发展，全球化的进一步推进，各地贫富差距扩大，各国工人阶级流动性日趋强烈。在欧洲地区，由于地理位置的原因，跨国工人数量日渐增多。然而今天工人在全国乃至世界范围的普遍流动带来的是工人的分散与分化，工人之间很难找到凝聚点。2008年伊始的全球性经

---

① [德]弗兰茨·瓦尔特：《德国社会民主党：从无产阶级到新中间》，重庆出版社2008年版，第2页。

济危机以及当前希腊特别凸显的债务危机都有其两面性，一方面工人阶级利益受到严重损害，这是资本家转嫁经济危机的必然结果。另一方面，工人集体罢工、游行示威也促使工人阶级逐步找到他们之间的共同点，他们是处在统一战壕的战友。有着共同的敌人，而且只有团结起来，才有助于力量的发挥。在目前劳资双方力量对比中，工人阶级处于明显劣势的情况下，工人阶级有从自为阶级变成自在阶级的危险，或者说已经变成了新的自在阶级。所以工人阶级当前的首要任务是增强团结性，凝聚工人阶级的力量，扭转工人阶级转向自在阶级的现实。而就目前工人阶级较为分散的现状而言，工人阶级不适合采用极端、过激的手段，与强大的资产阶级联合体对抗，不应该期盼工人阶级在今天西方发达国家的现实世界中推翻资产阶级政府的统治，这只会引起工人阶级力量的巨大损失，使工人处于不利地位。

那么工人阶级难道只能安于现状而无所作为吗？当然不是。工人阶级特别是发达国家的工人阶级，他们所受的绝对剥削程度事实上更严重。当然，客观上不能否认，西方发达国家工人阶级的生活水平、工资收入、福利待遇等等要远高于很多发展中国家，但是由于科学技术的不断发展，劳动生产率的不断提高，工人阶级在单位时间内创造的价值量也在不断增加，而满足劳动力再生产所需价值量则相对减少。劳资双方差距在不断扩大。因此即使在经济萧条、资本主义经济危机发生时期，工人阶级也应尽量争取自身的经济利益。甘心忍受经济危机时大规模的失业率、大范围降低工资和相关福利的退缩，只能引来资本家对工人更为沉重的剥削。在经济萧条时期尚且如此，"在产生额外利润的繁荣阶段"，工人阶级"如果不争取提高工资，按整个工业周期平均计算，他就会甚至得不到他的平均工资或他的劳动价值。他的工资，在这个周期的不顺利阶段，必然要受影响，如果在这个周期的繁荣阶段，还要求他不去争取补偿，那就太愚蠢了。"[①]

任何事物都有其两面性，我们在分析问题时也要辩证地看待问题。工人阶级再度转向或者有转向自在阶级的趋势，其实是工人阶级更为睿智和理性的表现，因为曾经号召工人阶级、吸引工人阶级与资本家及其统治力

[①] 《马克思恩格斯文集》第3卷，人民出版社2009年版，第71页。

量——国家进行斗争的口号与行动策略,今天已经随着时代的发展,随着工人阶级以及资产阶级统治方式的变化不再适用了。经历了新的"自在阶级"的磨炼,工人阶级再度团结起来的时候,其力量将比现在强大不止一倍。

如何辨析今天的工人运动,哪些行为属于工人运动,对变化了形式的工人运动我们必须给予准确的定位。国内外的客观环境在不断发生变化,资本家剥削工人的手段也在发生变化。因此,工人运动在形式上不可能一成不变,必然会产生出一些新的斗争形式。在这种情况下,如果墨守成规,只会忽视工人运动的新发展、新变化。也许从这个视角来看,工人阶级的运动并没有削弱,只是斗争的形式发生了变化。

第八章　工人阶级与社会主义主体

马克思主义认为，工人阶级（无产阶级）是社会主义运动的领导性主体。由于客观的历史地位所决定，工人阶级的这种历史主体地位是其他社会阶级和群体所不可代替的。工人阶级的历史地位和历史任务，不是人为主观"给予"的，而是资本主义社会的经济社会结构和工人阶级在生产关系中的地位和状况所决定的。"问题不在于某个无产者或者甚至整个无产阶级暂时提出什么样的目标，问题在于无产阶级究竟是什么，无产阶级由于其身为无产阶级而不得不在历史上有什么作为。它的目标和它的历史使命已经在它自己的生活状况和现代资产阶级社会的整个组织中明显地、无可更改地预示出来了。"① 马克思认为，工人阶级（无产阶级）是资本主义社会中唯一能够改造资本主义旧世界的彻底的革命力量，是变革旧社会的历史主体。"要使社会的新生力量很好地发挥作用，就只能由新生的人来掌握它们，而这些新生的人就是工人。……历史本身就是审判官，而无产阶级就是执刑者。"② 马克思主义所阐明的社会主义和共产主义运动，其实质就是工人阶级的解放事业及其历史运动，二者是同一的运动进程。"现代社会主义力图实现的变革，简言之就是无产阶级战胜资产阶级，以及通过消灭一切阶级差别来建立新的社会组织。"③ "完成这一解放世界的事业，是现代无产阶级的历史使命。深入考察这一事业的历史条件以及这一事业的性质本身，从而使负有使命完成这一事业的今天受压迫的阶级认识到自己的行动的条件和性质，这就是无产阶级运动的理论表现即科学社会主义的任务。"④ 列宁也指出："马克思学说中的主要的一点，

---

① 《马克思恩格斯文集》第1卷，人民出版社2009年版，第262页。
② 《马克思恩格斯文集》第2卷，人民出版社2009年版，第580—581页。
③ 《马克思恩格斯文集》第3卷，人民出版社2009年版，第389页。
④ 《马克思恩格斯文集》第9卷，人民出版社2009年版，第300页。

就是阐明了无产阶级作为社会主义社会创造者的世界历史作用。"[①]

然而在西方社会，随着资本主义的发展变化，不但工人阶级的历史地位受到了质疑挑战，甚至工人阶级本身的存在也遭遇了怀疑和否定。这就是所谓的"工人阶级主体性危机"。那么，在当前经济全球化快速发展的条件下，西方是否还存在工人阶级？如果工人阶级不存在了，推动社会变革的主体，社会主义运动的主体又是什么力量来承担呢？如果还存在，这个工人阶级是什么样的？它只是消极被动的底层阶级，还是仍然承担着重要的历史使命？如果使命仍在存续，西方的工人阶级在新的时代和社会条件下应怎样克服"主体性危机"、重新担当起社会主义主体的历史角色呢？

第一节　工人阶级"主体性危机"论诸种观点

在西方国家，关于工人阶级"主体性危机"的观点和理论并不是什么新鲜的

事情，早在20世纪60年代就开始出现和逐渐形成，并在不同时期具有不同的表现。所谓的工人阶级"主体性危机"，有两种代表性观点：一种认为随着时代和社会的发展以及西方社会结构与阶级结构的变化，工人阶级逐渐丧失了革命性，逐渐同化于资本主义社会制度体制，由原来的那种变革资本主义、建设新世界、承担全人类解放历史使命的革命主体，转变为认同和融合于现有制度和体制、只维系和争取自身利益、丧失阶级意识和历史主动性的一般性社会群体；一种则认为工人阶级的历史地位、历史使命和主体角色本来就是不存在的，是马克思等社会主义经典理论家"主观虚幻和设想"出来的，是为了达到自己的理论目的而"创造"出来、"人为赋予"给工人阶级的，认为历史和实践的发展证伪了马克思主义关于工人阶级（无产阶级）的历史主体说。这两种代表性观点，究其实质，前一种是"马克思主义过时论"的表现，后一种是"马克思主义错误论"的表现。

具体地看，在西方社会，工人阶级"主体性危机"论主要有以下几

[①]《列宁全集》第23卷，人民出版社1990年版，第1页。

种典型观点。

一 工人阶级消失论

这种观点的立论根据，是将工人阶级划定为传统的体力工人阶级，也就是随着资本主义的发展和产业结构、阶级结构的变化，传统的体力工人阶级人数越来越少，而其他工作人群，则被划入"中间阶级"、"新阶级"、"新小资产阶级"、"白领阶层"等范围，他们被排除在工人阶级范围之外。这样的划分界定，也就自然地认为"工人阶级消失了"。一些理论家宣称"工人阶级前进的脚步停止了"，从20世纪60年代中期到现在，"工人阶级衰退论"、"工人阶级死亡论"、"告别工人阶级"论此起彼伏。尽管不同时期不同的人有不同的表达，但其观点的主旨就是，一个曾经非常激进、非常革命，在其政党的领导下形成庞大的整体阶级力量向资产阶级挑战和斗争的工人阶级，现在已经不存在了。有的西方学者认为，工人阶级已经不是一个严格意义上的"阶级"，而蜕变为一般性"劳动人群"、"雇员阶层"了。这种观点至少认为，即便工人阶级还存在，但作为社会主义革命主体、被马克思赋予推动历史前进的历史使命的那种工人阶级，已经丧失了这种政治和社会功能。发达资本主义国家的许多左翼政党（包括一些共产党），也怀疑和否定工人阶级的社会地位、历史使命和政治行动能力，因而自己也抛弃掉曾经辉煌的"工人阶级政党"定位，转而寻求代表"中产阶级的党"、"全体人民的党"、"被异化的所有人的党"等的"重新定位"。

工人阶级消失论在上个世纪70年代末期和整个80年代的西方盛行，当时最为典型的思想代表就是安德烈·高兹的《告别工人阶级》。资本主义的新变化已经使传统形式的社会革命成为不可能，马克思主义寄托于无产阶级成为社会主义革命主体的断言与第二次世界大战后发达资本主义社会的实际情况不符合了。高兹认为，马克思在19世纪的时候提出的工人阶级革命变革作用的观点，已经不合时宜了。他认为在当代资本主义社会，与其说是工人阶级推翻资本主义体系，倒不如说是资本主义的成熟不断限制而后缩小工人阶级的作用。他断言，资本主义发展方式产生的工人阶级，最终"无法控制这种生产方式，其兴趣与社会主义目标已经背道而驰"。"社会主义的危机首先是无产阶级的危机"，"传统的工人阶级现在已不再是具有特权的少数,资本主义的发展创造了这样的工人阶级,总体来看他们不能支配生产资料,他们的直接利益也与社会主义的合理性不相符合。"①资本主义发展造成了有利于资本家阶级的能力和技术,资本家已经成功地使工人影响生产过程的能力降低。生产过程的巨大力量造成了"工人自主性的毁灭",因而这是我们"告别工人阶级"的时候了。还有的学者从"组织化资本主义"瓦解的背景谈论工人阶级政治行动能力的衰退。比如美国学者赖斯和尤里就认为"无组织的资本主义"极大地削弱了工人阶级的行动能力和资源,"工人阶级的阶级能力下降,这里所指的'阶级能力'不仅包括一个阶级的数量大小,还包括其可以自由掌握的组织和文化资源。在非组织化资本主义阶段,工人阶级特别是其'核心规模'下降,以及空间上的分散所意味着的通讯和组织网络的破坏,是导致阶级资源减少的重要原因。""基本上不存在一个团结一致的、能够与国家和资本家进行议价的'工人阶级'","在资本主义非组织化过程中,工人阶级在规模、资源和集体性上衰落了。"② 而"后马克思主义者"恩斯特·拉克劳和查特尔·墨菲则否定马克思主义工人阶级主体理论,认为马克思主义从"经济决定主义"和"本质主义"出发,推导出资本主义生产的发展会自然造成一个同质化的工人阶级。他们认为马克思主义错误地把社会主义政治与工人阶级利益结合起来,假设了工人阶级的团结和作为一种统一力量的"革命主力军的优先性"。"这里的抉择是很明确的,或者是彼此冲突的矛盾多元性被完全清除,一个绝对统一的工人阶级将在千禧年拯救时刻出现 —— 这种情况下工人阶级的'客观利益'从一开始就被决定了;或者是抛弃掉这样的理论,即认为在关于作为一个整体主力军的'客观利益'问题上,要为赋予某些主体较之于其他主体的优先地位提供基础 —— 在这种情况下,整体主力军的提法变得毫无意义。"③ 他们认为必须完全放弃绝对统一和完全同质的正统话语中的"工

---

① A. Gorz: *Farewell to the Working Class: An Essay on Post - Industrial Socialism*. London: Pluto, 1982. p. 66, p. 69.

② [美]斯科特·拉什、[美]约翰·厄里:《组织化资本主义的终结》,江苏人民出版社2001年版,第14、307、367页。

③ E. Laclau and C. Mouffe: *Hegemony and Socialist Strategy: Towards a Radical Democratic Politics*, London: Verso, 1985, p. 84.

人阶级"概念。

工人阶级"消失论"、"衰退论"在20世纪90年代西方关于阶级问题的再次争论中得以持续。在"晚期资本主义"的社会情境中,工人阶级的"死亡"还是被主旨基调不变地叙说。比如美国学者卡拉克和利普塞特就认为:"死亡的主要是旧的工业阶级。旧的社会—经济划分,代表这些划分的旧的制度性主体,以及反映这些旧的区分认同形式。于是在这些过程中,马克思主义的理论和分析大厦就失去了许多基础。"①卢森堡学者安·霍夫曼在《告别社会主义模式》一文中认为,当今时代要"重新寻找主体",因为"这个'工人阶级'已不存在。工薪者的人数固然增长了,但传统产业工人的人数却急剧萎缩。劳动条件、生活方式、'雇员'的需求都发生了分化和个体化"。他呼吁要重新思考"谁是社会解放的承担者"的问题。②戴维·马昆德在苏东剧变之后写了《社会主义之后》的文章,其中他明确断言,随着传统的社会主义工程崩溃和消失,"传统工人阶级……几乎销声匿迹了","目前在最为发达的社会中……工人阶级已经成为障碍,而不再是源泉。由于各种现实的目的,[工人阶级]绝大多数已经被吸收转变为庞大的、几乎没有边界的中间阶级。其余的则沦为下层阶级,实际上被排除在全资格的公民之外了"③。一些西方政治家和理论家在苏联解体后声称,马克思赋予了工人阶级担当资本主义社会"掘墓人"的角色,然后实际情况却是社会主义先进入了坟墓,资本主义仍然生机勃勃地活着,工人阶级则作为社会主义的陪葬品彻底死亡了,"掘墓人"首先进入了坟墓。

二 工人阶级被同化论

工人阶级被同化论与工人阶级消失论密切相连,但它们侧重强调的工人阶级变化的方式和特征又有所不同。工人阶级消失论强调工人阶级作为一个政治群体,其政治功能和社会地位的丧失;工人阶级被同化论则强调工人阶级不仅丧失了否定和对抗资本主义的革命性力量,而且随着生活水

---

① [英]戴维·李、[英]布赖恩·特纳主编:《关于阶级的冲突:晚期工业主义不平等之辩论》,重庆出版社2005年版,第88页。

② [卢]安·霍夫曼:《告别社会主义模式》,载于《当代国外社会主义:理论与模式》,中央编译出版社1998年版,第315页。

③ D. Marquand: "After Socialism". *Political Studies*, 1993, 61, p. 55.

平的提高和各项权利的获得，其革命的激情和目标已经消失，逐渐认同资本主义社会制度和体制，内在地被同化、被融合到资本主义社会中去，甚而变成顺从资本主义统治、维护资本主义既定秩序的消极保守力量。这种工人阶级被同化论、融合论认为，随着资本主义的发展，以往资本主义社会中两大阶级之间的矛盾和对抗，被资本主义经济文化的强大力量所"整合"、"融合"而逐渐消弭，工人阶级由过去受剥削受压迫而旨在推翻资本主义社会的革命阶级，变得在经济上享受资本主义的繁荣舒适、在政治上肯定和维护资本主义秩序、在思想上完全被"主流的"思想文化所主宰和操纵的消极保守的阶级。

工人阶级被同化论的典型代表，是20世纪中后期西方马克思主义者马尔库塞，他当时发表的一系列著作，集中地论述了工人阶级被同化和融合的现象。他认为，在资本主义危机和革命时期，资本主义阶级矛盾尖锐化，工人阶级的生活条件恶化，那么情况可能按照马克思主义所预期的，工人阶级就组织成为革命阶级，实现社会变革的历史使命，成为资本主义的"掘墓人"。然而，随着资本主义变化和发展，其各种社会矛盾缓和，在其稳定和繁荣时期，工人阶级的生活水平得到提高的情况下，工人阶级就会从过去资本主义的"否定"力量变为资本主义制度的"肯定意义上的"部分，其直接的经济利益湮没和代替了它的历史使命。他的著作《单向度的人：发达工业社会意识形态研究》论述了发达资本主义社会的各种社会对立面和矛盾的同化融合作用，即"对立面的一体化"，"在富裕和自由掩盖下的统治扩展到私人生活领域和公共生活的一切领域，从而使一切真正的对立一体化，使一切不同的抉择同化"。[1]在政治领域，资产阶级和无产阶级这两大对立的阶级，则由于这种"对立一体化"作用，"资本主义的发展已经改变了这两大阶级的结构和功能，使他们不再成为历史变革的动因。维持和改善现制度这个凌驾于一切之上的利益，在当代社会最发达的地区把先前的敌手联合起来了"[2]。而在生活领域，发达工业社会使对立阶级人群的生活方式也同化起来，"如果工人和他的老板享受同样的电视节目并漫游同样的游乐胜地，如果打字员打扮得同她

---

[1] ［美］赫伯特·马尔库塞：《单向度的人：发达工业社会意识形态研究》，上海世纪出版集团2008年版，第16页。

[2] 同上书，第4页。

雇主的女儿一样漂亮，如果黑人也拥有凯迪拉克牌高级轿车，如果他们阅读同样的报纸，这种相似并不表明阶级的消失，而是表明现存制度下的各种人在多大程度上分享着用以维持这种制度的需要和满足。"①

马尔库塞认为，工人阶级在发达工业社会中发生了"决定性的转变"，主要是：机械化不断降低着劳动所耗费的体力的数量和强度，而这种演变对于马克思主义关于工人阶级（无产阶级）的概念有很大影响。马克思所谴责的资本主义雇佣劳动给体力工人造成的身体痛苦和剥削，现在被机械化劳动造成的"巧妙的奴役"所代替，"标准化和常规同化了生产性和非生产性的工作，先前那些资本主义阶段的无产者的确是在劳役重压下的牺畜，当他生活于肮脏和贫困中时，他只得依靠身体的劳动来获得生活的必需品和奢侈品。因而他是对那社会的否定。与此相反，技术社会发达地区的有组织的工人都过着明显缺乏否定性的生活；……他正在被纳入由受到管理的人们所组成的技术共同体之中"。这是一种"普遍趋势"，它"既有利于生产又有利于使人得到某种显而易见的满足"。②同时，劳动特点和生产工具的变化改变了劳动者的态度和意识，工人与工厂形成更为紧密的依存关系，工人不仅参与到资本主义企业，而且与其形成一体。"新的技术工作世界因而强行削弱了工人阶级的否定地位：工人阶级似乎不再与已确立的社会相矛盾。"③

马尔库塞关于工人阶级被发达资本主义社会同化和失去"否定性"作用和地位的观点，在其他著作中也得到不同角度的阐释和强调。他在《论解放》一文中，做出这样更明确的论断，从客观的生产关系地位和人数上说，"工人阶级仍然是革命的历史代理人"，但是"从其参与到这个制度的稳定化的需要来说，它已变成一个保守的、甚至反革命的力量"；"在客观上，从'自在'来说，劳工仍然是潜在的革命阶级；在主观上，从'自为'来说，它并不是革命阶级"。④ 他在《反革命和造反》一文中

---

① [美]赫伯特·马尔库塞：《单向度的人：发达工业社会意识形态研究》，上海世纪出版集团2008年版，第8页。
② 同上书，第21、22页。
③ 同上书，第27页。
④ [美]赫伯特·马尔库塞：《论解放》，参见徐崇温《当代资本主义新变化》，重庆出版社2005年版，第625页。

说:"在大多数工人阶级身上,我们看到的是不革命的、甚至是反对革命的意识占着统治地位。当然革命的意识只有在革命的形势下才会显示出来;但是和以前相反,工人阶级的绝大多数被资本主义社会所同化,这并不是一种表面现象,而是扎根于基础,扎根于垄断的政治经济之中的……工人阶级在社会中的一般地位和革命意识的发展是相对立的。"[1]

马尔库塞是工人阶级被同化论和被融合论的系统阐述者。他认为,马克思曾经作为其理论核心所阐述的工人阶级革命,在发达工业社会丧失了经济、政治、社会和意识形态的依据。机械化、自动化改变了工人阶级的劳动过程和程度,白领和非生产性工人数量不断增加,造成工人阶级革命性的社会条件已经不存在了,发达工业社会的工人阶级已经丧失了否定性与革命性,丧失了马克思所说的作为变革资本主义社会领导阶级的功能和历史使命。技术的发展,劳动生产率的提高,生活水平的提高,一并缓和化解了阶级冲突,工人阶级已经成为资本主义制度的维系和肯定性力量。

另一位长期研究资本主义社会阶级和阶级冲突的德国理论家拉尔夫·达伦多夫则用"阶级冲突制度化"来阐释。发达资本主义社会为什么没有发生马克思早期预想的暴力革命呢?关键在于资本主义社会已经形成了一种化解阶级冲突的制度化结构。资本与劳动之间的对抗和斗争已经被制度化缓解并合法化,过去激烈的阶级斗争变成了相互平衡的权力之间的合法斗争,资本主义和劳动之间的冲突,由资本主义早期的那种政治和社会冲突,变成了围绕劳动时间长短、工资水平高低、工作条件好坏的谈判和协商了。因而在这种"阶级冲突制度化"的社会条件下,阶级冲突虽然还存在,但冲突的阶级都能够与资本主义社会和平共处。这种条件下,工人阶级也同样被同化到资本主义制度体系中,其过去的革命性已经瓦解。他指出了发达资本主义社会中工人阶级发生的重大变化,他们不再是马克思时代的那种无技术的、贫困的、同质化的群体,工人阶级内部也形成了层级差别结构,出现了熟练技术工人、半技术工人、无技术工人的差异,他们在工资水平、生活条件、社会地位和声望方面都不同,利益要求也不同,而且经常地相互冲突和对立,这样,如果要求工人阶级为了一个共同

---

[1] [美] H. 马尔库塞等:《工业社会和新左派》,商务印书馆1982年版,第84页。

的目标而团结起来,已经是十分困难的事情了。①达伦多夫的"阶级冲突制度化"理论,实际上认为工人阶级失去了过去那种有明确政治目的的作用和使命,以推翻资本主义制度为宗旨的阶级斗争,被融入和同化到资本主义制度中并受其规范,蜕变为争取自身经济利益的阶级冲突了。在达伦多夫那里,甚至"阶级"概念本身也发生了变化,不是马克思所界定的那种阶级,他认为"'阶级'表示的是这样的冲突群体,它们产生于那种必须加以协调之群体中的有差别的权力分配"②。

这些观点至今仍然主导着西方许多学者对发达资本主义国家工人阶级变化和地位的解释。20世纪晚期资本主义的变化,使西方学者根据资本主义新的情况重新论述工人阶级被同化和被融合。美国学者克拉克和利普塞特就同样认为:"政治问题会随着富庶而发生变化:随着财富的增长,人们把基本的东西看作是理所当然的,他们更加关注生活方式和舒适程度。那些青年人在更为富庶的和等级程度较小的社会里成长,他们受到良好的教育,拥有更多的财富,所以他们应是更远离传统的阶级政治的。"③一些学者还认为,20世纪资本主义发展起来的"联合治理",极大地缓和了阶级冲突。

总之"工人阶级被同化论"认为,在发达资本主义社会,富裕、舒适和"文明"销蚀了工人阶级的革命性和斗争性,使之丧失了社会变革主体的地位,而且工人阶级从体制外抗争者变为体制内顺从者,从资本主义社会的否定力量变为肯定力量,实现了与资本主义社会的"一体化"。

三 工人阶级主体地位替代论

在"工人阶级消失论"、"工人阶级被同化论"中,实际上还包含着一个非常关键的问题:如果说工人阶级消失了,或已经融入资本主义制度和体制中去了,那么推动历史变革的主体该由什么社会群体来承担呢?是哪种或哪些社会力量取代了昔日活生生的、威风凛凛的革命主体工人阶级

---

① Ralf Dahrendorf: *Class and Class Conflict in Industrial Society*, Stanford University Press, 1959.
② Ibid., p. 204.
③ 参见 [英] 戴维·李、[英] 布赖恩·特纳主编《关于阶级的冲突:晚期工业主义不平等之辩论》,重庆出版社2005年版,第57页。

呢？国外一些学者和左翼政党，都提出了各种各样的观点。

这些观点一般都认为是多元主体。认为社会变革不可能只有唯一的主体，马克思关于工人阶级是社会主义革命唯一主体的思想是完全错误的。比如，西班牙左翼学者、工人社会党成员特扎诺什在苏联东欧剧变之际，撰文讨论社会主义及其主体是什么的问题，他基于资本主义的发展和社会阶级结构的变化，以及社会主义的变化，提出"21世纪的社会主义的社会主体就是19世纪的伟大理论家们设想的那种社会主体吗？"的质问。他认为，传统的单纯的工人阶级没有像马克思预言的那样成为最大的社会群体，所以社会主义必须要克服"革命只有一个主体"的观念。"凭借今天对历史的观察，可以不无意义地肯定，许多社会主义者和共产主义者长年深信不疑的关于唯有一个革命主体的理论是多么站不住脚。"由于社会复杂性日益增强，"这一切都要求思想不能停留在把唯一的社会主体当作社会主义动力的层次上。更确切地说，我们必须设想各种不同的主体"。必须用新的精神观点理解未来的社会主义及其主体，"从唯一的革命主体的理论到社会主义主体的多元性"。①在西方，许多左翼政党（包括一些共产党）都认为工人阶级不再是社会变革的唯一主体而倡导多元主体理论，认为一切进步力量都是实现社会变革的平等广泛的主体。比如现在的法国共产党就认为应摒弃"工人运动中心主义"，代之以"公民干预"，建立一种没有领导权和富有多样化的新联盟的主体。意大利重建共产党的立场是，工人阶级作为唯一社会变革主体的理论已经不适应当代社会的变化，社会变革必须联合一切替代力量。西班牙共产党认为社会主义是通过大多数的真正革命、自觉自愿行动的结果，社会变革主体是不同的社会解放运动的力量。②

有的人士认为传统的工人阶级主体瓦解之后，参加各种新社会运动的人群就成了多元的社会变革主体。美国学者特里·克拉克等就这样认为："是什么在取代阶级呢？传统的左—右维度已经发生了彻底的改变，虽然人们还提及左的和右的，但它们的含义却不同了。现在存在两个左

---

① ［西班牙］霍赛·特扎诺什：《社会主义和社会进步》，载《未来的社会主义》，中央编译出版社1994年版，第180—200页。

② 参见姜辉《欧洲发达国家共产党的变革》，学习出版社2004年版，第172—173页。

翼，但其社会基础各不相同。传统的左翼以蓝领工人为基础，强调与阶级有关的问题；另一个左翼出现在西方社会（有时称为新政治、新左翼），他们越来越强调社会问题，而不是传统的政治问题。他们集中讨论的问题不再是有关私有制和生产资料由谁控制的问题，新问题的支持者正在取代旧的。"[1]这种新社会运动，就是战后在西方逐渐发展起来的各种有别于传统工人运动的社会抗议运动，包括反战和平运动、争取民众权利运动、女权运动、生态保护运动等，这些运动规模大小不等，利益诉求各异，参加人群多样复杂。总的讲，经过半个世纪的发展和演变，新社会运动已成为当代西方社会中重要的社会政治力量。在传统工人运动在西方逐渐式微的情况下，新社会运动的兴起似乎成为社会抗议的主流，一些人便认为这些参加各式各样抗议的人群代替了工人阶级成为社会变革的主体。他们认为，这些激进的社会抗议运动所动员的并不是阶级成员，它们的主体、抗议主题以及类型，都不能再用传统的阶级话语来述说和分析了。西方著名理论家亚当·沙夫认为，科技革命的迅速发展改变了劳动的性质和形式，传统雇佣劳动阶级已经消失了，在这样的变化背景下，仅仅依靠传统的工人运动是不够的，他呼吁"新左派"要扩大社会基础，把新社会运动的活动者都包容进来，包括革命的宗教运动、生态运动、妇女运动和反战运动，等等。"必须倾听登上社会转变舞台的新生力量的观点，重视他们关于旨在实现共同目标的共同行动的看法。"[2]

　　工人阶级受资产阶级的剥削和压迫，这是其阶级地位的主要体现，也是其成为反抗资本主义制度、成为社会变革主体的重要原因。一些国外学者认为传统工人阶级消失或被替代后，各种社会变革的主体之所以反抗资本主义制度，并不仅仅是经济上受剥削，甚至经济上原因不再是主要的，因为资本主义社会像马尔库塞说的那样是"一种舒舒服服、平平稳稳、合理而又民主的文明社会"，[3]而各种新的社会抗议运动像德国左翼人士拉封丹所说的那样是

---

[1] 参见［英］戴维·李、［英］布赖恩·特纳主编《关于阶级的冲突：晚期工业主义不平等之辩论》，重庆出版社 2005 年版，第 57 页。
[2] 参见德国《马克思主义杂志》1997 年第 2 期。
[3] ［美］赫伯特·马尔库塞：《单向度的人：发达工业社会意识形态研究》，上海世纪出版集团 2008 年版，第 3 页。

"一个饱和社会中的典型现象"。①新的变革主体抗议和反对资本主义的最主要原因,是他们深受资本主义异化之苦,这种异化已经从经济领域转向全部日常生活领域,这种反抗具有浓厚的"后工业社会"、"后现代社会"的特征。因而被异化的人群就是代替传统工人阶级的变革主体。例如,在马尔库塞那里,他到非工人阶级的阶层中、到未被社会同化和融合的人群中去找寻新的主体,在"人们批判的、否定的、超越性的和创造性的内心向度丧失"的"一体化社会",最有希望提出抗议的,是青年学生、持不同政见的知识分子、无业游民、其他种族的受迫害者、失业者等等。"在保守的公共基础下面的是生活在底层的流浪汉和局外人,不同种族、不同肤色的被剥削者和被压迫者,失业者和不能就业者。他们生活在民主进程之外;他们的生活就是对结束无法容忍的生活条件和体制的最直接、最现实的要求。因此,即使他们的意识不是革命性的,他们的反对也是革命性的。"②而在明确宣称"告别工人阶级"的法国学者高兹那里,这种社会变革的主体变成了"非工人—非阶级",他发明的这个晦涩抽象的、对于工人和阶级的前缀否定词,竟成了后工业社会革命主体的承载者。"在一个老的、生产性总体工人的位置上正在形成一个非工人的非阶级,它预示现存社会中的一个非—社会,在这个非—社会中,阶级将和劳动本身,以及一切统治形式一起被废除"。这个新的群体,包括社会生产中的一切杂工,没有生活安全和确定的阶级统一性。他们之所以成为新的变革主体,"只有非生产者的非阶级才能这种行为,因为只有它体现了超越出生产主义的东西:拒斥积累的伦理学和一切阶级的分解"③。

这种受资本主义异化的主体一般也被现代西方左翼定位于发达资本主义社会的"底层阶级"。西班牙左翼学者阿丰索·盖拉认为:"与传统的支柱相比,未来的社会主义将会得到更广泛的、更加多种多样的社会支持。所以,它应当特别重视巩固与自称为'底层阶级'和'新社会运动'

---

① [德]奥斯卡·拉封丹:《社会主义与新社会运动》,载《未来的社会主义》,中央编译出版社 1994 年版,第 59 页。
② [美]赫伯特·马尔库塞:《单向度的人:发达工业社会意识形态研究》,上海世纪出版集团 2008 年版,第 202—203 页。
③ A. Gorz: *Farewell to the Working Class: An Essay on Post-Industrial Socialism.* London: Pluto, 1982. pp. 67, 74.

的那些不属于工人阶级的集团的联系。"①现在的法国共产党认为,现代资本主义使所有的不平等加深了,各种各样的统治强化了,它使人们陷入难以忍受的全球性机制的异化性依附地位。而"新共产主义"不是要求优先考虑某一个阶级的利益,而是把一切深受资本主义之害的多种多样的人们联合起来,实行所谓的"公民干预",建立新的"左翼力量变革同盟"。②这样,原来的工人阶级主体地位就被这种受各种异化和统治、因而抗议资本主义制度和体制的各种人群所替代了。

第二节 必须回答的问题:"工人阶级到哪里去了?"

在发达资本主义社会,如果工人阶级没有消失,工人阶级还是作为独立的社会阶级存在并发挥作用,那么这个阶级的成员都是哪些社会群体呢?他们是怎样在社会中分布的呢?长期以来被认为是所谓"中产阶级"占绝大多数的社会,"工人阶级在哪里?""工人阶级到哪里去了?"这是必须首先要回答的问题。

必须明确的一个前提性事实是,在当代社会如何界定工人阶级?如果将工人阶级仍然看作是过去的那种在大型工厂内从事体力劳动的群体,就是人们说的蓝领工人,那么"工人阶级消失"就是事实,因为这一群体的人数一直在减少,现在仅占劳动力的很小部分。所以这里要明确的是,现代社会的工人阶级就是现代资本主义社会中广大的雇佣劳动者群体,正如马克思指出的:"'无产者'在经济学上只能理解为生产和增殖'资本'的雇佣工人。"③工人阶级的界定和范围确定的根本标准,从马克思主义角度看就是指生产资料的关系和在生产中的地位。恩格斯曾经这样界定无产阶级(工人阶级):"无产阶级是指没有自己的生产资料,因而不得不靠出卖劳动力来维持生活的现代雇佣工人阶级。"④根据马克思主义关于工人阶级的界定标准,在当代社会广大工人阶级内部,虽然存在着生产劳动和服务劳动、体力劳动和脑力劳动、

---

① [西班牙]阿丰索·盖拉:《旧的和新的社会主义》,载《未来的社会主义》,中央编译出版社1994年版,第52页。
② 参见姜辉《欧洲发达国家共产党的变革》,学习出版社2004年版,第146页。
③ 《马克思恩格斯文集》第5卷,人民出版社2009年版,第709页。
④ 《马克思恩格斯文集》第2卷,人民出版社2009年版,第31页。

熟练劳动和非熟练劳动、核心工人和边缘工人等的分工和区别,但无论如何,在当代资本主义社会中存在的庞大的雇佣劳动者群体,就是现代意义上的工人阶级。马克思在讨论雇佣劳动和服务劳动的性质问题时候曾这样讲:"在资本主义生产中,一方面,作为商品的产品的生产成为绝对的,另一方面,作为雇佣劳动的劳动的形式也成为绝对的。"像自由职业者、医生、律师等等,"现在一方面,直接变成了雇佣工人,不管它们的内容和支付怎样不同。另一方面,它们——它们的价值确定⋯⋯也受到调节雇佣劳动价格的同(样)一些规律的支配⋯⋯随着资本主义生产的发展,所有的服务都转化为雇佣劳动,所有服务的执行者都转化为雇佣工人,从而都具有这种与生产工人相同的性质"。①这里界定和划分工人阶级,就是根据资本主义社会广大劳动者不断转化为雇佣劳动者的客观事实,得出的一个确切结论:在发达资本主义社会,工人阶级不但没有消失,而且人数不断增多,日益成为社会的绝大多数。

那么,"工人阶级在哪里?""工人阶级到哪里去了?"根据上面界定划分的工人阶级的标准和范围,工人阶级作为广大雇佣劳动者,他们客观上"一直存在着","哪里也没有去"。同时我们必须看到,在资本主义经济结构、社会结构和阶级结构发生复杂变化的情况下,工人阶级的构成也发生了复杂深刻的变化,工人阶级不是那种片面、表象上理解的整齐划一、利益相同、完全均质化的社会群体,而是成员复杂、内部分层、具体个人利益复杂甚至冲突的庞杂的社会群体。

在当代发达资本主义社会,阻碍人们认清社会的阶级结构,从而对工人阶级群体在社会中占绝大多数的客观事实难以判明和认同,从而提出"工人阶级究竟在哪里"、"工人阶级到哪里去了"等这类问题的原因,主要有以下方面。

一是"中产阶级占绝大多数"表象的遮蔽。数十年来,西方政治家、媒体和一些理论家不遗余力地渲染西方社会是"无阶级的社会",同时又宣扬这个社会"中产阶级占绝大多数"。比如1996年时任英国首相的约翰·梅杰就宣称:"我们现在都是中产阶级了"。西方社会长期普遍流行的说法,就是中产阶级覆盖了这个社会绝大多数人。在这个中产阶级的上层,是人数很少的富有阶级,比如像福布斯、洛克菲勒、盖茨、特朗普那

---

① 《马克思恩格斯全集》第49卷,人民出版社1982年版,第102—103页。

样的企业大亨和超级富豪，也有像乔丹、杰克逊那样的体育明星或歌星；而在下层，也是人数极少的"边缘化群体"，被称为"底层阶级"（underclass），媒体渲染他们另类、懒惰、受伤害、不正常、扭曲，与社会格格不入。这样的话，社会层级划分只是上层、中层和下层，大多数人口享受着"中产阶级安逸舒适的生活"，上层阶级或下层阶级只是人口的少数，中产阶级成员只要辛勤奋斗和打拼，维持舒适富足生活不成问题，少数可以跻身上层，特殊情况才跌落下层。总之这就是西方的"中产阶级梦"或"中产阶级社会"神话。这个神话的存在，遮蔽了社会的真实阶级划分，造成"工人阶级已经消失"的表象和假象。

二是全球化条件下工人全球流动和全球分工的影响。在全球化条件下，资本主义生产关系在全球范围内扩展，工人阶级也逐渐超越民族国家的界限而在全球范围内形成。随着全球产业的转移，特别是劳动密集型、附加值低的产业从发达国家转移到发展中国家，发达国家与发展中国家的工人阶级出现了巨大差异与分化，甚至对立。在发达资本主义国家，从20世纪70年代以来，随着产业结构的变化，白领工人人数迅速增加，从事服务业的工人人数不断增加，经历着所谓的工人阶级"白领化"和"服务化"、工人阶级"中产阶级化"的过程。而在发展中国家，随着工业化进程的加快以及传统制造业的广泛移入，则经历着工人阶级再形成的过程，劳动密集型产业的移入，造就了人数众多的工人阶级。在发达国家，雇佣劳动者的"白领化"被认为是工人阶级的转移和消失，一些人甚至认为发达资本主义国家中曾经的传统工人阶级已经转移到了发展中国家，发达国家"不存在整体的工人阶级了"，而大多数是生活富足、体面的"中产阶级成员"。

三是工人阶级构成和工作方式变化的影响。在当今发达资本主义国家，工人阶级的存在不再像19世纪和20世纪早期那样，以在工厂中组织起来进行群体性生产的男性体力工人为主，其内部构成和工作方式发生了巨大变化。在工人阶级内部出现了分层差异和分化，比如出现了核心工人和边缘工人的分化，核心工人一般是核心大企业的雇员，他们的技术水平高，收入比较高，福利较好，就业比较稳定；而就业于边缘部门的工人，其技术水平较低，收入水平低，就业不稳定。再如工人阶级内部还有标准化工作工人和非标准化工作工人，前者一般从事全日制工作，薪资收入、经济福利和就业有保障和稳定；而后者从事兼职工作或是临时工、合同工，流动性强，工作不稳定，收入和福利没有保障。再如从工人阶级内部构成看，女性工人的人数越来越多，在发达资本主义国家占了劳动力总数的一半，有的国家甚至达到60%左右。同时，外籍移民工人的数量也不断增加，他们大多从事繁重的非技术的体力工作或低级的服务性工作，工资低、失业率高、生活条件差，成为发达国家工人阶级的下层群体。总之，工人阶级构成和工作方式的分化和分裂，使得工人阶级出现很大的异质性和分散化，这种分化和分散曾被描述为"组织化工人阶级的终结"，不利于人们认清和认同一个整体性工人阶级的存在。

以上方面的影响遮蔽和阻碍了人们对发达国家工人阶级存在状况、工作方式和社会地位的认识。然而资本主义社会的客观事实却不断揭开假象和神话，凸显出工人阶级存在及社会地位的真实情况。

我们这里援引美国相关机构的例证和数据说明问题。据报道，美国皮尤研究中心2012年8月22日发布的一项研究结果显示，自2000年以来，美国中产阶级规模呈缩小趋势，个人收入和资产也相应缩水，其中85%中产阶级人士认为想要维持一定生活水平比起十年前更难。皮尤将家庭收入在全国中位数2/3至2倍区间内的成年人定义为中产阶级。根据这一标准，美国2011年51%成年人属于中产阶级，而1971年这一比例为61%。变化的情况是人数向两端分散，高收入阶层从1971年14%升至2011年20%，低收入阶层占比也从25%提高至29%。同时，中产阶级家庭收入占全国家庭收入的比例从1971年62%下滑至2011年45%，低收入阶层的收入占比也比40年前下降了一个百分点，而高收入阶层的收入占比则在过去40年间由29%大幅提升至46%。研究显示，国际金融危机的爆发给美国中产阶级带来一定冲击。目前有49%的美国成年人认为自己属于中产阶级，比2008年危机爆发前53%的比例有所下滑。[①]这个报道尽管沿用了"中产阶级"这个称谓，但提供的数据说明，美国"中产阶级"的规模不是像主流媒体一直渲染的那样不断扩大，而是逐渐缩小，中产阶级的生活水平也不是逐渐提高，而是不断恶化，在经济危机中甚至难以维系正常水平。哥伦比亚大

[①] 参见新华网《研究显示美国中产阶级规模和资产减缩》，http：//news. xinhuanet. com/2012—08/23/c_ 123617980. htm。

学学者菲利普·邦德提出，所谓的"中产阶级"正下降为工人阶级。"中产阶级的工资现在不再能维持其生活了，而一个新的全球超富阶层在离岸避税区却领取11万亿多的收入……40年前，一个熟练工的工资足以维持他自己、妻子和家庭的生活。现在，即使是一对中产夫妇的双份工资也难以保障家庭收支平衡了"。"对经合组织（OECD）成员国的工薪阶层来说，1945—1973年是他们的黄金时代。那时候，普通工人的工资占GDP总额的最高份额。但自那时起，中产阶层和工人阶级的实际工资就再未见涨，甚至是有所下跌了，而富人的收入则直线上涨，超富阶层也同样如此"。①

与关于"中产阶级神话"相反，一些学者认为近30年来，西方社会的所谓"中产阶级"在经历着"再无产阶级化"（re-proletarianization）的过程。从20世纪70年代以来，雇佣劳动者的数量在持续上涨，这实际上就是工人阶级数量的绝对增长。与此同时，工人阶级经历了所谓的"中产阶级化"过程后，又经历着新一轮的"无产阶级化"。这主要表现有两个方面。

一是被纳入"中产阶级"范围的广大雇佣劳动者，在劳动方式上越来越"去技能化"（de-skill）。也就是，随着资本主义生产方式的变化，特别是生产自动化和所谓"精益化"的发展，广大白领雇员的劳动经历着昔日工厂工人经历的"去技能化"过程，变得更加机械、单调、紧张、乏味，没有什么技能水平和创新而言。大多数白领工人被关在无数的办公大厦或写字楼中，他们的工作内容和节奏像过去工厂流水线的工人那样被严格地限定和监视，计算机或其他机器工具决定其工作方式和程序，这方面他们同体力工人从事的机械劳动越来越一致，比如整天机械地敲打键盘，履行着一成不变的电脑设定的程序，没有任何的工作自主性和创造性。昔日"白领工作的优越感"荡然无存。早在20世纪70年代哈里·布雷弗曼在《劳动与垄断资本》中就揭示过白领工人的这种"去技能化"。"留给工人的只是一种经过重新解释的非常不完全的技能概念：特别纯熟灵巧，有限而重复的动作，'速度即技能'等等。随着资本主义生产方式的发展，这种技能概念也跟着劳动的退化而退化。而且用以衡量技

---

① ［英］菲尔·赫斯：《"自在"还是"自为"：工人阶级的阶级意识瓦解了吗?》，《环球视野》第279/280期，2010年2月9日。

能的尺度也缩短到这种程度,因而只要男女工人的工作需要几天或几个星期的训练,他或她就被认为掌握了一种'技能';几个月的训练期被认为是非常高的要求;需要学习半年或一年的工作 —— 如使用计算机 —— 就会引起人们敬畏之感。"① 布雷弗曼认为,随着机械化、自动化水平的提高,工人的劳动技能在退化,工人丧失对劳动过程的控制,沦为生产过程中的一个零件,越来越多的从事简单乏味、精确到秒的机械动作。资本及其代理人通过机器控制工人,死劳动控制活劳动。他驳斥了资本主义经济学家关于白领工作"技能提升"的谎言,指出资本主义越是发展,越是"依照资本的简单要求来训练工人:在经理们的心目中,现代工业社会学年鉴中大肆宣扬的技能升级,其秘密就在于此。工人可能仍然是一个既无知识也无能力的动物,只不过是资本用以作它的工作的一个'人手',可是,只要他或她能够适应资本的需要,这个工人就不再被看作或被称为无技能的。"②

布雷夫曼在 30 多年前揭示的白领工人"去技能化"趋势,在当今资本主义社会可以说是更加普遍和严重。随着科技的发展,自动化和信息化的发展,极大地增强了资本对劳动的控制和支配。计算机的广泛应用,使办公室的工作越来越变成机械、半机械的工作,雇员的工作变成重复的、程式化的操作,不需要太多的技能,许多计算机数据处理工作也是无需多少技能的熟练工种。办公室的工作还被进行细化分工管理,大部分中下等的脑力劳动被程序化和常规化,成为完全被严格控制的机械性操作,大多数办公室白领雇员变成被动地按照自动化机器程序而进行机械操作的工人。从这个意义上说,大多数白领工人变成了从事与传统体力工人从事性质相同工作的人,同样没有工作自主性,完全受资本和机器控制的雇佣劳动者。美国学者朱迪·考克斯(Judy Cox)描述了这种变化:"直到 20 世纪 50 年代和 60 年代前,政府雇员和银行工人在所在社区中还是有些突出的人……今天,银行工人和政府雇员多是由年轻人、妇女和黑人担当,而不是过去那种刻板拘谨、高傲自满的人了。这一过程可以被描述为白领工人的'无产阶级化'。""他们大多数是报酬低的办事员和行政性职员,还有服务性领

---

① [美]哈里·布雷弗曼:《劳动与垄断资本》,商务印书馆 1978 年版,第 398 页。
② 同上书,第 401 页。

域。……但是这并不意味着工人阶级在缩减,大多数的白领工人同矿工和码头工一样,都是工人阶级。"考克斯甚至作出这样的判断:"白领工人,他们同体力工人一样,失去的只是锁链。"① 当然,白领工人"无产阶级化"的现象,是复杂的问题,不是简单的"回归",而是深刻的社会变化和阶级结构变化的产物,需要我们认真考察和研究。但它毕竟表明,随着资本主义生产方式的发展,不同层级和群体的工人也存在着越来越均质化的趋势,这根本上是由工人阶级的生产地位和阶级地位所决定的。

二是被纳入"中产阶级"的广大雇佣劳动者,发生了白领雇员"蓝领化"趋势。这种趋势,与第二次世界大战后发生的蓝领工人数量不断减少、白领工人数量不断增多的变化趋势逆向而行。我们这里说的白领雇员"蓝领化",并不是现在的白领雇员重新变为过去从事体力劳动的蓝领工人,从绝对数量上看,蓝领工人的不断减少是资本主义生产发展的必然结果。白领雇员"蓝领化",是指"中产阶级"的成员,也就是越来越多的白领雇员,其劳动条件、技能水平和工资待遇等都越来越无产阶级化,越来越接近传统的蓝领工人。这主要体现在两个方面:工资水平和就业情况。

从工资水平看,1973年经济危机后,从事各种职业工人的工资呈下降趋势。但直到90年代中期,实际工资停滞和下降的工人群体主要是蓝领工人、服务工人、年轻工人和低学历雇员。而90年代中期以后,除了所谓一段"新经济繁荣"期,无论蓝领雇员还是白领雇员的实际工资,大部分时间里是停滞和下降的。据统计,在美国,"包括工厂工人、建筑工人、各种服务人员(如饭馆服务员、办公室职员、护士、教师等)在内的生产和非监督工人,1979—1989年小时实际工资年均下降0.6%,1989—1995年间,年均下降0.1%;之后到2000年间则转为每年增长1.4%;2000—2003年生产和非监督工人的实际小时报酬年均增长0.9%,这一比率大大低于1995—2000年的1.4%,从1979—2003年的长时间来看,小时工资从14.86美元上升到15.35美元,年均增长仅仅0.1%。"② 在1973年7月以前,美国私人部门普通生产性工人和非管理类雇员的实

---

① Judy Cox: Haven't the Working Class Disappeared? http://www.socialist worker.co.uk/1788/sw178815.htm.
② 孙寿涛:《20世纪70年代以来发达国家工人阶级的"白领化"特征》,《教学研究》2011年第2期,第58页。

际工资是不断上升的，在那个月达到每小时 9.37 美元。此后则不断下降（中间曾出现波动），直到 1994 年 8 月降到每小时 7.75 美元。之后，由于 90 年代后期的经济扩张，劳动力市场相对紧张，工人实际工资才得到了一定程度的恢复。但由于金融危机的影响，美国工人的小时实际工资仍未恢复到 1973 年的水平。[①]

从就业情况和失业情况来看，因为白领工人已经成为雇佣工人的主体，所以其失业率总体上看低于蓝领体力工人，但其下层人群，比如日常销售人员、辅助性管理人员（办公室职员等）的失业率基本上和蓝领工人持平，在经济危机时期，前者还高于后者。据统计，在美国，1987 年蓝领工人的失业人数计 269.5 万，占总失业人数比为 36%；白领雇员的失业人数计 224.5 万，占总失业人数比为 30%。到 1993 年，蓝领工人和白领工人的失业人数分别为 301.8 万和 305.8 万，占总失业人数比都是 35%，达到相同水平。到了 2000 年，白领雇员失业人数 218.9 万，所占比上升为 39%；而蓝领工人失业人数为 178.2 万，所占比下降至 32%。从第二次世界大战后到 20 世纪 70 年代末，在历次经济危机期间，失业者中的绝大多数是蓝领体力工人，主要是黑人和非熟练工人。而从 80 年代开始，随着新自由主义经济政策逐步推行，白领工人失业人数不断增加。随着制造业规模的减小和服务业规模的扩张，越来越多的白领工人进入失业大军行列，一些中层白领雇员也遭遇了失业的命运。到了 90 年代中期，美国官方统计的失业人数中，白领工人的失业人数比蓝领工人多出数万人至十余万人。有学者指出这是美国劳工历史上"破天荒的事件"。20 世纪 80 年代以来，美国工人阶级的就业出现的一个重要趋势，是从高薪领域向低薪领域转移，越来越多的白领工人被迫从事工资低、福利待遇差的工作，大量失业专业人员和大学生难以就业。[②]

下面两个图（见图 8—1 和图 8—2）显示了西方国家从 2011 年 9 月到 2013 年 1 月的失业率情况，这是最近西方经济危机中失业率的大体状况，其中白领雇员的失业人数占失业总人数的大多数。

[①] 参见朱安东《世界资本主义危机的根源于发展》，http：//www.chinareform.org.cn/open/economy/201209/t20120917_150679.htm。

[②] 参见孙寿涛《20 世纪 70 年代以来发达国家工人阶级的"白领化"特征》，《教学研究》2011 年第 2 期。

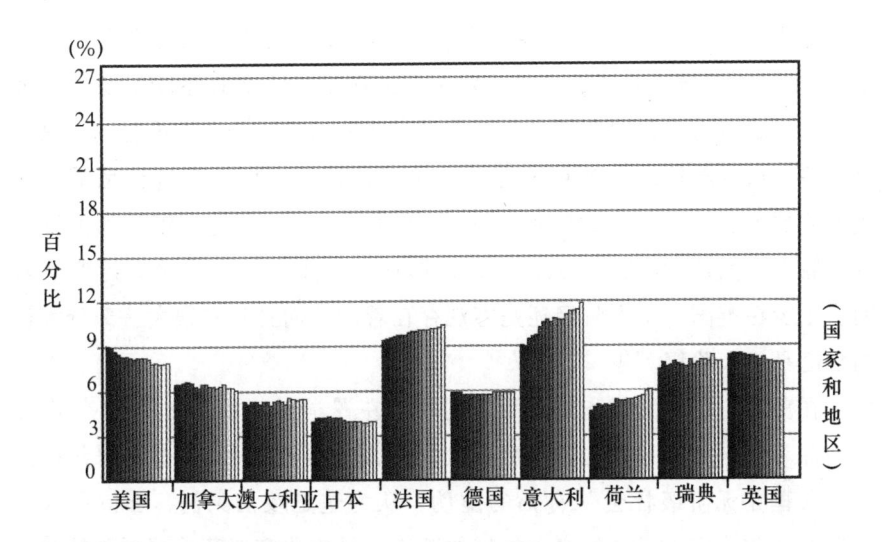

图8—1 依据美国概念统计的失业率，10个国家，季节调整（2011.9—2013.1）

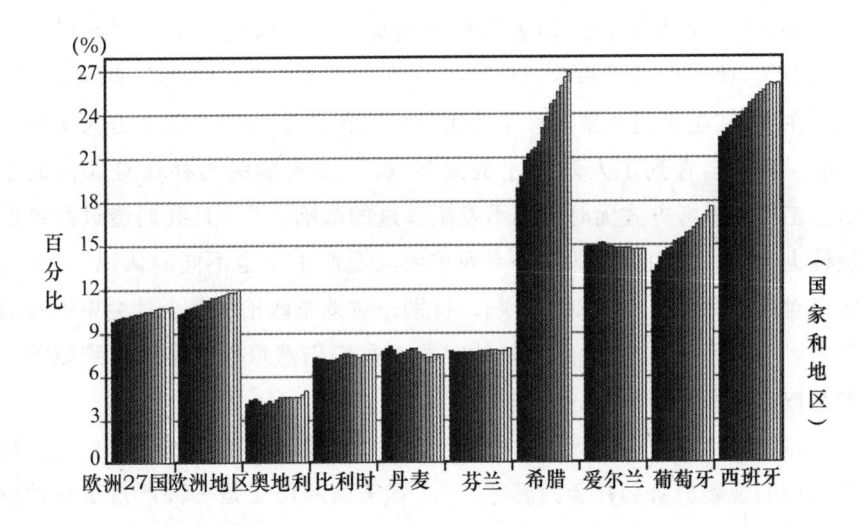

图8—2 经美国劳工统计局整后的失业率，10个欧洲国家，季节调整（2011.9—2013.1）

资料来源：http://lt.cjdby.net/thread-1568065-1-1.html。

在西方中产阶级"再无产阶级化"的过程中，工人阶级的阶级意识也出现复苏的现象。据英国国家社会研究中心2007年1月公布的一项数据显示，有57%的人认为自己属于工人阶级，调查机构认为这个数字非常"令人惊讶",因为长期以来媒体主导的意识形态告诉人们"我们都是中产阶级"。据调查者说,自我认定为工人阶级的人数在不断增长,远远超过了从事体力工作的蓝领雇员。英国广播公司的一份调查报告称,只有31%的人从事着传统上被划定为"蓝领"的职位,而认定自己是工人阶级的人数远远超过了这个数字。"供职于呼叫中心、货仓、银行和美发厅的多数人仍然认为自己是工人阶级,即使他们不是工会会员。这似乎表明,至少在英国,工人阶级还是客观存在着的,而且其中很大一部分人认为自己是工人阶级。"[1]

在美国,研究阶级和工人阶级问题的左翼学者茨威格在 2000 年出版了一部著作《工人阶级占大多数:美国藏得最深的秘密》。书中深刻揭露了"美国是无阶级社会"神话的虚伪,认为这是政治家们、媒体和大资本所有者欺骗广大民众的毫无根据的断言,是掩饰和遮蔽美国严重社会不平等和阶级分化的一句口号而已。实际上,工人阶级在美国社会仍然占人口的大多数,这是美国统治者和权力精英、资本精英长期来"藏得最好的秘密"。他提出三个基本的观点:一是经济意义上的阶级在美国社会的确存在着。"越来越清楚的一个事实是:美国并不是中产阶级占大多数的社会,我们会看到工人阶级才是大多数。"二是阶级的存在对人们的生活、工作和思考方式无时无刻不发生普遍的影响,"一旦我们透过阶级的棱镜去观察,我们会立即对一系列重要问题产生完全不同的认识"。三是阶级对政治有着巨大深刻的影响,特别是对选举政治和整个社会中的权力竞争影响深远。在 21 世纪开始的时候,我们仍然可以清楚地看到政治力量是按照阶级来划分的。[2]

然而在美国社会,无阶级的神话、中产阶级大多数的神话,一直主导着人们的观察思考和社会归属感。"尽管美国的历史是一部严重阶级冲突的历史,但是美国存在的最普遍的神话是:一个规模庞大的中产阶级涵盖了我们人口的绝大多数。"根据这样的神话,还有少数富有的人居于社会的顶层,还有少数的穷人位于社会的底层,被称为"下层阶级"(under

---

[1] [英]菲尔·赫斯:《"自在"还是"自为":工人阶级的阶级意识瓦解了吗?》,《马克思主义研究》2009 年第 10 期。

[2] Michael Zweig: *The Working Class Majority: America's Best Kept Secret*, Cornell University Press, 2000, p. 2.

class)。但是,"这样叙述的一个严重问题是,它隐藏了一个重要的事实。如果仅仅看到收入和生活方式,我们得到的仅是阶级的结果,而不是阶级的根源。我们看到的仅是占有的不同,而不是在造成人们之间有差别的过程中,我们是如何发生联系和如何不同的。"①

茨威格基于人们在工作场所的权力和权威来界定阶级。他认为,在资本主义社会,第一个阶级是资本家阶级,第二个阶级就是工人阶级。下面这段话,是他对美国工人阶级的具体界定和描述:"美国人的绝大多数形成了工人阶级。他们是熟练的和非熟练的工人,在制造业和服务业领域,是各个种族、民族、宗教的男男女女。他们开卡车,写日常电脑程序,操控机器,侍候进餐,分拣寄送信件,在生产线上忙碌,像银行出纳员那样地整日站立奔走,在经济的每个领域从事着成千上万种工作。尽管他们千差万别,工人阶级成员却拥有相同的生产地位,即他们对自己工作的节奏和内容几乎没有任何控制权,他们不是任何人的老板。他们生产了国家财富,但他们得到的只是这巨大财富中他们的雇主付给他们的薪资能够购买的那份。我们将他们的人数加起来,他们占劳动力总数的60%多。他们就是工人阶级大多数。"②按照茨威格的划分,当然中产阶级也存在,但是他们不是大多数,他们的人数只有工人阶级人数的一半。中产阶级成员处于资本家阶级和工人阶级之间,包括专业人员、小企业主以及在工作场所有管理和监督权的一些人员。其实,茨威格划分的中产阶级人群中也有一部分属于工人阶级的队伍,这样工人阶级占美国劳动力人口的总数就不止60%,是美国的真正大多数。除了证明工人阶级是人口大多数外,茨威格揭示了当前美国社会不平等的阶级根源。他认为,"我们会看到,当前不平等的增长不仅仅是媒体经常渲染的那样富者变得愈富、穷者变得愈穷的情况。我们的社会收入和财富越来越不平等,反映的是这样的事实,即资本家权力的增强和工人权力的减弱。"③ 茨威格关于阶级划分的标准基于工作场所的权力和权威,反映了不同阶级在生产过程中的地位,虽然与马

---

① Michael Zweig: *The Working Class Majority: America's Best Kept Secret*, Cornell University Press, 2000, pp. 2-3.

② Ibid., pp. 3-4.

③ Michael Zweig: *The Working Class Majority: America's Best Kept Secret*, Cornell University Press, 2000, p. 4.

克思主义根本上从经济关系特别是从生产资料的占有关系上来划分阶级有所不同，但他的基本取向和判断是正确的，揭示了美国社会的阶级关系，也有力证明了工人阶级仍然是人口中占大多数的客观事实。

综上所述，在西方国家，工人阶级仍然占人口的绝大多数，工人阶级"哪里也没去"，他们是现实社会中具体的活生生的客观存在。尽管资本主义的经济结构和社会结构发生了很大变化，但工人阶级存在并占大多数的事实没有变。而且，从工人阶级构成来看，大多数中下层白领工人在实际工资、就业情况、福利待遇、工作条件和生活水平等各方面，与蓝领体力工人越来越接近。在经济危机时期，中产阶级"再无产阶级化"的现象更加突出，进一步说明了西方工人阶级均质化趋势的加剧，也表明工人阶级社会地位和整体阶级利益在经历淡化和分散化的同时，也存在着另一种走向同质化的趋势。这有利于工人阶级意识的复苏和整合，也有利于工人阶级作为社会变革主体地位的逐渐觉醒和显性化。

第三节 为工人阶级主体地位辩护：客观历史地位与现实变革力量

从上面可以看到，在西方国家，工人阶级并未消失，而且仍然是人口的大多数。工人阶级内部构成发生了重大变化，出现了差异化、层级化和多样化。这种状况表明，一方面工人阶级仍然是西方国家推动社会变革的决定力量，仍然是实现社会主义的革命主体，其历史地位和历史使命没有改变。另一方面，工人阶级潜在的社会变革主体地位要转化为积极作为的现实主体力量，从"自在"阶级转变为具有明确阶级意识的"自为"阶级，仍然面临着许多复杂问题和巨大挑战。这两个方面，都需要我们结合新形势新情况全面把握和深入研究。

一 两个主要问题：数量规模与集体行动能力

工人阶级具有历史主动性，成为推动社会变革、建设新社会的领导阶级，对于社会主义和共产主义运动来说具有至关重要的意义。工人阶级的历史主动性就是工人阶级在自己政党的领导下，在开展阶级斗争、推翻资产阶级统治、建设社会主义和共产主义社会的历史过程中,对自身的阶级利益、阶级本质、历史地位、历史使命、奋斗目标以及对社会发展规律与一般进程的自觉明确认识和积极能动实践。其主要内容包括清晰的阶级意识、自觉的阶级行动、推动社会变革和历史进步的积极性和创造性。马克思和恩格斯指出:"如果说无产阶级在反对资产阶级的斗争中一定要联合为阶级,通过革命使自己成为统治阶级,并以统治阶级的资格用暴力消灭旧的生产关系,那么它在消灭这种生产关系的同时,也就消灭了阶级对立的存在条件,消灭了阶级本身的存在条件,从而消灭了它自己这个阶级的统治。"①工人阶级的历史主动性和主体地位,是推动社会变革和发展的最主要动力。恩格斯曾这样指出:"如果要去探究那些隐藏在——自觉地或不自觉地,而且往往是不自觉地——历史人物的动机背后并且构成历史的真正的最后动力的动力,那么问题涉及的,与其说是个别人物,即使是非常杰出的人物的动机,不如说是使广大群众、使整个整个的民族,并且在每一民族中间又是使整个整个阶级行动起来的动机;而且也不是短暂的爆发和转瞬即逝的火光,而是持久的、引起重大历史变迁的行动。"②工人阶级的历史主体地位不是主观赋予的,是历史发展的客观规律和工人阶级的本质所决定的。另一方面,工人阶级的阶级意识和社会主体地位不是自发形成的,而是在革命斗争和社会实践中逐渐培育和成熟,同时需要工人阶级政党的教育和指引。"共产党一分钟也不忽略教育工人尽可能明确地意识到资产阶级和无产阶级的敌对的对立。"③"觉悟工人最重要的任务,是认识本阶级的运动,认识运动的实质、目的和任务,以及运动的条件和实际形式。因为工人运动的全部力量就在于它的觉悟性和群众性:资本主义每发展一步,都使无产者即雇佣工人的数量增加起来,并且团结他们,组织他们,教育他们,从而造成一支必然奔向自己目标的阶级力量。"④

然而随着历史的变迁和社会的变化,西方工人阶级的社会变革主体地位遭遇了质疑和挑战。从前面的分析中来看,主要有两个方面:一是数量上的问题,二是革命性和组织行动能力问题。

---

① 《马克思恩格斯文集》第2卷,人民出版社2009年版,第53页。
② 《马克思恩格斯文集》第4卷,人民出版社2009年版,第304页。
③ 《马克思恩格斯文集》第2卷,人民出版社2009年版,第66页。
④ 《列宁全集》第20卷,人民出版社1989年版,第384页。

从数量上看，当前仍有一些人认为由于工人阶级数量的减少而质疑工人阶级主体地位随之消失。这种观点的主要依据，是把工人阶级界定在传统体力工人的狭小范围。如果真是这样的话，社会主义的主体地位就因为人数的减少而丧失。但是对于"体力工人数量迅速减少而对社会主义运动造成较大影响"的判断，有的西方学者提出也要持客观谨慎态度，不宜扩大这样的影响结果。比如有的学者认识到，在发达资本主义国家，除英国外，没有别的国家体力工人人数构成过劳动人口中的稳定多数。"几乎在所有的工业化国家中，体力工人一直是切实存在的少数"。"那种有绝大多数体力工人可以动员起来支持社会主义转变的历史条件几乎根本就没有存在过"。① 然而更为重要的是，随着资本主义的发展，雇佣劳动者的队伍在不断扩大。因而，工人阶级人数多少的问题，不是影响其主体地位的主要问题。也有一些人士抛弃了"工人阶级人数减少"这种狭隘、静止的错误认识，把各领域、各行业中不断增加的各种雇佣工人纳入到工人阶级的队伍中，而不是划定到"日益庞大的中产阶级"队伍中。比如一个典型代表是第四国际领导人欧内斯特·曼德尔，他在20世纪90年代这样讲："按马克思主义的定义所划定的工人阶级仍然是当今世界上唯一拥有战胜资本主义，在威胁人类的灾难面前拯救人类和实现更高的文明——自由联合的男女生产者的文明的必要潜力的社会力量，这支力量是实现上述目标所绝对不可缺少的。今天，全世界的工人阶级有10多亿人，也就是说，它比以往任何时候都更加强大。"他认为未来几十年的发展趋势，是"趋向于工人阶级的壮大及其日益增强的紧密联合，而不是趋向于工人阶级的削弱或瓦解"②。可见，一方面传统体力工人数量相对减少是客观的变化事实；另一方面发达资本主义国家广大雇佣劳动者的不断增多，使得整个工人阶级的队伍规模随之扩大。正确认识这个问题的关键，在于不能把视野囿于传统的体力工人，不能凭"思维定式"将社会主义主体等同于传统的体力工人，而是着眼于西方国家数量庞大且持续增多的雇佣劳动者。这支庞大的雇佣工人阶级队伍，仍然是西方社会主义运

---

① Christopher Pierson: *Socialism after Communism*, Polity Press, 1995, p. 16.
② [比] 欧内斯特·芒德尔（曼德尔）：《社会主义的状况和未来》，载《未来的社会主义》，中央编译出版社1994年版，第159页。

动的潜在基础,是变革社会的主要力量。西方社会主义运动面临的重要问题,不是工人阶级是否存在和人数多少问题,而在于工人阶级如何形成明确的阶级意识,从当前的自在阶级转变为自为阶级,开展有效的政治行动和阶级斗争。

从革命性和组织能力来看,当前西方工人的阶级认同感、政治行动意识和能力、组织动员程度等,同过去工人阶级开展大规模政治斗争时期相比,发生了很大变化。主要表现如下。

一是难以形成明确的阶级认同和阶级归属意识。客观上,因为工人阶级在资本主义社会中有共同的经济、政治地位,所以他们可能产生共同的阶级意识和阶级归属感,这是他们采取阶级行动、开展阶级斗争的前提。但是形成共同阶级意识和阶级归属的可能是否变成现实,则取决于当时的经济社会情况和工人阶级本身的情况。当前,由于西方社会经济结构和阶级结构的复杂而迅速的变化,工人阶级内部发生了利益多样化、分层化和分散化,西方有的学者认为这种变化瓦解了"普遍的无产阶级生活方式"。加上工人构成的多样化和复杂化,工人阶级过去曾经形成过的相对稳定的共同体利益受到严重侵蚀,工人阶级内部利益多样化,且彼此相互竞争和冲突。全球资本主义的发展,使得各国工人阶级之间也产生竞争和冲突。在这种情况下,受资本雇佣和剥削这一划定工人阶级的根本标准,难以被工人阶级明确认同且作为判断自己社会地位和阶级地位的依据,他们更多的是依据自己的职业,所属的社区、企业和行业以及国家,还有收入水平、生活方式等确定自己的集体归属。而在阶级归属方面,有相当一部分工人阶级成员将自己归属为"中产阶级"、"小资产阶级"或其他称谓的群体。一些西方学者也不把大部分雇佣劳动者归属到工人阶级队伍中去。比如美国学者斯科特·拉什和约翰·尤里在书中这样写道:"我们提到'组织化资本主义'的一个特点是存在于劳资之间的一个巨大职业群体的迅速增长。因此,尽管这些社会普遍存在阶级对立的社会关系结构,但这一不断增长的受雇群体很少属于工人或属于资本家。"[1]这样,尽管工人阶级中许多人对自己的社会地位和生活条件不满意,但他们还是倾向

---

[1] [美]斯科特·拉什、[美]约翰·尤里:《组织化资本主义的终结》,江苏人民出版社2001年版,第209页。

于认同和归属于既存的资本主义社会制度，成为资本主义体制内的成员，其不满、冲突甚至大规模的抗争也基本上限制于资本主义体制之内，难以形成反对和彻底改变现存资本主义制度的整体阶级意识。如何使在阶级地位上客观上属于工人阶级的广大雇佣劳动者形成较强的共同阶级意识、阶级归属感和政治主动性，是目前发达国家共产党和社会主义力量面临的最为艰巨的任务。

二是难以形成强大的集体组织和行动能力。马克思主义认为，伴随着现代大工业产生和发展的工人阶级，是最有组织、最有纪律的阶级，也是革命最坚决、最彻底、最有集体行动能力的阶级。在革命时期，西方工人阶级在自己的政党的领导下，开展了有组织、大规模的集体性政治斗争，推动西方社会主义运动深入开展。而到了战后资本主义和平发展时期，随着资本主义经济、政治形势发生的变化，特别是由于工人收入水平、就业方式和生活方式的变化，集体主义价值逐渐被个人主义价值所侵蚀，工人参加工会的比例不断下降，工人阶级政党在动员工人开展集体性政治斗争方面，遇到了很大的困难。20世纪下半叶，西方资本主义发展到新的阶段，此前以大工厂、大规模生产为基础的工人阶级不再占据主导地位，而这经常被认为是社会主义运动赖以开展的基础。而新的工人阶级，其中大部分被认为是"中间阶级"成员，看起来成为"消费资本主义"中"分享"富庶的成员。他们需要更多的是本行业工会组织的经济性保护，而对那种政治性的群众性工会，特别是与共产党或其他左翼政党有密切联系的工会组织，失去了兴趣。工人内部的分裂和冲突也很普遍，民族国家范围内的有规模的工人运动难以动员和组织起来。

所以，西方工人阶级在发生上述变化的情况下，其传统上作为社会变革主体的地位和能力遭到严重质疑。一些研究者认为工人集体行动能力已经丧失，根本无力承担起作为社会主义主体的"历史使命"。安德烈·高兹断言，资本主义发展所产生的工人阶级，从根本上说无法控制资本主义生产方式，资本家已经成功地使工人影响生产过程的能力降低，而将生产力量的巨大增长和工人自主性的毁灭结合起来。"社会主义的危机首先是无产阶级的危机"，"传统的工人阶级现在已不再是具有特权的少数，资本主义的发展创造了这样的工人阶级，总体来看他们不能支配生产资料，他们的直接利益也与社会主义的理念不相符合"。① 他认为工人阶级已经变得软弱无能，无法意识到自身集体的力量。工人阶级仅仅成为一种"机器"，被从事大规模生产的单位和它们所体现的技术的、社会的、地域的劳动力划分所控制和主宰。霍布斯鲍姆认为，发达资本主义经济和社会条件的变化已经使"工人阶级前进的脚步停止了"。他分析了英国工人阶级的变化，指出从50年代起，特定的无产阶级生活方式的意义已经削弱，这种生活方式曾经集中地体现在工会制度、工党、合作化等集体组织和行动方面。工人的相对富裕、工人团体之间局部冲突的发展以及大众传媒和大众教育的作用，已经使传统的普遍性的无产阶级生产方式日益淡化。②英国学者海曼将工人阶级面临的问题概括为：一是从集体主义向个人主义转化。表现为工会会员人数减少，工人对集体决定的政策和集体纪律的响应能力降低。二是工人阶级内部两极分化，许多人将其描述为"中心—外围"或"内部人—外部人"的关系。三是根据雇主、职业、经济部门或产业领域来划分的、与集体认同感和集体事业相背离的排他主义的发展。四是"有组织的工人阶级"的分裂，表现为工会内部和工会之间的冲突。③西方学者马昆德甚至认为，工人阶级已经沦为社会边缘化人群，成了社会主义变革的阻碍。他这样说，传统工人阶级几近销声匿迹了，传统的社会主义变革工程也随之而去。"在社会主义仍然是工人阶级表达自己的情感和思想的途径这个意义上说，目前在最为发达的社会中……工人阶级已经成为障碍，而不再是力量源泉。由于各种实际原因，[工人阶级中的]绝大多数已经被转变吸收进庞大的、几乎没有边界的中间阶级。其余的……则沦为下层阶级，实际上被排除在全资格的公民之外。"④

可见，在工人阶级与社会主义事业之间原来被认为是恒定不变的联系发生了"断裂"，工人阶级的主体地位难以在现实中确立和体现起来，而

---

① A. Gorz: *Farewell to the Working Class: An Essay on Post-Industrial Socialism*, London: Pluto, 1982, p. 69.
② 参见［美］斯科特·拉什、［美］约翰·尤里《组织化资本主义的终结》，江苏人民出版社2001年版，第274页。
③ 参见 Hyman, R. 1992: "Trade Unions and the Disaggregation of the Working Class". In M. Regini (ed.): *The Future of Labour Movements*. London: Sage, pp. 150–180。
④ D. Marquand: After Socialism. *Political Studies*, 61, p. 55.

被认为是"没有主体的社会主义"将何去何从呢？21世纪社会主义要有新的作为和发展，必须首先在工人阶级和社会主义之间建立起历史的、必然的联系，否则，社会主义的发展和振兴就可能沦为空谈。而重建工人阶级的主体地位，成为社会主义政党和社会主义者的一项最为紧迫和重要的任务。

二 重塑工人阶级主体：从"自在阶级"到"自为阶级"

社会主义在21世纪要有大的发展，首先必须重新塑造工人阶级主体。这对于西方工人阶级本身来说，是从当前的"自在阶级"转变为真正的"自为阶级"，从潜在的客观历史主体走向历史和时代的前台，再度成为改造社会、推动历史变革的现实的活生生的力量。这是一个长期、复杂的过程，必须通过社会主义政党、社会主义者和工人阶级自身长期不懈的努力才能实现。在全球资本主义时代，重塑工人阶级主体地位还要靠各国各地区工人阶级的共同努力和联合行动，形成全球工人阶级意识。

（一）重塑工人阶级主体的现实可能性

重新确立工人阶级意识，重新塑造工人阶级主体地位，尽管在当前西方社会是一项无比复杂和困难的事业，但有事实表明，这在实际生活中具有实现的可能性。一些西方的严肃学者看到了这一点。比如英国学者菲尔·赫斯就认为："在西方国家，阶级意识可能已经下降，但下降并不表示已经消亡。要真正成为一个'自为阶级'，英国和其他各地的工人阶级不仅要为眼前的利益奋斗，而且也要为另外寻找一个解决问题的办法而斗争。这项工作正在进行。只有工人阶级才能提高觉悟和组织能力去实现社会主义。这肯定仍将是社会主义战略和策略的中心任务。"他分析说，当前的西方工人阶级，至少在英国，工人阶级仍是一个客观存在的阶级，并且许多人都认为他们属于工人阶级。"但这能说工人阶级已经是'自为阶级'了吗？显然，意识到自己属于那个阶级不过是接近认识到那个阶级有它自身的利益，而离他们要想找到的、为自身利益而进行奋斗的方法还相距甚远。"但是他同时也看到了重塑工人阶级主体地位的必要性和一些现实的条件，比如21世纪初的资本主义经济危机，对工人阶级的生活水平和生活条件是一个沉重的打击，加上社会贫富悬殊，差距越来越大，这些都必然有利于增强工人阶级意识。但是工人阶级的愤怒和抗争，也不一定必然是"自为阶级"的作为,因而"必须做出巨大的努力加强工人阶级的斗争性和重建它的组织。这项工作要贯穿整个历史时期"①。他认为,新自由主义全球化催生了一支新型的全球性的工人阶级队伍。世界范围内工人阶级的上升为真正全球规模的新型阶级政治奠定了基础。一种新的阶级意识的出现将是非常漫长而复杂的,但是工人阶级意识和组织化水平在缓慢地发展。阶级意识在西方国家也许是弱化了,但弱化并不意味着阶级意识的"缺席"。无论是英国,还是其他任何国家和地区的工人阶级,要真正成为一个"自为阶级",就不能仅仅为了当前的利益而战,更要为了长期的历史性目标而战。"只有工人阶级不断发展和强化阶级意识、提高组织化水平,才有可能实现社会主义,社会主义才是必然的。因而,这必须成为社会主义者的当前战略和策略的核心工作。"②

有的学者分析了资本主义的发展变化对当代西方工人阶级的影响,从而深刻说明了工人阶级仍然是实现历史变革的主体。比如德国学者维尔纳·泽普曼撰写了题为《工人阶级还是否是社会主义变革的主体》的文章,指出尽管资本主义生产方式发生了很大变化,对工人阶级的数量、阶级意识和行动能力造成了很大影响,但是工人阶级的潜在变革能力和主体地位并没有消失。他认为,今天什么是工人阶级,已不再是一目了然的事情,因为在几十年的时间里,资本积累和使用条件的改变,导致了资本主义劳动分工体制内部出现结构重组,劳动市场的国际化也更加有利于加强剥削和重新构建劳动世界,所有这些都对工人阶级造成了严重的不利影响及后果。尽管如此,随着雇佣劳动的普遍化,工人阶级在数量上仍然占人口的大多数。他认为,"凡是其社会存在是与资本对立、其社会地位从根本上说是以雇佣劳动关系为特征的人都属于工人阶级。"在德国,占全部就业者人数的88.9%的人属于工人阶级。尽管这些雇佣劳动者从事不同的劳动,但是他们都从属于当代资本主义的劳动世界。当然,当前这个劳动世界是分裂的,这个阶级的成员有可能被任意挑动去相互争斗。比如在跨国集团的研发和生产中心形成了素质高的核心雇佣劳动者,他们领取相当丰

---

① [英]菲尔·赫斯:《全球化与工人阶级主体危机》,《国外理论动态》2011年第5期,第26—30页。

② [英]菲尔·赫斯:《"自在"还是"自为":工人阶级的阶级意识瓦解了吗?》,《马克思主义研究》2009年第10期。

厚的工资，并且享有虽然受到威胁但是仍然存在的战后资本主义繁荣时期实行的社会保障。而其他各层级的雇佣劳动者的收入则逐级减少，其劳动条件和劳动保障不断恶化，他们在没有得到保护的就业条件下，往往领不到核心工人收入的一半，他们长期遭受失业、非正规就业和社会福利待遇下降的痛苦。但不论如何，工人阶级仍然是社会变革的主体，"雇佣劳动者的阶级特征并没有因为这些状况而消失。相反，阶级斗争在社会意识中留下明显的轨迹。""阶级对立和阶级斗争的一切旧形式都似乎又越来越适合用于说明当今的社会和经济现实。"尽管工人阶级内部存在着各种分裂和冲突，但是工人阶级还是掌握着作为基本变革力量的最好条件，劳动世界是资本与劳动之间直接对立的场所和社会矛盾的中心。"在高科技的资本主义时代，那些靠出卖自己的劳动力而活命、处于与资本对立之中、每天经受资本的进攻并且起码客观上有共同利益的人群的运动，是推动根本性变革的最理想的力量。"工人阶级仍然组成一个大的社会集团并在企业里掌握着关键因素。从阶级分析的角度看，革命性变革进程还未得到足够的理解，因为仍存在尚未解决的理论和实践问题。比如工人阶级是否能够克服分裂而团结一致。而且在劳动市场国际化的背景下，"虽然工人阶级和阶级斗争仍然具有民族国家的基础，但是因为出卖劳动力者超越国界相互竞争，阶级斗争的前景将改变，许多斗争只有在国际联合的情况下才能取得成果。"[1]

美国学者安东尼·阿诺夫在题为《告别工人阶级了么？》一文中表达了同样的观点。他认为，长期以来，许多评论家们将资本主义社会的诸种变化都作为"有组织工人运动死亡"、"工人阶级消失"的证据，实际上这是把工人的一种就业方式，也就是蓝领体力工人，等同于整个工人阶级了。在现实中，工人阶级包括所有出卖自己的劳动力而遭受资本家雇佣的劳动者，他们占世界人口的绝大多数，尽管从事着各种各样的职业。"工人阶级中唯一不能包括进去的群体，就是占有和控制着生产资料的人，他们直接从资本主义剥削中获得利益。"他认为，随着资本主义不平等的发展，财富在少数人手里积聚，而越来越多的人也就是工人阶级生活水平的

---

[1] 黄汝接编：《工人阶级是否还是历史性变革的主体?》，《国外理论动态》2008年第5期，第20—22页。

下降，阶级斗争又凸显起来，工人阶级的斗争又重新开展起来。他认为，在许多左翼人士还迷茫不清和悲观的时候，一些资本主义主流报刊和精英们却敏锐地意识到了这一点。"尽管许多左翼人士还迷惑不解，美国的主流报纸和国际金融精英们最近已经关注到，阶级斗争不是过往不来的事情了。而且，20 世纪 70 年代和 80 年代的那种单向的阶级斗争（从上层发起、对工人阶级展开进攻的阶级斗争），现在再也不是单向进行的了。""到了 20 世纪 90 年代，看来呈现出工人阶级开始回击和开展从下面进行抗争的状况"。一些左翼知识分子尽管还承认阶级划分的存在，但是他们很快就会解释说，当然不能再赋予工人阶级以革命主体的特权地位了，因为现在我们已经进入到"后工业社会"或"晚期资本主义"了。但是他认为，"不管左翼是否意识到这一点，阶级斗争是这个世界上数十亿人的每天的现实情况。他们每天都为经济生计所迫用工作换得工资，经常在野蛮非人的、完全异化的条件下生活 —— 不管是在巴西矿井还是在纽约和洛杉矶血汗工厂的奴隶工人。"他认为，在今天，"左翼应当继续把工人阶级看作是实行革命性社会变革的最可行的主体"。其主要原因在于：一是任何社会中生产关系的中心性；二是工人阶级是可以使资本主义生产停止下来的集体力量（工人阶级在生产场所的力量）；三是工人阶级具有按照民主方式重新组织生产关系的能力。[1]然而，工人阶级的斗争和主体地位作用的发挥，还面临着很大困难和阻碍。其中最大的阻碍，就是工人阶级之间的分化，包括国家的、民族的、种族的、地区的或其他方面的分化。因而必须克服这些分化和对立，使工人阶级团结和凝聚起来。

（二）工人阶级主体的塑造与世界社会主义运动

综上所述，结合本书前面的研究分析，我们可以得出如下结论。

第一，21 世纪世界社会主义要有新的发展，工人阶级的再形成是绝对的必要的条件。社会主义变革的主体仍然是和必然是工人阶级，舍此以外，社会主义的振兴和发展必将流于"主体缺位"，这样也就谈不上真正意义上的社会主义运动。长期以来，西方一些左翼政党和人士，在研究和关注"社会主义主体危机"的过程中，努力寻找工人阶级之外的其他变革力量和替代性主体，比如认为是各种"新社会运动"的主体，有的认

---

[1] Anthony Arnove: "Farewell to the Working Class?" *Bad Subjects*, Issue 21, Oct. 1995.

为是"所有受资本主义异化之苦的人",有的认为是"全体国民",有的说是"知识分子阶级",等等。我们不否认这种克服主体危机所做的尝试和努力,也不否认上述种种力量在变革资本主义过程中的作用,但是他们替代不了工人阶级的主体地位。比如生态运动、和平运动、反战运动、民主运动等西方的"新社会运动",尽管在抗议资本主义统治、促进社会改造和变革上有积极的作用,但由于其目标狭隘单一,主体庞杂多元,没有统一的指导思想,而且脱离资本主义生产方式和经济关系,脱离资本和雇佣劳动的根本对立的阶级关系来追求社会变革,所以它们形成不了对资本主义的主要变革力量和根本性改造。

马克思主义认为,人民群众是历史的创造者和最终决定力量,社会主义的发展必然依靠最广泛的人民群众,但这不等于说社会主义的发展不需要一个领导阶级和主导性的变革主体。工人阶级的社会变革主体地位,不是自封的,也不是强加的,而是历史发展规律所决定的,工人阶级必将承担起解放自己从而解放全人类的历史使命。历史上,工人真正组织成为阶级,在自己政党的领导下变革和改造资本主义社会,实现了在一些国度夺取政权,建设社会主义社会。实践充分证明了工人阶级是社会主义变革和建设的主体力量。在西方,资本主义的变化调整以及第二次世界大战后30余年的"和平发展"时期(也就是所谓的"黄金时代"),对工人阶级的阶级意识和革命性、集体行动能力造成了巨大影响,而且主要是消极的不利影响,造成了所谓的"工人阶级消失"、"社会主义主体缺失"、"整个社会中产阶级化"的局面,但这些阶段性的历史现象和表象,改变不了资本主义阶级结构的本质,改变不了劳资对立的根本社会结构以及资本主义基本矛盾,改变不了工人阶级承担历史使命的必然性。随着21世纪初资本主义危机的大规模发生和发展,资本主义基本矛盾尖锐化,工人阶级的斗争也呈现激进化趋势,这些都有利于工人阶级主体地位的重新塑造和确立。

第二,工人阶级主体地位重新确立的必须前提,是工人阶级意识的重新形成和塑造,这是从"自在阶级"走向"自为阶级"的必然环节。工人阶级是社会主义变革的主体,但这种主体地位和变革力量不是自发形成的,客观上存在的"自为"的工人阶级只是变革社会的潜在力量,只有那种主观上充分认识到自身的阶级利益、在现实中采取阶级行动并具有明确阶级斗争目标的"自为"的工人阶级，才能真正发挥社会主义变革主体的作用。因而，工人阶级意识的形成和塑造，是工人阶级从"自在阶级"转变为"自为阶级"的关键环节。工人阶级意识的形成和发展，直接关系到工人阶级运动和工人阶级斗争的状况和水平。正如列宁所说的，如果工人阶级及其政党不能在科学理论指导下保持阶级意识的自觉性和独立性，那么"它在事实上就并不独立，就没有力量对事变的进程刻上自己的无产阶级独立性的标记，而且非常软弱，以致总的说来，归根到底，最后，它熔化在资产阶级民主派之中终将成为一个历史事实。这才是真正危险的所在"[①]。

当前，随着资本主义经济危机的发展，西方工人和群众的抗议运动可谓是此起彼伏。20世纪90年代后，随着新自由主义的统治和主导，西方工人抗议运动又出现高涨，比如美国1997年的邮政快递工人罢工，2005年末纽约公交工人大罢工，2011年秋的"占领华尔街"运动；法国1995年的运输、邮政及电信员工罢工，2005年岁末的群众街头抗议，2006年初的青年学生抗议运动；英国2006年3月的百万市政工人大罢工，2011年11月的200多万公务员大罢工；希腊、西班牙、葡萄牙、意大利等遭受债务危机严重的国家，广大工人和群众抗议政府的"紧缩政策"和支持大资本、剥夺广大中下层群众的措施而举行的一波又一波街头抗议和示威运动，等等。这些运动不能不说是广泛的工人运动和群众运动。西方资本主义在20世纪60年代末发生大规模群众抗议运动后进入数十年"和平发展"时期，而20世纪末和21世纪初期西方各国工人和群众的抗议运动，可以说是西方资本主义和平发展时期终结的标志，是西方工人阶级和群众运动重新复兴的标志。但总的来看，这一轮新的工人和群众运动，基本上停留于资本主义体制内的抗争，仍然局限于经济斗争，难以与世界社会主义运动形成密切的关系，难以形成推动西方社会主义运动发展的主要力量。之所以如此，最为关键的是工人阶级还没有树立起明确的阶级意识。而缺失形成阶级意识这一必要环节，工人阶级就仍然处于"自在阶级"状态，工人运动就仍然停留于资本主义体制内的改良运动。

工人阶级意识不是每个工人意识的简单汇集，也不是一般性的集体意

[①] 《列宁选集》第2卷，人民出版社1972年版，第545—546页。

识，也不等同于工人对资本主义的不满情绪和愤怒，而是工人阶级充分认识到了自己的阶级利益和阶级地位，形成明确的阶级目标，从而在工人阶级政党领导下开展自觉的变革资本主义的阶级斗争。匈牙利马克思主义者卢卡奇在上个世纪初就认识并充分论述了无产阶级（工人阶级）意识的科学内涵和性质。他认为，"面对在思想、组织等等方面都占优势的资产阶级，无产阶级的优势仅仅在于，它有能力从核心出发来观察社会，并把它看作是互相联系的整体，并因而能从核心上，从改变现实上来采取行动；就在于对它的阶级意识来说，理论与实践是互相吻合的；就在于它因此能自觉地把它自己的行动作为决定性的因素投放到历史发展的天平上去。"①他深刻认识到在资本主义危机发生时期，工人阶级意识的成熟对于促进社会主义革命事业的重要性，"当最后的经济危机击中资本主义时，革命的命运（以及与此相关联的是人类的命运）要取决于无产阶级在意识形态上的成熟程度，即取决于它的阶级意识。"②只要工人阶级意识没有真正确立起来，资本主义危机就不会成为促进社会主义运动发展的必要条件。"只有无产阶级的意识才能指出摆脱资本主义危机的出路。只要这一意识还不存在，危机就是固有的，就会回归到它的起点，就会重复原来的状况，直至最后在经历了无数的痛苦，走了可怕的弯路后，历史的直观教育使无产阶级完成它的意识过程并因而把历史的领导权交到它的手里。"③卢卡奇的这一思想，对于我们今天认识资本主义危机、工人运动与社会主义运动之间的关系，具有启示意义。当前的资本主义危机，造成了有利于世界社会主义运动发展的有利形势，但这种客观的社会状况能否转化为推动社会主义发展的有利条件，从而推动社会主义的新发展，关键在于工人阶级是否形成了明确的阶级意识，在于能否把经济斗争上升为政治斗争和社会斗争，不仅仅反对资本剥削和掠夺，而且把对资本家阶级的不满和愤怒提升为自觉地改造资本主义制度的阶级意识，开展有组织、有目的的阶级斗争，真正成为"自为阶级"，成为社会主义运动的现实主体和变革力量。

---

① ［匈］卢卡奇：《历史与阶级意识》，商务印书馆1992年版，第127—128页。
② 同上书，第129页。
③ 同上书，第136页。

第三,全球工人阶级的形成和团结,是全球化条件下社会主义发展振兴的必要基础和前提。马克思主义认为,社会主义和共产主义运动在形式上是民族的,而在内容上则是国际性的,而作为社会主义变革主体的工人阶级,"只有在世界历史意义上才能存在",即"只有作为'世界历史性'的存在才有可能实现一样"。[1] "忽视在各国工人间应当存在的兄弟团结,忽视那应该鼓励他们在解放斗争中坚定地并肩作战的兄弟团结,就会使他们受到惩罚——使他们分散的努力遭到共同的失败。"[2] 在全球化条件下,面对强大的国际垄断资产阶级的目标一致和肆意进攻,强调全球工人阶级的团结合作,真正形成整体的工人阶级,是绝对必要的事情。当前,各国工人阶级之间的分散和分化,是阻碍其形成整体性斗争力量的最大障碍。西方发达国家各国工人阶级之间、本国工人同移民工人之间、发达国家工人同发展中国家工人之间,都存在着激烈的竞争和冲突。工人阶级成员彼此之间的矛盾和分歧会冲击客观上已经形成的全球性的工人阶级,削弱其应对全球性的资产阶级的可能性。

全球性工人阶级的形成包含着客观上的形成与主观上的形成两方面的内容,当工人阶级只是作为资本主义全球化的被动因素,成为客观存在而主观上尚未认识到自身阶级意识、共同阶级利益的阶级时,工人阶级不可能凝聚更多的力量成为抗衡全球资产阶级的主体力量,也就不可能实现时代赋予其的历史使命。因而在全球化背景下促使社会主义焕发出新的活力,离不开全球工人阶级的团结与联合。

---

[1] 《马克思恩格斯文集》第1卷,人民出版社2009年版,第539页。
[2] 《马克思恩格斯文集》第3卷,人民出版社2009年版,第14页。

参考文献

一 中文主要文献

（一）著作

1. 《马克思恩格斯文集》第1—10卷，人民出版社2009年版。
2. 《马克思恩格斯选集》第1—4卷，人民出版社1995年版。
3. 《马克思恩格斯全集》，人民出版社中文第1版。
4. 《列宁专题文集》第1—5卷，人民出版社2009年版。
5. 《列宁全集》，人民出版社中文第2版。
6. 肖枫主编：《社会主义向何处去》，当代世界出版社1999年版。
7. 《简明工会学辞典》编辑委员会编：《简明工会学辞典》，辽宁人民出版社1988年版。
8. 《意大利共产党第十六和第十七次代表大会主要文件集》，人民出版社1980年版。
9. ［德］爱德华·伯恩斯坦：《社会主义的前提和社会民主党的任务》，殷叙彝译，三联书店1965年版。
10. ［德］弗兰茨·瓦尔特：《德国社会民主党：从无产阶级到新中间》，张文红译，重庆出版社2008年版。
11. ［德］托玛斯·迈尔：《社会民主主义导论》，殷叙彝译，中央编译出版社1996年版。
12. ［德］乌尔里希·贝克、［德］哈贝马斯等：《全球化与政治》，王学东、柴方国译，中央编译出版社2000年版。
13. ［德］乌尔里希·贝克：《风险社会》，何博闻译，译林出版社2004年版。
14. ［法］雷蒙·阿隆：《阶级斗争——工业社会新讲》，周以光译，译林出版社 2003 年版。

15. ［法］让·马雷、［法］阿兰·乌鲁：《社会党的历史——从乌托邦到今天》，胡尧步、黄舍骄译，商务印书馆 1999 年版。

16. ［美］埃里克·奥林·赖特：《后工业社会中的阶级》，陈心想等译，辽宁教育出版社 2004 年版。

17. ［美］艾尔文·古德纳：《知识分子的未来和新阶级的兴起》，顾晓辉、蔡嵘译，江苏人民出版社 2002 年版。

18. ［美］爱德华·勒特韦克：《涡轮资本主义》，褚律元译，光明日报出版社 2000 年版。

19. ［美］贝弗里·J. 西尔弗：《劳工的力量——1870 年以来的工人运动与全球化》，张璐译，社会科学文献出版社 2012 年版。

20. ［美］彼得·德鲁克：《后资本主义社会》，傅振焜译，上海译文出版社 1998 年版。

21. ［美］戴维·格伦斯基编：《社会分层》，华夏出版社 2005 年版。

22. ［美］大卫·哈维：《新帝国主义》，初立忠、沈晓雷译，社会科学文献出版社 2009 年版。

23. ［美］大卫·哈维：《新自由主义简史》，王钦译，上海译文出版社 2010 年版。

24. ［美］丹尼尔·贝尔：《后工业社会的来临》，高铭译，商务印书馆 1984 年版。

25. ［美］丹尼斯·吉尔伯特、［美］约瑟夫·埃·卡尔：《美国阶级结构》，彭华民等译，中国社会科学出版社 1992 年版。

26. ［美］哈里·布弗雷曼：《劳动与垄断资本——二十世纪中劳动的退化》，方生、朱基俊、吴忆萱、张其骈等译，张伯健校，商务印书馆 1979 年版。

27. ［美］杰里米·里夫金：《工作的终结：后市场时代的来临》，王寅通等译，上海译文出版社 1998 年版。

28. ［美］赖特·米尔斯：《白领：美国的中产阶级》，周晓虹译，南京大学出版社 2006 年版。

29. ［美］李普塞特：《政治人：政治的社会基础》，张绍宗译，上海人民出版社 1997 年版。
30. ［美］斯科特·拉什、［美］约翰·厄里：《组织化资本主义的终结》，江苏人民出版社 2001 年版。
31. ［美］迈克尔·茨威格：《有关阶级问题的六点看法》，孙寿涛译，人大经济论坛，http：//www. pinggu. org。
32. ［美］迈克尔·谢若登：《资产与穷人——一项新的美国福利政策》，高鉴国译，商务印书馆 2005 年版。
33. ［美］斯科拉·拉什、［美］约翰·尤里：《组织化资本主义的终结》，征庚圣、袁志田等译，江苏人民出版社 2001 年版。
34. ［美］威廉·I. 罗宾逊：《全球资本主义论》，高明秀译，社会科学文献出版社 2009 年版。
35. ［美］威廉·朱利叶斯·威尔逊：《真正的穷人——内城区、底层阶级和公共政策》，成伯清、鲍磊、张戌凡译，上海人民出版社 2007 年版。
36. ［德］沃尔夫冈·莱昂哈德：《欧洲共产主义对东西方的挑战》，张连根译，人民出版社 1980 年版。
37. ［匈］卢卡奇：《历史与阶级意识》，杜章智、任立、燕宏远译，商务印书馆 2009 年版。
38. ［意］贝尔纳多·瓦利：《欧洲共产主义的由来》，张慧德译，中国社会科学出版社 1983 年版。
39. ［英］C. R. 艾德：《工党的展望》，吴德芬、赵鸣岐译，商务印书馆 1961 年版。
40. ［英］安东尼·吉登斯：《现代性的后果》，田禾译，译林出版社 2000 年版。
41. ［英］安东尼·吉登斯：《第三条道路——社会民主主义的复兴》，郑戈译，黄平校，北京大学出版社 2000 年版。
42. ［英］戴维·李、［英］布赖恩·特纳主编：《关于阶级的冲突：晚期工业主义不平等之辩论》，姜辉译，重庆出版社 2005 年版。
43. ［英］恩斯特·拉克劳、［英］查特尔·墨菲：《领导权与社会主义的策略》，尹树广、鉴传今译，黑龙江人民出版社 2003 年版。
44. ［英］斐欧娜·戴维恩：《美国和英国的社会阶级》，姜辉、于海青、肖木、李平译，重庆出版社 2010 年版。

45. ［英］格兰特：《社会主义与中间阶级》，盛震溯译，商务印书馆 1964 年版。

46. ［英］克里斯托弗·皮尔森：《新市场社会主义》，姜辉译，东方出版社 1999 年版。

47. ［英］理查德·海曼：《劳资关系：一种马克思主义的分析框架》，黑启明主译，中国劳动社会保障出版社 2008 年版。

48. ［英］理查德·斯凯思：《阶级》，雷玉琼译，吉林人民出版社 2005 年版。

49. ［英］唐纳德·萨松：《欧洲社会主义百年史》（上下册），姜辉等译，社会科学文献出版社 2008 年版。

50. ［英］艾伦·亨特：《划分工人阶级的理论和政治》，中共中央对外联络部七局 1982 年版。

51. 陈莉、叶劲松：《新自由主义：资本向劳动进攻的理论武器》，http://www.edu.cn/20020401/3024008.shtml。

52. 陈林、林德山主编：《第三条道路——世纪之交的西方政治变革》，当代世界出版社 2000 年。

53. 程恩富主编：《现代政治经济学》，上海财经大学出版社 2006 年版。

54. 段忠桥主编：《当代国外社会思潮》，中国人民大学出版社 2010 年版。

55. 何秉孟、姜辉、张顺洪编：《欧洲社会民主主义的转型——与德国、瑞典学者对话实录》，社会科学文献出版社 2010 年版。

56. 何新：《统治世界》，中国书籍出版社 2011 年版。

57. 黄素庵：《西欧"福利国家"面面观》，世界知识出版社 1985 年版。

58. 姜辉：《欧洲发达国家共产党的变革》，学习出版社 2004 年版。

59. 姜辉、于海青：《西方世界中的社会主义思潮》，社会科学文献出版社 2012 年版。

60. 李春玲主编：《比较视野下的中产阶级形成》，社会科学文献出版社 2009 年版。

61. 李华锋：《英国工党与工会关系研究》，人民出版社 2009 年版。

62. 李强：《社会分层十讲》，社会科学文献出版社 2008 年版。
63. 倪力亚：《论当代资本主义社会的阶级结构》，中国人民大学出版社 1989 年版。
64. [英] 威廉·E. 佩特森等编：《西欧社会民主党》，林幼琪译，上海译文出版社 1982 年版。
65. 俞可平主编：《"第三条道路"与新的理论》，社会科学文献出版社 2000 年版。
66. 俞可平主编：《全球化时代的"马克思主义"》，中央编译出版社 1998 年版。
67. 余文烈、姜辉等：《市场社会主义：历史、理论与模式》，经济日报出版社 2008 年版。
68. 张世鹏：《当代西欧工人阶级》，北京大学出版社 2001 年版。
69. 中共中央党校科学社会主义教研室国外社会主义问题主编：《社会党重要文件选编》，中共中央党校科研办公室 1985 年版。
70. 中国工运研究室国际工运研究室：《国际工人运动知识手册》，工人出版社 1987 年版。
71. 中联部编译小组编：《社会党国际和社会党重要文件选编》，中央党校出版社 1993 年版。

(二) 期刊

1. 读刊记者：《全球化进程中的世界工会运动——钱大东研究员访谈》，《国外理论动态》2007 年第 5 期。
2. 洛仁摘译：《全球化时代更新工会运动的思考》，《国外理论动态》2008 年第 5 期。
3. [日] 山口定：《新中间阶层与日本共产党——和欧洲共产主义的比较》，《国外社会科学》1981 年第 11 期。
4. 《日本与德国的工会模式》，《商务周刊》2007 年第 8 期。
5. [意] 萨尔沃·莱奥纳尔迪：《论阶级投票的趋势——以意大利的情况为例》，刘光译，《国外理论动态》2012 年第 3 期。
6. [美] 司各特·马歇尔：《美国新保守主义政治文化背景下的工人运动新足迹》，李雅静译，《国外理论动态》2007 年第 8 期。

7. ［美］迈克尔·D. 耶茨：《美国工人失业和工会组织现状》，张文成摘译，《国外理论动态》2004 年第 12 期。

8. 郭懋安摘译：《振兴美国工会运动刍议》，《国外理论动态》2005 年第 5 期。

9. ［美］萨伦·史密斯：《资本主义危机再次打开工人运动的大门》，《马克思主义研究》2011 年第 12 期。

10. ［英］基姆·穆迪：《产业工人阶级并未衰落》，郭懋安摘译，《国外理论动态》2004 年第 5 期。

11. 郭懋安摘译：《美国劳联——产联的"劳工帝国主义"》，《国外理论动态》2006 年第 4 期。

12. 郭懋安摘译：《欧洲一体化与新的欧洲劳工运动》，《国外理论动态》2003 年第 7 期。

13. 郭懋安摘译：《经济全球化背景下世界工会组织的联合趋势》，《国外理论动态》2007 年第 5 期。

14. 北京市总工会劳动关系代表团：《关于美国工会及集体谈判工作的考察与思考》，《北京市工会干部学院学报》2005 年第 4 期。

15. 陈奕平：《美国工会现状分析》，《工会理论与实践》2002 年第 3 期。

16. 周通编：《全球化与跨国资本家阶级》，《国外理论动态》2001 年第 2 期。

17. 丁骥千编：《法国工会运动衰落的原因》，《国外理论动态》2003 年第 5 期。

18. 丁骥千编：《美国工会分裂的影响》，《国外理论动态》2007 年第 2 期。

19. 黄汝接编：《德国社会阶级分析》，《国外理论动态》2006 年第 7 期。

20. 黄汝接摘译：《德国工会和政治抉择》，《国外理论动态》2005 年第 5 期。

21. 丁为民、王熙译：《新自由主义与当代资本主义阶级结构的变迁》，《国外理论动态》2007 年第 10 期。

22. 李周编：《法国共产党衰退的原因》，《国外理论动态》2003 年第 3 期。

23. 丁骥千编：《美国工会运动目前的处境》，《工会博览》2004 年第 22 期。
24. 杜婷：《社会市场经济中的德国工会》，《湖北社会科学》2008 年第 4 期。
25. 冯同庆：《金融危机下美国工会：见闻和思考》，《当代世界社会主义问题》2009 年第 4 期。
26. 高峰：《瑞典社民党的理论、政策创新与瑞典历史变迁》，《当代世界社会主义问题》2002 年第 4 期。
27. 顾兴斌：《论英国中产阶级的形成、发展与作用》，《江西社会科学》1995 年第 11 期。
28. 环球时报驻外记者联合报道：《未来 20 年全球化使中产阶级浪潮席卷多国》，《环球时报》2007 年 12 月 22 日。
29. 姜辉：《论当代资本主义的阶级问题》，《中国社会科学》2011 年第 4 期。
30. 姜辉：《剧烈变动时代的世界社会主义：机遇与挑战》，《国外社会科学》2012 年第 5 期。
31. 姜辉：《资本主义"危"在何处》，《思想理论教育导刊》2012 年第 7 期。
32. 姜辉：《资本主义的阶级分化及其主要特征》，《世界社会主义研究》2012 年第 11 期。
33. 姜辉：《资本主义危机与世界社会主义》，《中共杭州市委党校学报》2012 年第 7 期。
34. 姜辉：《欧洲发达国家共产党的现状和发展趋势》，《教学与研究》2004 年第 9 期。
35. 姜辉：《西方左翼的现状和发展趋势》，《国外理论动态》2004 年第 3 期。
36. 姜辉：《西欧传统左翼政党与新社会运动的关系》，《当代世界与社会主义》2003 年第 5 期。
37. 姜列新编：《工会会员流失的原因和对策》，《国外理论动态》2003 年第 5 期。

38. ［西班牙］卡米洛·卡奇：《用阶级斗争观点批判"全球化"的意识形态》，《环球视野》摘译自 2006 年 6 月 11 日西班牙《起义报》，http：//www.globalview.cn。

39. 孔德永：《当代资本主义国家中的工人阶级与社会主义的社会基础》，《石油大学学报》（社会科学版）2004 年第 3 期。

40. 李丹：《冷战后国际工人运动并未沉寂》，《上海工运研究》2006 年第 3 期。

41. 李会欣：《反全球化运动与劳工》，《国外理论动态》2001 年第 8 期。

42. 李会欣：《战后美国劳工运动的特点分析》，《当代世界社会主义问题》2002 年第 2 期。

43. 李满奎：《欧洲罢工潮中的三道"防火墙"》，《法制日报》2010 年 3 月 2 日。

44. 李强、陈振华：《20 世纪西方社会结构一个根本性的变化——析西方国家的中产阶级》，《红旗文稿》2003 年第 11 期。

45. 李子星：《关于德国工会及劳动关系现状的考察与思考》，《天津市工会管理干部学院学报》2005 年第 3 期。

46. 良弼摘译：《各国中产阶级的划分标准》，《中外文摘》2010 年第 22 期。

47. 林茂：《当代资本主义国家工人阶级状况分析》，《理论学习》2001 年第 10 期。

48. 林燕玲：《工会：市场经济的调节器——从国际化的"陷阱"看德国工会》，《人力资源》2006 年第 22 期。

49. 刘一楠：《亚洲中产阶级有望成为全球第一消费群体》，《北京日报》2010 年 8 月 20 日。

50. 罗文东、李龙强：《从希腊大罢工看当代国际工人运动》，《党建》2010 年 4 月。

51. 吕楠：《英国集体谈判制度的确立及其"自由"特征》，《中国劳动保障》2008 年第 10 期。

52. 吕薇洲：《低迷而不沉寂的发达国家工人运动》，《党建》2009 年第 5 期。

53. 马丙丽：《德国工会协调劳动关系机制借鉴及启示》，《北京市工会干部学院学报》2009 年第 1 期。
54. 王小颖译：《新工党的阶级理论评析——英国工人阶级状况》，《国外理论动态》2007 年第 12 期。
55. 木春山、纪双城等：《西方担心中产阶级成"动荡之源"》，《环球视野》第 286 期，2010 年 4 月 6 日，摘自《环球时报》2010 年 3 月 15 日。
56. 聂运麟、刘卫卫、杨成果：《冷静的分析 热切的期待：第十一次共产党和工人党国际会议综述》，《马克思主义研究》2010 年第 6 期。
57. 彭梦瑶：《法国："身份倒退"的中产阶层》，《经济参考报》2010 年 5 月 13 日。
58. 秦德占：《欧美社会运动未来走势分析》，《新视野》2002 年第 2 期。
59. 盛媛：《"占领华尔街"之火烧向全球》，《第一财经日报》2011 年 10 月 17 日第 A04 版。
60. 孙浩、王丰丰：《美国中产阶级规模和资产减缩》，《中华工商时报》2012 年 8 月 27 日。
61. 孙茹：《劳联—产联》，《国际资料信息》2004 年第 12 期。
62. 孙寿涛：《20 世纪 70 年代以来发达资本主义国家工人阶级的数量增长与构成变动》，《马克思主义研究》2012 年第 8 期。
63. 唐昀：《欧美国家中产阶级收入停滞 拉美中产阶级崛起》，《羊城晚报》2011 年 12 月 31 日。
64. 汪宁：《俄罗斯"中产阶级"论析》，《俄罗斯东欧中亚研究》2001 年第 2 期。
65. 王伟光、程恩富、胡乐明等：《西方国家金融和经济危机与中国对策研究（上）》，《马克思主义研究》2010 年第 7 期。
66. 王友明：《德国工会的困境》，《工会理论与实践》2004 年第 3 期。
67. 吴波：《经济全球化与西方资本主义国家的工人运动》，《当代世界与社会主义》2007 年第 1 期。
68. 吴宁、张秀启：《高兹新工人阶级论析评》，《湖南文理学院学报》（社会科学版）2009 年第 6 期。

69. 吴申耀、朱斌：《法国、瑞士和德国工会一瞥》，《工会博览》2003年第19期。
70. 吴友军：《"理论"与"实践"的统一和断裂——论科尔施"正统"马克思主义的反思》，《马克思主义与现实》2007年第5期。
71. 武心波：《全球化与日本"企业共同体"性格的"蜕变"》，《日本学刊》2006年第2期。
72. 严海蓉：《美国劳工运动中的病症》，《读书》2006年第11期。
73. 殷叙彝：《法国社会党对社会民主主义理论革新的贡献》，《当代世界与社会主义》2002年第3期。
74. 雨豪：《美国工会工运历程的启示》，《工会博览》2003年第13期。
75. 张茉楠：《如何拯救正在塌陷的美国中产阶级》，《搜狐财经》，2010年8月25日，http：//business. sohu. com/20100825/n274459536. shtml。
76. 张松：《新兴中产阶级决定尼泊尔未来》，《文汇报》2012年11月1日。
77. 章蕾：《美国工会的衰退成因及其发展对策研究》，《中国劳动关系学院学报》2010年第5期。
78. 赵刚印：《欧洲中左翼政党正面临代表性危机》，《中国社会科学报》第319期，2012年6月20日。
79. 赵章云：《印度中产阶级的生活状况》，《人物周刊》2002年第7期。
80. 郑桥、吴亚平：《法国工会运动的现状、特点及启示》，《工会理论与实践》2000年第3期。
81. 周凤霞：《加拿大和美国工会一瞥》，《前线》2000年第4期。
82. 周穗明：《后马克思主义关于当代西方阶级与社会结构变迁的理论述评》（上），《国外社会科学》2005年第1期。
83. 朱艳圣：《90年代以来日本共产党的新变化》，《当代世界与社会主义》2002年第2期。

二 英文主要文献

（一）著作与文章

1. A Stark Story of Two Americas, " Rich Got Richer and Poor Got Poorer after

U. S. Recession", *Financial Post*, Ari 23, 2013.
2. David Bacon, "Equality and Rights for Immigrants—the Key to Organizing Unions", *Monthly Review*, October 2010.
3. Robincohen and Shirin M. Rai Editers, *Glibal Social Movements*, London and New Brunswick, NJ: The Athlone Press, 2000.
4. Thomas J. Edward Walker, *Illusive Identity: The Blurring of Working-Class Consciousness in Modern Western Culture*, Kentucky: Lexington Books Press, 2002.
5. Michael Zweig, *The Working Class Majority: America's Best Kept Secret*, Ithaca, NY: Cornell University Press, 2000.
6. Michael D. Yates, "The Injuries of Class", *Monthly Review*, Vol. 59, January 2008.
7. Anthony Giddens, *Modernity and Self-Identity*, Cambridge: Polity Press, 1993.
8. Adam Przeworski, "Social Democracy as a Historical Phenomenon", *New Left Review* I/122, July-August 1980.
9. Alvin Gouldner, *The Future of Intellectuals and the Rise of the New Class*, Continuum Pub. Corp Press, 1979.
10. Andre Gorz, *Capitalism, Socialism, Ecology*, UK: Verso Press, 1994.
11. Andre Gorz, *Farewell to the Working Class : An Essay on Post-Industrial Socialism*, London: Pluto Press, 1982.
12. Andreas Bieler, *The Struggle for a Social Europe: Trade Unions and EMU in Times of Global Restructuring*, NY: Manchester University Press, 2007.
13. Andriy Yur'yev etc., "Employment status influences suicide mortality in Europe", *Internaitonal Journal of Social Psychiatry*, 2010.
14. Anna Striethorst, *Members and Electorates of Left Parties in Europe*, Rosa Luxemburg Stiftung, Buro Brussel, 2010.
15. Berch Berberoglu, *Class and Class Conflict in the Age of Globalization*, Kentucky, Lexington Books Press, 2009.
16. Census, US Poverty Rate Spikes, Nearly 50 Million Americans Affected, Nov.

15, 2012, http: //washington. cbslocal. com/2012/11/15/census-u-s-poverty-rate-spikes-nearly-50-million-americans-affected.
17. Cinzia Rienzo, Migrants in the UK labour market: an overview, the Migration obsenatory, Aug 17, 2013.
18. Colin Crouch, "Change in Europe Societies since the 1970s", *West European Politics*, 2008, 31, 1—2, 14.
19. Committee on Migration, The impact of the Global Economic crisis on Migration in Europe, April 9, 2010, http: //assembly. coe. int/ASP/Doc/XrefViewhtml. asp? FileID = 12407&Language = EN.
20. Congressional Budget Office, Trends in the Distribution of Household Income Between 1979 and 2007 October, 2011.
21. Conor Sen, Why is the Labor Force Shrinking? Blame Young Men, *Not the Economy*, Oct 9, 2012, http: //www. theatlantic. com/business/archive/2012/10/why-is-the-labor-force-shrinking-blame-young-men-not-the-economy/263368.
22. Council of Economic Advisor, Economic Report of the President, 2006.
23. D. Bell: *The Coming of Post – Industrial Society*, New York: Basic Books, 1973.
24. D. J. Lee and B. S. Turner: *Conflict about Class*, Longman publishing, New York, 1996.
25. Dave Gilson, "Charts: Who are the 1 percent?" *Mother Jones*, Oct. 10, 2011, http: //motherjones. com/mojo/2011/10/one-percent-income-inequality-OWS.
26. David Harvey, Is This Really the End of Neoliberalism? ——The Crisis and the Consolidation of Class Power, http: //www. counterpunch. org.
27. David North, The Economic Crisis and the Resurgence of Class Conflict in the United States, http: //www. wsws. org.
28. Deborah Foster and Peter Scott, *Trade Unions in Europe: Meeting the Challenge*, Brusells: P. I. E-Peter Lang, 2003.
29. Deepankar Basu, The Reserve Army of Labour in the Postwar U. S. Econ-

omy: Some Stock and Flow Estimates, scholarworks, Umass Amherst, March 2012.
30. Donald Sassoon, *One Hundred Years of Socialism*, London: I. B. Tauris, 1996.
31. Dutch Women, High Labour Participation Rate and High Education Level, Mar. 8, 2011. http://www.cbs.nl/en-GB/menu/themas/dossiers/vrouwen-en-mannen/publicaties/artikelen/archief/2011/2011-3336-wm.htm
32. E. Laclau & C. Mouffe, *Hegemony and Socialist Strategy*, Verso. 1985.
33. Earnings by educational attainment and sex, 1979 and 2002, Oct. 23, 2003, http://www.bls.gov/opub/ted/2003/oct/wk3/art04.htm.
34. Emmanuel Saez, Striking it Richer: The Evolution of Top Income in the United States, Pathways Magazine, Winter 2008.
35. David Bacon, "Equality and Rights for Immigrants—the Key to Organizing Unions", *Monthly Review*, October 2010.
36. Europe Needs 56 Million Immigrant Workers by 2050, 14 Jan. 2008, http://www.workpermit.com/news/2008-01-14/europe/eu-needs-56-million-migrants-2050.htm.
37. *The European Risk Observatory*, Many of Europe's Migrant Workers Face Poor Safety and Health Conditions, Jan. 17, 2008.
38. Europeans Overwhelmingly against Immigration: Poll, Aug. 23, 2011, http://www.euractiv.com/socialeurope/europeans-overwhelmingly-immigra-news-507074.
39. Female Labour Force Participation in Europe, April 25, 2011, http://laboureconomics.wordpress.com/2011/04/25/female-labour-force-participation-in-europe.
40. "Fixed—term employment", Dec 10, 2007, http://www.eurofound.europa.eu/areas/industrialrelations/dictionary/definitions/fixed-termwork.htm.
41. Frank L. Wilson, *The Failure of West European Communism: Implications*

for the Future, New York: Paragon House, 1993.

42. Fred Magdoff and Harry Magdoff, Disppossable Workers: Today's Reserve Army of Labor, *Monthly Review*, Volume 55, April 2004.

43. Gender Pay Gap Statistics, March 2013, http://epp.eurostat.ec.europa.eu/statistics_explained/index.php/Gender_pay_gap_statistics.

44. Geoffrey Evans and James Tilley, "How Parties Shape Class Politics: Explaining the Decline of the Class Basis of Party Support", *British Journal of Political Science*, Volume 42, Jan 2012.

45. Heiner Dribbusch, European Migrant Workers Union Founded, Sep.

46. Herbert Kitschelt, *The Transformation of European Social Democracy*, Cambridge University Press, 1994.

47. Income Inequality grew after the great recession, June 12, 2012, http://thesupportcenter.wordpress.com/2012/06/12/income-inequality-grew-after-the-great-recession.

48. International Labour Office, Global Wage Report: Wage and Equitable Growth, 2012.

49. International Labour Organisation, Global Employment Trends 2012.

50. Jeff Manza, Michael Hout and Clem Brooks, "Class Voting in Capitalist Democracies since World War Two: Dealignment, Realignment or Trendless Fluctuation", *Annual Review of Sociology*, 1995.

51. John H. Goldthorpe, "On the Service Class, its formation and future", Anthony Giddens and Garvin Machenzie (ed.), *Social Class and the Division of Labour*, Cambridge University Press, 1982.

52. Keanes, *Democracy and Civil Society*, London Verso, 1988.

53. Laura Cooke, "The Impact of the Crisis on the Working Class in Britain", *International Socialism*, Oct. 9, 2012.

54. Laura Hill and Joseph Hayes, *Undocumented Immigrants*, Feb. 2013, http://www.ppic.org/main/publication_show.asp?i=818.

55. Long-term unemployment % of total unemployment, July 11, 2012, ht-

tp: //www. oecd-ilibrary. org/employment/long-term-unemployment-12-months-and-over_ 20752342-table3.

56. Luke March, *Radical Left Parties in Europe*, Routledge, 2011.
57. Malcolm Waters, "Succession in the Stratification System", in D. J. Lee and B. S. Turner, *Conflict about Class*, Longman publishing, New York, 1996.
58. Matt Krantz and Barbara Hansen, CEO pay rockets as economy , stocks recover, USA April 1, 2013, http: //www. usatoday. com/story/money/business/2013/03/27/ceo-pay-executive-compensation-2012/2006203/.
59. Matthew O'Brien, The Terrifying Reality of Long-Term Unemployment, Apr. 13, 2013, http: //www. theatlantic. com/business/archive/2013/04/the-terrifying-reality-of-long-term-unemployment/274957/.
60. Michael D. Yates, "The Great Inequality", *Monthly Review*, Volume 63, March 2012.
61. John Russo and Sherry Lee Linkon (ed.), *New Working-Class Studies*, Cornell University Press, 2005.
62. Michael Zweig, The Working Class majority: America's Best Kept Secret . Cornell University Press, 2011.
63. Michael Zweig, What's Class Got to Do with it? *American Society in the Twenty-first Century*. Cornell University Press, 2004.
64. Migration and Migrant Population Statistics, March 2013, http: //epp. eurostat. ec. europa. eu/statistics_ explained/index. php/Migration_ and_ migrant_ population_ statistics.
65. Mike Rigby, Roger Smith and Teresa Lawlor, (ed.) *European Trade Unions: Change and Response*, London: 11 New Fetter Lane, 1999.
66. Mills C. Wright, *White Collar: the American Middle Classes*, New York, N. Y.: Oxford University Press, 2002.
67. New report: 90 Million Low Skilled Workers to be out of work for good, June 20, 2012, http: //www. forbes. com/sites/susanadams/2012/06/

20/new-report-90-million-low-skilled-workers-to-be-out-of-work-for-good/
68. Oddbjørn Knutsen, *Class Voting in Western Europe: A Comparative Longitudinal Study*, Lexington Books, 2006.
69. OECD Economic Department, Female Labour force Participation: Past Trend and Main Determinants in OECD Countries, May 2004.
70. Olivier J. Blanchard, Explaining European Unemployment, Summer 2004, http://www.nber.org/reporter/summer04/blanchard.html.
71. Patrick Dunleavy, "The Urban Basis of Political Alignment: Social Class, Domestic Property Ownership, and State Intervention in Consumption Processes", *British Journal of Political Science*, 1979.
72. Paul Nieubeerta, *The Democratic Class Struggle in Twenty Countries 1945-1990*, Armsterdan: Thesis Publishers.
73. Paul Nieuwbeerta and Wout Ultee, "Class Voting in Western Industrialized Countries, 1945-1990: Systematizing and Testing Explanations", *European Journal of Political Research*, Volume 35 Issue 1 123—160, Jan 1999.
74. Peter F. Drucker, *Post-Capitalist Society*, London: Butterworth-Heinemann Ltd, 1993.
75. Peter Gumbel, "Why the U.S. Has a Worse Youth Unemployment Problem than Europe", *Time*, Nov. 5, 2012.
76. Peter Leisink, Jim Van Leemput, Jacques Vilrokx. (ed.) *The Challenges to Trade Unions in Europe: Innovation or Adaptation*, Great Britain: Hartnolls Limited, Bodmin, Cornwall, 1996.
77. R. Hyman, "Trade Unions and the Disaggregation of the Working Class", In M. Regini (ed.) *The Future of Labour Movements*. London: Sage.
78. R. Nisbet, The Decline and Fall of Social Class, *Pacific Sociological Review*, 1959: 2 (1).
79. R. Pahl, "Is the Emperor Naked?" In D. J. Lee and B. S. Turner, *Conflict about Class*, Longman publishing, New York, 1996.
80. Rana Foroohar, "The Truth about the Poverty Crisis", *Time*, Sept.

26, 2011.
81. Richard Scase: *Class*, Buckingham, Open University Press, 1992.
82. Mike Rigby, Roger Smith and Teresa Lawlor (ed.) *European Trade Unions: Change and Response*, London: 11 New Fetter Lane, 1999.
83. Ronald Inglehart, *Modernization and Postmodernization: Culture, Economic and Political Change in 43 Societies*, Princeton University Press, 1997.
84. Rosemary Hennessy, "The Challenge: From Anti-Capitalism to Class Consciousness", *Socialism Review*: 2001: 28. 3/4; Proquest Research Library.
85. Scott Lash and John Urry: *The End of Organized Capitalism*, Blackwell Publishers, 1987.
86. See N. Poulantzas, *Classes in Contemporary Capitalism*, Verso, 1974.
87. Steven Strauss, The Connection between Education, Income Inequality, and Unemployment, the Huffington Post, Nov. 2, 2011.
88. T. N. Clark and S. M. Lipset: "Are Social Class Dying?" In D. J. Lee and B. S. Turner, *Conflict about Class*, Longman publishing, New York, 1996.
89. Europe 2020 TARGET: Tertiary education attainment, European Commission, http://ec.europa.eu/europe2020/pdf/.../28_ tertiary_ education.pdf.
90. U. S. Bureau of the Census, *Annual Social and Economic Supplements to the Current Population Survey*, 2012.
91. Ulrich Beck, *Risk Society: Towards a New Modernity*, Loudon: Sage 1992.
92. United Nation Human Rights Office of the High Commissioner, Rights of Migrant Workers in Europe.
93. Ruth Alexander, Where are You on The Global Pay Scale, BBC News Magazine, March 29, 2012.
94. William K. Tabb, Neoliberalism and Anticorporate Globalization as Class Struggle, in Michael Zweig (ed.), *What's Class Got to Do with it? A-*

merican Society in the Twenty-first Century, Cornell University Press, 2004.

（二）网址

1. http：//www. communist-party. org. uk.
2. http：//www. unric. org.
3. http：//www. cpusa. org.
4. http：//cbo. gov.
5. http：//epp. eurostat. ec. europa. eu.
6. http：//money. cnn. com.
7. http：//monthlyreview. org.
8. http：//www. pcp. pt.
9. http：//www. bbc. co. uk.
10. http：//www. bls. gov.
11. http：//www. cpusa. org.
12. http：//www. destatis. de.
13. http：//www. euractiv. com.
14. http：//www. guardian. co. uk.
15. http：//www. isee. nc.
16. http：//www. kke. gr.
17. http：//www. oecd-ilibrary. org.
18. http：//www. pewsocialtrends. org.
19. http：//www. solidnet. org.
20. http：//www. statistics. gov. uk.
21. http：//www. wsws. org.
22. http：//epp. eurostat. ec. europa. eu.
23. http：//www. ilo. org.
24. http：//www. declineoftheempire. com.
25. http：//www. bbc. co. uk.
26. http：//no-racism. net.
27. http：//www. focus-fen. net.

28. http://www.wsws.org.
29. http://mrzine.monthlyreview.org.
30. http://middleclasspoliticaleconomist.blogspot.co.uk.
31. http://thesupportcenter.wordpress.com.
32. http://monthlyreview.org.
33. http://www.cpusa.org.
34. http://www.guardian.co.uk.
35. http://www.oecd.org.
36. http://www.brookings.edu.
37. http://www.census.gov.
38. http://www.ehow.com.
39. www.nytimes.com.
40. http://www.counterpunch.org.
41. http://www.indexmundi.com.
42. http://www.guardian.co.uk.
43. http://www.statista.com.
44. http://www.occupywallst.org.
45. http://www.eurofound.europa.eu/eiro/2004/09/feature/de0409206f.htm.

后 记

当我修改阅读该书全部文字的时候，越来越领悟到恩格斯在170年前关于工人阶级的一个结论性命题的深刻意义："工人阶级的状况是当代一切社会运动的真正基础和出发点"。这是他于1845年在《英国工人阶级状况》一书德文版序言中所写的，当时所说的"当代"是19世纪中叶，世事沧桑，工人阶级的状况同170年前相比已经发生了很大变化，西方资本主义国家中工人阶级的构成、数量、产业归属、职业分工，工人阶级的生活条件和水平、社会地位、社会关系，工人运动的内容、形式和方式，工人运动与社会主义运动以及一切社会运动的关系，等等，都不可同日而语、简单比附了，然而从根本的生产方式和生产关系上看，当代西方工人阶级仍然生活在由越来越强大和强势的资本家阶级所编织得越来越密、收得越来越紧的"资本与雇佣劳动"之网中，在21世纪初资本主义经济危机之后，西方许多国家的政府贯彻金融资本家阶级的意志，推行各种紧缩政策，如"量化宽松"、"去杠杆化"等等，五花八门的政策，使得工人阶级经过一个多世纪斗争取得的成果，工资水平、工作时间、社会福利、民主权利、社会地位等等，在有形无形中减少、降低、停滞甚至化为乌有。二战后半个多世纪以来，曾有无产阶级"中产阶级化"的大众梦想和社会进步，但在新的世纪到来之后，在危机阴霾之下却又出现了中产阶级"再无产阶级化"的大众失落和社会退化。西方工人阶级这冰火两重天的遭际究竟说明了什么呢？答案不是一两句结论就能了断的，但这从历史与现实的意义上至少表明了，当代西方国家工人阶级的状况是一切社会矛盾和社会问题的最集中的表现，因而恩格斯的结论性命题没有过时，仍然具有现实价值和指导意义，当代西方工人阶级的状况仍然是西方国家一切社会运动的基础和出发点。

本书深入集中研究的就是当代西方工人阶级的状况及其变化，同时认真探讨这样的状况和变化与西方社会主义运动的关系。正如导论中指出的，本书把西方工人阶级作为一个整体，置于 21 世纪初期的时代背景和社会经济政治条件下，尝试探求西方资本主义国家的工人阶级向何处去、西方社会主义运动向何处去的问题。因而研究不限于工人阶级本身，在对西方工人阶级各方面变化、特点、影响和趋势等做深入分析的基础上，本书根据新的资料文献，从理论分析与实际状况的结合中考察了范围较广的问题：当代资本主义社会的阶级与阶级关系、马克思主义阶级理论在西方面对的挑战、全球资本家阶级与全球工人阶级的形成及其特征、西方国家的阶级冲突与阶级斗争、西方国家工人阶级数量与构成的变化、"告别工人阶级"论与"中产阶级化"的实际甄验、工人阶级与左翼政党的关系、工人阶级与工会组织的关系、工人阶级的行动战略、工人阶级与社会主义主体问题、当代工人阶级的"自在"与"自为"、工人阶级运动与世界社会主义运动的关系，等等，这些问题的研究和探讨，对于任何关注和研究当代西方工人阶级的人来说，都是非常重要而无法回避的。本书对这些问题进行了深入研究与考察，各位课题组成员都倾注了很多时间和精力，他们以严肃认真的态度，运用各自知识积累和学术智慧，发挥各自专业特长，用智慧与汗水换来了凝聚在本书中的研究成果。

　　本书由导论、八章、参考文献组成。各部分研究和写作任务的分工是；导论、第一章、第二章、第八章，姜辉（中国社会科学院信息情报研究院）；第三章、第五章，于海青（中国社会科学院马克思主义研究院）；第四章，宋丽丹（中国社会科学院马克思主义研究院）、张莉（中国社会科学院马克思主义研究院）；第六章，吴金平（中国社会科学院马克思主义研究系）；第七章、参考文献，童晋（对外经济贸易大学思政教研部）。我负责全书结构和研究内容的总体设计，并对全部书稿作了几次统稿、修改和审定。在统稿审校过程中，童晋做了许多细致认真的工作，信烨为书中图表制作提供了专业支持。课题研究、结项和筹措出版过程中，蒋岩桦（中国社会科学院信息情报研究院）、单超（中国社会科学院世界社会主义研究中心）付出许多辛劳。我作为课题主持人和作者，向多年来在一起研究讨论、分工合作、撰写修改的各位课题组成员、学生、朋友致以衷心的感谢。

　　本课题为国家哲学社会科学基金重点研究项目（立项号 05AKS002），

研究和写作得到了经费资助；本书的出版得到了中国社会科学院创新工程出版资助。中国社会科学出版社社长兼总编赵剑英同志、副总编郭沂纹同志对本书出版给予了重视、指导和大力支持。这里向他们表示诚挚感谢。

  课题研究涉及面广，理论与现实问题多、难度大，加上作者学术视野和研究水平所限，书中难免有这样和那样的缺点和错误，敬请专家、读者批评指正。

姜　辉

2015 年 3 月 3 日于北京